대가야 고대국가론

대가야 고대국가론

2020년 12월 30일 초판 1쇄 발행

지은이 김세기

펴낸이 권혁재

편 집 권이지

디자인 이정아

제 작 성광인쇄

펴낸곳 학연문화사
등 록 1988년 2월 26일 제2-501호
주 소 서울시 금천구 가산디지털1로 168 우림라이온스밸리 B동 712호
전 화 02-2026-0541
팩 스 02-2026-0547
E-mail hak7891@chol.net

ISBN 978-89-5508-428-3 93910

대가야 고대국가론

김세기

학연문화사

책머리에

필자가 가야고고학을 전공한지 올해로 43년이 되었다. 1977년 고령지산동 44, 45호분 발굴조사에 조사원으로 참가한 것을 계기로 고고학을 전공하고 가야고고학, 특히 대가야고고학을 주관심사로 하였다. 그동안 여러 가야고분과 유적을 직접 발굴하기도 하고, 다른 지역 유적발굴을 통하여 얻은 고고지식과 문헌자료를 공부하면서 가야사연구에서 가장 큰 문제는 가야는 처음부터 멸망할 때까지 연맹왕국이었다는 연맹체설이었다. 더구나 대가야는 문헌사료와 고고자료를 종합하면 왕권의 세습과 부체제, 지방지배, 관료체제의 분화도 보이고 고고자료에서도 다른 가야에 없는 대가야식 금관과, 대왕명 토기, 하부사리리 토기 등에 고대국가적 요소가 확실한데도 전기가야연맹, 후기가야연맹, 대가야연맹으로 부르는 것은 이것도 일종의 역사왜곡이라는 생각이 들었다.

그래서 이 역사적 오류를 시정하기 위해 대가야가 고대국가를 이룩하였다는 논문을 발표한바 있다. 여기에 더하여 그동안 공부한 내용을 보완하고 정리한 후 책으로 출판하여 올바른 가야사를 정립해야겠다는 마음을 굳히게 되었다. 따라서 그동안 발표한 논문과 자료를 종합하고 대가야 고대국가론 체제에 맞도록 새로운 글도 보충하여 하나의 책으로 완성하게 되었다.

1945년 광복이후 가야사연구는 거의 답보상태를 면하지 못하고 있었다. 그도 그럴 것이 일제식민지 시절 가야고고학은 임나일본부설을 증명하려는 일본학자들의 관심 속에서 가야 여러 지역 고분발굴을 통하여 일본유물을 찾는 수준이었고, 문헌으로는 『일본서기』의 가야 관련 기록을 확인하려는 연구일색이었기 때문이었다. 그러므로 광복이후에도 가야사를 거론하는 것 자체가 『일본서기』 내용을 인정하는 것 같은 인식이 팽배하였으므로 가야사를 애써 외면하려는 학계 분위기는 어쩌면 당연한 결과였다고 생각된다.

그리고 1971년의 공주 무령왕릉 발굴과 1973년 경주 천마총과 황남대총의 발굴로 백제, 신라문화의 우수성과 위대함으로 온 나라가 떠들썩하게 되어 상대적으로 가야는 더욱 학계의 관심 밖으로 밀려나게 되었다. 그러나 이러한 백제, 신라고분 발굴이 대단한 고고학적 성과를 가져오자 1970년대 후반, 정부의 문화재 보존, 복원정책은 가야고분군 정비에까지 이르게 되었다. 그리하여 대가야 중심 고분군인 고령 지산동고분군의 고총 봉분을 복원하게 되었고, 그 과정에서 1977년 12월 왕릉급 고분인 고령 지산동44, 45호분을 발굴조사하게 되면서 비로소 본격적인 가야고고학 연구가 시작되었다고 할 수 있다.

이 고분발굴은 가야고고학연구에 한 획을 긋는 매우 중요한 발굴이었다. 44호분에서는 중앙에 3기의 석실과 이를 둘러싼 32기의 순장곽이 확인되었고, 45호분은 2기의 석실과 11기의 순장곽을 가진 다곽분이었다. 이는 우리나라에서 처음으로 고분에서 확실한 순장묘를 확인하여 세간의 관심을 일으키고 가야를 크게 부각시키는 계기를 마련하였다.

그리고 문헌적으로도 같은 해에 천관우(千寬宇)선생이 「복원가야사」를 『문학과 지성』에 발표하여, 『일본서기』에 보이는 한국고대사 관련 기사 가운데 상당부분이 원래는 백제사료였지만 『일본서기』 편찬과정에서 그 주체가 의도적으로 일본으로 교체되었으므로, 그 주어를 백제로 바꾼다면 역사복원이 가능하다는 학설을 발표함으로써 『일본서기』를 한국사 연구에 적극적으로 이용할 수 있는 단초를 마련하였다. '주체교체론(主體交替論)'이라고 할 천관우의 이런 주장은 『일본서기』를 사료로서 본격적으로 이용할 수 있는 길을 트이게 함으로써 이후 가야사연구를 매우 활발하게 하는 계기가 되었다.

이어서 다음해인 1978년에 고령 지산동32~35호분을 계명대학교박물관에서 발굴조사 하였는데, 여기서 대가야 금동관과 갑옷, 투구 일습이 출토되어 가야문화가 신라, 백제문화에 버금가는 높은 수준이었음을 증명하게 되었다. 또한 여기서도 주석실 외에 1기의 순장곽을 가진 묘제가 확인됨으로써 순장이 대가야고분의 큰 특징이었음을 알게 되었고, 다른 지역의 고분에서 순장 묘제를 확인하는 기초가 되었다. 따라서 대가야묘제와 순장은 가야 전체는 물론 고대 신라 지역이었던 대구, 경산, 의성, 창녕 등 고총고분 지역의 중요한 고고학적 관심 주제가 되었다. 그리고 그때까지 『삼국지』, 『삼국사기』 등 문헌사료에만 나와 있는 순장기록을 실물로 확인하는 성과를 가져왔고, 가야고고학과 문헌사학이 접목할 수 있는 계기를 마련하였다.

근래 정부의 가야사 복원정책이 발표된 이래 가야와 관련 있는 지방자치 단체는 물론 일반 시민들도 가야에 대한 관심이 폭발적으로 늘어 마치 '가야' 전성시대가 된 것 같은 착각을 일으킬 정도이다. 그런 가운데 가야 궁성발굴이나 별자리가 그려진 고분발굴에 이어 가야의 건국신화가 새겨진 것으로 해석할 수 있는 토제방울이 발굴되면서 관심은 더욱 고조되고 있다. 이러한 새로운 고고자료가 조사되면서 가야문화가 신라나 백제문화보다 우수하다거나 더 발달했다는 섣부른 평가 또한 일어나고 있다.

그러나 그동안 문헌자료의 부족과 고고자료의 편중으로 가야에 대한 실체접근에는 미흡했던 것도 사실이고 상대적으로 소외되었던 점도 인정할 수 있지만, 그렇다고 해서 5세기까지 고고학적으로 경주만 신라이고 그 남쪽이 가야였다는 인식도 불식되지 않고 있는 실정이다. 현재 가야고고학은 거의가 고분고고학이라고 할 정도로 고분에 대한 연구비중이 절대적이다. 그중에서도 고총고분의 묘제와 출토유물이 주류를 이루고 있다. 그것은 발굴조사의 성격상 그렇게 될 수밖에 없었지만 앞으로는 다양한 고고자료의 발굴과 문헌과의 긴밀한 협력을 통해 객관적이고 논리적인 접근을 해야 할 시점에 와 있다고 본다.

한국사에서 고대국가 성립의 지표가 무엇인지 확실하게 규정되어 있지는 않지만 대개 고구려, 백제, 신라를 고대국가로 이해하는 것에는 이의가 없는 듯하다. 우리학계에서 고대국가의 발전단계를 성읍(읍락)국가→연맹왕국→고대(귀족)국가로 보는 것이 일반적인데 특히 연맹왕국에서 고대국가로의 성립요건은 대체로 왕권의 세습과 전제화, 부족세력의 해체와 이에 따른 통치조직으로서의 부체제 성립, 관료제의 실시와 중앙집권화, 군사력의 강화와 영역의 확장, 신화체계의 정비 등을 들고 있다. 여기에 더하여 완전한 고대국가가 되기 위해서는 율령의 시행과 불교의 공인, 지방통치제도의 시행 등을 들고 있지만 고구려의 경우도 율령이 시행되는 것은 4세기, 신라의 경우는 6세기이다. 하지만 고구려는 1세기, 신라는 4세기에 고대국가 체제를 이룩한 것으로 보는 것이 일반적인 인식이다.

따라서 대가야의 경우도 남제에 사신을 파견하는 479년 이후, 대체로 5세기 중후반에는 고대국가 체제를 이룩한 것으로 보아도 좋다고 생각된다. 즉, 왕권의 세습이 인정되고, 부체제를 통한 지방조직의 성립, 수위제에 보이는 중앙관제, 낙동강 이서에서 지리산과 섬진강, 남강 이북에 이르는 영역의 확보, 신라와 백제에 군사를 파견할 정도의 군사력, 당시 국제사회에서의 확실한 지위인 남제로부터의 작위수여 등의 사실과 고고자료에 보이는 금관의 사용, 대왕명토기, 고아동 벽화고분의 연화가 상징하는 불교의 수용 등으로 볼 때 실체가 모호한 연맹왕국이 아니라 확실한 고대국가를 이룩한 것이다.

이 책 대가야 고대국가론은 전체 3장으로 구성되어 있다. 제1장 '가야와 대가야'에서는 고고자료를 중심으로 하되 문헌사료를 보완하여 가야의 개념과 영역을 살펴보고, 묘제를 통한 가야사회의 이해, 가야의 순장과 왕권을 통한 대가야의 위상, 호남 동부지역과 대가야, 낙동강 중상류지역의 여러 가야와 대가야를 살펴보았다. 제2장 '대가야 고대국가론'에서는 대가야의 발전단계와 주변의 여러 나라와의 관계, 대가야양식 토기의 확산과 대가야문화권의 형성, 대가야고분의 전개양상, 고령지산동고분군의 세계유산적 가치를 살피고, 이들을 종합하여 대가야가 고대국가를 형성하는 과정과 증거를 제시하였다.

3장 '대가야사람들의 생활과 문화'에서는 대가야왕릉 발굴내용을 통하여 대가야사람들의 생활과 문화, 정신세계를 살펴보고, 특히 우리나라 고분 중 순장자가 가장 많은 대가야순장을 오늘날의 제도와 비교하여 인문학적으로 해석하였다. 그리고 끝으로 대가야문화재의 활용과 계승방향을 제시하여 대가야의 학문이 전문 학자들만의 전유물이 아니라 시민과 함께하는 것임을 강조하였다. 그리하여 대가야문화재가 학자들에 의해 심도 있게 연구되고, 그 결과를 이용하기 쉽게 시민들에게 제공하여 우리문화재에 대한 자긍심도 높이고, 전문지식도 공유하기를 바라는 마음을 담았다. 나아가 문화재가 지역경제발전의 방해물이 아니라 서로 도우며 함께 상생할 수 있는 좋은 자료임을 강조하였다.

　　이 책을 펴내는 데는 많은 분들의 도움과 격려가 큰 힘이 되었다. 먼저 원고의 교정과 도판의 편집에 대구한의대학교박물관의 이인정 선생님과 이세주 과장님, 원재영 선생님의 도움이 있었다. 사진의 사용을 허락하고 선별해준 대가야박물관의 정동락 관장님과 손정미 선생님, 좋은 사진파일을 제공해 주신 매일신문 전 사진부장 안상호 부장님께도 진심으로 감사드린다. 그리고 계명대학교행소박물관장 김권구 교수님의 특별한 관심과 격려도 잊을 수 없다.
　　무엇보다 이 책의 출판을 흔쾌히 맡아주신 학연문화사 권혁재 사장님과 편집, 교정을 꼼꼼히 봐주신 권이지 선생님께도 머리 숙여 감사드린다. 끝으로 항상 사랑과 배려로 오늘을 있게 해준 아내 윤미선과 아들 진우에게 사랑의 마음을 전한다.

2020년 12월
저자 김세기 삼가 씀

목 차

제 3 장 대가야사람들의 생활과 문화

제 1 장
가야와 대가야

1_ 고고학으로 본 가야의 개념과 영역

Ⅰ. 머리말

1945년 광복이후 가야고고학은 거의 답보상태를 면하지 못하고 있었다. 그도 그럴 것이 일제식민지 시절 가야고고학은 임나일본부설을 증명하려는 일본학자들의 관심 속에서 가야 여러 지역 고분발굴을 통하여 일본유물을 찾는 수준이었고, 문헌으로는 『일본서기』의 가야 관련 기록을 확인하려는 연구일색이었기 때문이었다. 그러므로 광복이후에도 가야사를 거론하는 것 자체가 『일본서기』 내용을 인정하는 것 같은 인식이 팽배하였으므로 가야사를 애써 외면하려는 학계 분위기는 어쩌면 당연한 결과였다고 생각된다.

그리고 1971년의 공주 무령왕릉 발굴과 1973년 경주 천마총과 황남대총의 발굴로 백제, 신라문화의 우수성과 위대함으로 온 나라가 떠들썩하게 되어 상대적으로 가야는 더욱 학계의 관심 밖으로 밀려나게 되었다. 그러나 이러한 백제, 신라고분 발굴이 대단한 고고학적 성과를 가져오자 1970년대 후반, 정부의 문화재 보존, 복원정책은 가야고분군 정비에까지 이르게 되었다. 그리하여 대가야 중심 고분군인 고령 지산동고분군의 고총 봉분을 복원하게 되었고, 그 과정에서 1977년 12월 왕릉급 고분인 고령 지산동44, 45호분을 발굴조사하게 되면서 비로소 가야고고학이 본격적으로 시작되었다고 할 수 있다.

이 고분발굴은 가야고고학사에 한 획을 긋는 매우 중요한 발굴이었다. 44호분에서는 중앙에 3기의 석실과 이를 둘러싼 32기의 순장곽이 확인되었고, 45호분은 2기의 석실과 11기의 순장곽을 가진 다곽분이었다. 이와 같이 우리나라에서 처음으로 고분에서 확실한 순장묘를 확인하여 세간의 관심을 일으키고 가야를 크게 부각시키는 계기를 마련하였다.[1]

이어서 다음해인 1978년에 고령 지산동32~35호분을 발굴조사 하였는데, 여기서 대가야 금동관과 갑옷, 투구 일습이 출토되어 가야문화가 신라, 백제문화에 버금가는 높은 수준이었음을 증명하게 되었다. 또한 여기서도 주석실 외에 1기의 순장곽을 가진 묘제가 확인됨으로써 순장이 대가야고분의 큰 특징이었음을 알게 되었고, 다른 지역의 고분에서 순장 묘제를 확인하는 기초가 되었다. 따라서 대가야묘제와 순장은 가야 전체는 물론 고대 신라 지역이었던 대구, 경산, 의성, 창녕 등 고총고분 지역의 중요한 고고학적 관심주제가 되었다. 그리고 그때까지『삼국지』,『삼국사기』등 문헌사료에만 나와 있는 순장기록을 실물로 확인하는 성과를 가져왔고, 가야고고학과 문헌사학이 접목할 수 있는 계기를 마련하였다.

근래 정부의 가야사 복원정책이 발표된 이래 가야와 관련 있는 지방자치 단체는 물론 일반 시민들도 가야에 대한 관심이 폭발적으로 늘어 마치 '가야' 전성시대가 된 것 같은 착각을 일으킬 정도이다. 그런 가운데 가야 궁성발굴이나 별자리가 그려진 고분발굴에 이어 가야의 건국신화가 새겨진 것으로 해석할 수 있는 토제방울이 발굴되면서 관심은 더욱 고조되고 있다. 이러한 새로운 고고자료가 조사되면서 가야문화가 신라나 백제문화보다 우수하다거나 더 발달했다는 섣부른 평가 또한 일어나고 있다.

그러나 그동안 문헌자료의 부족과 고고자료의 편중으로 가야에 대한 실체접근에는 미흡했던 것도 사실이고 상대적으로 소외되었던 점도 인정할 수 있지만, 그렇다고 해서 5세기까지 고고학적으로 경주만 신라이고 그 남쪽이 가야였다는

---

1   姜大衡, 1977,「20여명 殉葬 伽耶古墳 발굴」,『한국일보』(1997년 12월 24일자 1면기사).

인식도 불식되지 않고 있는 실정이다. 현재 가야고고학은 거의가 고분고고학이라고 할 정도로 고분에 대한 연구비중이 절대적이다. 그중에서도 고총고분의 묘제와 출토유물이 주류를 이루고 있다. 그것은 발굴조사의 성격상 그렇게 될 수밖에 없었지만 앞으로는 다양한 고고자료의 발굴과 문헌과의 긴밀한 협력을 통해 객관적이고 논리적인 접근을 해야 할 시점에 와 있다.

가야에 대한 이러한 오해는 문헌사료의 잘못된 이해와 화석화된 고고자료가 주는 한계이지만 그래도 이 글에서는 고고자료의 객관적이고 엄격한 해석을 통해 가야의 개념을 정의하고, 가야의 권역별 특징과 의미를 살펴보려고 한다.[2]

II. 고분 자료로 보는 가야의 개념

1. 가야묘제의 공통점

고고자료를 통해 볼 때 가야의 개념은 무엇인가? 여러 가야의 분포지역과 세력의 크기는 어떻게 다른가? 등 고고학으로 어떻게 신라나 백제와 구별할 수 있는가 하는 문제의 기본은 역시 『삼국유사』의 가락국기나 오가야조에서 시작할 수밖에 없다. 필자는 오가야조에 나오는 김해, 함안, 고성, 고령 등 주요 가야지역의 고분, 특히 지배계층의 분묘자료와 출토유물의 조합과 분석을 통하여 가야의 개념을 설정한바 있다.[3] 즉 묘제의 공통성과 지역성을 찾아 가야묘제와 가야토기 양식을 도출한 다음 이를 기준으로 가야지역을 구분하는 것이다.

우선 「가야묘제」의 틀을 세우기 위한 분석의 요소로 들 수 있는 것은 외형적

---

2 이 논문은 한국고대사학회 주관으로 2017. 10. 24 창녕 석리 성씨고가에서 진행된 『가야사연구의 기본문제』에서 필자가 발표한 내용을 중심으로 지정토론(이희준)과 종합토론에서 지적된 내용을 『韓國古代史硏究』의 체제에 맞게 수정 보완한 것이다.
3 김세기, 2015, 「대가야 고분문화의 전개양상」 『2017 국립가야문화재연구소 학술대회』.

조건으로서의 고분의 입지와 봉토의 크기 및 호석의 유무이며, 내부적 조건으로서는 매장부의 축조재료 및 평면형태, 출토유물 특히 토기의 조합관계와 양식 등을 들 수 있을 것이다. 이와 같은 분석기준에 의해 가야묘제를 설정하면 다음과 같다.

먼저 김해지역을 제외한 고령의 지산동고분군, 함안의 말이산고분군, 고성지역 송학동고분군의 고총고분은 대체로 공통성을 갖는다. 우선 고분 입지의 특성을 보면, 산성을 배후에 두고 앞에 취락의 평야와 강이 내려다보이는 능선의 정상부에 위치하며, 능선의 정상부 혹은 돌출부에 고대한 봉토를 쌓아 봉토직경이 중형분은 10~15m, 대형분은 20m이상에 달한다. 이런 고분은 정해진 묘역 중앙에 매장주체부인 수혈식 석실을 설치하고, 석실 옆에 부곽이나 순장곽을 설치한 다음, 묘역을 둘러싸는 원형 혹은 타원형의 호석을 쌓는다. 경우에 따라서는 순장곽 없이 주실만 단독으로 설치한 것도 있다. 다만 고성 송학동의 경우 산 능선 정상부가 아닌 낮은 구릉의 언덕에 하나의 봉토 안에 1기의 석실과 1~3기의 석곽이 추가로 결합되어 봉분이 연접되는 결합식 다곽분구조로 이를 분구묘라고 한다. 〈그림1〉

매장부의 축조는 할석이나 자연석을 이용하여 4벽이 서로 엇물리게 쌓는데 평면형태가 길이 대 너비의 비율(장폭비)이 5 : 1 이상이 되어 세장방형을 이룬다. 이 평면세장방형석실이 구조상 가야묘제의 가장 큰 특징이라 할 수 있다. 고성 송학동의 경우는 매장부도 일률적인 수혈식이 아니라 수혈식과 횡구식이 결합하는 형태를 가지고 있다.[4]

한편, 김해의 대표적 고분군인 대성동고분군은 이와 달리 나지막한 구릉 위에 매장주체부를 목곽으로 하는 목곽묘이며 처음에는 부곽 없는 단곽에서 점차 부곽이 추가되어 주부곽이 평면 일자日字형으로 변한다. 여기에도 주곽과 부곽에

---

4   東亞大學校博物館, 2005, 『固城松鶴洞 古墳群』.

그림 1 | 가야묘제(목곽묘(김해 대성동 39호분, 좌) 수혈식석실묘(고령 지산동 73호분, 우)

순장자를 매장하는 것은 공통적이다.[5]

2. 가야토기 양식의 공통점

다음 출토유물 중 토기의 조합상은 가야지역을 나타내는 중요한 지표인데, 가야 토기로 설정할 수 있는 주요 기종으로는 고배, 장경호, 발형기대, 개배 등이 있다.

이들 가운데 가장 주류를 이루는 것은 장경호와 고배이다. 구형몸체에 긴 목이 달린 장경호는 목부분에 특징이 잘 나타난다. 긴 목부분은 옆으로 1~2줄의 돌대를 돌려 구분하고 그 안에 물결무늬를 돌리고 있는데, 그 중간부분이 부드럽게 잘록한 형태를 하고 있다. 목부분과 몸체사이가 부드럽게 연결되어 S자형 곡선을 이루며 이어지고 있어 전체적으로 곡선미와 함께 풍만감을 주고 있다. 이러한 장경호는 구연부가 내반된 유개식과 나팔처럼 밖으로 벌어진 무개식의

---

5   김세기, 2008, 「가야지역 고분자료와 묘제의 지역성 고찰」, 『영남학』13, 경북대학교 영남문화 연구원.

두 종류가 있으나 위의 요소는 똑같이 나타나고 있다.[6]

다음, 고배는 장경호와 함께 가야토기의 특색을 대표할만한 기종인데, 뚜껑과 배신부가 납작하며, 대각이 나팔처럼 크게 곡선을 이루며 벌어져 전체적으로 안정감을 준다. 납작한 뚜껑 중앙에는 납작하면서 가운데가 약간 볼록하거나 그대로 납작한 단추형꼭지가 붙어 있고, 이를 중심으로 점열문대가 2~3줄 돌려져 있다. 이 뚜껑은 장경호의 뚜껑도 공통된다. 대각에는 방형 투공이 상하 일치되게 2단으로 배치되고 있다. 개배는 뚜껑과 배부가 다함께 납작한 것으로, 특히 뚜껑은 표면이 거의 수평을 이루다시피 편평하며, 뚜껑복판에는 유두형 꼭지가 붙어 있다. 배부는 뚜껑을 뒤집어 놓은 것과 같은 형태이다.

기대는 발형기대, 원통형기대, 족쇄형기대 등 여러 종류가 있으나 특징적인 것은 장경호를 올려놓는 발형기대라고 할 수 있다. 이 기대는 배부가 깊숙하고 위로 넓게 벌어지며 끝은 짧게 외반하고 있고, 표면에는 2~3줄의 집선문과 침엽문을 배치한 것도 있다. 또 팔자형八字形으로 벌어진 긴 대각은 3~4단의 돌대로 구분하고 여기에 3각형 투공을 상하 일치되게 배치하고 있다. 이외에 제사용 혹은 의례용 토기라고 생각되는 원통형기대는 출토품은 많지 않으나 발형기대를 엎어 놓은 듯이 넓게 퍼진 대각부 위에 아래위가 비슷한 원통형의 몸체를 세우고 그 위에 소형 호를 엎어 놓은 듯하다. 맨 꼭대기의 그릇 받치는 부분은 납작하며 넓게 외반하는 광구부로 되어 있다. 그리고 몸통과 대각부에 삼각형, 사각형의 투창을 촘촘히 뚫고 투창사이에 밀집파상문, 침엽문 등을 시문하고 있다. 특히 몸통부 어깨에서 대각부까지에는 뱀을 형상화한 긴 조각을 세로로 붙이고 있어 전체적으로는 매우 화려하고 신비로운 느낌을 주고 있다.[7]

6   金鐘徹, 1988,「北部地域 加耶文化의 考古學的 考察」『韓國古代史研究』1.
7   李熙濬, 1995,「토기로 본 大伽耶의 圈域과 그 변천」,『加耶史研究 -대가야의 政治와 文化-』, 慶尙北道.

이러한 가야토기의 특징이 나타나는 것은 4세기 중반이후 각 지역양식이 성립한 이후의 토기들을 말한다. 지역양식 가야토기가 성립되기 이전 목곽묘에는 와질토기가 주류를 이루고, 이어 발달하는 고식도질토기는 약간의 차이는 있지만 대체로 가야지역 공통양식으로 존재하다가 4세기가 되면 크게 낙동강 동안의 신라토기와 서안의 가야토기로 크게 벌어지고 또 지역별로 지역양식이 성립되어[8] 5세기 이후에는 대가야양식, 아라가야양식, 소가야양식으로 대별된다.

위에서 살펴 본 가야토기 양식을 신라토기와 그 특징을 비교하면 다음과 같이 설명할 수 있다. 낙동강 서안에 분포하는 가야토기는 곡선적이고 세련된 느낌이며, 예술성이 강한 반면 신라토기는 전체적 형태가 직선적이고 질박한 느낌이며, 실용성이 강하다고 할 수 있다. 신라토기가 동적 이미지라면 가야토기는 정

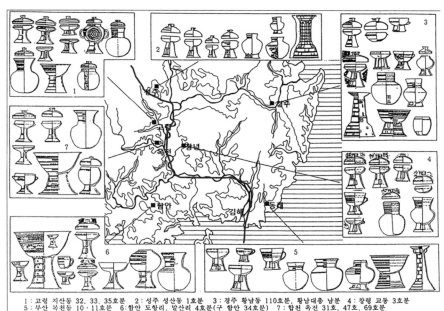

1 : 고령 지산동 32, 33, 35호분 2 : 성주 성산동 1호분 3 : 경주 황남동 110호분, 황남대총 남분 4 : 창녕 교동 3호분
5 : 부산 복천동 10·11호분 6 : 함안 도항리, 말산리 4호분(구 함안 34호분) 7 : 합천 옥전 31호, 47호, 69호분

그림 2 | 가야토기와 신라토기의 특징 비교(원도 주11)이희준 변형)

8   朴升圭, 2010,「加耶土器 樣式 研究」, 東義大學校 大學院 史學科 博士學位 論文.

적 이미지를 준다고 하겠다. 〈그림2〉

가야토기와 신라토기를 구분하는 가장 간단한 방법은 고배 받침대에 뚫려 있는 투창의 배열로 구분하는 방법이다. 2단 투창고배의 경우 상하 투창이 일치되게 배열된 것은 가야양식이고, 상하 투창이 서로 엇갈리게 뚫려 있는 것이 신라양식이다. 투창의 배치형태가 가야토기와 신라토기를 구분하는 기준이 될 수 없다는 견해도[9] 제시되었으나 투창으로 구분하는 것이 통설이다. 한편 장경호의 경우 가야식 장경호는 목선의 중간이 약간 오므라드는 느낌이 들고, 목과 몸통으로 이어지는 부분이 부드러운 S자형 곡선을 이루는 데 비하여 신라식 장경호는 목이 직선적이고 몸통으로 이어지는 부분에 각이 있어 목과 몸통의 구분이 확실하고 특히 저부에 대각이 붙어 있는 것이 특징이다.[10]

이러한 토기 양식 분포권이 정치적 의미를 지닌 것으로 해석하려면 묘제와 함께 일단 한 양식 일색의 지속적 분포라는 요건을 충족시켜야 한다.[11]

3. 위세품(귀걸이와 장식대도)과 가야의 인식

다음, 토기 이외의 유물로서는 피장자가 지배층 신분임을 나타내는 위세품이 있다. 그 가운데 가야지역에서는 유일하게 고령지역에서만 금관이 출토되었는데, 전 고령 출토로 되어 있는 이 금관은 그 양식이 신라식의 출자형 장식과 다른 대가야만의 독특한 초화보주형 대관 형식을 하고 있다.[12] 이러한 형식은 지산동 45호분이나 32호분, 30호분에서 출토되는 보주형 금동관과 전체적 이미지와 모티브가 동일하여 고령출토품이 확실하다고 생각된다. 〈그림3〉

---

9   박광춘, 2017, 「영남 동부권의 조사현황과 과제」, 『가야문화권 조사·연구 현황과 과제』, 문화재청·국립문화재연구소[가야·나주·경주], pp.82~98.
10   김세기, 1998, 「고령양식토기의 확산과 대가야문화권의 형성」, 『加耶文化遺蹟 調査 및 整備 計劃』, 경 상북도, pp.83~121.
11   이희준, 2014, 「고고학으로 본 가야」, 『가야문화권 실체 규명을 위한 학술연구』, 가야문화권 지역발전 시장군수협의회, pp.135~196.
12   金元龍, 1971, 「傳 高靈出土 金冠에 對하여」, 『美術資料』15, 國立中央博物館, pp.1~6.

그림 3 | 가야의 관모와 귀걸이〈금관(리움;좌상, 도쿄국립박물관;우상), 금동관(고령지산동45호분;좌하, 지산동32호분;우하) 귀걸이(지산동45호분)〉

　관모 외에 가야의 위세품은 귀걸이와 장식대도 등이 대표적인 사례이다. 가야의 유적에서 출토되는 이식의 대부분은 대가야 이식이라고 할 정도로 특징이 있다. 대가야 이식의 가장 큰 특징은 사슬형 연결금구와 공구체형 중간식을 조합한 금제라는 점이다. 대가야산 이식은 고령 지산동, 합천 옥전, 합천 반계제 A호분, 함양 백천리 1호분, 진주 중안동, 고성 율대리 2호분-3호석곽, 창원 다호리 B-15호석곽에서 출토되었다.[13] 그 외에 장수 봉서리, 곡성 방송리 고분군 출토품이 있다.[14] 최근에는 순천 운평리, 남원 월산리 고분군에서도 출토된 바 있다.

　고령에서 제작된 수식부 이식은 가야 전역뿐만 아니라 일본열도 전역에 걸쳐 분포하고 있다. 대가야산 이식은 5세기 후반에는 황강수계와 남강 상류, 금강 상류, 섬진강수계에 분포하다가, 6세기전반에는 소가야권의 진주·고성 그리고 금관가야권역의 창원 진영분지까지 확산된다. 이와 같이 대가야산 위세품의 분포와 대가야양식의 토기의 분포가 궤를 같이하는 점에서 양자는 대가야 권역의 확대와 영향력 증대를 반영하는 것으로 볼 수 있다.[15]

　한편 환두에 용이나 봉황문을 베푼 장식대도는 고대국가에서 힘과 지배력을

13　이한상, 2004, 「대가야의 장신구」, 『대가야의 유적과 유물』, 대가야박물관.
14　박천수, 2006, 「대가야권의 성립과정과 형성배경」, 『토기로 보는 대가야』, 대가야박물관.
15　박천수, 2006, 앞의 논문.

상징하는 위세품이라 할 수 있다. 백제와 가야, 신라, 왜의 대형분에서 공통적으로 출토된다.[16]

가야의 장식대도는 신라 다음으로 출토수량이 많으며 특히 합천 옥전고분 출토품이 다수를 점하고 있다. 신라보다는 백제의 영향을 많이 받은 것으로 보이며 대가야권에 집중적으로 분포되어 있다. 가야대도 가운데 금은 등으로 장식한 것은 합천 옥전 67-A호분, 함안 마갑총 출토품이 있다. 이러한 제작기법의 기원은 백제에서 찾는 것이 가장 합리적일 것이다. 옥전 M3호분을 지표로 하는 5세기후반이 되면 대가야에서 자체적으로 제작한 용봉문대도의 수량이 늘어나고 그 지역이 합천, 함양까지 확산된다.[17]

이와 같이 대가야 지방 고총과 위세품으로 볼 때, 대가야는 신라만큼 잘 갖추어진 복식 체계는 아니더라도 대가야 양식 귀걸이의 분포가 대가야 토기 양식 분포권과 겹치는 현상을 보이므로[18], 초보적 사여체계가 있었을 것으로 추정할 수 있다.[19]

4. 묘제와 출토유물로 본 가야의 시공적 개념과 영역

이와 같은 고총과 유물이 공통적으로 출토되는 지역을 고고학적으로 가야로 인식할 수 있다. 그러나 가야사도 역사시대의 한 부분이므로 고고자료로만 일방적으로 판단하는 것은 오류가 있을 수 있으므로 문헌사의 연구 성과를 함께 고려할 필요가 있다. 이럴 때 먼저 시간의 측면에서 고려할 사항이 전기론과 전사론에 대한 검토이다. 이 논의는 가야사의 시작을 언제로 보느냐에 따른 문제이다. 가야사의 끝은 562년 대가야가 신라에 의해 멸망하는 시기로 보는데 아무런

---

16   이한상, 2012, 「대가야 위세품에 대한 연구현황과 과제」, 『대가야사 연구의 현황과 과제』, 고령군·대가야박물관·계명대학교 한국학연구원.

17   이한상, 2009, 「대가야의 성장과 용봉문대도문화」, 『신라사학보』18, 신라사학회.

18   이한상, 2004, 「대가야의 장신구」, 『대가야의 유적과 유물』, 대가야박물관.

19   이희준, 2017, 『대가야고고학연구』, 사회평론(서울).

이의가 없다. 그러나 가야사의 시작을 언제로 볼 것인가는 문헌에 명확하게 제시되어 있지 않고 가야각국의 여건이 각기 다르기 때문에 논란이 된다. 전기론은 삼한의 변한이 가야로 연결되는 것으로 보는 것이고, 전사론은 변한은 변한이고, 가야는 변한에서 발전하기는 하였지만, 그것과 구분해 보는 것이다.[20]

전기론에서는 진·변한 단계의 「국」들을 이미 가야인 듯이 보는 반면 전사론에서는 그것은 어디까지나 진·변한의 「국」으로 볼 뿐이며 결코 신라·가야의 일원으로 보지 않는다. 문제는 진변한 시기를 문헌사학에서는 삼한시대, 고고학에서는 원삼국시대로 구분하는데 전기론으로 할 경우 삼국시대에 속하는 가야를 원삼국에서 삼국시대에 걸치는 것으로 보아야하는 모순이 생긴다는 것이다.[21] 이에 대해 전기론의 입장에서는 변한의 12국은 가야제국의 모체로서 전기 가야제국이며『삼국지』의 구야국과 가락국은 '죽순과 대나무와 같은 관계'로 보고 있기도 하다.[22] 그러나 신라의 경우 각 지역 단위의 정치체들이 대등하게 연계되어 있었던 진한이 사로국을 중심으로 통합된 국가를 이룩한 것이며, 신라사에서는 굳이 전기론, 전사론이 논의되지 않는다.

따라서 가야의 경우는 신라처럼 하나로 통합되지 못하고 6세기까지 각 지역별로 거의 독립된 상태로 남아 있었기 때문에 오는 인식의 차이라고 볼 수 있다. 그래서 각 지역의 역사를 강조할 때는 전기론적 입장이 강조되고, 시기구분론이 강조될 때는 전사론적 입장이 되는 경우가 많다. 그러나 고고학적 발굴로 부활시킨 가야의 전체사는 과정과 관계성의 역사로 인식하여[23] 전기론과 전사론을

20　朱甫暾, 1995, 「序說—加耶史의 새로운 定立을 위하여—」, 『加耶史研究—대가야의 政治와 文化—』, 慶尙北道, pp. 13~21.

21　이희준, 2014, 「고고학으로 본 가야」, 『가야문화권 실체 규명을 위한 학술연구』, 가야문화권 지역발전 시장군군수협의회, pp. 135~196.

22　李永植, 2017, 「가야사의 문헌사적 연구 현황과 과제」, 『가야문화권 조사·연구 현황과 과제』, 문화재청·국립문화재연구소[가야·나주·경주], pp. 3~35.

23　李盛周, 2000, 「考古學을 통해 본 阿羅伽耶」 『考古學을 통해 본 加耶』, 한국고고학회, pp. 47~85.

군이 나누어 선을 긋지 말고 통합적으로 접근하는 것이 적절할 것으로 생각된다. 그러므로 시기적으로 가야의 시작은 김해지역에서 묘제가 지석묘에서 목관묘로 확실히 바뀌고 그 안에 지휘권의 상징인 칠기부채가 부장된 가야의 숲 3호 목관묘로[24] 상징되는 서기1세기 전반부터 보는 것이 합리적이다. 이는『삼국유사』가락국기의 수로왕관련 기사와 함께 고려해도 타당하다고 생각된다. 또 목관묘→목곽묘→수혈식석곽묘(고총)→횡혈식(횡구식)석실묘로 변하는 가야묘제 발전의 맥락으로 보아도 가야전체에 적용할 수 있는 이론이다.

다음 묘제와 출토유물로 가야의 영역을 보면, 우선 변한에서 가야로 전환되는 시기로 인식하는 김해지역에서 3세기 중반 대형목곽묘의 축조와 후장, 순장이 나타나는 대성동29호분을 기점으로 이해할 수 있다. 또 4세기 초 낙랑 대방의 몰락으로 일어난 여러 가지 변동으로 변한사회가 가야로 발전하였다는 문헌사 연구결과와도 일치한다.[25] 물론 이러한 고고학적 변화는 문헌에서처럼 특정시기로 확정할 수는 없는 것이며, 대체로 목곽묘에서 변화가 나타나는 3세기 중반부터라고 보는 것이 순리적이다. 가야지역에서 가장 먼저 보이는 이러한 변화는 김해지역 이외의 가야지역에서도 대체로 비슷한 양상으로 전개되었을 것이나 특히 5세기이후에는 지역성이 뚜렷하게 나타난다. 이는『삼국유사』가락국기에 기록된 바와 같이 '동쪽은 황산강(낙동강), 서남쪽은 바다, 서북쪽은 지리산, 동북쪽은 가야산, 남쪽은 나라의 끝[26]'과도 일치한다. 즉 낙동강 중류, 대구의 금호강에서 가야산을 잇는 서안에 해당된다. 다만 서쪽은 섬진강을 넘어 전남 동부지역인 순천, 광양이 포함되고, 지리산을 넘어 금강 상류인 진안, 장수의 진안고원과 남원의 운봉고원 동쪽이 가야의 권역이 되는 것이다.〈그림4〉

---

24 동아세아문화재연구원, 2006,『김해 가야의 숲 조성부지 내 유적 발굴조사보고서』.

25 주보돈, 2017,「근대역사학과 가야사연구의 흐름」,『가야사연구의 기본문제』, 한국고대사학회, pp.7~36.

26 東以黃山江 西南以滄海 西北以智異山 東北以伽耶山 南以爲國尾〈『三國遺事』卷第二 紀異第二 駕洛國記〉

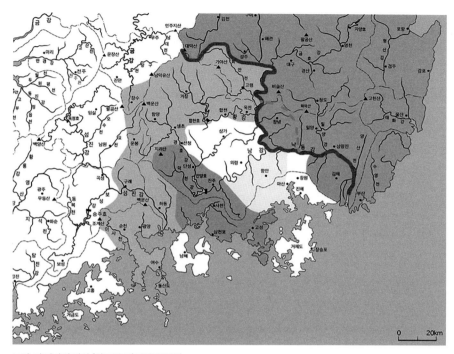

그림 4 | 가야의 영역 (원도 주11)이희준 변형)

　이렇게 보면 같은『삼국유사』5가야조의 내용과 충돌하게 된다. 즉 5가야조에
는 가야국명과 지명을 명확하게 밝히고 있는데, 문제는 낙동강 서안 상주 함창
의 고령가야, 성주의 성산가야, 낙동강 동안인 창녕의 비화가야가 포함되어 있
어 혼란을 주고 있는 것이다. 그러나 일연 스스로 밝히고 있듯이 고려 초에 이들
가야국명과 지명을 조정하였다고 하고, 그 내용자체가 후대의 인식이라는 것이
통설로 되어 있어 문제가 되지 않는다.

　다만 창녕 지역은『삼국유사』5가야조에 비화가야가 있었던 것으로 나온다.
『일본서기』신공기 49년조에 나오는 가야7국 중 하나인 비자발로 비정되기 때문
에 4세기 후반 이후로 늦은 시기까지 가야였다고 인식하고 신라 진흥왕 척경비
가 세워지는 6세기 중반에 가서야 신라에 복속되었다고 보는 고고학자 및 문헌
사학자도 있다. 그러나 이는 비자발이 신공기 49년조의 다른 가야국과 달리 그

이후로 기록에 등장하지 않는 점을 간과하고 고고학적 증거도 고려하지 않은 데서 비롯된 오류라고 지적하면서 창녕지역은 이미 4세기말 이전에 신라화 되었다고 보는 견해가[27] 타당하다고 본다. 그러므로 『삼국유사』 오가야조에 가야로 나오는 성주의 성산(혹은 벽진)가야, 상주(함창)의 고령가야는 묘제와 출토유물이 모두 신라양식이므로 고고자료로 보면 이들을 가야로 인정할 수 없는 것이다.[28]

그런데 가야의 영역을 고고학적으로 접근하면서 대성동고분군의 축조가 중단되는 400년 고구려군의 남정을 기점으로 '친신라계 가야'와 '비신라계 가야'로 이분된다는 주장이 제기되었다. 친신라계 가야는 낙동강 하류의 김해는 물론 부산의 복천동, 연산동고분군을 비롯해 신라양식 토기내의 지역양식이 존재하는 창녕, 대구·경산, 성주를 말하고, 비신라계 가야는 고령의 대가야연맹과 함안의 아라가야, 고성의 소가야연맹이라는 것이다.[29] 가야의 영역을 말하면서 친신라계 가야와 비신라계 가야로 구분하는 것 자체가 모순일 뿐 아니라 지금까지 논의한 묘제와 토기, 위세품 등 고고자료로 볼 때, 부산 복천동이나 연산동지역을 가야로 보는 것은 차치하더라도 대구와 경산까지 가야의 영역으로 보는 것은 성립하기 어려운 일이다. 이것은 6세기 초까지 신라의 영역이 경주지역에 한정되어 있다는 견해와[30] 함께 고고학 연구와 문헌연구 성과를 도외시한 결과라고 하겠다.

---

27 이희준, 2014, 「고고학으로 본 가야」, 『가야문화권 실체 규명을 위한 학술연구』, 가야문화권 지역발전 시장군수협의회, pp.135~196.

28 南翼熙, 2008, 「5~6세기 성주양식 토기 및 정치체 연구」, 『嶺南考古學』 49, pp.53~59
    김세기, 2014, 「고분자료로 본 성주지역의 정치적 성격」, 『新羅文化』 43, pp.1~27.
    이영호, 2012, 「上古期 尙州地域 政治體의 性格 -함창=고녕가야설과 관련하여-」, 『경북지역 가야 유적의 세계유산 가치검토』, 경북대학교 인문과학연구소, pp.89~98.

29 신경철, 2017, 「고고학에서 본 가야의 전개와 연구전망」, 『가야문화권 조사·연구 현황과 과제』, 문화재청·국립문화재연구소[가야·나주·경주], pp.41~55.

30 김두철, 2014, 「신라·가야의 경계로서 경주와 부산」, 『신라와 가야의 경계』, 영남고고학회 제23회 정기학술발표회, pp.85~100.

Ⅲ. 고분자료로 보는 가야의 지역성과 영역

이와 같이 가야의 묘제와 토기, 위세품 등 유물은 가야의 공통성을 가지면서
도 세부적으로 보면 자기만의 지역색을 강하게 가지고 있는데,『삼국유사』에 기
록된 특정가야와 일치하고 있어 흥미 있는 일이다. 그 지역성은 묘제와 토기에
서 모두 나타나며 김해의 금관가야권역, 함안을 중심으로 한 아라가아권역, 고
성을 중심으로 진주, 사천 등의 소가야권역, 고령을 중심으로 합천, 거창, 함양,
산청, 하동 등 경남서부지역과 남원, 장수, 진안, 순천, 광양 등 호남 동부지역에
이르는 대가야권역 등이다. 이 지역성을 더 세부적으로 보면 아래와 같다.

1. 금관가야 영역

낙동강하구에 위치한 김해지역은 이른 시기부터 바다를 통한 활발한 해상 교
역활동으로 영남지방의 다른 지역보다 빨리 발전할 수 있었고, 그것을 기반으로
1세기경부터 변진 12국 중 월등히 우세한 구야국이 성립될 수 있었다. 김해지역
여러 곳의 소분지를 이어주는 하천 수계 주변에 형성된 고분군들이 이러한 사실
을 말해 주고 있다.

김해지역 고분군은 주류가 목곽묘로 이루어진 양동리고분군과 대성동고분군
이 중심이다. 그 외에 목관묘, 목곽묘, 수혈식 석곽묘, 횡구식 석실분 등 다양한
묘제가 중첩되어 이루어진 예안리고분군이 있으나 여기서도 중심 묘제는 장방
형 대형목곽묘이다. 이 시기 양동리고분군에서 가장 먼저 등장하는 수장묘는 장
방형 목곽묘인 양동리 162호분이다. 이 고분은 목곽의 길이 388㎝, 너비 240㎝,
깊이 59㎝ 규모의 대형장방형 목곽묘일 뿐 아니라 부장유물에서 종전의 다른 목
곽묘에서는 볼 수 없는 한경 2매를 포함한 10매의 동경과 수정다면옥, 유리구슬
목걸이 등 질 높은 위세품과 다량의 철정, 철촉, 철모 등 철제무구, 재갈 등을 부

장하고 있다.[31]

2세기 후반 구야국 국읍의 주고분군인 양동리고분군에서 최고 수장묘인 162호분과 이와 비슷한 규모와 부장품을 가지고 있어 수장묘라고 판단되는 235호분도 목곽의 장폭비가 2:1미만의 장방형 목곽묘이다. 이는 울산 하대43호분이나[32] 부산 노포동35호분의[33] 장폭비와 비슷하여 아직까지 영남지방 공통의 목곽묘 형태가 계속되고 있음을 알 수 있다.

그러나 3세기에 들어서면 구야국의 중심지가 서서히 양동리고분군에서 대성동고분군으로 이동하게 된다. 이와 같은 사실은 3세기 후반으로 편년 되는 대성동고분군에서 대형목곽묘들이 축조되고 종전과는 비교할 수 없을 정도로 많은 양의 유물을 부장하는 이른바 후장이 이루어지고 있으나 종전의 양동리고분군에서는 이러한 변화가 일어나지 않는 것으로 보아 알 수 있다. 이것은 어떠한 이유에서든지 구야국의 세력권이 양동리 고분군의 조만천 수계집단에서 대성동고분군의 해반천 수계집단으로 이동되었음을 의미한다.[34]

묘제의 변화와 아울러 유물의 부장에서도 비교할 수 없을 정도로 큰 변화가 일어나는데 그것은 가야지역에서 최초로 순장이 실시되고 토기의 다량부장인 후장厚葬[35]이 시작되는 것이다. 순장자는 1인으로 주인공의 발치공간, 즉 토기의 다량부장 공간과 주인공피장 공간의 사이에 주피장자의 안치방향과 직교되게 배치하고 있으며 유리구슬 목걸이를 착장하고 있었다. 한편 유물의 부장방법도 종전의 철제품 위주의 품목과 주인공 주변에 부분적으로 부장하던 방법에서 토기의 다량부장과 다양한 유물 품목과 함께 부장품을 위한 공간이 목곽내에서 중

31   林孝澤, 郭東哲, 2000, 『金海良洞里古墳文化』, 東義大學校博物館.
32   釜山大學校博物館, 1997, 『蔚山下垈遺蹟-古墳Ⅰ』.
33   洪潽植, 1998, 「老圃洞墳墓群의 分期와 編年」, 『釜山의 三韓時代 遺蹟과 遺物Ⅱ』, 釜山廣域市立博物館 福泉分館,
34   홍보식, 2000, 「考古學으로 본 金官加耶」, 『考古學을 통해 본 加耶』, 한국고고학회, pp. 1~48.
35   申敬澈, 2000, 「금관가야의 성립과 연맹의 형성」, 『가야각국사의 재구성』, 부산대학교 한국민족문화연구소, pp. 27~62.

요한 공간으로 확보되었다는 점이다. 이는 목곽 규모의 확대가 이러한 순장과 후장을 하기 위한 것임을 말하는 동시에 이를 통해 권력 집중을 과시하여 일반 하위 집단과의 차별성을 더욱 강화하기 위한 것이라 생각된다.

위에서 본 바와 같이 장방형 목곽묘는 대성동 29호분에서 보이는 것처럼 구조 면에서 대형화되고 유물면에서 위치의 집중화와 질량이 대량화되는 특징적 변화가 일어난다. 그런데 4세기가 되면 이러한 현상은 묘제의 변화를 더욱 가속화시켜 장방형 목곽묘에서 부장품 공간이 따로 독립되어 주·부곽 목곽묘의 형태로 나타나게 된다. 이것이 김해지역 목곽묘의 가장 대표적 묘제인 주부곽이 일렬로 배치되는 일자형목곽묘인 것이다.[36] 〈그림5의 좌〉

주부곽 일자형목곽묘 중 가장 이른 것은 김해 예안리 160호분[37]이지만 금관가야 최고지배층 고분군인 김해 대성동고분군에서 주부곽식 목곽묘로 가장 이른 고분은 대성동 13호분이다. 이 고분은 후대에 조영된 다른 고분에 의해 많이 파괴되어 유물의 전모는 알 수 없지만 일부 남아 있는 유물이 파형동기巴形銅器 6점, 경식용 유리옥 등 당시 최고의 위세품인 점을 보면 금관가야의 왕릉이라고 판단된다.

주부곽 목곽묘인 대성동13호분에도 주곽에 순장자가 매장되었는데 주피장자의 머리맡과 발치에 각 1인과 주인공의 좌측 옆에 1인 등 모두 3인이 순장되었다. 부곽의 순장여부는 파괴가 심하여 확실하지 않으나 13호분보다 조금 후대의 고분이지만 역시 주부곽식 목곽묘인 3호분의 부곽에 순장자가 있는 것으로 보

---

36 필자가 사용하는 주곽(주실)의 의미는 분묘의 주피장자를 매장하기 위한 시설을 말하는 것이며, 부곽(부실)이란 고분의 규모나 묘제에 관계없이 주피장자의 부장품을 넣기 위한 시설을 의미한다. 그러므로 고령, 합천, 함양 지역의 대가야고분처럼 순장자를 위한 시설은 주곽(주실)과 나란히 설치되고 규모가 작다고 하여도 부곽이라 하지 않는다. 그럼으로 부곽에는 주인공을 위한 부장품을 넣는다는 의미이므로 유물 이외에 순장자나 순장동물이 부장되는 경우도 있다. 김해지역 주·부곽식 목곽묘에서의 부곽도 동일한 의미로 사용한다.
金世基, 1983,「加耶地域 竪穴式墓制의 研究」, 啓明大學校大學院 碩士學位 論文.
37 申敬澈, 1992,「金海禮安里 160號墳에 對하여 -古墳의 發生과 관련하여-」『伽耶考古學論叢』 1, pp. 107~167.

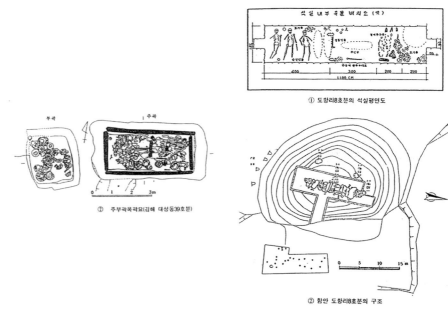

그림 5 | 금관가야와 아라가야의 묘제 (좌, 김해 대성동39호분 우, 함안 도항리8호분)

아 13호분의 부곽에도 1인 정도 순장시킨 것으로 생각된다.[38]

　이와 같은 주곽과 부곽이 일자형으로 배치된 주·부곽식 목곽묘는 금관가야의 주묘제로서 김해 대성동고분군에서는 5세기초까지 계속되고 그 후로는 조영되지 않는다. 대성동고분군 이외 김해 예안리고분군과 동래 복천동고분군에서도 조영되나 그 범위는 김해지역과 부산지역에서 크게 벗어나지 않는 지역적 특성을 보인다.[39] 복천동고분군의 경우 4세기까지 이러한 목곽묘가 조영되나 5세

38　申敬澈, 金宰佑, 2000, 『金海大成洞古墳群Ⅰ』, 慶星大學校博物館.

39　홍보식, 2014, 「낙동강하구지역 가야문화」, 『가야문화권 실체 규명을 위한 학술연구』, 가야문화권 지역발전 시장군수협의회, pp. 239~283.

기 이후는 중심묘제도 대형 수혈식석곽묘로 바뀌고, 토기를 비롯한 유물이 신라 양식 일색으로 되어 신라에 복속된 것으로 볼 수 있다. 따라서 복천동고분군과 연산동고분군은 신라영역으로 판단된다.

2. 아라가야 영역

함안지역 고분군 중에서 중심지 고분군은 말이산의 능선과 구릉사면에 걸쳐 넓게 형성된 말이산고분군이다. 말이산고분군은 고대한 대형봉토를 가진 수혈 식석실분이 대부분이지만 지석묘, 목관묘, 목곽묘 및 횡혈식석실분도 일부 섞여 있어 이른 시기부터 중심지로서의 역할을 해 온 것을 알 수 있다. 함안지역은 김 해의 구야국과 함께 변진弁辰 12국 중 가장 유력한 소국이었던 안야국安邪國[40]의 고지이며 이것이 발전하여 안라국安羅國, 혹은 아라가야 된 곳이다. 그러나 적어 도 3세기 이전부터 유력한 정치세력으로 성장하여 중국에까지 알려지게 되었을 뿐만 아니라『삼국지』동이전에 우호優號를 칭한 유력한 나라로 기록되어 있어[41] 이 시기의 유적이 있었을 것이지만 안야국의 수장묘라고 생각되는 고분은 현재 까지 고고학적으로 알려지지 않고 있다.

그 시기의 묘제는 김해지역과 마찬가지로 목관묘 혹은 목곽묘였을 것으로 보 이나, 창원 다호리 유적이나 김해 양동리고분군처럼 대규모의 목관묘유적이나 목곽묘유적은 보이지 않는다. 다만 5세기대의 목곽묘인 마갑총馬甲塚[42]이 도항리 유적에 존재하고 있어 아라가야의 중심지는 처음부터 도항리유적이었음을 짐작 케 한다.[43]

40　『三國志』魏書 東夷傳 韓條의 기록.
41　「…臣智에게는 간혹 우대하는 호칭인 臣雲遣支報 安邪踧支 濆臣離兒不例 狗邪秦支廉의 호 칭을 더하기도 한다.」(臣智惑加優呼 臣雲遣支報 安邪踧支　濆臣離兒不例 狗邪秦支廉之號) (『三國志』魏書 東夷傳 韓條).
42　창원문화재연구소, 2002,『함안 마갑총』.
43　김세기, 2004,「墓制를 통해 본 安羅國」,『지역과 역사』14, pp.69~100.

함안지역의 목곽묘유적은 도항리고분군의 북쪽 구릉지대와 남강 연안의 황
사리고분군, 윤외리고분군, 칠원 옥곡리고분군에서 다수 확인되었다. 이 고분군
들은 대체로 4세기까지도 길이 4m내외의 중소형 목곽묘가 구릉 경사면에 무질
서하게 조영되어 있고, 부장유물도 통형고배, 노형토기, 파수부잔 등의 토기류
가 대부분으로 아직까지 수장묘는 없는 상태이다. 함안에서 수장묘로 볼 수 있
는 목곽묘는 도항리고분군의 마갑총을 들 수 있는데, 이 고분은 묘광의 길이 890
㎝, 너비 280㎝, 깊이 11㎝이며, 목곽의 규모도 길이 600㎝, 너비 230㎝, 깊이
100㎝의 대형목곽묘에 속하고 출토유물도 상태가 매우 양호한 말갑옷 일습과
은상감환두대도와 철모, 철겸 등의 철제품이 출토되어 상류지배층 분묘로 판단
된다.

함안의 경우 목곽묘에서는 순장이 행해지지 않고 더 이상 발전하지도 않는다.
이후 수장묘의 묘제는 내부주체가 세장방형 수혈식 석실분으로 변화되면서 봉
토가 대형화되고 순장이 행해지게 된다. 유구의 평면 형태도 묘광의 장폭비가
대체로 2.5:1로 김해지역의 2:1보다 약간 세장한 편이다. 이와 같은 세장한 평면
적 특징은 이후 이 지역의 주묘제인 수혈식석실분에도 그대로 이어져 지역적 특
징으로 이해할 수 있다.

함안지역의 대형 봉토분들은 가야지역 고총고분의 일반적 입지와 마찬가지
로 구릉의 정상부를 따라 일정한 간격을 유지하며 융기부에 자리 잡거나 혹은
구릉의 사면에 조영된 경우는 등고선의 방향과 나란히 축조하여 더욱 크게 보인
다. 도항리고분군에서 최대의 고분인 4호분(구34호분)[44]은 북에서 남으로 뻗은 나
지막한 구릉의 중심 융기부에 입지한다. 고분은 봉분 직경 39.3m, 높이 9.7m의
대규모의 봉분 중앙에 수혈식 석실 1기만 설치한 단실구조이다. 석실의 길이
978.7㎝, 너비 172.7㎝, 깊이 166.6㎝로 장폭비가 5.6:1의 매우 세장한 형태를 띠

---

44   朝鮮總督府, 1920, 『大正六年度(西紀一九一七年) 朝鮮古蹟調查報告』.

고 있다. 이 밖에 주능선에서 서쪽으로 뻗은 가지능선 말단부에 위치한 8호분도 직경 38m, 높이 5m의 봉분 중앙에 석실 1기만 배치하였다. 석실의 규모는 길이 11m, 너비 1.85m, 깊이 1.9m로 장폭비가 5.9:1의 세장형이다.〈그림5의 우〉

함안 도항리고분군의 묘제상 가장 큰 지역적 특징은 석실 네벽에 방형 감실龕室이 설치된 점이다. 이 감실은 대개 양장벽의 위쪽에 각 2개, 단벽에 각 1개가 설치되었는데, 장벽의 감실은 서로 같은 높이에서 마주보게 되어 있고 단벽의 감실은 서로 약간 어긋나게 마주보고 있다. 규모는 한 변 길이 40~60㎝, 깊이 60~80㎝ 정도이다. 현재로서는 가야지역에서 함안에만 존재하는 이 석실 벽의 감실 용도는 마주보는 감실에 긴 통나무를 걸쳐 봉토의 무게에 의해서 개석이 부러지는 것을 막고 석실벽도 보호하는 보완시설로 보는[45] 것이 타당할 것이다.

고분의 묘실 구성에서 부장품을 위한 부곽(실)이 존재하지 않는 것도 아라가 야묘제의 특징의 하나로 볼 수 있는데 주실의 길이가 10여m로 긴 것은 주인공과 함께 부장품과 순장자를 함께 넣기 위한 방법에서 나온 구조로 생각된다. 하나의 석실에 주인공과 순장자, 부장품을 함께 매장해야 하므로 자연히 순장자의 수도 5, 6명이상 늘어나기 어려운 구조이며, 부장유물도 부곽이 있는 김해 대성동고분군이나 고령 지산동고분군 보다 대체로 적은 편이다.

이러한 단실구조인 아라가야묘제의 분포범위도 현재로서는 함안지역에만 존재하고 있어 비교적 좁은 범위에 한정된 지역성을 가지고 있다.

3. 소가야 영역

고성을 중심으로 한 소가야영역 고분축조 양상은 하나의 봉토 안에 1기의 석실과 1~3기의 석곽이 추가로 결합되는 결합식 다곽분구조를 가지고 있다.[46] 이

---

45 李柱憲, 1996, 「末伊山 34號墳의 再檢討」, 『碩晤尹容鎭教授停年退任紀念論叢』, pp.403~413.
46 金世基, 2003, 「墓制로 본 加耶社會」, 『가야고고학의 새로운 조명』, pp.603~652.

유형은 묘곽의 평면구성만 보면 대가야식 묘제와 비슷하나 축조방법에서 차이가 난다. 즉 대가야식 묘제는 생토를 파고 주실과 석곽을 동시에 축조하며 주실은 지하에 위치한다. 따라서 주실과 석곽의 피장자는 주인공과 순장자의 관계가 분명하다. 그러나 소가야식 묘제는 표토를 정지하고 그 위에 흙을 다져 쌓아 올려 봉토를 어느 정도 만든 다음 봉토의 한 부분을 다시 파내고 그 안에 묘곽을 축조하는 방법이다. 그리고 대개는 석실과 석곽의 축조도 동시가 아닐 수도 있어 피장자의 관계도 확실하지 않다. 위에서 살펴 본 고성 율대리2호분이 대표적인 고분이다. 송학동 1호분은 수혈식석곽묘에 횡혈식석실분이 후에 추가된 연접고분이지만 기본은 이러한 결합식 다곽분 구조이나 영산강유역의 분구묘 형태로 축조되었다.

조사결과 1호분은 수혈식석곽묘인 1A호분을 설치한 후 횡혈식석실인 1B호분을 연접하였으며, 역시 횡혈식석실묘인 1C호분은 연접된 지점을 굴착하여 조성하였다. 분구 주위는 구덩이를 연속적으로 굴착하여 만든 주구가 확인되었으며 원통형 토기를 설치하였다. 1A호분은 해발 31m 정도의 낮은 구릉에 조성된 수혈식석곽묘로 설치하였다. 유구의 배치는 가장 규모가 큰 1A-1호분과 약간 작은 1A-2호분을 나란히 설치하고 그 주위로 10기의 석곽을 환상環狀으로 배치한 상태이다.[47] 〈그림6〉

이와 같이 고성지역은 가야의 여러 국과 달리 분구묘가 축조되고, 북부 구주계 석실이 도입되며, 대가야, 왜, 신라, 영산강계 문물이 집중되는 것으로 밝혀지고 있다. 그러나 고령 지산동고분군, 함안 말이산고분군, 김해 대성동고분군, 합천 옥전고분군 등 다른 가야 제국의 중심고분군에 비해 발굴조사 성과가 미흡하며 시기별 유적의 특성이 부각되어 있지 못하다. 이러한 묘제는 고성을 중심으로 일부 사천, 진주 등 소가야 권역에 분포하는 지역성을 가지고 있다.[48]

---

47   東亞大學校博物館, 2005,『固城松鶴洞古墳群 第1號墳 發掘調査報告書』.

48   하승철, 2014,「남강수계와 남해안지역 가야문화」,『가야문화권 실체 규명을 위한 학술연

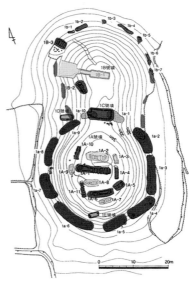

그림 6 | 소가야묘제 (고성 송학동1호분 원도, 경남발전연구원 역사문화센터)

4. 대가야 영역

묘제의 지역성으로 본 대가야권역은 고령 지산동고분군의 묘제와 출토유물이 중심이 된다. 그 중에서도 대가야의 왕릉급인 고총고분의 묘제와 위세품, 대가야양식 토기를 종합하여 각 지역의 묘제와 출토유물을 종합한 고분 자료로 판단한 것이다.

5세기가 되면 지산동 주능선 등줄기에 고총고분을 축조하면서 묘제도 석곽묘에서 석실분으로 확대 발전된다. 지산동 고총고분 중 5세기 전반에 축조된 지산동 35호분의 경우 석실의 길이 666㎝, 너비 101㎝, 깊이 156㎝로 장폭비가 5:1의 세장한 평면형태를 이루고 있다. 따라서 일반적으로 ①입지立地상 능선 정상부

구』, 가야문화권 지역발전 시장군군수협의회, pp. 284~326.

의 융기부에 위치하고 고대한 원형봉토 축조 ②장폭비 약 5:1의 세장한 석실 평면형태 ③ 한 봉분 안에 주실과 별도의 순장곽을 가진 다곽분의 구조 ④봉분 기저부에 주실과 순장곽을 둘러싸는 원형호석의 설치 ⑤고령의 특징을 가진 대가야식 토기가 출토되는 묘형을 대가야묘제로 부르고 있다.[49]

　이 시기의 같은 봉토분인 지산동32호분과 34호분에서는 주석실 옆에 순장곽 1기를 배치하는 다곽분이 축조되기 시작한다. 그리고 32호분 석실에서는 금동관, 철판갑옷과 투구 등의 위세품과 다량의 고령양식(대가야양식) 토기류와 무기가 출토된다. 이렇게 위세품류가 부장된 주석실과 순장곽 1기를 배치하는 단곽순장 석실분은 각 지역의 지배층 묘제로 확립되었고, 순장곽 없는 일반 석실분과 함께 점진적으로 합천, 거창, 함양, 산청, 남원 월산리, 두락리 등 여러 지역으로 확산된다. 이와 더불어 고령양식 토기는 남원 월산리고분군 뿐만 아니라 소백산맥을 넘어 전라북도 장수지역까지 확산된다.[50] 또한 위에서 본 바와 같이 최근의 조사에서 순천 운평리고분에서도 대가야식 묘제와 토기가 출토되고 있어[51] 대가야고분의 지역성이 확대되고 있으며, 그 의미에 대한 해석도 다양해지고 있지만 대가야권역이 확대된 것만은 확실하다고 볼 수 있다.[52] 그런데 전북 장수군, 진안군, 무주군, 금산군으로 구성된 진안고원 중 대가야계 중대형 고총이 장수군에서만 발견되는 것을 근거로 독자적 가야세력인 '장수가야'라는 주장이 제기되었다.[53] 그러나 장수 삼봉리고분군을 보면 고총의 입지나 경관은 물론 묘제

49　金世基, 1995,「大伽耶 墓制의 變遷」,『加耶史 硏究 -대가야의 政治와 文化-』, 慶尙北道, pp.301~364.

50　김세기, 1998,「고령양식토기의 확산과 대가야문화권의 형성 -성주토기와의 비교를 겸하여-」,『加耶文化遺蹟 調査 및 整備計劃』, 경상북도, pp.83~121.; 郭長根, 2000,「小白山脈 以西地域의 石槨墓 變遷過程과 그 性格」,『韓國古代史硏究』18, pp.127~169.

51　순천대학교박물관, 2008,『순천운평리 고분군Ⅰ』.

52　이동희, 2014,「전남동부지역 가야문화」,『가야문화권 실체 규명을 위한 학술연구』, 가야문화권 지역발전 시장군수협의회, pp.327~368.

53　곽장근, 2017,「호남권의 조사현황과 과제」,『가야문화권 조사·연구 현황과 과제』, 문화재청·국립문화재연구소[가야·나주·경주], pp.115~140.

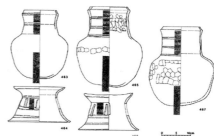

그림 7 | 대가야 영역의 서쪽 끝 고분(순천 운평리 M1호분)

와 출토 토기 등이 대가야 일색이므로 대가야의 영역으로 보는 것이 합리적이다. 〈그림7〉

특히 운봉고원의 동쪽에 위치한 월산리 M5호분에서 중국산 청자계수호가 출토되어 이 지역의 영역성에 대한 논의가 활발하게 전개되고 있다. 이러한 자기가 백제지역에서 주로 출토되기 때문에 백제가 이 지역에 진출한 후 분여한 것이고 백제권역이었다는 주장도 있지만,[54] 묘제나 토기 등 유물의 대부분이 대가야산이라는 점을 들어 대가야에서 사여한 것이라는 주장도 제기되었다.[55] 그러나 월산리고분군과 두락리·유곡리고분군 고총의 입지나 묘제 출토유물이 대가야일색이고 시기적으로 대가야가 479년 남제에 독자적으로 사신을 파견하여 보국장군 본국왕의 작위를 받은 시기에 해당된다. 대가야가 중국에 진출하는 데 있어 아주 중요한 지역이 바로 이 지역이므로, 지역 수장에게 대가야가 사여한 것으로 추론하는 것이 합리적이다. 고령 본관리 34호분, 35호분, 36호분, 합천 옥전 M4호분, M6호분, 반계제 가A호분, 다A호분, 다B호분, 봉계리 대형분, 함양 백천리 1호분은 단곽순장 석실분이고, 남원 월산리 M1-A호분, 두락리 1호분

---

54 박순발, 2012, 「계수호와 초두를 통해 본 남원 월산리 고분군」, 『운봉고원에 묻힌 가야무사』, (국립전주박물관 도록), pp. 114~121.

55 박천수, 2014, 「출토유물로 본 삼국시대 남원지역의 정치적 향방」, 『가야와 백제, 그 조우의 땅 남원』, 호남고고학회, pp. 111~124.

은 대가야식 일반 석실분으로 묘제에 의한 대가야의 확실한 지배영역을 보여주고 있다.[56]

다만, 옥전 M4호분과 M6호분은 순장곽을 주실 옆에 배치하지 않고 호석열 밖에 배치하였다. 이는 대가야식 석실분으로 전환하기 전의 수장층 묘제인 주·부곽식 목곽묘(M1호분, M3호분)에서부터 호석열 밖에 순장곽을 배치하는 옥전의 전통을 계승하는 것으로 해석되지만 크게는 순장곽을 따로 가지고 있다는 점에서 지산동고분군과 같은 맥락으로 이해할 수 있다.[57] 그리고 산청 중촌리고분군이나 생초리고분군의 경우도 이러한 단곽순장 석실분의 묘제와 대가야양식 토기출토지로 밝혀지고 있다.[58]

다곽순장 고분은 주인공을 매장공간인 석실(목곽)의 주실(곽) 이외에 부장품을 넣기 위한 부실(곽)을 만들고 이 주·부실을 둘러싸며 여러 개의 소형석곽을 배치해 순장시키고 있는 순장형태이다. 이 때 순장자는 순장곽에만 있는 것이 아니라 주실(곽) 안에 주인공의 머리맡과 발치에도 있고, 부장실(곽)에도 순장시키는 것이 보통이다. 따라서 다곽순장묘는 중앙에 주실(곽)을 중심으로 많은 순장곽을 설치하고 호석을 두른 다음, 이를 모두 한 봉토로 쌓기 때문에 묘역도 그 고분군 가운데 우세하고 봉분의 크기도 최대를 이루고 있다. 현재까지 이와 같은 다곽순장묘는 고령 지산동44, 45, 30, 73, 75, 518호분 등 고령 지산동고분군에만 보이고 있다.

대표적 다곽순장 고분인 지산동 44호분은 넓은 묘역 중앙에 대형 수혈식 석실을 축조하고 부장실은 주실과 나란히 1기, 주실의 단벽 쪽에 직교하여 1기 등 2

---

56 김용성, 2014, 「대가야 고총체계와 왕묘」, 『한국고대사탐구』18, pp.7~50.
57 金世基, 1997, 「加耶의 殉葬과 王權」 「加耶諸國의 王權」, 仁濟大加耶文化硏究所 編(신서원), pp.97~122.
58 趙榮濟, 2002, 「考古學에서 본 大加耶聯盟體論」, 『第8回 加耶史學術會議 盟主로서의 금관가야와 대가야』, 金海市, pp.41~67.; 하승철, 2014, 「남강수계와 남해안지역 가야문화」, 『가야문화권 실체 규명을 위한 학술연구』, 가야문화권 지역발전 시장군수협의회, pp.284~326.

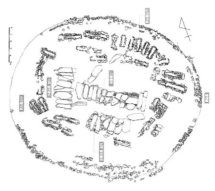

그림 8 | 대가야 순장묘(좌, 단곽순장 지산동32호분 우, 다곽순장 지산동44호분)

기의 부장실을 설치하였다. 그리고는 이 석실을 둘러싸며 부채살 모양과 원주형으로 32개의 순장곽을 배치하고 있다.

한편 대가야 순장고분 중 가장 이른 시기인 5세기 초엽에 축조된 지산동 73호분은 내부주체공간의 구조가 목곽인데도 불구하고 호석과 대형봉토를 갖추고 있어 가야지역 전체에서 처음 확인된 묘제이다. 특히 목곽 벽재 뒷면의 충전보강석 상태는 상당범위에서 마치 석벽을 쌓은 듯 비교적 정연한 상태를 보여 석실로 착각할 정도이다. 그리고 묘광내 충전보강석 안에 3기의 순장곽을 축조하였다. 주곽의 양쪽 장변 보강적석 내부에 1기씩과, 부장곽의 서장변 보강적석 내부에서도 순장곽 1기를 축조하고 봉토 속에도 1기를 배치하여 순장곽은 모두 4기이다. 순장은 주곽 안의 주인공 발치에 3인, 부곽에 2인, 주곽 장벽에 설치된 순장곽에는 남녀가 머리를 반대로 2인씩 배치되어 모두 11인이 된다. 〈그림8〉

이와 같이 묘제와 토기양식의 분포로 본 대가야 영역은 중심지인 고령에서 서남쪽으로 합천, 거창, 함양, 산청을 거쳐 남원 운봉고원과 장수지역을 포함하는 전북 동부지역과 섬진강유역의 하동지역, 섬진강을 넘어 전남 동부지역인 순천, 광양에 이르는 광범위한 지역을 포함하고 있다.

IV. 가야사 연구의 고고학 과제

1. 전북 동부지역(장수) 고총고분의 발굴조사

장수, 진안지역은 전라북도의 동부에 위치하여 험준한 소백산맥의 지류들이 모여 해발 400m이상 되는 산간지역을 이루는 곳이다. 금강의 상류에 해당하는 수계에 위치한 이곳은 백제와 가야의 접경지대로 문화적 교류지역이라고 생각되지만 최근의 조사에 의하면 의외로 이곳에는 대가야식 고총고분들이 열지어 분포하고 대가야식 토기들이 주류로 출토되고 있다. 그리고 2014년 장수군 관내 봉수유적 2개소(영취산 봉수유적과 봉화산 봉수유적)에 대해 발굴 조사를 실시한 결과 당시의 봉수 관련 유구는 거의 없어졌지만 고령 양식 토기편을 비롯한 유물들이 출토됨으로써 가야시대에 이 두 곳이 동시에 봉수로 쓰였을 가능성이 아주 크다는 사실이 밝혀진 것이다.[59] 이 자료에 대하여 대가야의 고대국가론을 뒷받침하는 자료로 보는 견해와[60] 장수권 가야세력의 독자성을 강조하는 고고자료로서 파악하는[61] 견해로 나누어진다. 이에 대하여 아마도 대가야의 가장 변경이었던 장수군에서 일어난 큰 사건, 이를테면 백제군의 침입과 같은 사건을 영취산 봉수에서 봉화산 봉수로 전달해 다시 그 봉수 바로 남쪽에 소재한 아막성으로 알렸을 것으로 보는 견해도 있는데[62] 가능성 있는 추론으로 생각된다.〈그림9〉

따라서 이 지역을 정밀 발굴 조사함으로써 고고자료를 통한 가야의 실체를 확인할 수 있을 것이며, 이와 함께 최근 제기되고 있는 운봉고원의 철산유적도 함

---

59   군산대학교박물관, 2014, 「장수군 관내 봉수 2개소 시·발굴조사 학술자문위원회 및 현장
      설명회 자료(2014.04)」
60   이동희, 2016, 「후기가야 고고학 연구의 성과와 과제」, 『韓國古代史研究』 85, pp. 105~151.
61   곽장근, 2014, 「전북 동부지역 가야문화」, 『가야문화권 실체규명을 위한 학술연구』, 가야문
      화권 지역발전 시장·군수협의회, pp. 369~412.
62   이희준, 2014, 「고고학으로 본 가야」, 『가야문화권 실체규명을 위한 학술연구』, 가야문화권
      지역발전시장·군수협의회, pp. 135~196.

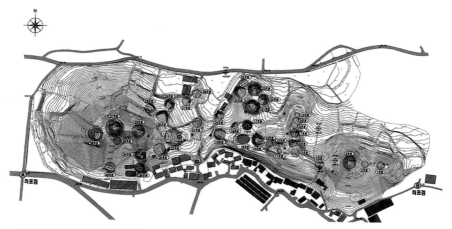

그림 9 | 남원 유곡리 · 두락리 고분군 분포도

께 발굴하여 이 지역 정치체의 실상을 규명할 수 있을 것이다.[63] 이것은 또한 가
야 국가단계를 확인하는 계기가 될 것이다. 이밖에 발굴조사가 미진한 중심고분
군의 실체파악이 필요한 합천 삼가고분군이나 산청 중촌리고분군의 고분과 가
야사의 발전단계를 규명할 수 있는 종합적인 조사가 필요하다.[64]

2. 가야의 국가단계 규명을 위한 자료의 확보

주지하는 바와 같이 근래에 들어 여러 가야의 국가발전 단계에 대한 논의가
활발히 이루어지고 있는 상황에서 고고자료의 조사와 연구로 이를 뒷받침할 수
있는 자료에 관심을 기울일 필요가 있다. 오랜 전통을 가진 연맹체설은『삼국유
사』5가야조 등 주로 문헌자료에 입각하여 가야 여러 나라의 수준을 연맹왕국 단

63   곽장근, 2017,「호남권의 조사 현황과 과제」,『가야문화권 조사 · 연구 현황과 과제』, 문화재
     청 · 국립문화재연구소[가야 · 나주 · 경주], pp. 115~140.
64   趙榮濟, 2017,「영남 서부권의 조사 현황과 과제」,『가야문화권 조사 · 연구 현황과 과제』, 문
     화재청 · 국립문화재연구소[가야 · 나주 · 경주], pp. 103~112.

계로 보는 것에서부터 시작하였다. 그러나 연맹체설도 연구의 진전에 따라 전기 가야연맹, 후기가야연맹, 대가야연맹, 지역연맹체론 등으로 분화되고 있다. 이에 비해 고대국가론은 주로 고고자료를 중심으로 주장하는 것으로, 대가야 고총 고분의 위계와 고분 출토유물로 볼 때 대가야는 고대국가단계까지 발전하였다고 보는 설과, 부체제의 실시와 중앙과 지방의 개념이 존재한 것으로 보아, 연맹 왕국을 넘어 고대국가 단계로 발전한 것으로 보기도 한다.

이와 관련된 것으로 가야의 왕성(왕궁)에 대한 조사도 함께 이루어져야 가야의 국가단계 상태도 확인할 수 있을 것이다. 이미 김해의 봉황대유적에서 왕궁터로 추정되던 곳에서 '봉황토성鳳凰土城'으로 명명된 5세기 초경의 왕성을 발굴하였다.[65] 체성 폭 8m 정도로 외벽과 내벽 기단을 3단의 석축을 올라가며 들여서 쌓고 그 사이를 흙으로 판축해 쌓아 올렸으며 판축토성 상면의 중심부에서는 목책열로 생각되는 주혈의 일부가 확인되었다. 그러나 그것만 가지고 왕성이라는 증거는 부족하다고 생각된다. 〈그림10〉

또 고령 연조리의 전 대가야궁성지에서 북쪽으로 연결된 평탄지에 단면 U자형의 해자와 해자 밖의 경사면에 3열의 석축을 쌓고, 석렬 사이를 판축식으로 흙

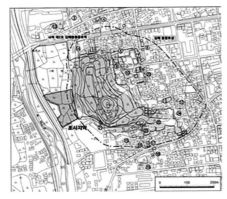

그림 10 | 가야의 왕궁과 산성(좌, 김해봉황토성 우, 고령 주산성)

---

65   경남고고학연구소, 2005, 『봉황토성』.

을 다져 쌓은 토성이 확인되어 대가야 왕성의 가능성을 보여주었다.[66] 그러나 이역시 극히 적은 면적 일부이며, 교란 등으로 왕성임을 증명하기에는 매우 미흡하였다. 그리고 최근에는 함안 가야리에서도 아라가야 추정왕성지가 일부 발굴되었다. 성벽외곽을 따라 2열의 목책열과 긴 고상건물지와 수혈건물지 등이 확인되어[67] 왕궁을 지키는 군사시설일 가능성이 제기되었지만 좀 더 광범위하고 계획적인 발굴조사 필요한 상황이다. 이러한 정밀발굴을 통하여 문헌의 연구 성과와 보완하면 가야의 국가발전 단계를 규명하고 가야사의 실체에 접근할 수 있을 것이다.

3. 가야의 석축 산성과 관방유적의 확인

종래까지 가야에는 석축산성이 없었다고 보는 것이 성곽연구자들의 공통적인 견해였다. 그것은 지금까지 가야산성에 대한 발굴조사가 적었던 점도 있지만, 유력한 가야산성으로 알려졌던 함안 성산산성의 조사결과 신라의 목간이 다량출토 되어 신라산성의 가능성을 제기한 이래 하동의 고소산성에서도 백제유물만 출토된다는 이유로 가야의 석축산성에 대한 부정적 견해가 다수를 차지하였던 것이다.

그러나 대동문화재연구원이 2011년 12월부터 2012년 3월까지 실시한 고령 주산성의 정비를 위한 발굴조사에서 외성벽, 내탁부, 기초부와 보강부, 출입로, 추정집수지, 물막이시설, 배수시설, 도로 등 성벽과 관련유구가 확인되었다. 석축의 축조기법과 상태 등 구조와 대가야 토기 등의 출토유물을 종합적으로 볼 때 6세기 전반 경에 축조된 대가야의 석축산성임이 분명한 것으로 보인다.[68] 또

---

66   (재)가온문화재연구원, 2017, 「고령 연조리(594-4번지) 단독주택 신축부지 내 유적 학술자 문회의 자료집」(2017. 6. 16).

67   국립가야문화재연구소, 2018, 「함안 아라가야 추정왕성지-발굴조사 2차 현장 설명회 자료」 (2018. 12. 18).

68   대동문화재연구원, 2014, 『고령 주산성 I 』

제1장 | 가야와 대가야   45

한 낙동강에 면한 고령 봉화산의 조선시대 봉수시설 아래층에서 대가야 석축보루(산성)가 확인되어 맞은편의 신라산성에 대비하는 대가야의 관방시설이며 관문성의 역할을 하는 시설로 밝혀진 바 있다.[69] 〈그림10〉

이와 같은 정황으로 보아 『일본서기』계체기 8년(514년) 기사에 대사帶沙(하동)에 성을 쌓았다는 내용을 참고하면, 하동에서 향후에 대가야의 성이 확인되리라 본다.[70] 특히, 주목되는 유적은 섬진강변에서 가장 탁월한 입지를 가지고 있는 고소성이다. 하동 고소성 시굴조사 결과, 신라와 백제의 유물만 보고된 바 있다.[71] 하지만, 고소성의 조사가 제한적으로 이루어졌고, 바로 인근에 자리한 하동 흥룡리 유적[72]에서 5세기말-6세기초의 대가야 고분과 6세기 중후엽의 백제고분이 계기적으로 연결되고 있어 하동 고소성에 대한 정밀발굴조사를 하면 백제유구층 아래에서 대가야 관련 유구와 유물이 출토될 것으로 추정된다.

이렇게 가야의 산성과 봉수 등 관방유적을 조사하면 6세기 초 대가야가 백제와 왜에 대비하고자 산성과 봉수를 설치했다는[73] 문헌기록을 확인할 수 있을 것이며, 논란이 있는 가야지역 봉수의[74] 성격을 밝힐 수 있어 고고자료와 문헌이 공동으로 연구할 수 있는 바탕이 되고, 가야사 복원에 실질적 진전을 이루는 좋은 계기가 될 것으로 확신한다.

---

69 대동문화재연구원, 2017, 「烽火山城-현장공개 현장 설명회 자료집」(2017. 6. 20).

70 이동희, 2016, 「후기가야 고고학 연구의 성과와 과제」, 『한국고대사연구』 85, pp.105~151.

71 심봉근, 2000, 「하동 고소성에 대하여」, 『섬진강 주변의 백제산성』, 제23회 한국상고사학회 학술발표대회.

72 동아세아문화재연구원, 2012, 『하동 흥룡리고분군』.

73 李永植, 2017, 「가야사의 문헌사적 연구 현황과 과제」, 『가야문화권 조사·연구 현황과 과제』 문화재청·국립문화재연구소[가야·나주·경주], pp.1~35.

74 조명일, 2012, 「금강 상류지역 산성 및 봉수의 분포양상과 성격」, 『湖南考古學報』 41, pp.67~90.

V. 맺음말

가야사의 복원은 근래 매우 활발하게 전개되고 있지만 객관적 자료에 기초하지 않고 정치적 목적과 연계되어 진행될 경우 자칫 지역이기주의에 매몰됨으로써 또 다시 지역사에 편중되어 논란만 가중될 위험성이 있으므로 조심해야 한다. 이제 더 이상의 새로운 문헌사료를 기대하기 어려운 현실에서 가야사복원에 절대적으로 중요한 것은 고고학 자료이다. 그렇다고 해서 고고자료만 가지고 가야사를 연구할 수 없는 것 또한 사실이다. 이러한 상황에서 고고학 자료로 통하여 가야의 개념과 정의, 그 영역을 명확히 하는 것은 가야사연구의 활성화와 객관화를 위해서 꼭 필요한 조건 중 하나이다.

그러므로 이상에서 가야 고고자료 중 핵심이라 할 수 있는 가야 수장층 분묘인 고총고분의 묘제와 토기, 위세품등을 분석하여 고고학으로 본 가야의 개념과 영역을 살펴보고 그것들이 지역별로 어떤 특성을 가지고 있는지와 그 영역을 알아보았다. 그 결과를 요약하면 아래와 같다.

첫째, 「가야묘제」의 틀을 세우기 위한 분석의 요소로 들 수 있는 것은 외형적 조건으로서의 고분의 입지와 봉토의 크기 및 호석의 유무이며, 내부적 조건으로서는 매장부의 축조재료 및 평면형태, 출토유물 특히 토기의 조합관계와 양식 등 이다. 이와 같은 분석기준에 의해 설정한 가야묘제는 목관묘, 목곽묘, 석곽묘, 석실묘로 발전하는 단계가 된다. 이것이 가야묘제라고 정의할 수 있다.

둘째, 출토유물 중 토기의 조합상은 가야지역을 구분하는 중요한 지표인데, 가야 토기로 설정할 수 있는 주요 기종으로는 고배, 장경호, 발형기대 등이다. 이들 가운데 가장 주류를 이루는 것은 장경호와 고배이다. 구형몸체에 긴 목이 달린 장경호는 목부분과 동체를 연결하는 부분이 부드럽게 연결되어 S자형 곡선을 이루며 이어지고 있다. 전체적으로 곡선미와 함께 예술적 감각이 두드러진 특징이 잘 나타난다. 고배는 장경호와 함께 가야토기의 특색을 대표할만한 기종인데, 뚜껑과 배신부가 납작하며, 대각이 나팔처럼 크게 곡선을 이루며 벌어져 전체적으로 안정감을 준다. 대각에는 방형 투공이 상하 일치되게 2단으로 배치되고 있다. 다음 가야의 위세품은 초화형 관모와 귀걸이, 장식대도 등이 대표적인 사례이다. 이식의 가장 큰 특징은 세환에 사슬형 연결금구와 공구체형 중간식을 조합한 것이며, 환두에 용이나 봉황문을 베푼 장식대도는 고대국가에서 힘과 지배력을 상징하는 위세품이라 할 수 있다.

셋째, 이와 같은 고총과 유물이 공통적으로 출토되는 지역을 고고학적으로 가야로 인식할 수 있다. 그러나 가야사도 역사시대의 한 부분이므로 고고자료로만 일방적으로 판단하는 것은 오류가 있을 수 있으므로 문헌사의 연구 성과를 함께 고려할 필요가 있다. 가야의 전체역사는 과정과 관계성의 역사로 인식하여 전기론과 전사론을 굳이 나누어 선을 긋지 말고 통합적으로 접근하는 것이 적절할 것으로 생각된다. 고고학으로 본 가야의 영역은 낙동강 중류, 대구의 금호강에서 가야산을 잇는 서안과 남해안에 해당된다. 다만 서쪽은 섬진강을 넘어 전남 동부지역인 순천, 광양이 포함되고, 지리산을 넘어 금강 상류인 진안, 장수의 진안고원과 남원의 운봉고원 동쪽이 가야의 권역이 되는 것이다. 그러므로『삼국유사』오가야조에 가야로 나오는 창녕의 비화가야, 성주의 성산(혹은 벽진)가야, 상주(함창)의 고령가야는 고총고분의 묘제와 출토유물이 모두 신라양식이므로 고고자료로 보면 이들을 가야로 인정할 수 없는 것이다. 다만 창녕 지역은 신라에 복속된 시기에 대한 논란이 있는 지역이다.

넷째, 가야의 묘제와 토기, 위세품 등 유물은 가야의 공통성을 가지면서도 세부적으로 보면 자기만의 지역색을 강하게 가지고 있어 가야고고학의 특징을 보이고 있는데,『삼국유사』에 기록된 특정가야와 일치하고 있어 흥미 있는 일이다. 그 지역성은 묘제와 토기에서 모두 나타나는데 김해의 금관가야권역, 함안을 중심으로 한 아라가야권역, 고성을 중심으로 진주, 사천 등의 소가야권역, 고령을 중심으로 합천, 거창, 함양, 산청, 하동 등 경남서부지역과 남원, 장수, 진안, 순천, 광양 등 호남 동부지역에 이르는 대가야권역 등이다.

다섯째, 가야사 복원을 위한 고고학의 과제도 여러 분야에 걸쳐 상당히 많이 제기되고 있지만, 근래 고총고분과 제철유적, 봉수유적 등 새롭게 부상한 호남 동부지역의 고총고분 등 가야유적에 대한 계획적이고 차분한 발굴조사가 우선되어야 한다. 그리고 가야의 국가발전단계를 밝혀주는 단서가 될 가야의 왕궁이나 궁성, 토성과 산성 등 관방유적에 대한 발굴조사가 시급하다고 하겠다. 이러한 고고자료의 해석과 역사 복원에는 고고학과 문헌사 연구자들의 상호 보완과 협력이 절대적으로 필요한 과제이다.

2_ 묘제로 본 가야사회

I. 머리말

근래에 이르러 가야에 대한 관심이 높아지고 있는 가운데 가야사를 새로운 각도에서 다루어 보려는 노력이 많이 시도되고 있어 고무적인 현상이라 하겠다. 그러나 역시 가야사료의 절대부족으로 문헌사료만으로는 더 이상의 진전을 기대하기 어려운 것도 또한 사실이다. 이러한 가운데 최근에는 가야 고분 자료의 증가에 힘입어 가야사를 좀 더 발전적으로 보려는 경향이 대두되면서 가야 각국사에 대한 고고학 연구가 활발히 진행되고 있다고 하겠다.

따라서 이에 대한 보다 실증적인 접근을 하기 위해서는 고고학 자료와 문헌사료의 접목이 반드시 필요하다는 것도 주지의 사실이다. 고고학 자료를 통한 가야사의 접근은 여러 가지가 있지만 묘제에 의한 접근은 꼭 필요한 방법이다. 고고학 자료가운데서도 당시 정치체의 성격과 사회상이 많이 반영되어 있고 그 전통이 잘 변화되지 않아 지속적 관찰이 가능한 것이 묘제이기 때문에 이것은 매우 유익한 방법의 하나라고 생각된다. 특히 가야 지역의 고총 고분을 중심으로 한 묘제는 시기별 변화양상과 지역차가 드러나고, 그것이 일정부분 그 지역의 정치집단의 성격이 반영된다고 생각되어 가야의 정치 사회 복원에 매우 필요한 자료가 될 것이다.

본 연구는 이상과 같은 필요성 인식에 따라 가야 지역 묘제의 시기별 변화 양상과 지역별 묘제의 차이를 분석하여 가야사회의 발전과 지역간의 관계를 밝히는 데 목적을 둔다. 그러한 목적을 달성하기 위하여 가야 정치체 가운데 대표적 세력이었던 김해의 금관가야, 함안의 아라가야, 고령의 대가야지역의 묘제의 변화와 지역차를 집중 분석하여 묘제를 통해 본 가야의 사회상을 규명해 보려고 한다.

II. 가야지역 묘제의 유형과 분포

1. 목관묘木棺墓와 목곽묘木槨墓

1) 목곽묘의 형성

목곽묘는 땅에 구덩이를 파고 시신을 나무관에 넣어 매장하는 목관묘가 생산력이 증대되고 사회가 발전하면서 분묘가 단순히 시신을 매장하는 시설에서 신분과 권력을 과시하고 이를 확대 재생산하는 의미로 변모되어 나타난 묘제이다. 목곽묘는 기본적으로 목관묘의 목관을 보호하는 시설로 판자나 각재角材 혹은 통나무로 곽을 짜서 목관을 덧씌운 형태라는 것은 주지의 사실이다.[1] 그런데 이렇게 목관묘에서 목곽묘로의 확대발전이 단순히 목관을 보호하는 장치가 하나 늘어나는 것에 그치는 것이 아니라 정치사회적인 복합적인 의미가 내포되어 있기 때문에 가야묘제로서 목곽묘는 가야사회 변화에 지대한 영향을 미친 매우 중요한 요소의 하나이다. 특히 원삼국시대 영남지방에서 시작된 목관묘에서 목곽묘로의 변화 과정은 가야뿐만 아니라 초기신라의 발전에도 중요한 발판의 하나로 작용하고 있다고 할 수 있다.

목관묘나 목곽묘는 땅에 구덩이를 파고 나무관을 묻은 묘제이기 때문에 나무가 썩어 없어지면 구덩이만 남게 되어 목관 없이 시신을 그대로 묻은 소위 '순수

---

1   金元龍, 1986,『韓國考古學槪說』, 一志社, pp. 116~117.

움무덤'과 차이가 없게 된다. 따라서 보통 토광묘土壙墓라고 불러 왔으나, 내부에서 목관이나 목곽의 흔적이 확인됨으로서 순수토광묘와 구분하기 위하여 일반적으로 토광목관묘나 토광목곽묘로 부른다.[2] 한편 이 토광목곽묘의 변화가 가야 정치체 발전의 시발점이 된다는 점과[3] 영남지방의 특징적인 묘제를 강조하는 의미에서 목곽묘로[4] 부르는 경향이 강하지만 신라의 적석목곽분積石木槨墳이나 낙랑의 목곽묘와 구분하는 의미에서도[5] 가야의 목곽묘는 토광목곽묘로 부르는 것이 합리적이라 생각된다. 그러나 이 글은 한반도 전체의 묘제를 논하는 것이 아니고 가야의 특정 묘제를 대상으로 하므로 특별한 경우가 아니면 설명의 중복을 피하기 위하여 토광목관묘는 목관묘로, 토광목곽묘는 목곽묘로 표기한다.

가야지역의 목관묘는 기원전 2세기후반 낙동강하류지역에 나타나기 시작하여 가야지역뿐만 아니라 영남지역 전체에 퍼져 있었다. 물론 이 목관묘는 중국이나 만주를 포함한 서북한 일대의 초기철기시대 묘제에서 유래되어 한반도 전역에 퍼져 있는 토광묘(목관묘)와 맥을 같이 하는 것이므로 이 시기의 목관묘는 가야뿐만 아니라 영남전역과 호남, 중부지방과도 공통된 묘제이다.[6]

그 후 영남지역의 목관묘는 한반도 북쪽 고조선의 정치적 변동에 따른 유이민 이동이나 한-낙랑과의 교역과 문화적 영향을 받아 규모가 커지기도 하고, 유물 부장위치나 부장유물의 종류와 양이 많아지고 동경이나 철기 등 유물의 질적 변화를 거듭한다. 즉, 묘광의 규모가 길이 200cm내외, 너비 100cm미만, 깊이 90cm미만의 소형에서 길이 200~300cm내외, 너비 80~180cm, 깊이 43~205cm의 대형으로 변하지만 입지의 탁월성이나 유물의 월등한 차별성이 두드러지는 현상은 나

---

2 崔秉鉉, 1992, 「신라와 가야의 墓制」 『韓國古代史論叢』 3, pp. 5~59.
3 申敬澈, 1992, 「金海禮安里 160號墳에 對하여 -古墳의 發生과 관련하여-」 『伽耶考古學論叢』 1, pp. 107~167.
4 이재현, 1994, 「영남지역 목곽묘의 구조」 『嶺南考古學』 15, pp. 53~88.
5 金元龍, 1986, 앞의 책, pp. 116~117.
6 崔秉鉉, 1992, 앞의 논문.

타나지 않고 있다. 그러므로 이와 같은 목관묘 단계까지는 아직 가야묘제로 보기 어렵다[7]. 이 시기의 가야지역 목관묘 유적은 낙동강 하류의 김해 양동리유적, 남해안의 창원 다호리, 도계동유적, 남강 하류의 함안 도항리유적 등이 조사되었는데[8] 대개 비슷한 양상을 보이고 있다. 그러나 마침내 서기2세기 전반에는 대형목관묘와 함께 목곽묘가 등장하게 된다.[9]

그러나 가야지역의 목곽묘가 보편화되는 것은 대체로 2세기 후반부터 3세기에 들어서라고 생각되는데, 이때부터 여러 가지 변화가 나타나게 된다. 즉, 분묘의 입지가 평지에서 구릉으로 옮겨가고 주위의 다른 고분보다 규모가 큰 대형분은 구릉의 정상부에 자리잡고 부장유물도 토기가 다량으로 늘어날 뿐 아니라 철제 무구류가 부장 되어 구릉사면에 입지하는 소형분과 차별화된다. 이와 같이 고분 입지의 우월성과 규모의 확대, 부장유물의 양과 질의 차이 등이 현저하게 변화되는 것이 목곽묘 단계부터이다. 이러한 변화를 통해 가야 각 지역에서 정치체가 발생하고, 나아가 소국이 성립되는 것으로 파악된다.

2) 목곽묘의 변화와 유형

그러한 변화가 시작되는 대표적인 목곽묘가 김해 양동리 162호분인데, 묘광의 길이 494㎝, 너비 344㎝, 깊이 123㎝로 비교적 얕은 묘광에 평면 방형의 형태이다.[10] 이와 같이 묘광의 길이가 5m로 대형화 될 뿐 아니라 부장유물도 내행화문경內行花文鏡 등의 한경漢鏡, 철복鐵鍑, 재갈, 다량의 판상철부, 유리구슬 목걸이 등이 출토되어 권력의 집중화가 이룩된 수장묘의 모습을 보여주고 있다. 이러한 방형 평면의 대형 목곽묘는 부산 노포동, 울산 하대나 경주 조양동유적에서 공

---

7   林孝澤, 1993, 「洛東江下流域 加耶의 土壙木棺墓 硏究」, 漢陽大學校 大學院 博士學位 論文.

8   李柱憲, 1994, 「三韓의 木棺墓에 대하여 -嶺南地方 出土 資料를 中心으로-」 『고문화』 44, pp. 27~50.

9   林孝澤, 1993, 앞의 논문.

10   林孝澤, 郭東哲, 2000, 『金海良洞里古墳文化』, 東義大學校博物館.

통적으로 보이고 있고, 또 묘광 길이 3~4m의 소형목곽묘는 이외에도 가야지역의 창원 도계동, 함안 도항리, 고령 반운리, 합천 저포리 유적과 대구나 경산지역에도 분포되어 있어 이 시기 목곽묘는 영남지역의 공통된 묘제라고 생각된다.

그러나 장폭비 1:1의 방형목곽묘는 3세기 후반부터는 가야지역은 김해를 중

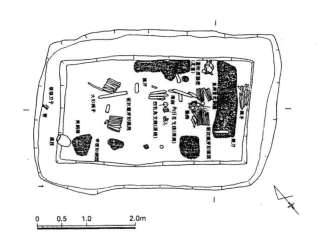

① Ⅰ류형 단곽목곽묘(김해 양동리162호분)

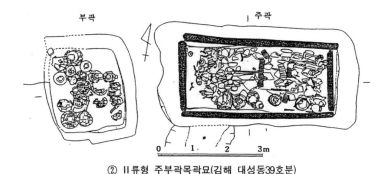

② Ⅱ류형 주부곽목곽묘(김해 대성동39호분)

그림 1 | 목곽묘의 유형(Ⅰ, Ⅱ유형)

심으로 장폭비 2:1의 장방형 목곽묘로 변화하게 되는데 대체로 2가지 유형으로 나누어진다.〈그림1〉

제1유형은 평면장방형으로 묘광이 깊어지면서 대형화되고 후장과 순장이 이루어지는 단곽목곽묘이다. 김해지역에서 시작되는 이 유형은 대성동29호분이 대표적인 것으로 묘광의 길이 960㎝, 너비 560㎝의 대형화되고 순장이 행해지는 등 전시기와 비교할 수 없을 정도의 급격한 변화가 일어나 최고수장묘가 된다.[11] 김해지역 이외 다른 지역에서는 함안 도항리[12], 고령 쾌빈리에[13] 일부 이 유형의 대형목곽묘가 축조되고 있으나 늦은 시기이며 그 지역에서 최고지배층의 묘제가 되지 못하고 고총고분은 수혈식 석실분으로 변하게 된다.

제2유형은 제1유형인 단곽목곽묘에 부곽이 추가되어 평면형태가 일자형日字形을 이루는 주부곽식主副槨式 목곽묘이다. 이것은 예안리 160호분에서 보이는 것처럼 4세기에 이르러 평면형태가 장방형으로 정형화되면서 묘광도 더 깊어지고 부곽이 발생하게 된다.[14] 이러한 형태의 목곽묘를 김해식(금관가야식) 목곽묘로 부르기도 하는데[15], 대형 주부곽식 목곽묘는 김해지역의 최고 지배층 묘제로 5세기까지 계속되지만 다른 지역에서는 축조되지 않는다. 다만 합천 옥전고분군의 경우는 제1유형 목곽묘에서 제2유형 목곽묘로 발전하여 대형목곽묘가 최고지배층의 묘제로 축조되어 고총고분이 되지만[16] 이것도 5세기후반 이후는 대가야식

11 申敬澈, 金宰佑, 2000,『金海大成洞古墳群Ⅰ』, 慶星大學校博物館.; 申敬澈, 金宰佑, 2000, 『金海大成洞古墳群Ⅱ』, 慶星大學校博物館.

12 洪性彬, 李柱憲, 1993,「咸安 말갑옷(馬甲)出土 古墳 發掘調査槪報」『文化財』 26, pp. 116~164.

13 嶺南埋藏文化財研究院, 1996,『高靈快賓洞古墳群』.

14 申敬澈, 1992, 앞의 논문.

15 申敬澈, 2000,「금관가야의 성립과 연맹의 형성」『가야각국사의 재구성』, 부산대학교 한국민족문화연구소, pp. 27~62.

16 합천 옥전고분군 중 필자가 대형목곽묘로 판단하고 있는 옥전M1, M2, M3호분에 대하여 발굴보고서에서는 수혈식 석실분으로 기술하고 있다. 趙榮濟, 朴升圭 1990,『陜川玉田古墳群Ⅱ』, 慶尙大學校博物館.; 趙榮濟 외, 1992,『陜川玉田古墳群Ⅲ』, 慶尙大學校博物館.

수혈식 석실분으로 변화하고 있다.[17]

2. 수혈식석실분

1) 수혈식석곽묘의 변화

　수혈식묘제란 땅을 파고 판석이나 할석으로 매장부의 4벽을 쌓고 시신을 위에서 아래로 매장하는 묘제로 석관묘(석상분), 석곽묘를 통칭하는 말이다. 시신의 매장방법으로만 따진다면 목관묘나 목곽묘도 수혈식이라 하겠지만 일반적으로는 돌로 벽을 축조한 석관묘나 석곽묘를 의미한다.[18] 그리고 석곽묘중에서 길이×너비×깊이의 규모가 5㎥이상의 체적을 가진 석곽묘를 수혈식 석실묘라고 부른다.[19] 이에 대하여 횡혈식석실분만 석실분이고 수혈식은 크기에 관계없이 석곽묘라는 주장도 있지만,[20] 횡구식이나 횡혈식 고분 중에는 규모가 아주 작아 석실로 부를 수 없는 소형도 있어[21] 매장 방법의 대표성만으로 실室과 곽槨을 구분하는 것은 고분의 사회·문화적 성격을 제대로 반영하지 못한다고 생각한다. 즉, 수혈식 석실묘는 단순히 규모의 대형과 소형에 따르는 단순한 구분이 아니라 입지의 탁월성, 고대한 봉분, 부장품의 수량과 품격의 차별성, 묘장墓葬의 형태 등을 종합적으로 구분한 용어이므로[22] 여기서는 수혈식석실묘로 쓴다. 이 수혈식석실분은 가야 각 지역 정치체의 최고지배층 묘제로 발전하여 가야사회의

17　17) 金世基, 2000,「古墳資料로 본 大加耶」啓明大學校大學院 博士學位論文, pp. 94~98.

18　　金世基, 1985,「竪穴式墓制의 研究 -加耶地域을 中心으로-」『韓國考古學報』17·18, pp. 41~89.

19　金鍾徹, 1982,「大加耶墓制의 編年研究 -高靈池山洞 古墳群을 중심으로-」『韓國學論集』9, 啓明大學校韓國學研究所, pp. 131~160.

20　金元龍, 1986,『韓國考古學概説』, 一志社, pp. 219~228.; 崔秉鉉, 1992,「신라와 가야의 墓制」『韓國古代史論叢』3, pp. 5~59.

21　曺永鉉, 1994,「嶺南地方 橫口式古墳의 研究(Ⅰ) -類型分類와 展開를 中心으로-」『伽耶古墳의 編年 研究 Ⅱ』(第3回 嶺南考古學會學術發表會 發表 및 討論要旨), pp. 53~74.

22　金世基, 1983,「加耶地域 竪穴式墓制의 研究」啓明大學校大學院 碩士學位 論文.

변화와 성격을 이해하는데 가장 핵심적이고 의미 있는 묘제라고 할 수 있다.[23]

　삼국시대 한강이남 지역에 광범위하게 분포되어 있었던 묘제는 목곽묘와 함께 수혈식석곽묘이다. 수혈식 묘제는 판석조 석관묘와 할석조 석곽묘로 구분되지만 이들 중 소형고분들은 축조재료와 방법 등 구조상으로는 선사시대 것인지 가야시대 것인지 구분하기 어렵다. 이것은 가야시대의 수혈식 묘제가 대체로 석관묘나 지석묘의 하부구조인 선사시대 석곽묘의 전통을 이어 계속 축조되어 온 것을 말해주는 것이다.[24] 이와 같은 석곽묘가 5세기 전반에는 고총고분인 석실묘로 발전하게 되는데, 이러한 확대 발전계기가 선사시대 묘제에서 그대로 석실분으로 발전되는 것이 아니라 목곽묘에서 석실분으로 발전되었다는 견해가 제시되었다. 즉, 부산 복천동 고분군에서 보이는 것처럼 대형 목곽묘에서 토광과 목곽 사이는 충전토로 채우는데 이를 보강하기 위하여 충전토에 돌을 채워나가다가 점차 흙 대신 돌로 충전하는데서 대형 석곽묘(석실묘)로 발전되었다는 것이다.[25] 그러나 선사시대 석곽묘와 가야시대 석곽묘를 연결하는 원삼국시대 석관묘(석곽묘)도 발굴 조사된 바 있고,[26] 고령지산동고분군에서는 석곽분에서 석실분으로 발전해 가는 중간 단계로 볼 수 있는 중형분이 발굴되기도 하였다.[27] 이와 같은 사실에서 볼 때 석곽묘에서 석실분으로의 확대발전은 목곽묘에서 석실묘로 변화된 것이 아니라 선사시대 이래 지속되어온 석곽묘의 전통에 대형 목곽묘의 보강석 축조의 방법이 결합하고, 정치사회의 발전에 따른 지배층의 고분에 대한 인식 변화 등이 복합 작용하여 일어난 것이라고 생각된다.

　수혈식 석실분은 평면형태가 장폭비 5:1의 세장한 형태로 정형화되어 가야지

23　金世基, 1995, 「大伽耶 墓制의 變遷」 『加耶史硏究 -대가야의 政治와 文化-』, 慶尙北道, pp. 301~364.

24　金世基, 1985, 앞의 논문.

25　崔秉鉉, 1992, 앞의 논문.

26　安春培, 1984, 『昌原 三東洞 甕棺墓』, 釜山女子大學博物館.

27　金世基, 1995, 앞의 논문.

역 고총고분의 대부분을 차지하고 있으며, 지역적으로도 가야전지역을 망라하고 있어 가야지역 지배층 묘제의 핵심이라고 할 수 있다. 그런데 가야지역의 고총고분은 봉토내부의 묘실구조에 따라 세 가지 유형으로 나누어진다.

2) 수혈식석실분의 유형

제1유형은 단실구조로 한 봉토 안에 매우 세장한 수혈식 석실 1기만 축조하는 유형으로 함안 말이산고분군 등 주로 함안지역에 분포한다. 단실식 석실의 중앙에는 주인공이 안치되고 발치에는 주인공과 직교하는 방향으로 고분의 규모에 따라 2~6명의 순장자를 매장하고 있다. 그리고 석실 장벽과 단벽에는 벽감壁龕을 설치하는 것이 특징이다.[28] 이와 같은 벽감단실분 구조는 주로 함안지역에만 분포하며 아라가야식 토기가 출토되고 있어 아라가야식 묘제라 할 수 있다.〈그림2〉

제2유형은 호석으로 둘러진 한 봉토 안에 주석실과 소형 순장석곽으로 이루어진 다곽석실분 구조로 고령지산동고분군에서 5세기 전엽에 나타난다. 이 묘형에서 주실에는 물론 묘의 주인공이 묻히며 석곽에는 순장자가 묻히는 고분이다. 물론 순장자는 주실의 주인공의 발치나 머리맡에도 부장품과 함께 매장되는 경우가 많다. 처음에 주석실 하나에 순장곽 하나만 배치된 단곽순장형태에서 규모가 커지면서 주실 외에 부장품용 석실이 추가되고 순장석곽도 5개, 11개, 32개로 늘어난다.

이와 같은 순장곽과 석실로 이루어진 다곽석실분이 분포하는 지역은 고령의 지산동고분군과 본관리동고분군, 합천 반계제고분군, 봉계리고분군, 옥전고분군, 함양 백천리고분군, 산청 생초리고분군 등으로 출토유물에서도 대가야양식 토기가 주류를 이루고 있어 제2유형은 대가야식 묘제라 할 수 있다.[29]〈그림3-①〉

28　李杜憲, 2000,「阿羅伽耶에 대한 考古學的 檢討」『가야각국사의 재구성』, 부산대학교민족문화연구소, pp.219~285.

29　金世基, 2000,「古墳資料로 본 大加耶」, 啓明大學校大學院 博士學位論文, pp.73~117.

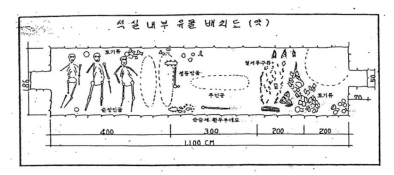

① 도항리8호분의 석실평면도

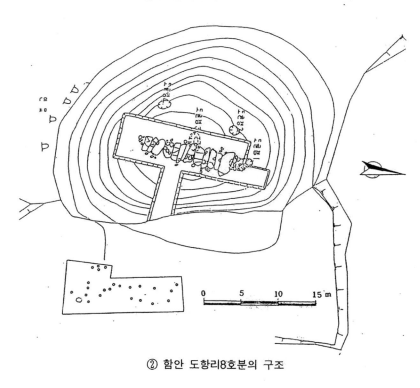

② 함안 도항리8호분의 구조

그림 2 | 수혈식 석실분의 유형(Ⅰ유형)

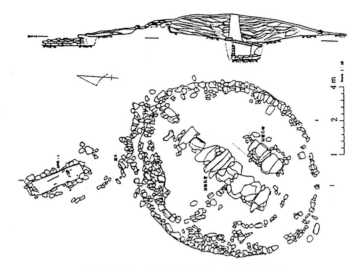

① Ⅱ류형 다곽석실분(고령 지산동32호분)

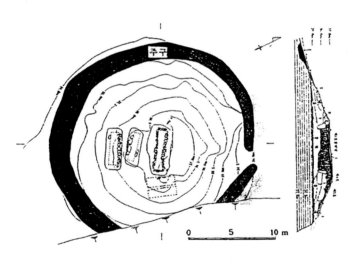

② Ⅲ류형 결합식다곽분(고성 율대리2호분)

그림 3 | 수혈식 석실분의 유형(Ⅱ, Ⅲ유형)

한편 남원 월산리고분군과 두락리고분군의 경우는 순장석곽이 없는 단실분이지만 제1유형인 함안식의 벽감시설이 전혀 없고 석실축조 방법이나 개석구조 및 평면형태가 지산동 35호분과 같은 세장형 단실구조이다. 또 부장유물의 대부분이 대가야양식 토기이다. 따라서 이러한 단실분도 순장곽 없는 대가야식 석실분으로 보아 제2유형에 포함시킨다.

제3유형은 하나의 봉토 안에 1기의 석실과 1~3기의 석곽이 추가로 결합되는 결합식 다곽분구조로 5세기 후반 고성지역에 축조되는 소가야식 묘제이다.〈그림3-②〉 이 3유형은 묘곽의 평면구성만 보면 대가야식 묘제와 비슷하나 축조방법에서 차이가 난다. 즉 대가야식 묘제는 생토를 파고 주실과 석곽을 동시에 축조하며 주실은 지하에 위치한다. 따라서 주실과 석곽의 피장자는 주인공과 순장자의 관계가 분명하다. 그러나 소가야식 묘제는 표토를 정지하고 그 위에 흙을 다져 쌓아 올려 봉토를 어느 정도 만든 다음 봉토의 한 부분을 다시 파내고 그 안에 묘곽을 축조하는 방법이다. 그리고 대개는 석실과 석곽의 축조도 동시가 아닐 수도 있어 피장자의 관계도 확실하지 않다. 고성 율대리2호분이 대표적인 고분이며[30] 송학동고분군도 횡구식과 횡혈식석실분이 후에 추가된 연접고분이지만 기본은 3유형의 수혈식 석실분이다.[31]

3. 횡혈식석실분과 횡구식석실분

1) 횡혈식석실분

목곽묘나 수혈식 석실분이 아무리 규모가 크고 화려한 유물이 많이 부장 되어도 그것은 기본적으로 한번의 사용으로 끝나는 묘제임에 비해 횡혈식 석실분은 묘실로 들어가는 연도가 있어 2회 이상 사용할 수 있는 묘제이다. 이렇게 시신을 현실에 안치하기 위해 들어가는 연도가 붙어 있어 시신을 매장할 때 옆으로 넣

---

30   김정완, 권상열, 임학종, 1990,『固城 栗岱里 2號墳』, 국립진주박물관.

31   東亞大學校博物館, 2005,『固城松鶴洞古墳群 第1號墳 發掘調査報告書』, pp. 109~112.

기 때문에 횡혈식 고분이라고 한다. 횡혈식 고분의 경우 현실은 사람이 서서 다닐 수 있는 규모가 대부분이고, 현실의 개념도 관을 안치하는 것만이 아니라 사후의 생활공간이라는 의미에서 연도가 달려 있는 횡혈식고분을 일반적으로 석실분이라 부른다. 그러나 형식은 횡혈식고분이지만 길이가 1m 정도에 높이도 1m미만의 소형 횡혈식 석실분도 상당수 있기 때문에 일률적으로 그렇게 부르기 어려운 면이 있다.

그리고 횡혈식고분과 비슷하지만 연도가 없고, 한쪽 단벽을 출입구로 하여 2회 이상의 추가장을 실시하는 횡구식고분도 있기 때문에 역시 연도의 유무로 석실을 규정하는 것은 무리가 있다. 그러므로 앞의 수혈식 석실분에서 본 바와 같이 이를 보완하고 고분이 갖는 사회적 의미를 정확하게 이해하기 위해 대형 수혈식 고분을 석실로 구분하는 방법이 사용되기도 하는 것이다.

횡혈식고분은 고구려의 석실봉토분에서 시작하여 그것이 백제를 거쳐 6세기에 들어와 가야지역에 전해진 것으로 가야지역 고분에 횡혈식이 수용된 양상은 크게 두 가지 유형으로 나타난다.[32] 제1유형은 재지의 세장방형 수혈식석실 축조구도에 연도부의 형식만 채용한 횡혈식석실로서 서부 경남의 진주 수정봉 2호분과 3호분[33]에 나타난다. 진주지역 정치체의 최고 지배층의 분묘로 보이는 이 고분은 대가야 수도인 고령지역 보다 먼저 횡혈식석실을 수용하고 있는 것으로 이는 백제의 가야지역에 대한 본격적 진출이 이 지역부터 시작되는 것으로 볼 수 있다. 그러나 부장품은 대가야양식 토기가 주류이며 특히 대가야식 제사 토기의 상징이라 할 수 있는 원통형기대가 출토되고 있어 대가야의 정치적 영향 하에 있는 것으로 판단된다.[34] 〈그림4-①〉

---

32 曺永鉉, 2001,「嶺南地方 後期古墳의 築造推移」『6~7세기 영남지방의 고고학』(第10回 嶺南考古學會 學術發表會 발표요지), pp.91~114.

33 朝鮮總督府, 1916,『朝鮮古蹟圖譜』第三冊, pp.277~292. ; 定森秀夫, 吉井秀夫, 內田好昭, 1990,「韓國慶尙南道晉州 水精峰2號墳・玉峰7號墳出土遺物」『伽倻通信』19・20, pp.19~51.

34 金世基, 2000, 앞의 논문.

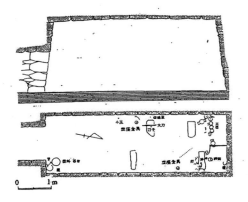

① Ⅰ류형 세장방형 횡혈식석실분(진주 수정봉2호분)

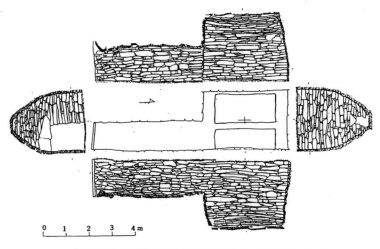

② Ⅱ류형 터널형 횡혈식석실분(고령 고아동벽화고분)

그림 4 | 횡혈식 석실분의 유형(Ⅰ, Ⅱ 유형)

　　제2유형은 주로 대가야大加耶의 도읍지都邑地인 고령지역과 수혈식 석실분 중에서 대가야식인 다곽석실분을 축조하던 지역 즉 대가야지역에 나타나는 세장방형 보다 너비가 약간 넓은 장방형으로 축조된 횡혈식석실이다.[35] 이 석실들은 공주지역에서 각지로 파급된 송산리형宋山里型 또는 공주형公州型 횡혈식橫穴式 석실石室이며[36] 고령지역은 그 분포권의 하나로 보인다. 이 유형 중에서 대표적인 것이 고령 고아동 벽화고분이다.[37] 이 고분은 무령왕릉과 같은 구조인 터널형 석실분이지만 축조재료가 벽돌이 아니라 길쭉한 할석割石이라는 점이 다르다. 따라서 할석으로 천장을 완전한 아치형을 만들기 어려우므로 양 단벽은 곧게 세우고 장벽은 곧게 쌓다가 서서히 안으로 내밀어 쌓아 공간을 좁힌 다음 맨 꼭대기에 판석으로 천정을 덮어 터널형으로 만든 구조이다. 할석으로 쌓은 석실이므로 벽돌구조인 무령왕릉처럼 정제되지 못하므로 안에 회를 바르고 천정天井과 벽면에 벽화를 그려 넣어 최고의 화려함과 엄숙함을 다한 것이다. 그러므로 이 벽화고분은 무령왕릉의 영향을 받아 축조한 횡혈식 석실분으로 가야지역의 다른 석실분과는 달리 대가야왕릉으로 판단된다.〈그림4-②〉 그리고 합천陝川 저포리苧浦里의 D-Ⅰ-1호분號墳[38]과 같이 송산리형 횡혈식석실의 축조요소들이 복합되어 축조된 것이 있는데, 이는 대가야왕릉의 영향을 받은 지방의 하급지배자가 축조한 것으로 생각된다.

2) 횡구식석실분

횡구식 고분은 횡혈식과 마찬가지로 입구가 있어 시신을 옆으로 들어가 안치하는 구조의 고분을 말한다. 그러므로 기본적으로 입구를 통하여 추가장을 할 수 있는 같은 속성의 묘제라 할 수 있다. 그러나 횡혈식이 현실과 연도 및 묘도墓道로 이루어진 구조인데 비하여 횡구식은 연도가 없고 현실과 묘도로만 구성된

---

35 曹永鉉, 1993,「三國時代の橫穴式石室墳」『李刊考古學』45, 雄山閣, pp.21~27.

36 曹永鉉, 1990,「三國時代 橫穴式石室墳의 系譜와 編年研究」, 忠南大學校大學院 碩士學位 論文.

37 啓明大學校博物館, 1985,『高靈古衙洞壁畵古墳實測調査報告』.

38 尹容鎭, 1987,『陝川苧浦里D地區遺蹟』, 慶北大學校考古人類學科.

점이 다른 점이다. 즉 횡구식 고분은 현실의 한 쪽 단벽의 전부 혹은 일부를 입구로 남기고 축조한 뒤, 이 입구를 통하여 피장자를 안치하고 입구와 묘도를 막아 매장을 완료하는 고분이다.[39]

가야지역 횡구식 고분도 그 평면구조나 축조방법에 따라 대개 2유형으로 나누어 볼 수 있다. 제1유형은 초현기 횡구식 고분으로 횡혈식 석실분의 제1유형처럼 재지의 세장방형 수혈식석실 구조에서 한 단벽을 입구로 사용하고 바깥에서 폐쇄한 유형이다. 일반적으로 수혈계 횡구식이라 부르는 것으로 합천 옥전 M10호분[40]과 저포리D-Ⅱ-1호분처럼 횡혈식이 수용된 직후에 횡혈식의 묘도만 적용해 축조한 형태이다. 이것은 입구 단벽의 사용방법이나 천정부의 형태에 따라 여러 가지로 세분하기도 한다.[41]

제2유형은 복합 횡구식 고분으로 지표면 위에 방형 혹은 장방형으로 석실을 축조하되 입구부를 전벽 중앙에 설치한 유형이다. 이것을 제1유형처럼 말한다면 횡혈계 횡구식고분이라 할 수 있다. 합천 저포리 E고분군이나 창원 차호리B1호분처럼[42] 지표면 위에 정방형으로 석실을 축조하되 입구부를 전벽 중앙에 설치하는 것이다. 횡혈식 석실분의 영향으로 나타나는 것으로 생각되는 이 유형은 처음부터 횡혈식 석실분과 같은 구조로 축조하되 연도가 없는 형태인 것으로 횡혈식과 횡구식 판단에 논란이 야기되기도 한다. 따라서 횡혈식과 비슷한 요소가 많고, 입구부의 사용범위, 폐쇄위치, 천정부의 구조 등에 따라 여러 가지로 세분할 수 있다.

이런 유형들로 보아 가야 각지에서 나타나는 횡구·횡혈식석실은 지역별 수용시기에 약간의 차이가 있고, 축조형태도 지역차가 있으나 재지의 대형분에서

39   曺永鉉, 2001, 앞의 논문.

40   趙榮濟 外, 『陜川玉田古墳群Ⅴ』, 慶尙大學校 博物館, 1995.

41   曺永鉉, 1994, 「嶺南地方 橫口式古墳의 硏究(Ⅰ) -類型分類와 展開를 중심으로-」『伽耶古墳의 編年 硏究 Ⅱ -墓制-』(第3回 嶺南考古學會學術發表會 發表 및 討論要旨), pp. 53~74.

42   任鶴鐘, 洪鎭根, 蔣尙勳, 2001, 『昌原茶戶里遺蹟』, 國立中央博物館·慶尙南道.

처음 나타나는 것은 공통적인 현상이다. 이후 6세기 후반에 이르면 대형분에 이어서 중형분에도 수혈식묘제가 횡구·횡혈식으로 전환된 뒤 가야 최말기에 이르면 소형분에도 파급되는데, 이와 같은 묘제 변화의 확산은 비교적 짧은 기간에 이루어진 것으로 보인다. 가야 여러 지역의 횡구·횡혈식석실에서 초장은 가야계 유물, 추가장은 신라계 유물이 출토되는 것은 이런 사실을 말해 주는 것이라 하겠다.[43]

III. 각 지역 수장묘의 변화와 정치체

1. 김해지역

낙동강하구에 위치한 김해지역은 이른 시기부터 바다를 통한 활발한 해상 교역활동으로 영남지방의 다른 지역보다 빨리 발전할 수 있었고, 그것을 기반으로 기원전후 시기부터 변진 12국 중 월등히 우세한 구야국狗邪國이 성립될 수 있었다. 김해지역 여러 곳의 소분지를 이어주는 하천 수계 주변에 형성된 고분군들이 이러한 사실을 말해 주고 있다.

김해지역에서 수장묘로 볼 수 있는 고분군은 주류가 목곽묘로 이루어진 양동리고분군과 대성동고분군이 중심이다. 그 외에 목관묘, 목곽묘, 수혈식 석곽묘, 횡구식 석실분 등 다양한 묘제가 중첩되어 이루어진 예안리고분군이 있으나 여기서도 수장묘로 볼 수 있는 묘제는 장방형 대형목곽묘이다. 그 중에서도 양동리고분군으로 대표되는 조만천 수계의 집단은 낙동강 하류의 지리적 이점을 활용하여 대외교역을 주도하면서 성장하였다. 이들 양동리고분군 집단은 김해지역 전체를 장악하지는 못하였으나 3세기 전반까지는 해반천 수계의 대성동고분

---

43   曺永鉉, 2001, 앞의 논문.

군 집단보다 우세한 김해세력의 중심이었다.[44] 그러므로 이 시기 구야국의 중심 세력은 바로 양동리 고분군 집단임이 분명하다. 대성동고분군이나 봉황대유적에서는 이에 비견할 만한 유구와 유물이 아직 출토되지 않고 양동리고분군에서만 대형 목곽묘가 존재하고 한경과 청동검파두식靑銅劍把頭飾 등 많은 위세품威勢品이 출토되고 있어 이를 증명하고 있다.

1) 장방형 목곽묘

이 시기 양동리고분군에서 가장 먼저 등장하는 수장묘는 장방형 목곽묘인 양동리 162호분이다. 이 고분은 목곽의 길이 388cm, 너비 240cm, 깊이 59cm 규모의 대형장방형 목곽묘일 뿐 아니라 부장유물에서 종전의 다른 목곽묘에서는 볼 수 없는 한경 2매를 포함한 10매의 동경과 수정다면옥, 유리구슬목걸이 등 질 높은 위세품과 다량의 철정, 철촉, 철모 등 철제무구, 재갈 등을 부장하고 있다.[45]

2세기 후반 구야국의 주고분군인 양동리고분군에서 최고 수장묘인 162호분과 비슷한 규모와 부장품을 가지고 있어 수장묘라고 판단되는 235호분도 목곽의 장폭비가 2:1미만의 장방형 목곽묘이다. 이는 울산 하대43호분이나[46] 부산 노포동35호분의[47] 장폭비와 비슷하여 아직까지 영남지역 공통적인 목곽묘형태가 계속되고 있음을 알 수 있다.

그러나 3세기에 들어서면 구야국의 중심지가 서서히 양동리고분군에서 대성동고분군으로 이동하게 된다. 이와 같은 사실은 3세기후반으로 편년 되는 대성동고분군에서 대형목곽묘들이 축조되고 종전과는 비교할 수 없을 정도로 많은 양의 유물을 부장하는 이른바 후장이 이루어지고 있으나 종전의 양동리고분군

44 홍보식, 2000, 「考古學으로 본 金官加耶」『考古學을 통해 본 加耶』, 한국고고학회, pp. 1~48.
45 林孝澤, 郭東哲, 2000, 『金海良洞里古墳文化』, 東義大學校博物館.
46 釜山大學校博物館, 1997, 『蔚山下垈遺蹟-古墳 I 』
47 洪潽植, 1998, 「老圃洞墳墓群의 分期와 編年」『釜山의 三韓時代 遺蹟과 遺物 II』, 釜山廣域市立博物館 福泉分館.

에서는 이러한 변화가 지속되지 않는 것으로 보아 알 수 있다. 이것은 어떠한 이유에서든지 구야국의 세력권이 양동리 고분군의 조만천 수계집단에서 대성동고분군의 해반천 수계집단으로 이동되었음을 의미한다.[48] 이것은 집권세력이 장소를 이동한 경우와 양 세력간의 경쟁에서 해반천 수계집단이 승리한 경우를 상정해 볼 수 있으나 아마도 후자일 가능성이 크다고 생각된다.

이와 같은 변화의 대표적인 고분이 대성동29호 목곽분이다. 이 고분은 묘광의 길이가 960㎝, 너비 560㎝, 잔존깊이 130㎝의 규모에 목곽 길이 640㎝, 너비 320㎝, 높이 40㎝의 이전에 비해 비교할 수 없을 정도의 대형목곽묘이다.[49] 이를 묘제의 형태상으로 보아도 규모가 커지면서 목곽의 길이가 약간 길어지기는 했으나 장폭비는 2:1의 김해형 목곽묘의 특징을 보여주고 있다. 이렇게 길이 5m이상의 대형 목곽을 축조하기 위해서는 종전에 비해 축조기술 면에서 크게 진전되어야 하고 또 축조재료의 획득이나 인력의 동원에서 강력한 정치력이 발휘되어야 가능한 묘제의 변화라고 하겠다.

묘제의 변화와 아울러 유물의 부장에서도 비교할 수 없을 정도의 큰 변화가 일어나는데 그것은 가야지역에서 최초로 순장殉葬이 실시되고 토기의 다량부장인 후장厚葬[50]이 시작되는 것이다. 순장자는 1인으로 주인공의 발치공간 즉 토기의 다량부장 공간과 주인공피장 공간의 사이에 주피장자의 안치방향과 직교되게 배치하고 있으며 유리구슬 목걸이를 착장하고 있었다. 한편 유물의 부장방법도 종전의 철제품 위주의 품목과 주인공 주변에 부분적으로 부장하던 방법에서 토기의 다량부장과 다양한 유물 품목과 함께 부장품을 위한 공간이 목곽내에서 중요한 공간으로 확보되었다는 점이다. 이는 목곽 규모의 확대가 이러한 순장과

48   홍보식, 2000, 앞의 논문.

49   申敬澈, 金宰佑, 2000,『金海大成洞古墳群Ⅱ』, 慶星大學校博物館.

50   申敬澈, 2000, 「금관가야의 성립과 연맹의 형성」『가야각국사의 재구성』, 부산대학교 한국민족문화연구소, pp. 27~62.

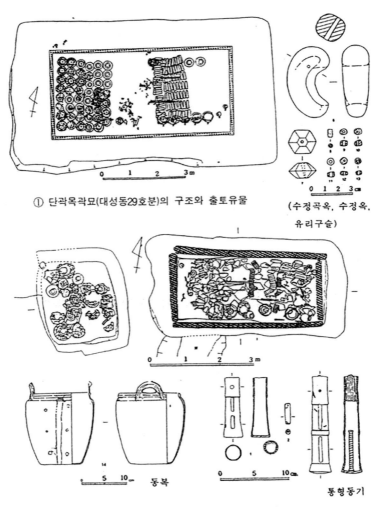

① 단곽목곽묘(대성동29호분)의 구조와 출토유물

(수정곡옥, 수정옥,
유리구슬)

동복

통형동기

② 주부곽목곽묘(대성동39호분)의 구조와 출토유물

그림 5 | 김해지역 수장묘의 변화

후장을 하기 위한 것임을 말하는 동시에 이를 통해 권력 집중을 과시하여 일반
하위 집단과의 차별성을 더욱 강화하기 위한 것이라 생각된다. 그리고 이와 같
은 변화는 양동리고분군이나 봉황대유적에서는 나타나지 않은데 이것은 대성동

고분군 세력이 이들 지역을 통제하기 때문으로 생각된다. 따라서 이 시기에 김해 대성동고분군의 정치체는 정치·군사적 권력이 확립되어 서서히 구야국에서 금관가야金官加耶가 성립하는 것으로 이해된다.〈그림5-①〉

2) 주부곽식 일자형목곽묘

위에서 본바와 같이 장방형 목곽묘는 대성동 29호분에서 보이는 것처럼 구조 면에서 대형화되고 유물면에서 위치의 집중화와 질량이 대량화되는 특징적 변화가 일어난다. 그런데 4세기가 되면 이러한 현상은 묘제의 변화를 더욱 가속화시켜 장방형 목곽묘에서 부장품 공간이 따로 독립되어 주·부곽 목곽묘의 형태로 나타나게 된다. 따라서 김해지역 목곽묘의 가장 대표적 묘제인 주부곽이 일렬로 배치되는 일자형목곽묘가 성립되는 것이다.[51]

주부곽 일자형목곽묘 중 가장 이른 것은 김해 예안리 160호분[52]이지만 금관가야 최고지배층 고분군인 김해 대성동고분군에서 주부곽식 목곽묘로 가장 이른 고분은 대성동 13호분이다. 이 고분은 후대에 조영된 다른 고분에 의해 많이 파괴되어 유물의 전모는 알 수 없지만 일부 남아 있는 유물이 파형동기巴形銅器 6점, 목걸이용 유리구슬 등 당시 최고의 위세품인 점을 보면 금관가야의 왕급묘라고 판단된다. 고분의 규모는 주곽 묘광의 길이 602㎝, 너비 394㎝, 깊이145㎝, 목곽의 길이 500㎝, 너비 240㎝, 부곽은 묘광 길이 370㎝, 너비 398㎝, 깊이42㎝, 목곽

---

51   필자가 사용하는 主槨(主室)의 의미는 분묘의 主被葬者를 매장하기 위한 시설을 말하는 것이며, 副槨(副室)이란 고분의 규모나 墓制에 관계없이 주피장자의 부장품을 넣기 위한 시설을 의미한다. 그러므로 고령, 합천, 함양 지역의 대가야고분처럼 殉葬者를 위한 시설은 주곽(주실)과 나란히 설치되고 규모가 작다고 하여도 副槨이라 하지 않는다. 그럼으로 부곽에는 주인공을 위한 부장품을 넣는다는 의미이므로 유물이외에 순장자나 순장동물이 부장 되는 경우도 있다. 김해지역의 주·부곽식 목곽묘에서 副槨도 동일한 의미로 사용한다.

金世基, 1983,「加耶地域 竪穴式墓制의 研究」啓明大學校大學院 碩士學位 論文.

52   申敬澈, 1992,「金海禮安里 160號墳에 對하여 -古墳의 發生과 관련하여-」『伽耶考古學論叢』 1, pp.107~167.

길이 165㎝, 너비 270㎝이며, 목곽의 높이는 약 100㎝ 전후이다. 장축방향이 동서인 주곽은 서쪽에 배치하고 부곽은 주곽의 동쪽에 2m정도 떨어져 배치하고 있는데 주곽의 장폭비는 김해형 목곽묘의 단곽분인 29호분과 마찬가지로 2:1이다.

주부곽 목곽묘인 대성동13호분에도 주곽에 순장자가 매장되었는데 주피장자의 머리맡과 발치에 각 1인과 주인공의 좌측 옆에 1인 등 모두 3인이 순장되었다. 부곽의 순장여부는 파괴가 심하여 확실하지 않으나 13호분 보다 조금 후대의 고분이지만 역시 주부곽식 목곽묘인 3호분의 부곽에 순장자가 있는 것으로 보아 부곽에도 1인정도 순장시킨 것으로 생각된다.[53]

이와 같은 주곽과 부곽이 일자형으로 배치된 주·부곽식 목곽묘는 금관가야의 주묘제로서 김해 대성동고분군에서는 5세기초까지 계속되고 그 후로는 조영되지 않는다. 대성동고분군 이외 김해 예안리고분군과 동래 복천동고분군에서도 조영되나 그 범위는 김해지역과 부산지역에서 크게 벗어나지 않는다. 그 밖에 합천 옥전고분군에서도 일자형 주부곽 목곽묘가 조영되나 대성동고분군과 달리 주부곽을 나란히 놓고 중간에 막돌로 목곽을 보강하는 격벽을 쌓아 구분하고 있다.〈그림5-②〉

2. 함안지역

함안은 남강 하류역과 남해안에 근접한 남고북저의 분지로 이루어진 지역이다. 이 지역은 곡저평야谷底平野를 이용한 식량생산과 수로를 이용한 외부와의 교역으로 일찍부터 정치체의 성장을 가져와 아라가야阿羅加耶의 중심을 이룬 곳이다. 따라서 함안지역에는 청동기시대의 지석묘로부터 원삼국시대 목관묘와 목곽묘, 가야시대의 수혈식석실묘에 이르기까지 많은 분묘들이 존재하고 있어 선사시대 이래 가야시대 세력기반을 이해할 수 있는 자료가 되고 있다.

---

53   申敬澈, 金宰佑, 2000, 『金海大成洞古墳群Ⅰ』, 慶星大學校博物館.

함안지역 고분군중에서 수장묘로 볼 수 있는 고분군은 말이산末伊山의 능선과 구릉사면에 걸쳐 넓게 형성된 말이산고분군이다. 말이산고분군은 고대한 대형봉토를 가진 수혈식석실분이 대부분이지만 지석묘, 목관묘, 목곽묘 및 횡혈식석실분도 일부 섞여 있어 이른 시기부터 중심지로서의 역할을 해 온 것을 알 수 있다.

함안지역은 김해의 구야국과 함께 변진弁辰12국 중 가장 유력한 소국이었던 안야국安邪國[54]의 고지이며 이것이 발전하여 안라국安羅國, 혹은 아라가야로 발전한 곳이다. 그러나 적어도 3세기 이전부터 유력한 정치세력으로 성장하여 중국에까지 알려지게 되었을 뿐만 아니라 『삼국지』동이전에 우호優號를 칭한 유력한 나라로 기록되어 있어[55] 이 시기의 유적이 있었을 것이지만 안야국의 수장묘라고 생각되는 고분은 현재까지 고고학적으로 알려지지 않고 있다. 그 시기의 묘제는 김해지역과 마찬가지로 목관묘 혹은 목곽묘였을 것으로 보이나, 창원 다호리 유적이나 김해 양동리 고분군처럼 대규모의 목관묘유적이나 목곽묘유적은 보이지 않는다. 이러한 이유에서 목곽묘가 도항리보다 많은 황사리유적이 처음의 중심지이었을 것이라는 주장[56]도 제기되고 있지만 함안 황사리유적에는 김해 양동리162호와 같은 우세한 목곽묘는 보이지 않는다. 오히려 조금 늦은 시기의 목곽묘이지만 지배자의 무덤으로 판단되는 마갑총馬甲塚[57]이 말이산 유적에 존재하고 있어 아라가야의 중심지는 처음부터 말이산고분군 이었음을 짐작케 한다. 그러나 말이산고분군의 주묘제는 수혈식 석실분이므로 함안지역도 처음 안야국 시기에는 목곽묘가 지배층 묘제였으나 점차 아라가야 시대에는 수혈식 석실분으로 바뀌어 갔던 것이라고 생각된다.

54 「…臣智에게는 간혹 우대하는 호칭인 臣雲遣支報 安邪踧支 濆臣離兒不例 狗邪秦支廉의 호칭을 더하기도 한다.」(臣智惑加優呼 臣雲遣支報 安邪踧支 濆臣離兒不例 狗邪秦支廉之號) (『三國志』魏書 東夷傳 韓條).

55 위의 『三國志』魏書 東夷傳 韓條의 기록.

56 李柱憲, 2000, 「阿羅伽耶에 대한 考古學的 檢討」『가야각국사의 재구성』, 부산대학교 한국민족문화연구소, pp. 219~285.

57 國立昌原文化財研究所, 2002, 『咸安 馬甲塚』.

1) 장방형 목곽묘

함안지역의 목곽묘유적은 도항리고분군의 북쪽 구릉지대와 남강 연안의 황사리고분군, 윤외리고분군, 칠원 옥곡리고분군에서 다수 확인되었다. 이 고분군들은 대체로 4세기까지도 길이 4m내외의 중소형 목곽묘가 구릉 경사면에 무질서하게 조영되어 있고, 부장유물도 통형고배, 노형토기, 파수부잔 등의 토기류가 대부분으로 아직까지 수장묘는 없는 상태이다.

유구의 평면형태에 있어서도 묘광의 장폭비가 대체로 2.5:1로 김해지역의 2:1보다 약간 세장한 편이다. 이와 같은 세장한 평면적 특징은 이후 이 지역의 주묘제인 수혈식석실분에도 그대로 이어져 지역적 특징으로 이해할 수 있다.

함안에서 수장묘로 볼 수 있는 목곽묘는 말이산고분군의 마갑총을 들 수 있는데, 아파트배수관 매설공사 중에 발견된 이 고분은 묘광의 길이 890㎝, 너비 280㎝, 깊이 11㎝이며, 목곽의 규모도 길이 600㎝, 너비 230㎝, 깊이 100㎝의 대형목곽묘에 속하고 출토유물도 상태가 매우 양호한 말갑옷 일습과 은상감환두대도와 철모, 철겸 등의 철제품이 출토되어 상류지배층 분묘로 판단된다. 이 목곽묘의 장폭비도 함안의 다른 대형목곽묘와 마찬가지로 장폭비 2.5~3:1의 비율을 보이고 있어 김해지역의 장방형목곽묘 보다 약간 세장한 형태를 하고 있다.[58] 〈그림6-①〉 김해지역에서는 장방형목곽묘에서 다량의 유물부장과 정치지배력이 확대되면서 주부곽식 일자형목곽묘로 발전하는데, 함안의 경우 목곽묘에서는 순장이 행해지지 않고 더 이상 발전하지도 않는다. 이후 수장묘의 묘제는 내부 주체가 세장방형 수혈식 석실분으로 변화되면서 봉토가 대형화되고 순장이 행해지게 된다.

58　國立昌原文化財研究所, 2002, 앞의 보고서..

(2) 수혈식 석실분

아라가야의 주고분군은 함안의 중심지인 가야읍을 남북으로 뻗어 내린 해발 50m정도의 말이산의 주능선과 사면에 걸쳐 분포된 말이산고분군이다. 이 고분군에는 대소형봉토분 100여기가 밀집 분포되어 있는데 행정구역이 달라 두 개의 고분군이 되었지만 원래 말이산의 능선과 사면에 연결되어 있다. 그러므로 이를 통틀어 말이산고분군이라고 부르기도 하고 특히 고총분이 집중되어 있는 도항리고분군으로 지칭하기도 한다.

말이산고분군의 대형 봉토분들은 대부분 수혈식 석실분이다. 일제시대에 발굴 조사된 구34호분이 당시 횡구식 석실분으로 알려지기도 했으나, 근래 다른 봉토분들의 발굴 조사 결과와 당시 보고서의 분석연구에 의해 수혈식 석실분으로 밝혀짐으로써[59] 아라가야 왕을 비롯한 최고지배층의 묘제는 수혈식 석실분임이 분명해졌다.

이들 대형 봉토분들은 가야지역 고총고분의 일반적 입지와 마찬가지로 구릉의 정상부를 따라 일정한 간격을 유지하며 융기부에 자리잡거나 혹은 구릉의 사면에 조영된 경우는 등고선의 방향과 나란히 축조하여 더욱 크게 보인다. 도항리고분군에서 최대의 고분인 4호분(구34호분)[60]은 북에서 남으로 뻗은 나지막한 구릉의 중심 융기부에 입지한다. 고분은 봉토 직경 39.3m, 높이 9.7m의 대규모의 봉토 중앙에 수혈식 석실 1기만 설치한 단실구조이다. 석실의 길이 978.7cm, 너비 172.7cm, 깊이 166.6cm로 장폭비가 5.6:1의 매우 세장한 형태를 띠고 있다.

---

59   李柱憲, 1996, 「末伊山 34號墳의 再檢討」『碩晤尹容鎭教授停年退任紀念論叢』, pp403~418.

60   함안도항리고분군의 경우 일제시대인 1917년 봉토분에 대하여 고분번호를 부여하고 그중 일부를 발굴 조사하여 보고서가 발간된바 있으나, 현재는 1980년 함안군에서 고분군을 재정비하면서 새로 일련번호를 부여하여 사용하고 있다. 舊古墳番號는 1917년에 발굴조사 할 당시의 고분번호이다.

朝鮮總督府, 1920, 『大正六年度(西紀一九一七年) 朝鮮古蹟調査報告』 이후 창원대학교박물관에서는 이 보고서 중에서 함안 부분만 발췌하여 번역 게재하고 있다.

昌原大學校博物館, 1992, 『咸安 阿羅伽耶의 古墳群(Ⅰ)』

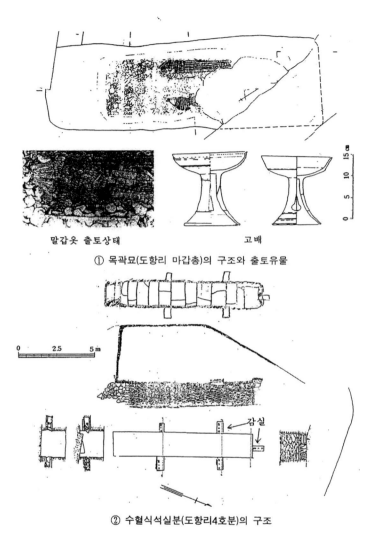

말갑옷 출토상태   고배

① 목곽묘(도항리 마갑총)의 구조와 출토유물

② 수혈식석실분(도항리4호분)의 구조

그림 6 | 함안지역 수장묘의 변화

이 밖에 주능선에서 서쪽으로 뻗은 가지능선 말단부에 위치한 8호분도 직경 38m, 높이 5m의 봉분 중앙에 석실 1기만 배치하였다. 석실의 규모는 길이 11m, 너비 1.85m, 깊이 1.9m로 장폭비가 5.9:1의 세장형이다. 또 능선의 남쪽 융기부에 위치한 15호분의 경우도 묘실은 8호분과 같은 단실구조이며, 석실의 길이 9.4m, 너비 1.85m, 깊이 2m의 규모로 장폭비 5:1의 세장한 형태이다.

함안 도항리 고분군의 묘제상 가장 큰 특징은 석실 네벽에 방형 감실이 설치된 점이다. 이 감실은 대개 양장벽의 위쪽에 각 2개, 단벽에 각 1개가 설치되었는데, 장벽의 감실은 서로 같은 높이에서 마주보게 되어 있고 단벽의 감실은 서로 약간 어긋나게 마주보고 있다. 규모는 한변 길이 40~60㎝, 깊이 60~80㎝ 정도이다. 현재로서는 가야지역에서 함안에만 존재하는 이 석실 벽의 감실의 용도는 마주보는 감실에 긴 통나무를 걸쳐 봉토의 무게에 의해서 개석이 부러지는 것을 막고 석실벽도 보호하는 보완시설로 보는[61] 것이 타당할 것이다. 이것은 도항리고분의 개석재질이 부러지기 쉬운 점판암계 사암이 많고 두께도 얇은 판석을 11매 이상 많이 덮여 있는 점으로 알 수 있다. 실제로 발굴 조사된 도항리 8호분이나 15호분의 개석을 보면 대부분 중간에서 반절되어 있는 것이 이를 증명하고 있다. 함안지역과 같이 장폭비 5:1이상의 세장한 석실을 가진 고령의 경우 개석수도 9매 이하가 많고 또 석질도 대부분 단단한 화강암제가 많아 개석이 부러진 예는 거의 찾아보기 어렵다. 따라서 도항리 고분의 감실은 백제 무령왕릉의 감실처럼 등불을 밝히기 위한 등감燈龕은 아닌 것이 분명하다.〈그림6-②〉

고분의 묘실 구성에서 부장품을 위한 부곽이 존재하지 않는 것도 아라가야묘제의 특징의 하나로 볼 수 있는데 주실의 길이가 10여m로 긴 것은 주인공主人公과 함께 부장품과 순장자를 함께 넣기 위한 방법에서 나온 구조로 생각된다. 하나의 석실에 주인공과 순장자, 부장품을 함께 매장해야 하므로 자연히 순장자의 수도 5, 6명이상 늘어나기 어려운 구조이며, 부장유물도 부곽이 있는 김해 대성동고분이나 고령 지산동고분 보다 대체로 적은 편이다.

도항리 8호분을 통해 아라가야 수장묘의 매장양상을 살펴보면, 석실의 중앙

---

61   李柱憲, 1996, 앞의 논문.

부는 주인공을 위한 공간으로 북침北枕으로 누워있는 주인공의 좌우에 금제환두대도와 금동제 마구류가 배치되고, 석실의 북쪽에는 다수의 아라가야식 토기와 말갑옷, 철제갑주 등의 무구류가 배치되어 부장품 공간임을 말해 준다. 그리고 주인공의 발치에 해당하는 석실의 남쪽에는 주인공을 위한 순장자 5명이 주인공의 방향과 직교되게 서침으로 나란히 매장되어 있다.[62] 이러한 매장양상은 함안 최대의 고분인 도항리4호분(구34호분)의 경우도 대동소이하며 다만 순장자의 수가 6명으로 아라가야 고분 중에서 가장 많은 순장자를 매장하고 있는 점이 다르다.[63]

묘제에 관련한 또 하나의 특징은 5, 6세기 다른 가야 순장묘에 비하여 단순하며, 위세품류가 아주 적은 것이다. 특히 대가야의 고령 지산동32호분, 30호분, 45호분과 합천 옥전M6호분, 반계제 가A호분과 금관가야의 김해 대성동29호분에 보이는 관모류가 전혀 출토되지 않는 점이다. 대가야의 수도인 고령의 경우 대가야식 금관이 출토되었고, 또 지산동32호분, 30호분, 45호분에서 대가야식 금동관이 출토되었다. 그리고 다양한 순장묘제와 수십명의 순장자가 있는 고령의 대가야와 비교해 보면, 순장자의 수가 최고 6명을 넘지 않는 함안의 아라가야가 고고학적으로는 그만큼 왕권이 강하지 않았던 것으로 볼 수밖에 없다.

3. 고령지역

낙동강 본류와 지류인 회천이 만들어 놓은 충적평지와 가야산 줄기로 둘러싸인 고령지역은 대가야의 중심지이다. 대가야의 주고분군은 지산동고분군인데 여기 묘제는 수혈식 석실분으로 이루어진 대형 고총 고분이 높은 산줄기에 산봉우리처럼 열을 지어 장관을 이루고 있다. 그런데 이 지산동고분군의 대형 봉토

62　昌原文化財研究所, 1994, 「咸安 道項里 古墳群 發掘調査(第3次年度) 指導委員會 資料」.
63　朝鮮總督府, 1920, 앞의 책.
　　李柱憲, 1996, 앞의 논문.

분들은 대가야의 발전과정을 보여주듯이 단계별로 묘제가 변천되고 있어 대가야 사회를 이해하는데 매우 좋은 자료가 되고 있다.[64]

고령지역 역시 초기에는 김해나 함안지역과 마찬가지로 장방형 목곽묘가 수장묘로 사용되었으나 가라국으로 발전하면서 수혈식석곽묘가 지배층의 묘제로 사용되기 시작한다. 이어 석곽묘가 석실분으로 확대되면서 대가야의 주묘제로 자리잡게 된다. 대가야식 수혈식 석실분은 순장자의 묘곽을 함께 설치하는 다곽분의 구조로 주변지역의 지배층 묘제로 확립된다. 이러한 대가야식 묘제로 주변지역을 영역화 한 대가야는 이후 6세기에 들어서 공주지역의 백제왕릉의 묘제인 횡혈식 석실을 받아들인다.

1)장방형 목곽묘

대가야는 종래『삼국지』동이전 한전韓傳의 변진미오야마국弁辰彌烏邪馬國이 발전한 것이라는 설이 있어 왔으나 최근에는『일본서기』와『양직공도』에 나오는 반파叛波, 혹은 伴跛와 관련하여 추론한 변진반로국半路國이라는 설이 대두되어 설득력을 얻고 있다. 그런데 이 반로국은 현재 고령의 중심고분군인 지산동고분군이 있는 주산아래가 아니라 회천의 동안이며 알터 암각화가 있는 양전리와 반운리 일대로 밝혀지고 있다.[65] 그것은 지산동고분군에는 3세기 이전의 고분이 전혀 발견되지 않고 있으나 여기 반운리에는 고령지역에서 유일한 와질토기와 철기가 출토되는 목곽묘로 추정되는 반운리고분군이 있기 때문이다.[66] 따라서 고령지역의 소국이었던 반로국 시기에는 다른 가야지역과 마찬가지로 목곽묘가 수장묘로 사용되었다. 그러나 김해 양동리 고분군이나 대성동고분군의 목곽묘처

---

64 金世基, 2000,「古墳資料로 본 大加耶」, 啓明大學校大學院 博士學位論文.

65 金世基, 1995,「大伽耶 墓制의 變遷」『加耶史研究 -대가야의 政治와 文化-』, 慶尙北道, pp.301~364.

66 洪鎭根, 1992,「高靈 盤雲里 瓦質土器 遺蹟」『嶺南考古學』10, pp.69~86.

럼 한경이나 옥제품 같은 위세품은 출토되지 않고 전·후기 와질토기와 경질토기, 철겸, 철부, 철모 등 철기가 출토되고 있어 그 정치세력은 크지 않았던 것으로 보인다. 반운리고분군은 많은 발굴조사가 이루어지지 않아 확실한 목곽묘의 실상을 알 수 없지만 이 보다 조금 늦은 시기인 4세기 후반의 쾌빈동 목곽묘가 발굴조사 되어 이러한 추정을 가능하게 하였다.

고령 쾌빈동 목곽묘는 3기가 조사되었는데 파괴가 심하지만 대체적인 성격파악은 가능하다.[67] 가장 상태가 좋은 1호분의 경우 묘광의 남은 길이 482㎝, 너비 305㎝, 깊이 95㎝이고, 목곽의 크기는 남은 길이 440㎝, 너비 280㎝인데 전체적인 형태로 보아 장폭비가 약 2:1 정도의 장방형을 이루고 있다. 12호분과 13호분도 묘광의 너비가 300㎝, 360㎝로 평면형태와 부장양상이 1호분과 비슷한 점으로 보아 고령지역의 목곽묘도 김해지역이나 함안지역의 장방형목곽묘와 비슷한 것으로 보인다. 출토유물은 위세품은 없고 노형토기, 양이부 단경호와 고령양식 장경호, 발형기대 등 토기류가 대부분이고 철기류는 유자이기 1점과 축소모형 농공구정도만 출토되었다.

이렇게 목곽묘를 지배층의 묘제로 사용한 반로국은 3세기말까지는 김해의 구야국이나 함안의 안야국에 비해 정치적으로 미약한 소국이었다. 그러다가 4세기대가 되면 반운리의 반로국은 회천을 건너 주산의 동쪽 자락인 연조리로 중심지를 옮기고 지산동고분군을 지배층의 묘지로 사용하게 된다. 그리고 여기서 5세기초에 지산동고분군의 수혈식석실분과 흡사한 축조형태의 보강석목곽묘인 73호분을 축조하게 된다.[68]

67   嶺南埋藏文化財研究院, 1996, 『高靈快賓洞古墳群』.
68   曺永鉉, 2013, 『高靈 池山洞 第73~75號墳』大加耶博物館·(財)大東文化財研究院.

2) 수혈식 석실분

(1) 단곽순장 석실분

반운리에서 목곽묘를 수장층의 주묘제로 사용하던 반로국은 집권세력이 교체되었거나 혹은 새로운 중요한 전기에 의해 중심지를 주산아래의 연조리로 옮기고 지산동고분군을 그들의 지배층 묘지로 사용하였다. 그리고 종래의 목곽묘 대신 수혈식석실묘를 주묘제로 사용하며 급속도로 발전하였다.[69] 이러한 사실은 지산동고분군에서 고총고분이 성립되기 전에 축조된 수혈식 석곽묘에서 확인된다. 즉 4세기말 지산동고분군의 대형석곽묘인 32NE-1호분에서는 은상감환두대도와 금제이식 등의 위세품과 철모, 화살촉 등 무구류가 출토되고, 고배나 장경호 등 토기에서도 고령양식이 성립되고 있어 이때부터 가라국으로 발전한 것으로 생각된다.[70] 〈그림7-①〉

가라국은 5세기가 되면 지산동 주능선에 고총고분을 축조하면서 묘제도 석곽묘에서 석실분으로 확대 발전된다. 지산동 고총고분 중 가장 빠른 5세기 초반에 축조된 지산동 73호분에서 시작하여 수혈식석실분인 75호분의 경우 석실의 길이 7.1m, 너비1.4m, 깊이 2.0m로 장폭비가 5:1의 세장한 평면형태를 이루고 있다. 따라서 일반적으로 ①입지상 능선 정상부의 융기부에 위치하고 고대한 원형 봉토 축조 ②장폭비 약 5:1의 세장한 석실 평면형태 ③ 한 봉분 안에 주실과 별도의 순장곽을 가진 다곽분의 구조 ④봉분 기저부에 주실과 순장곽을 둘러싸는 원형호석의 설치 ⑤고령의 특징을 가진 대가야양식 토기가 출토되는 묘형을 대가야묘제로 부르고 있다.[71]

이 시기의 같은 봉토분인 지산동32호분과 34호분에서는 주석실 옆에 순장곽을 1기 설치하는 단곽순장묘가 축조되기 시작한다. 그리고 32호분 석실에서는

69   金世基, 2000, 주)64의 앞 논문.
70   金鍾徹, 1982,『高靈池山洞古墳群』, 啓明大學校博物館.
71   金世基, 1995, 주)65의 앞 논문.

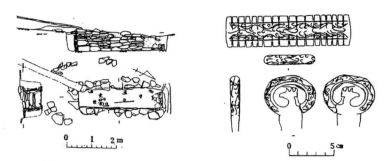

① 수혈식석곽묘(지산동 32NE-1호분)의 구조와 출토유물(은상감환두대도)

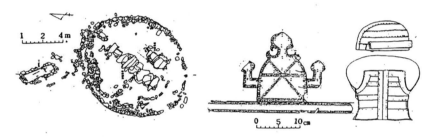

② 단곽순장석실분(지산동32호분)의 구조와 출토유물(금동관, 갑옷투구)

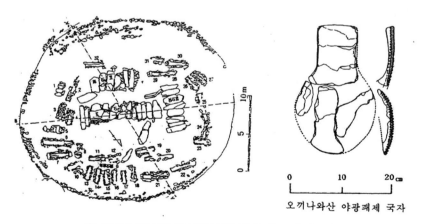

오끼나와산 야광패제 국자

③ 다곽순장석실분(지산동44호분)의 구조와 출토유물

그림 7 | 고령지역 수장묘의 변화

금동관, 철판갑옷과 투구 등의 위세품과 다량의 대가야양식 토기류와 무기가 출토된다. 이렇게 위세품류가 부장된 주석실과 순장곽 1기를 배치하는 단곽순장 석실분은 각 지역의 지배층 묘제로 확립되었고, 순장곽 없는 일반 석실분과 함께 점진적으로 합천, 거창, 함양, 산청, 남원 월산리, 두락리 등 여러 지역으로 확산된다. 이와 더불어 고령양식 토기는 남원 월산리고분군 뿐만 아니라 소백산맥을 넘어 전라북도 장수, 진안지역까지 확산된다.[72]

고령 본관동 34호분, 35호분, 36호분, 합천 옥전 M4호분, M6호분, 반계제 가A호분, 다A호분, 다B호분, 봉계리 대형분, 함양 백천리 1호분은 단곽순장 석실분이고, 남원 월산리 M1-A호분, 두락리 1호분은 대가야식 일반 석실분으로 묘제에 의한 대가야의 확실한 지배영역을 보여주고 있다. 다만, 옥전 M4호분과 M6호분은 순장곽을 주실 옆에 배치하지 않고 호석열 밖에 배치하였다. 이는 대가야식 석실분으로 전환하기 전의 수장층 묘제인 주·부곽식 목곽묘(M1호분, M3호분)에서부터 호석열 밖에 순장곽을 배치하는 옥전의 전통을 계승하는 것으로 해석되지만 크게는 순장곽을 따로 가지고 있다는 점에서 지산동고분군과 같은 맥락으로 이해할 수 있다.[73] 그리고 산청 중촌리고분군이나 생초리고분군의 경우도 이러한 단곽순장 석실분의 묘제와 대가야양식 토기출토지로 밝혀지고 있다.[74] 〈그림7-②〉

72 김세기, 1998, 「고령양식토기의 확산과 대가야문화권의 형성 -성주토기와의 비교를 겸하여-」『加耶文化遺蹟 調査 및 整備計劃』, 경상북도, pp.83~121.; 郭長根, 2000, 「小白山脈 以西地域의 石槨墓 變遷過程과 그 性格」『韓國古代史研究』18, pp.127~169.

73 金世基, 1997, 「加耶의 殉葬과 王權」「加耶諸國의 王權」, 仁濟大加耶文化研究所 編(신서원), pp.97~122.

74 蔡奎敦·金元經, 1993, 『山淸郡 文化遺蹟 精密地表調査 報告書』, 釜山女子大學校 博物館.; 趙榮濟, 2002, 「考古學에서 본 大加耶聯盟體論」『第8回 加耶史學術會議 盟主로서의 금관가야와 대가야』, 金海市, pp.41~67.

(2) 다곽순장 주·부실석실분

다곽순장 고분은 5세기초의 보강석목곽묘인 지산동73호분과 주·부실석실분인 지산동75호분부터 나타나기 시작한다. 이 고분은 남북 장축의 주실 남단벽쪽에 동서 장축의 부실을 1기 축조하여 주·부실의 평면배치가 T자형을 이루고 있다. T자형 주실과 부실을 중심으로 봉토 속에 3기, 주석실 묘광 안에 7기로 모두 10기의 순장곽이 설치되었다.[75]

이러한 묘제를 기반으로 5세기 후반에는 중국 남제에 사신을 파견하여 보국장군 본국왕이라는 작위를 받았다. 이렇게 국제적으로 공인을 받게되자 가라국은 대가야로 발전하게 되었고, 이러한 정치적 위상이 높아지면서 5세기 후엽의 44호분에서는 주실 외에 부실이 2기, 순장곽이 32기라는 가야 최대의 다곽순장묘가 축조되었다. 44호분은 호석의 장경 27m, 단경 25m의 타원형 묘역의 중앙에 주석실과 부장품실 2기를 배치하고 순장곽은 주석실을 중심으로 방사상과 원주상으로 배치하였다. 할석으로 축조한 주석실은 길이 940㎝, 너비 175㎝, 깊이 210㎝의 규모이며 장폭비가 5.4:1로 전형적인 대가야식 묘제를 보이고 있다. 45호분의 경우도 규모는 약간 작지만 호석으로 둘러싸인 묘역 중앙에 주실과 부실을 나란히 배치한 다음 이를 원주상으로 둘러싸는 순장곽 11기를 배치한 점은 대동소이하다.

이와 같은 다곽순장 주·부실석실분은 현재까지는 고령 지산동고분군에만 존재하고 있으며, 또 지산동고분군에는 봉토직경 20m이상의 대형봉토분이 능선 정상부를 따라 줄지어 입지하고 있어 묘제상으로 보아 정치적 위상도 가야제국 가운데 가장 높았던 것으로 볼 수 있다.〈그림7-③〉

---

75   曹永鉉, 2013,『高靈 池山洞 第73~75號墳』大加耶博物館·(財)大東文化財研究院.

3) 횡혈식 석실분

고령지역의 횡혈식 석실분은 지산동고분군과 고아동고분군에 여러 기가 존재하지만 지산동고분군의 경우는 절상천정총 1기를 제외하면 거의가 대가야 멸망 이후에 축조된 것들이고, 가야 지배층 묘제로서의 횡혈식석실분은 고아동 고분군을 의미한다. 절상천정총은 지산동에 있었다고 하나 정확한 위치를 알 수 없고, 출토유물도 전혀 알려지지 않았다.[76] 그리고 고아2동 고분은 벽화고분의 바로 옆에 붙어 있는 것으로 현실의 길이 4.8m, 너비 3.5m에 달하는 대형석실에 길이 6.8m의 중앙연도를 가진 대형 석실분이나 완전히 무너져 상세한 원상은 파악하기 어렵다.[77] 이러한 고령지역의 횡혈식 석실분 가운데 고아동벽화고분은 가야의 유일한 벽화고분이며 대가야왕릉으로 가야의 횡혈식 석실분을 대표한다.

고아동벽화고분[78]은 지산동고분군의 능선이 남서쪽으로 뻗어내려 오다가 한 자락이 동으로 솟아올라 새로운 산록을 형성한 동쪽사면 끝에 위치한다. 고분의 규모는 봉토직경 동서25m, 남북 20m이며, 봉토의 높이는 현실 바닥으로부터 6.88m인데 원래 경사면을 ㄴ자형으로 깎아내어 축조한 관계로 봉토기부로부터의 높이는 동에서 8m, 서에서 3m이다. 고분의 뒤쪽은 산으로 둘러싸이고 앞쪽은 넓게 트여있어 고분에서 보면 고령평야를 건너 대가천과 안림천을 합류한 회천의 흐름이 훤하게 내려다보인다.

현실은 장대한 할석을 약간 다듬어 4벽을 축조하였는데 남북 양단벽은 수직으로 쌓아 올리되 남단벽은 오른쪽(동쪽)장벽에 연결하여 연도를 이어 쌓았다. 동서 양장벽은 수직으로 쌓아 올리다가 상반부에서 서서히 안으로 좁혀 쌓아 길게 좁혀진 천정부에 작은 개석 6매를 덮어 전체적으로 터널처럼 만들었다. 현실의 규모는 길이(남북) 375㎝, 너비(동서) 282㎝, 높이 312㎝이다.

---

76 梅原末治, 1972, 『朝鮮古代の墓制』, 國書刊行會(東京), p.116, 圖版29.

77 金英夏·尹容鎭, 1966, 『仁洞·不老洞·高靈古衙 古墳發掘調査報告』, 慶北大學校博物館.

78 啓明大學校博物館, 1984, 『高靈古衙洞壁畵古墳實測調査報告』

연도는 현실 남벽의 동쪽에 치우쳐 동장벽에 잇대어 수직으로 쌓아 올리고 평평한 장대석 8매로 덮었다. 연도의 길이는 현실보다 길어 482㎝이며, 너비는 좁아 148㎝, 높이는 164㎝이다. 모든 벽면과 천정의 축조는 매우 치밀하게 쌓아 올렸으며 할석의 이가 맞지 않는 부분에는 납작한 작은 돌을 끼워 넣어 틈이 벌어지지 않도록 하고, 경사면에 맞추어 돌을 비스듬이 다듬기도 하였다.〈그림4-②〉 벽화는 현실과 연도전체에 그렸던 것으로 보이나 현재는 천정석에만 남아 있는 상태다. 천정에는 얇게 회칠을 하고 분홍색, 녹색, 흑색, 갈색으로 내외 2중의 8 판연화문을 그렸다.

이 고분은 전체규모나 축조구조, 벽화 내용으로 보아 6세기전반의 대가야왕릉이 틀림없으며 이는 가야의 여러 정치체 중에서 대가야만이 백제, 신라와 같이 횡혈식석실분을 왕릉으로 채용한 것으로 대가야의 국가위상을 이해하는데 있어 매우 중요한 자료가 된다.

Ⅳ. 묘제를 통해 본 가야의 사회상

1. 가야의 묘제와 순장습속

가야지역 묘제의 변화과정은 각 지역 정치체의 발전 과정과 대체로 일치하고 있으며, 각 묘제에서 공통적으로 나타나는 사회현상은 순장제도의 존재이다. 순장제도는 왕이나 지배층이 죽으면 시종이나 노비 등 신분이 낮은 사람을 강제로 죽여 주인공과 함께 매장하는 제도이다.

가야의 지배층 사회에서 일반적으로 이루어진 순장양상은 각 지역 묘제의 변화와 성격을 같이 하는데 순장자의 매장위치에 따라 3류형으로 나누어 볼 수 있다.[79]

---

79   金世基, 1997,「加耶의 殉葬과 王權」『加耶諸國의 王權』, 仁濟大 加耶文化研究所 編(신서원), pp. 97~122.

즉 ①김해를 중심으로 한 금관가야지역의 주부곽순장 ②함안을 중심으로 한 아라가야지역의 주곽순장 ③고령을 중심으로 한 대가야지역의 순장곽순장이다.

주부곽순장은 목곽묘를 분묘로 사용하는 김해지역의 순장방법으로 앞장에서 살펴 본 것처럼 처음에는 부곽이 없는 장방형 목곽묘에서 시작된다. 가야지역에서 가장 빠른 3세기 후반에 순장이 시작되는 장방형 목곽묘는 후장습속의 발달과 정치권력의 확대로 부곽이 추가되면서 주부곽식 묘제가 되는데, 이에 따라 주곽에만 있던 순장자가 부곽에도 들어가 주부곽식 순장이 이루어지게 된 것이다. 이러한 순장묘는 김해 대성동고분군을 비롯하여 양동리고분군, 예안리고분군에 주로 분포하고 있어 금관가야의 순장양상으로 이해할 수 있다.

따라서 금관가야지역에서 이루어진 주부곽식 목곽묘제와 여기에 이루어진 사회습속인 순장은 가야에서 가장 이른 시기에 시작되지만 순장인 수 5, 6으로 변화가 없어 순장에 의한 계층분화 등 사회성격의 변화는 찾을 수 없다.〈그림5〉

다음 주곽순장은 가야지역 수혈식 묘제의 제1유형인 단실석실분이 분포하고 있는 함안지역의 순장방법으로 주인공이 안치된 주실에만 순장자를 매장하는 것이다. 이 유형의 순장은 대개 주인공의 머리맡이나 발치부분 공간에 순장자를 배치하므로 석실의 크기에 순장자수가 비례한다고 할 수 있지만 대부분 5명 내외이고, 함안에서 가장 큰 고분인 도항리 4호분(구34호분)에만 6명을 순장하였다.[80]〈그림5〉

이와 같은 주곽순장 유형은 현재까지는 아라가야 지역에만 존재하고 있는데, 이것은 묘제로 본 아라가야의 사회가 묘제의 변화에 의한 왕권의 급격한 신장이나 변화가 크지 않았고 지배지역도 그다지 넓지 않았다는 것을 의미하는 것으로 볼 수 있을 것이다.

그 다음 순장곽순장은 가야지역 수혈식 묘제의 제2유형인 다곽석실분이 분포

---

80   李柱憲, 1996,「末伊山 34號墳의 再檢討」『碩晤尹容鎭教授停年退任紀念論叢』, pp403~418.

하고 있는 고령을 중심으로 합천, 함양, 산청 등 대가야지역의 순장방법으로 주실의 옆이나 주위에 배치된 독립된 순장곽에 순장하는 것이다. 이때 주실과 부실(혹은 부곽)에도 물론 순장자를 매장하고 있어 다른 지역의 주부곽순장이나 주실순장에서 보이는 것은 모두 갖추고 별도의 순장곽에 순장하는 것이 다른 점이다. 그러므로 다른 순장 방법보다 순장자의 수도 훨씬 많게 되고 묘장의 형태도 매우 복잡한 양상을 띠게 된다.

즉, 순장곽순장은 주인공을 위한 주실 외에 순장곽을 1기만 가진 단곽순장묘와 순장곽을 2기 이상 가진 다곽순장묘로 구분되고, 다곽순장묘도 순장곽을 5~6기 가진 중대형분과 10기이상 가진 대형분으로도 세분된다. 뿐만 아니라 단곽순장곽을 가진 주인공과 다곽순장곽을 가진 주인공의 부장품의 양과 위세품의 질 차이가 분명히 나타나고, 지역적으로도 대가야의 수도인 지산동고분군과 합천, 함양 및 고령의 다른 고분군과도 차이가 나타나고 있다.

이와 같이 묘제에 나타나는 순장양상은 대가야사회의 뚜렷한 계층성과 지배질서를 일정하게 반영하고 있다고 볼 수 있다.〈그림7-②,③〉이러한 순장고분의 순장자수와 위세품의 등급으로 수장묘의 계층을 분류하여 보면, 순장곽 10기 이상의 제1등급, 순장곽 5기 이상의 제2등급, 순장곽 1기의 제3등급으로 나누어 볼 수 있다.〈그림8〉[81]

제1등급 순장묘는 고령 지산동고분군에만 존재하고 있는데 지산동44호분과 45호분, 73호분과 75호분이 여기에 속한다. 이 등급고분의 부장품과 위세품을 보면 관모류와 금제장신구, 금동제 마구 및 외국의 수입문물 등을 가지고 있다. 지산동44호분의 경우 검릉형 행엽과 금동제 합, 오끼나와산 야광패제 국자 등을 가지고 있으며, 지산동 45호분은 금동관식과 청동거울, 금동제 마구를 부장하고 있다.〈그림7-③, 8-①〉

---

81   이 그림은 〈朴天秀, 2000,「考古學 資料를 통해 본 大加耶」『考古學을 통해 본 加耶』, 한국고고학회, p.121.〉의 圖10을 필자의 논지에 맞도록 재구성한 것이다.

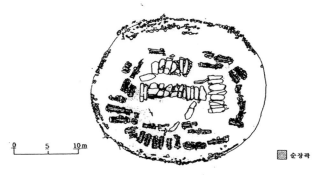

① I 등급 순장묘(순장곽 32기) (고령 지산동44호분)

합천 옥전M1호분

② II 등급 순장묘(순장곽 5기 이상)   고령 지산동30호분

합천 반계제가A호분

고령 본관동35호분   함양 백천리1호분

③ III등급 순장묘(순장곽 1기)

그림 8 | 대가야지역 수장묘의 변화

제2등급 순장묘는 부실 1기와 순장곽 6기를 가지고 있는 지산동30호분과 합

천 옥전M1호분이 해당된다.[82] 옥전고분군의 다곽순장묘의 형태는 조금 달라 순장곽을 호석 밖에 3~5기를 배치하고 있으나 다곽순장이라는 점에서 여기에 포함시킬 수 있다.〈그림8-②〉

제3등급은 주실과 순장곽 1기를 가지고 있는 지산동32, 34호분, 본관동34, 35, 36호분, 합천 반계제 가A, B호분, 다A호분, 함양 백천리1~5호분, 옥전M4호분 등 대가야지역의 순장묘 대부분이 여기에 속한다.〈그림8-③〉 각 지역의 수장층이나 대가야 중앙의 지배를 받는 지방관의 성격을 가진 이들 3등급 순장묘의 주인공들은 금제 귀걸이나 유리구슬 목걸이와 철제마구 정도의 위세품을 가지고 있다. 그러나 지산동32호분에는 금동관과 갑옷 투구 등 최고의 위세품도 가지고 있어 같은 3등급 순장묘 주인공이라도 대가야의 중앙과 지방간에는 계층차이가 있음을 알 수 있다.〈그림7-②〉

그리고 이들 순장자들의 부장유물에 질적 차이가 나타나고 있어 이들의 사회적 계층이나 성격을 이해하는데 있어 하나의 단서를 제공하고 있다. 즉 주실의 주인공 머리맡이나 발치에 순장된 사람은 금제귀걸이와 유리구슬 목걸이를 착장하고 있는데 이러한 부장품은 제3등급 순장묘의 주인공이 착장한 위세품과 같은 수준의 것이다. 그러나 이들의 신분이 높다고 볼 수는 없을 것이고 아마도 주인공이 왕이라면 그 옆에서 시종하는 몸종이나 내시와 같은 근신으로 생각된다. 이들은 신분은 비록 낮지만 몸치장은 화려하게 하고 왕을 시종하였다는 것을 알 수 있다.

2) 묘제와 제의습속

묘제와 관련하여 사회상을 살펴 볼 수 있는 것이 제의의 습속이다. 분묘축조에서의 제의행위는 죽은 사람의 영혼을 달래고 저 세상으로 보내는 의례의 측면

---

82 趙榮濟 외, 1992,『陜川玉田古墳群 Ⅲ』, 慶尚大學校博物館.

과 고총고분과 같은 대규모의 토목공사를 차질 없이 마무리하기 위한 산 사람들의 육체적 피로를 풀고 마음을 풀어주기 위한 측면이 모두 합하여 매우 엄숙하고 진지하게 이루어지는 정신적 사회습속이다. 특히 고총고분의 축조는 여러 단계의 힘든 절차가 있기 때문에 이러한 단계마다 여러 가지의 형태로 제의가 이루어지고, 최종적으로는 모든 장송의례 전체를 통괄하는 제사의례가 있었을 것이다.

이러한 사실은 묘제의 차이에도 불구하고 대체로 공통된 양상으로 나타나는데 묘실에 부장된 유물이외에 호석이나 봉토의 내부에서 출토되는 각 종의 유물이 이를 말해주고 있다. 즉 분묘의 축조단계에서 행해진 제의의 결과는 수혈식 석실분이나 횡혈식 석실분의 경우는 호석의 중간이나 봉토 속에서 노출되는 토기편이나 철기 등으로 나타나고 목곽묘의 경우는 목곽과 묘광의 보강토 사이나 봉토 속에서 때로는 말 이빨이나 소의 하악골과 같은 동물유해가 출토되는 예도 있다.[83] 이는 동물순장의 의미와 함께 분묘 축조과정에서 제의 행위의 결과로 나타난 것이다.

그리고 주피장자와 부장품, 순장자를 매장하고 봉분의 축조와 주구의 설치 등 분묘시설을 완성한 다음 최종적으로 장송의례를 마무리하는 제사는 분묘의 앞이나 뒤의 평탄한 장소에서 매우 성대하게 이루어진다. 이러한 제사 유구는 특별한 시설을 하고 제의에 사용한 토기나 도구를 같이 매장하여 보관하는 경우와 그렇지 않고 제의행위를 한 후 제의에 사용되었던 모든 토기나 도구들을 깨뜨려 그 자리에 버려두는 경우가 있다. 제의행위 후에 유물을 깨뜨려 주위에 뿌리는 경우를 파쇄형, 깨뜨리지 않고 함께 묻는 경우를 비파쇄형으로 분류하기도 하는

---

83 수혈식 석실분인 고령 지산동44호분의 경우는 순장곽 사이의 봉토기부에서 말 이빨이 출토되었고, 주부곽식 목곽묘인 김해 대성동1호분에서는 묘광과 목곽 사이에 채워 넣은 補強土 내에서 소의 아래턱뼈가 출토된바 있다. 高靈郡, 1979, 『大伽倻古墳發掘調査報告書』, p.106.; 申敬澈, 金宰佑, 2000, 『金海大成洞古墳群Ⅰ』, 慶星大學校博物館, p.91.

데 파쇄형 제의 습속은 고령지산동, 본관동, 합천 반계제, 함양 백천리, 남원 두락리, 고성 연당리 등 주로 가야문화권 고분군에서 보이고 비파쇄형 제의 습속은 경주 황남동, 월성로, 의성 탑리, 안동 조탑동, 성주 성산동, 선산 낙산동 등 신라문화권 고분군에 나타난다.[84]

한편 가야지역 내에서의 제의 습속은 묘제의 지역성과 같은 양상으로 나타나는데 금관가야지역의 목곽묘문화권, 아라가야지역의 수혈식 단석실문화권, 대가야지역의 수혈식 다곽석실문화권 등이다. 다만 고성을 중심으로 한 소가야지역은 소가야문화권으로 따로 분류하기도 하지만[85] 묘제는 대가야 기본양식에 지역적 특성이 가미된 복합적 성격이 나타나고 지역범위도 진주, 산청까지 포함하고 있어 묘제와 제의 모두 대가야 범주에서 크게 벗어나지 않아 따로 분류할 정도는 아니라고 생각한다. 이러한 묘제에 따른 가야의 제의문화권은 각 지역 정치권의 영역 및 토기문화권과도 대체로 일치하고 있다.[86]

그 중에서도 수장층제의 토기의 대표격인 원통형기대의 양식적 특성과 이의 분포범위가 가야의 제의문화권과 일치하고 있어 묘제와 제의는 정치권의 영역과 불가분의 관계임을 알 수 있게 해 준다. 특히 그 영역이 수계와 분지로 구성되는 지역경계를 넘어 여러 정치체를 통합한 대가야지역의 경우 원통형기대의 공유와 파쇄 행위는 고령 지산동32호분을 시작으로 고령 본관동36호분, 합천 반계제 가-B호분, 다-A호분, 옥전M4호분, 진주 수정봉2호분, 남원 두락리1호분에서 공통적으로 나타나 대가야권의 상징처럼 인식되기도 한다.[87] 이러한 묘제에 따른 공동제사권의 형성은 정신적 사회관습을 통해 정치적 통합을 이루려는 가

---

84 朴天秀, 1997, 「政治體의 相互關係로 본 大伽耶王權」『加耶諸國의 王權』, 仁濟大加耶文化研究所 編(신서원), pp. 179~212.

85 朴升圭, 2000, 「考古學을 통해 본 小加耶」『考古學을 통해 본 加耶』, 한국고고학회, pp. 129~178.

86 김세기, 1998, 「고령양식토기의 확산과 대가야문화권의 형성」『加耶文化遺蹟調査 및 整備計劃』, 경상북도, pp. 83~121.

87 朴天秀, 1994, 「伽耶·新羅地域の首長墓における筒形器臺」『考古學研究』40-1, pp. 27~48.

야사회의 일면을 보여주는 것이다.

V. 맺음말

이상에서 살펴 본 바와 같이 묘제가 보여주는 가야사회는 3개의 중심권역별로 묘제와 이에 따르는 사회적 습속이 공통성을 가지고 있는 것으로 나타났다. 이제까지 살펴 본 내용을 요약하면 다음과 같다. 우선 가야지역의 사회적 성격이 비교적 충실히 반영되어 있는 각 지역 정치체의 수장묘를 묘제별로 보면 목곽묘, 수혈식석실분, 횡혈식석실분으로 나누어진다.

목곽묘는 땅에 구덩이를 파고 시신을 나무관에 넣어 매장하는 목관묘가 생산력이 증대되고 사회가 발전하면서 관을 보호하고 더 많은 부장품을 넣기 위해 나타난 묘제이다. 가야지역의 목곽묘는 김해를 중심으로 가야식 목곽묘로 변화하게 되는데 대체로 2가지 유형으로 나누어진다.

제1유형은 평면장방형으로 묘광이 깊어지면서 대형화되고 후장과 순장이 이루어지는 단곽목곽묘이고 제2유형은 장방형 단곽목곽묘에 부곽이 추가되어 평면형태가 일자형이 되는 주부곽식 목곽묘로 금관가야식 묘제이다.

가야의 묘제는 대체로 초기에는 목곽묘가 주류를 이루다가 김해지역을 제외하고 다른 가야지역은 수혈식 석실분으로 바뀌게 되었다. 수혈식 석실분은 평면형태가 장폭비 5:1의 세장한 형태로 정형화되어 가야지역 고총고분의 대부분을 차지하고 있으며, 지역적으로도 가야전지역을 망라하고 있어 가야지역 지배층 묘제의 핵심이라고 할 수 있다. 수혈식석실분도 내부구조에 따라 세 가지 유형으로 나누어진다.

제1유형은 단실구조로 한 봉토 안에 매우 세장한 수혈식 석실 1기만 축조하는 유형으로 함안 말이산고분군 등 주로 함안지역에 분포하는 아라가야식 묘제이다. 제2유형은 호석으로 둘러진 한 봉토 안에 주석실과 소형 순장석곽으로 이루어진 다곽석실분 구조로 대가야식 묘제이다. 이 묘형에서 주실에는 물론 묘의 주인공이 묻히며 석곽에는 순장자가 묻히는 고분이다. 제3유형은 하나의 봉토 안에 1기의 석실과 1~3기의 석곽이 추가로 결합되는 결합식 다곽분 구조로 5세기 후반 고성지역에 축조되는 소가야식 묘제이다.

한편 횡혈식석실분은 2회이상 사용할 수 있는 묘제로서 현실로 들어가는 연도가 있는 것을 횡혈식이라 하고 연도가 없이 입구만 있는 것을 횡구식이라 한다. 횡혈식석실분은 고구려, 백제의 주묘제로 사용되던 묘제로 후기에는 신라에서도 왕릉으로 사용되지만 가야지역은 대가야와 일부 지역을 제외하고는 주묘제로 사용하기 전에 멸망하였다. 그러므로 가야지역의 주묘제는 목곽묘와 수혈식석실분이었고, 대체로 초기에는 목곽묘가 각 지역별로 수장묘로 채용되다가 김해의 금관가야지역을 제외하고는 점차 수혈식석실분으로 변화되었다.

각 지역별 묘제에 따른 사회현상으로 순장과 제의습속을 들 수 있는데 이러한 사회적 관습도 김해의 금관가야권, 함안의 아라가야권, 고령의 대가야권의 3지역권으로 나누어진다. 김해의 금관가야지역은 목곽묘문화권으로 3세기 후반에 순장이 시작되었다. 순장은 주곽내 주인공의 발치와 머리맡에 3~5명을 순장하였고, 부곽에도 부장품 한쪽에 1~2명을 순장한 것으로 생각된다. 함안의 아라가야지역은 역시 초기에는 목곽묘가 수장묘로 사용되었으나 점차 수혈식석실분으로 교체되었다. 함안지역 수장묘는 단실식석실분으로 매장시설이 주실 하나 밖에 없으므로 주실안에 주인공과 순장자를 함께 매장하는 순장이 이루어졌다. 그러므로 순장자수도 주인공의 발치 공간에 1~5명을 나란히 배치하고 있다. 고령을 중심으로 하는 대가야지역은 순장곽순장이 이루어졌는데 고령, 합천, 함양 등 비교적 넓은 지역에서 동일양상으로 전개되었다. 대가야의 순장방식은 주실과 부실은 물론 주실 옆에 배치된 독립된 순장곽에 순장하는 것이다. 그러므로 다른 순장 방법보다 순장자의 수도 훨씬 많게 되고 묘장의 형태도 매우 복잡하여 순장인의 수와 부장품의 질에 따라 3등급으로 구분된다. 1등급인 고령 지산동 44호분의 경우는 순장곽 32기에 순장자가 40여명에 달하고 있다. 이와 같이 가야는 순장자 수도 신라에 비해 월등히 많을 뿐만 아니라 순장 지속기간도 6세기 중반까지 계속되는 것으로 보아 백제나 신라에 비해 사회발전의 속도가 전반적으로 늦었던 것으로 볼 수 있다.

한편 묘제에 따르는 가야의 제의습속은 제의에 사용한 기물들을 깨뜨려서 호석과 봉토, 주구 등 분묘시설이나 주위에 뿌리는 파쇄형 제의문화가 공통적이다. 그 중에서도 대가야지역은 원통형기대의 공유를 통한 공동제사권이 이루어졌던 것으로 보이며, 이는 정신적 사회관습을 통해 정치적 통합을 이루려는 시도였던 것으로 생각된다.

3_ 가야의 순장과 왕권

Ⅰ. 머리말

주지하다시피 순장殉葬이란 죽은 사람主人公을 위해 살아 있는 사람이나 동물을 죽여 함께 매장하는 장의행위를 말한다. 세계적으로 순장이 시행된 지역은 이집트와 근동지방·스키타이 등이 유명하며 중국에서도 순장사실이 널리 알려져 있다. 그리고 우리나라에서도 『삼국지』위서 동이전 부여조에 순장기록이 나타나고, 『삼국사기』에서는 신라의 순장금지에 관한 기사가 등장하고 있다. 또한 문헌에는 보이지 않지만 가야지역의 고분발굴에서는 많은 순장사례가 확인되고 있어 우리나라에서도 고대에는 순장이 보편적으로 행해진 것으로 생각된다.

이 순장은 고대사회에서 수장층(왕)의 강한 지배력을 의미하는 것으로 볼수 있을 것이다. 특히 문헌자료가 없는 가야의 경우 지역 혹은 나라별로 묘제와 순장자의 차이를 비교하면, 가야제국간의 동일한 자료를 통한 왕권의 차이를 추론할 수 있을 것이다. 물론 순장이 사회발전 과정에서 이루어지는 사회현상으로만 보면 정치적으로 발전하지 못한 가야의 장의풍습의 하나로 치부할 수도 있을 것이다. 그렇지만 순장이 이집트나 중국의 고대사회에서 이루어지고, 고구려나 신라에서도 공식적으로 행해진 것을 보면 정치력이 반영된 것으로 보아도 무방할 것이다. 그 중에서도 가야의 순장은 다른 어느 지역보다 사례도 많고 그 규모도 장대하여 고대사회의 이해에 좋은 자료가 되고 있다. 가야의 순장자료들은 가야 제국간의 왕권의 차별별성을 가늠할 수도 있고, 인근의 신라지역과도 비교연구가 가능하다.

　그러나 지금까지 발굴된 고고학자료나 문헌자료만 가지고는 주인공과 순장자의 확실한 신분이나 두 계층 사이의 관계 등을 명확히 밝힐 수 없고 그 사회적 특성도 단정하기 어려운 것도 사실이다. 그렇다고 하더라도 사람을 죽여 장례에 사용한다는 것은 그 사회적 의미가 강한 것이지만, 이와 함께 당시 사회에서 지배력을 소유하고 있었던 수장이나 왕의 지배력을 반영하는 정치적 의미도 찾아볼 수 있다. 또한 그 순장의 지역별 특징이나 분포, 또는 순장인수의 차이와 변화는 곧 당시 비슷한 조건의 가야사회에서 그것을 행했던 수장 혹은 왕의 지배력의 대소와 그 변천으로 파악할 수 있을 것이다. 특히 가야 순장고분의 의미는 별다른 문헌이 없는 가야제국 수장의 지배권 혹은 왕권의 변화과정을 비교해 볼 수 있는 자료적 의미도 크다고 하겠다.[1]

　따라서 본고에서는 가야의 순장고분에 나타나는 지역성, 순장유형의 분포, 순장인수의 변화, 부장품의 질과 양 등를 종합하여 이들이 가지는 가야제국의 왕권과의 의미를 규명해 보고자 한다.

1　지금까지 한국에서 순장에 관해 연구한 논문은 다음 것이 참고 된다.
　金鍾徹, 1984, 「古墳에 나타나는 三國時代 殉葬樣相-加耶·新羅地域을 중심으로」, 『尹武炳博士 回甲紀念論叢』.; 權五榮, 1992, 「고대 영남지방의 殉葬」, 『韓國古代史論叢』 4.; 金世基, 1997, 「加耶의 殉葬과 王權」, 『加耶諸國의 王權』, 신서원.; 金宰賢, 1997, 「韓國의 殉葬研究에 대한 檢討」, 『文物研究』 창간호, 동아시아문물연구학술재단.; 김용성, 2002, 「신라 고총의 순장」, 『고문화』 59, 한국대학박물관협회.; 김수환, 2005, 「금관가야의 순장-김해 대성동고분군 순장양상을 중심으로」, 『영남고고학』 37.; 이성준, 2009, 「한반도 고대사회에서 순장의 사상적 배경과 그 성격」, 『대가야의 정신세계』, 고령군·계명대학교 한국학연구원.; 김수환, 2010, 「아라가야의 순장 -대형 순장묘를 중심으로」, 『영남고고학』 55.; 김용성, 2013, 「고령 지산동 고분군의 순장과 사후세계」, 『세계문화유산 등재를 위한 대가야 고분군의 탁월성 비교 연구』, 경상북도·계명대학교 한국학연구원.; 신석원, 2013, 「고령 지산동 44호분 순장곽의 매장 패턴 -인골과 부장품의 위치관계를 중심으로-」, 『한국고고학보』 88.

II. 고대의 사후세계 인식과 순장

1. 고대인의 사후세계 인식

우리나라 고대에 있어서는 사람이 죽으면 매장하는 관습이 보편적이었다. 그리고 시신은 매장됨으로써 영원한 안주를 누릴 수 있다고 생각하였다. 또한 사후에도 현세와 똑같은 생활을 계속한다고 하는 소위 계세사상이 관습화되고 있었다. 인간의 죽음이 죽음으로써 끝나는 것이 아니라 사후에도 무덤 속에서 생을 이어간다는 이 계세사상은 우리나라뿐만 아니라 고대 그리스·로마에도 있었다고 한다. 죽은 후에도 생을 계속해야하므로 시신을 훼손하거나, 매장하지 않고 버려두는 행위는 가장 참혹한 죄악으로 생각하였고 고대 그리스에서 가장 큰 형벌은 매장불허의 형벌이었다.[2] 이와 같은 매장불허의 형벌은 우리나라 고대에도 있어 부여에서는 "부인이 투기하면 죽여서 그 시체를 남산꼭대기에서 썩게 하는데 만약 여자의 집에서 가져가려면 우마를 바쳐야 내어준다[3]."라고 하여 역시 매장불허가 최대의 형벌이었다. 시신이 매장되지 못하면 사후에 생을 계속할 수 없고 영혼은 떠돌아다니는 악령, 원혼이 되는 것이므로 매장을 중요시 하였던 것이다.

이렇게 시신은 매장되어야 그곳에서 영원한 안주를 누릴 수 있고 지하세계에서 현세와 같은 생활을 영위할 수 있다는 계세사상은 한국 고대에는 고구려, 백제, 신라, 가야에 모두 존재하였던 관습이었다. 그러므로 매장하는 장소 즉 분묘는 사후세계의 주택이며 안식처이므로 분묘의 축조는 사자의 영주를 보장하는

---

2   邊太燮, 1958, 「韓國古代의 繼世思想과 祖上崇拜信仰(上)」, 『歷史教育』3.; 邊太燮, 1959, 「韓國古代의 繼世思想과 祖上崇拜信仰(下)」, 『歷史教育』4.

3   用刑嚴急, 殺人者死, 沒其家人爲奴婢. 竊盜一責十二. 男女淫, 婦人   , 皆殺之. 尤憎   , 已殺, 尸之國南山上, 至腐爛. 女家欲得, 輸牛馬乃與之 『三國志』魏書東夷傳 夫餘條.

안식처를 만드는 것이다. 따라서 묘지의 선정과 분묘의 축조는 자손보다도 죽은 사람 자신에 더 큰 의미가 있는 것이라 할 수 있다.

그런 관점에서 가야인(지배층)의 고분입지를 생각해보면 산성을 배경으로 하고 자기가 거주하며 다스렸던 국읍國邑과 읍락邑落의 산천을 한눈에 내려다 볼 수 있는 높은 산에 위치시킴으로써 사후세계에서도 현세를 내려다 볼 수 있도록 한 것이라 할 수 있다. 고령의 지산동고분군은 가장 대표적인 예이며 그 밖의 읍락 고분군들도 마찬가지이다. 대가야 외에 성산가야의 성주 성산동고분군, 아라가 야의 함안 도항리고분군, 비화가야의 창녕 교동고분군이 대표적이며 그밖에 합 천의 옥전고분군, 거창의 개봉리고분군 등이 읍락 조망 위치에 분포하고 있는 것들이다. 이와 같이 자기가 살던 읍락과 들판, 하천이 내려다보이는 높은 곳에 묘지를 선정하는 것이 가야인들 만의 독특한 내세관이다.[4]

현실생활과 똑같이 물질생활도 계속한다는 내세관을 가지고 있었으므로 부장 품에 있어서도 음식물(식량), 의복, 일용품, 장신구 등을 그대로 부장시키고 또 별 도로 창고인 부장곽까지 만들어 이를 부장하였던 것이다. 금동관이나 금제장신 구와 같은 위세품이나 귀중품도 그러한 사상이 아니었다면 고대사회에서 대단 히 귀하고 중요하게 여겼던 이러한 물품들을 그대로 부장할 수 없었을 것이다.

이와 똑같은 의미로 현세에서 권력과 재부를 가지고 있던 최고지배층이나 왕 이 죽었을 때는 현세에서 그를 위해 시중하던 노비 혹은 시종자들이 사후에도 그를 시중하도록 사람을 순장시킨 것이다. 순장을 당하는 사람도 현세에서의 생 활이 사후에도 계속된다는 인식이 관습화 되었으므로 사회가 분화되고 사상이 발달하기 전까지는 저항 없이 그 운명을 받아들였다고 생각된다. 그러므로 지배 자의 입장에서는 분묘를 크게 하고 많은 부장품과 순장자를 매장하는 것은 곧 그 정치세력의 권력을 과시하는 것이 된다. 따라서 다른 정치세력을 압도하고

---

4 이희준, 2013, 「고령 지산동고분군의 입지와 분포로 본 특징과 그 의미」, 『세계문화유산 등재 를 위   한 대가야 고분군의 탁월성 비교 연구』, 계명대학교 한국학연구원.

국가의 위력을 과시하기 위하여 다투어 분묘를 크게 하고 그 안에 위세품도 많이 부장하였던 것이다.

2. 순장의 문헌기록

우리나라의 순장기록은 먼저 『삼국지三國志』위서魏書 동이전東夷傳 부여조夫餘條의 다음 기록이 가장 오랜 기록이다.

> "여름에 사람이 죽으면 모두 얼음을 넣어 장사지내며, 사람을 죽여서 순장을 하는데 많을 때는 백명 가량이나 된다. 장사를 후하게 지내는데, 곽은 사용하나 관은 사용하지 않는다. (其死, 夏月皆用氷, 殺人殉葬, 多者百數. 厚葬, 有槨無棺.)"

또한 『진서晋書』동이열전東夷列傳 부여국조夫餘國條에는 다음과 같은 기록도 보인다.

> "사람이 죽으면 산 사람으로 순장을 하며, 곽은 있으나 관은 없다. 상喪을 치르는 동안은 남녀가 모두 흰옷을 입는데, 부인은 베로 만든 면의面衣를 착용하며 옥으로 만든 패물은 차지 않는다. (死者以生人殉葬 有槨無棺. 其居喪, 男女皆衣純白, 婦人著布面衣, 去玉佩.)"

이와 같이 부여에서는 많을 경우, 백명을 순장했다고 하는데, 우리나라의 순장 가운데 가장 많은 수의 순장 기록이다.

고구려의 경우는 순장사실을 전해 주는 기록은 없으나 동천왕이 죽었을 때 그묘 앞에서 스스로 목숨을 끊어 자순自殉한 사람이 많았다는 기록으로 보아 고구려에도 순장풍속은 존재했던 것으로 볼 수 있을 것이다. 『삼국사기』고구려본기 동천왕조에 이런 기록이 보인다.

"22년(248) 가을 9월에 왕이 죽었다. 시원柴原에 장사지내고 왕호를 동
천왕이라고 하였다. 나라 사람들이 그 은덕을 생각하며 슬퍼하지 않는 자
가 없었으며, 가까운 신하 중에 자살하여 따라 죽으려고 하는 자가 많았
으나, 새 왕은 예가 아니라고 여기고 그것을 금하였다. 장례일이 되어 묘
에 와서 스스로 죽는 자가 매우 많았다. 나라사람들이 땔나무를 베어 그
시체를 덮었으므로, 마침내 그 땅을 시원이라고 이름하였다. (二十二年 秋
九月 王薨 葬於柴原 號曰 東川王 國人懷其恩德. 莫不哀傷 近臣欲自殺以殉者衆 嗣
王以爲非禮禁之 至葬日. 至墓自死者甚多 國人伐柴 以覆其屍 遂名其地曰柴原.)"

백제의 경우에는 순장에 관한 문헌기록은 없으나『삼국지』위서 동이전 한조
에는 삼한三韓에서 장례에 우마를 사용하였다는 기록이 있다.

"그들의 장례에는 곽은 있으나 관은 없다. 소나 말을 탈줄 모르기 때문
에 소나 말은 모두 장례용으로 써버린다. (其葬有槨無棺 不知乘牛馬 牛馬盡於
送死.)"

이 기록이 백제의 순장을 직접적으로 말해 주지는 않으나 순장의 대상으로 이
용된 것을 이렇게 표현한 것으로 보는 견해도 있다.[5] 이와 같이 백제의 경우 명
확한 순장기록은 없으나 이 기사로 추측해 보면 사람을 순장하는 관습도 있었을
것으로 생각된다.

그리고 일본의 순장 기록을 보면『삼국지』위서 왜인전에는 3세기 중엽, 여왕

---

5   權五榮, 1992,「고대영남지방의 殉葬」,『韓國考古史論叢』4, 韓國古代社會硏究所.

히미코(卑彌呼)의 죽음과 함께 순장한 기록이 있다.

"(여왕) 히미코가 사망하여, 직경 100여보의 큰 무덤을 만들고, 노비 100여명을 순장하였다.(卑彌呼以死, 大作冢, 徑百餘步, 徇葬者奴婢百餘人)"

또 『일본서기』 수인기垂仁記에는

"28년 11월 병신丙申 삭朔 정유丁酉에, 왜언명倭彦命을 신협도화조판身狹桃花鳥坂에 장사葬事지냈다. 이 때, 가까이서 모시던 이들을 모아서 모두 산채로 능역에 묻었다. 수일이 지나도 죽지 않고 주야로 울부짖다가 드디어 죽었는데, 시체가 썩어 냄새가 진동했다. (이들을) 개와 까마귀가 모여들어 뜯어 먹었다. 천황이 이런 울부짖는 소리를 듣고 마음이 (매우) 슬프고 아팠다. 여러 신하들에게 조칙을 내려 말하기를 무릇 살아서 사랑한 것을 죽여서 순장시키는 것은 심히 (마음) 상하는 일이다. 이것이 옛날부터의 풍습이지만 좋지 못한데 어찌 따르겠는가? 지금 이후로는 순장을 그치는 것을 의논하라.(二八年十一月丙申朔丁酉. 葬倭彦命于身狹桃花鳥坂. 於是集近習者. 悉生而埋立於陵域. 數日不死. 晝夜泣吟. 遂死而爛之. 犬鳥聚噉焉. 天皇聞此泣吟之聲. 心有悲傷. 詔羣卿曰. 夫以生所愛令殉亡者. 是甚傷矣. 其雖古風之. 非良何從. 自今以後. 議之止殉)"

그리고 같은 수인기 32년조에는 다음과 같이 나온다.

"32년 가을 7월 갑술甲戌 삭朔 기묘己卯에, 황후 일엽초원명日葉酢媛命〈한편으로 일엽초근명日葉酢根命이라고도 한다〉이 돌아갔다. 장례에 임한 날에 천황이 여러 신하들에게 조칙을 내려, "(높은 사람을) 따라 죽는 도리는 전부터 옳지 않다고(생각했는데), 지금 이런 장례를 행함을 어찌 할 것인가?" 하였다. 이에, 야견숙니野見宿禰가 진언進言하며 "무릇 군왕의 능에 산 사람을 묻었었는데 이는 좋지 않은 일입니다. 그 어찌 후손에게 전할 수 있겠습니까? 원하건대 이제 시정을 의론할 것을 주청합니다."라고 말했다. 이에 사자를 보내 출운국出雲國의 토기장인 백명을 불러 올려 이제부터 진흙으로 인마人馬와 여러 가지 형태의 물건을 만들게 해서 천황에게 바치니 (천황이) 말하기를 "이제부터 이 토물土物을 산 사람 대신 능묘에 심어 후손들에게 법칙으로 하라." 하였다. 천황이 크게 기뻐하여 야견숙니野見宿禰에 조칙하기를, "너의 바꾸는 논의가 짐朕의 마음을 진실로 흡족케 한다. 그 토물을 일엽초원명의 묘에 처음 세우고 이 토물을 하니와埴輪라 하고 역시 입물立物이라 하라" 하였다. 다시 명령을 내려, "지금부터 능묘에는 반드시 이 하니와를 심고 사람을 해치지 말라"라 하였다. 천황이 야견숙니의 공을 후히 표창하여 토지를 하사하였다. 곧 토부土部를 맡게 하고 성姓을 고쳐 토부신土部臣으로 하게 했다. 이것이 토부련土部連 등이 천황의 상장喪葬을 주관하게 된 연유이다. 소위 야견숙니는 토부련 등의 시조이다. (垂仁天皇三二年卅二年秋七月甲戌朔己卯. 皇后日葉酢媛命〈一云. 日葉酢根命也〉薨. 臨葬有日焉. 天皇詔群卿曰. 從死之道. 前知不可. 今此行之葬奈之爲何. 於是. 野見宿禰進曰. 夫君王陵墓. 埋立生人. 是不良也. 豈得傳後葉乎. 願今將議便事而奏之. 則遣使者. 喚上出雲國之土部壹佰人. 自領土部等. 取埴以造作人馬及種種物形. 獻於天皇曰. 自今以後. 以是土物. 更易生人. 樹於陵墓. 爲後葉之法則. 天皇於是大喜之. 詔野見宿禰曰. 汝之便議寔洽朕心. 則其土物. 始立于日葉酢媛命之墓. 仍號是土物謂埴輪. 亦名立物也. 仍下令曰. 自今以後. 陵墓必樹是土物. 無傷人焉. 天皇厚賞野見宿禰之功. 亦賜鍛地. 即任土部職. 因改本姓謂土部臣. 是土部連等主天皇喪葬之緣也. 所謂野見宿禰. 是土部連等之始祖也.)"

또 대화 2년(646) 3월에는 대화개신大化改新을 통해 소위 박장령薄葬令을 내려 장례절차를 간소하게 하고, 순장을 금지하는 조치를 취한다.

"무릇 사람이 죽었을 때 만약 스스로 목숨을 끊거나(自殉), 혹 사람을 죽여 순장하는 것, 또 사람과 말을 죽여 순장하는 것, 또 망자의 보물을 묘에 묻는 것, 또는 망인을 위하여 머리카락을 자르거나 자기 (넓적다리)살을 찔러서 애도하는 일 등, 이러한 것들은 옛날의 (나쁜) 습속이니 모두 일시에 끊도록(금지하도록) 하라. (凡人死亡之時. 若經自殉. 或絞人殉. 及强殉亡人之馬. 或爲亡人藏寶於墓或爲亡人斷 髮刺股而誄. 如此舊俗一皆悉斷)"

이와 같은 『일본서기』의 내용을 그대로 믿기는 어렵지만, 순장과 순장금지에 대한 참고자료는 된다. 그러나 이렇게 문헌에는 기록되어 있는 일본의 순장이 실제 고분에서는 확인되지 않는다.

한편 신라의 경우에는 6세기 초에 순장을 금지하였다는 기사가 『삼국사기』 신라본기 지증왕조에 다음과 같이 나온다.

"3년(502) 봄 3월에 영을 내려 순장을 금하였다. 전에는 국왕이 죽으면 남녀 각 다섯 명씩을 순장했는데, 이때 이르러 금한 것이다. (三年 春三月 下令禁殉葬 前國王薨 則殉葬以男女各五人 至是禁焉.)"

이 기록을 보면 신라에서는 6세기 이전에는 순장이 공식적으로 이루어지고 있었던 것을 알 수 있다. 그리고 경주의 신라 왕릉인 5세기대의 대형 적석목곽분(황남동98호 남분)에서 순장사실이 확인되고 있고,[6] 경주 이외의 신라지역인 영덕 괴시리고분군이나 의성 대리의 적석목곽분에서 순장이 확인되고 있으며 경산 임당동고분군에서도 확인된 바 있어 이를 뒷받침하고 있다.[7]

그러나 가야에서는 순장기록이 보이지 않는다. 이는 물론 가야에 대한 다른

---

6   文化財管理局 文化財研究所, 1995,『皇南大塚(南墳)』.
7   김용성, 2002,「신라 고총의 순장」,『古文化』59, 한국대학박물관협회.

기록도 없으므로 기록으로 가야의 순장을 논할 수는 없을 것이다. 그럼에도 불구하고 고고학적으로 가장 많은 순장고분이 조사되었고, 우리나라의 순장고분은 대부분이 가야고분이라고 할 정도로 다양하다. 가야 중에서도 특히 대가야의 순장은 특별하다고 할 수 있다.[8]

Ⅲ. 가야의 순장묘

1. 순장묘의 개념

기본적으로 장례풍속의 하나인 순장은 고분에서 그 실례를 확인하게 되는데, 고분에서 순장으로 판정되기 위해서는 순장의 현상과 그 실체로써의 고분의 여러 조건이 충족되어야 한다. 순장殉葬의 사전적 의미는 고대사회에서 왕이나 귀족이 죽었을 때 신하나 노비 등 추종하던 사람, 혹은 동물을 죽여 함께 묻는 제도이다. 그런데 이러한 용어 정의에는 흠모하고 존경하는 마음에서 스스로 목숨을 끊는 자순自殉과 자신의 의사와 관계없이 타의에 의해 강제적으로 죽음을 당하는 타순他殉이 모두 포함되어 있다. 자순과 타순은 주인이 죽으면 주인공과 함께 그 묘에 묻히는 행위는 같지만 그 의미는 크게 다르다고 할 수 있다. 그러나 본고에서의 순장殉葬의 개념은 순장행위로 가야제국의 왕권을 살펴보는 것이므로 정치적 힘이 작용하는 타의에 의해 강제적으로 죽음을 당해 무덤에 같이 묻힌 강제적 순장만을 의미한다.

고분에서 순장개념은 1묘실(곽) 안에 2명 이상의 유골이 남아 있거나 그러한 매장흔적이 있는 경우, 그리고 한 봉분 안에 2개 이상의 매장곽이 있을 경우로부터 시작한다. 그러나 순장고분으로 인정하기 위해서는 다음의 조건이 충족되어

---

8   김세기, 2014, 「대가야의 묘제와 순장」, 『대가야의 고분과 산성』, 대가야박물관·(재)대동문화재연구원.

야 한다.

첫째로, 2명 이상 매장된 고분이 동시에 축조되어야 한다. 한 봉토 안에 여러 개의 묘곽이 있다 하더라도 추가장에 의한 것은 순장이 될 수 없음은 물론이다. 고분에서 동시축조는 봉토층위의 교란여부 및 전체 묘곽 구성의 계획성 등으로 판단할 수 있다.[9]

둘째로 강제성이 있어야 한다. 이 경우 고분에서 강제성 매장의 증거를 찾기는 쉽지 않으나 부곽에 매장된 사람의 시신이 부장품 한 쪽에 몸이 비틀려 있다든지 (경산 임당동 2호분 부곽),[10] 순장곽에 매장된 두개골에 예리한 둔기에 의한 구멍이 뚫려 있다든지(고령 지산동 45호분-2호 순장곽)[11]하는 등 강제성이 입증되어야 한다. 다만 약물이나 특수한 사례는 확인되지 않을 수도 있으므로 신중해야 한다.

셋째로, 동시 축조된 한 고분 안에 2인 이상의 피장자가 있을 경우 피장자 사이에 신분적 격차가 있어야 한다. 주인공에 대한 순장자의 종속성이 인정되어야 한다는 것이다. 대등한 입장에서 부장된 경우는 동시성이 인정되더라도 순장으로 볼 수는 없다. 이를테면 부부합장과 같은 사례는 순장이 될 수 없다. 이 종속성의 증거는 다곽고분의 경우 주인공 묘곽의 위치와 크기에 확실한 차이가 드러나고, 같은 묘실 안에 있는 피장자 사이에도 묘실에서의 위치와 매장의 정중도에서 뚜렷한 격차가 있으며, 부장품에서도 눈에 띄게 차이가 나는 경우이다.

2. 가야 순장묘의 지역성과 유형

순장고분은 대부분의 가야지역에 분포하고 있어 가야에서 순장이 보편적으

---

9   金鍾徹, 1984, 「古墳에 나타나는 三國時代 殉葬樣相」, 『尹武炳博士回甲記念論叢』, pp. 263~271.

10   鄭永和, 1983, 「林堂洞古墳發掘槪報」, 『韓國考古學年報』 10, pp. 23~26. 1982년 영남대학교 박물관에서 발굴 조사하였는데 필자도 잠시 이 발굴에 참가하여 확인한 바 있다.

11   尹容鎭·金鍾徹, 1979, 『大伽倻古墳發掘調査報告書』, 高靈郡.
朱 剛, 1979, 「池山洞 44號, 45號古墳 出土 人骨에 對한 所見」, 『大伽倻古墳發掘調査報告書』, 高靈郡, pp. 326~335.

로 행해지고 있었다는 것은 쉽게 알 수 있는 일이다. 그런데 순장자[12]를 매장할 때 순장자의 숫자 및 매장하는 형식과 방법은 지역이나 지배계층, 혹은 왕의 권력의 크기 등에 따라 여러 가지 형태로 나타나고 있다. 다시 말해 순장자의 매장 위치, 순장자의 신분, 순장자의 수, 부장품의 소유여부 등에 따라 그 지역과 유형을 나누어 볼 수 있다. 순장과 왕권의 관계를 가장 잘 드러낼 수 있는 분류는 순장자의 신분 유형에 기초한 것이겠으나 대부분의 경우 순장자의 신분을 명확히 알 수 없는 실정이다. 따라서 여기서는 가야지역 전체의 순장묘를 대상으로 순장자의 매장위치와 매장상태를 기준으로 지역과 유형을 분류하고, 그것들이 가야왕권과 어떤 관계가 있는지 살펴보겠다.

1) 주곽 순장(아라가야식)〈순장묘 Ⅰ식〉

주곽순장은 묘제상 한 봉분에 수혈식 석실 1기만 축조하고 한 석실 안에 주인공(주피장자)과 순장자를 함께 매장하는 유형이다. 대개의 경우 주인공을 묘실 중앙에 안치하고 순장자는 주인공의 머리맡이나 발치부분에 주인공의 부장품과 함께 매장한다.

그러므로 이런 유형의 순장에서는 순장자의 수가 그리 많지 않아 2~3명이 대부분이다. 이와 같은 주곽순장主槨殉葬 유형은 현재까지는 아라가야阿羅加耶(함안) 지역에만 존재하고 있는데, 도항리 14-호분에는 1명을 순장하였고,[13] 도항리 8호분에서는 주인공의 발치부분에 순장자 5명을 나란히 배치하고 있다.[14] 또한 함안 34호분에는[15] 주인공의 발치에 주피장자와 직교방향으로 6명을 나란히 순장

---

12   殉葬은 사람을 죽여 묻는 행위를 말하는데 순장을 당한 사람의 입장에서는 피순장자로 표현하는 것이 정확한 표현이겠으나 순장자라고 해도 순장을 시킨 주인공을 말하지는 않으므로 여기서는 번거로움을 피하기 위해 순장당한 사람 일체를 殉葬者로 표기한다.

13   秋淵植, 1987,「咸安 道項里 伽倻古墳群 發掘調査豫報」『嶺南考古學』3, pp. 215~238.

14   國立昌原文化財研究所, 2004,『咸安道項里古墳群Ⅴ』.

15   朝鮮總督府, 1920,『大正六年度 朝鮮古蹟調査報告』; 李杜憲, 1996,「末伊山 34號墳의 再檢討」『碩晤尹容鎭教授 停年退任紀念論叢』, pp. 403~418

하였다. 또 말이산 (현)15호분과 (문)54분의 경우 역시 주실 안에 순장하는 주곽순장으로 각각 4인을 주인공의 발치에 그와 직교하게 나란히 순장시키고 있다.[16]

이들 아라가야의 왕릉급 고분들인 말이산의 대형 봉토분 가운데 발굴된 고분들이 대부분 이런 유형으로 고대한 봉분 안에 수혈식석실 1기만 만들고 그 안에 주인공과 순장자를 공간을 달리하여 함께 매장하고 있는데 주곽순장은 아라가야만의 특징이다.[17]〈그림 1〉

① 도항리8호분의 석실평연도

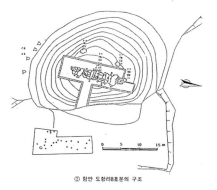

② 함안 도항리8호분의 구조

그림 1 | 함안 말이산고분군 묘제와 순장(8호분)

---

16   김수환, 2010, 「아라가야의 순장 -대형 순장묘를 중심으로」, 『영남고고학』 55.
17   이 글에서 곽, 실의 표현은 기존 필자의 견해를 견지하여 목곽묘는 곽, 수혈식고분 중 체적 5㎡이상은 실로 표기한다. 다만 순장유형 표현에서는 혼동을 피하기 위해 곽으로 쓴다.

2) 주부곽 순장(금관가야식)〈순장묘Ⅱ식〉

주・부곽 순장은 주인공을 안치하는 주곽과 부장품을 넣기 위한 별도의 부장곽을 갖춘 묘제에 나타나는 순장유형이다. 가야지역에서 가장 빠른 3세기 후반에 순장이 시작되는 장방형 목곽묘는 후장厚葬습속의 발달과 정치권력의 확대로 부곽이 추가되면서 주부곽식 묘제가 되는데, 이에 따라 주곽에만 있던 순장자가 부곽에도 들어가 주부곽식 순장이 이루어지게 된 것이다. 가야권역 순장 중에서 가장 이른 시기인 3세기후반에 순장이 이루어진 대성동29호분에서는 장방형 단곽 목곽묘 주인공 발치에 1명을 순장하였다. 그 후 주부곽 일자형日字形묘제로 확대된 3호, 13호, 주부곽을 합하여 순장자가 3명으로 늘어났다. 특히 39호분에서는 주곽에는 중앙에 주인공이 안치되고 그와 나란히 좌우에 2사람씩, 그리고 발치에 주인공과 직교되게 1인이 배치되어 주곽에만 5인이 수장되어 김해지역에서 가장 많은 순장자를 보이고 있다. 또한 5세기대의 단곽 목곽묘인 대성동8호분에 5인, 11호분에 3인, 주부곽 목곽묘인 1호분과 7호분에 5명을 순장하고 있어 금관가야의 순장자는 6명을 넘지 않는다.[18] 이와 같이 김해 대성동 고분군으로 대표되는 금관가야의 순장은 묘제상 많은 인원을 순장할 수 없는 목곽묘이기도 하지만 고령지산동고분군의 대가야 고분의 순장보다 훨씬 적은 편이다.

한편 주부곽 순장유형은 김해의 금관가야 지역에 주로 분포하고 있지만 가야지역 외에 5세기대의 대형 적석목곽분인 경주의 황남동 98호 남분,[19]영덕 괴시리 고분,[20] 의성 대리고분,[21] 수혈식 석실분인 부산 복천동 22호분,[22] 11호분,[23] 경산

18   김수환, 2005, 「금관가야의 순장-김해 대성동고분군 순장양상을 중심으로」, 『영남고고학』
      37.
19   文化財管理局 文化財研究所, 1995, 『皇南大塚[南墳]』.
20   國立慶州博物館, 1999, 『盈德 槐市里 16號墳』.
21   朴貞花, 1995, 「義城大里3號墳 發掘調査槪要」, 『제2회 영남매장문화재연구원 조사연구발표
      회 자료집』, pp. 73~82.
22   釜山大學校博物館, 1990, 『釜山福泉洞古墳群(Ⅱ)』.
23   釜山大學校博物館, 1982, 『釜山福泉洞古墳群(Ⅰ)』.

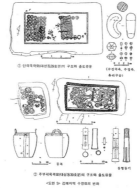

그림 2 | 대성동고분군의 목곽묘(단곽-좌, 중상 29호)과 주부곽(우, 중하 39호분)

임당동[24] 등 신라지역권의 목곽묘문화권에서 실시되고 있다.〈그림 2〉

3) 순장곽 순장 (대가야식)〈순장묘 Ⅲ식〉

이 유형은 주인공이 들어가는 주실 이외에 별도의 순장묘곽을 가지고 있는 유형이다. 순장자가 자신의 묘곽을 독립적으로 가지고 묻힌다는 의미에서 앞의 주곽순장이나 주부곽순장의 유형과는 분명히 다른 형태의 순장이라 할 수 있다.

이 순장곽순장은 순장곽의 수가 1기뿐인 단곽 순장과 순장곽이 여러 개인 다곽 순장으로 분류된다. 단곽순장은 수혈식 석실인 주실과 수혈식 소형 순장석곽 1기로 이루어지는 것인데, 고령 지산동 32호분, 34호분[25]과 본관리 34호분, 35호분, 36호분,[26] 합천 반계제 가A호분, 나 A호분, 다A호분, 다B호분,[27] 봉계리대형

24　嶺南大學校博物館, 1991,『慶山林堂地域古墳群(Ⅰ)』.

25　金鍾徹, 1982,『高靈池山洞古墳群』, 啓明大學校博物館.

26　啓明大學校博物館, 1995,『高靈本館洞古墳群』.

27　김정완 외, 1987,『陜川 磻溪堤古墳群』, 國立晋州博物館.

분,[28] 옥전 M6호분[29]과 함양 백천리 1호분[30]에서 보이는 순장이다.〈Ⅲa식〉

　다곽순장은 수혈식 석실의 주실 이외에 부장품을 넣기 위한 부실을 만들고 이 주부실(곽)을 둘러싸며 여러 개의 소형 순장석곽을 배치해 순장시키고 있는 순장형태이다.〈Ⅲb식〉이 때 순장자는 순장곽에만 있는 것이 아니라 주실 안에 주인공의 머리맡과 발치에도 있고, 부실(곽)에도 순장시키는 것이 보통이다. 따라서 다곽순장묘는 중앙에 주석실을 중심으로 많은 묘곽을 설치하고 호석을 두른 다음, 이를 모두 한 봉토로 쌓기 때문에 묘역도 그 고분군 가운데 우세하고 봉분의 크기도 최대를 이룬다. 현재까지 이와 같은 다곽순장묘는 지산동고분군에만 보이고 있는데 44호분,[31] 45호분,[32] 30호분[33], 73호분, 74호분, 75호분, 518호분 등이다.〈그림 3〉

　지산동 44호분은 넓은 묘역 중앙에 대형 수혈식석실을 배치하고 부장품을 넣는 부실은 주실과 나란히 1개, 주실의 단벽 쪽에 직교하여 1개, 모두 2개의 부실을 배치하였다. 그리고는 이 석실을 둘러싸며 부채살 모양과 원주형으로 32개의

그림 3 | 단곽순장(지산동 32호분 좌)과 다곽순장(지산동 75호분 우)

28　沈奉謹, 1986,『陜川 鳳溪里古墳群』, 東亞大學校博物館.

29　趙榮濟 외, 1993,『陜川 玉田古墳群 Ⅳ』, 慶尙大學校博物館.

30　釜山大學校博物館, 1986,『咸陽 白川里1號墳』.

31　尹容鎭, 1979,「高靈池山洞44號墳發掘報告」『大伽倻古墳發掘調査報告』, 高靈郡.

32　金鍾徹, 1979,「高靈池山洞45號墳發掘調査報告書」『大伽倻古墳發掘調査報告書』, 高靈郡.

33　嶺南埋藏文化財硏究院, 1998,『高靈池山洞30號墳』.

순장곽을 설치하고 있다. 순장자는 32개의 순장석곽에서 인골이 남아 있는 것이 18기에서 22명인데 이는 1석곽에 성인 남녀가 머리를 서로 반대방향으로 합장 된 것도 있고, 10세 정도의 여아만 합장한 것, 성인과 여아를 합장한 것도 있기 때문이다. 그러나 그 밖의 석곽에서도 매장흔적이 전혀 없는 허장곽(12·17호)과 부장품용의 순수부곽(14·16호)을 빼고는 14기가 모두 매장곽이므로 결국 주위 의 순장곽에서 모두 32명이 순장된 것이다. 그리고 주실과 부실에서는 주인공 이외에 또 다른 인골이 검출되었으나 도굴이 심하여 피장자가 몇 명인지 확실한 정황을 알 수 없다.

그렇지만 44호분과 비슷한 45호분 주실과 부실의 경우를 참고하면 짐작 가능 하다. 45호는 주실 안의 주인공의 머리맡과 발치에 각각 1명씩 2명과 부실에 각 각 1명씩 2명으로 석실 안에 모두 4명이 순장되어 있다. 이로 미루어 44호분에 도 그 규모로 보아 석실에 4명 이상으로 추정되며, 따라서 전체 36명이상의 순장 이 이루어진 것으로 볼 수 있다. 한편, 75호분에서는 순장곽과 같은 높이에서 비 교적 너른 위석공간이 확인되었는데, 그곳은 소나 말을 묻은 동물순장의 공간으 로 추정된다.[34]

이와 같이 순장곽 순장은 고령을 중심으로 합천·함양 지역에 주로 분포하고 있어 대가야식 순장 유형이라고 할 수 있다. 이 순장곽 순장 유형 중에서 다곽 순장유형은 현재까지는 고령 지산동고분군에만 나타나고 있다. 이렇게 대가야 의 순장이 고분 규모도 크고 순장자의 수도 월등히 많아 비슷한 순장이 행해지 는 다른 가야에 비해 상대적으로 그만큼 정치력이 강력했다는 또 하나의 증거 로 볼 수 있다. 〈그림 4〉

합천 옥전 고분군의 순장은 대가야식 순장곽 순장이지만 조금 다른 양상으로 나타난다. 우선 이 지역은 묘제에서도 목곽묘 전통을 보이다가 대가야식의 수혈

---

34   曺永鉉, 2013,『高靈 池山洞 第73~75號墳』大加耶博物館·(財)大東文化財硏究院.

그림 4 | 지산동 44호분(발굴모습(좌)과 순장곽 배치도(우)

식 석실로 변화하는데, 순장도 처음 대형목곽묘 안에는 순장이 없고 호석 밖에 3기의 수혈식 석곽으로 된 순장곽을 설치하고 있다.[35] 그 뒤 5세기 후반부터 묘제도 대가야식 석실묘로 바뀌고 순장도 순장곽순장으로 되는데 순장곽을 호석 밖에 배치하는 전통은 그대로 유지되어 M4호는 3기, M6호분은 1기를 가지고 있다.[36]〈Ⅲc식〉

　이상의 순장유형을 표로 정리하면 다음과 같다.

표 1 | 가야의 순장 유형표

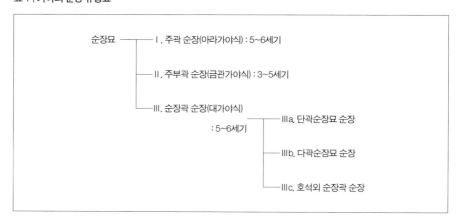

```
순장묘 ─────┬─ Ⅰ. 주곽 순장(아라가야식) : 5~6세기

           ├─ Ⅱ. 주부곽 순장(금관가야식) : 3~5세기

           └─ Ⅲ. 순장곽 순장(대가야식)      ┌─ Ⅲa. 단곽순장묘 순장
                   : 5~6세기                 │
                                             ├─ Ⅲb. 다곽순장묘 순장
                                             │
                                             └─ Ⅲc. 호석외 순장곽 순장
```

35　趙榮濟 外, 1992, 『陜川 玉田古墳群 Ⅲ』, 慶尙大學校博物館.
36　趙榮濟 外, 1993, 『陜川 玉田古墳群 Ⅳ』, 慶尙大學校博物館.

Ⅳ. 가야제국의 순장과 왕권

위에서 살펴 본 바와 같이 가야의 순장을 순장지역과 순장유형별로 보면 크게 3개 지역권으로 나누어 볼 수 있다. 그 첫째가 김해를 중심으로 한 목곽묘 전통의 주부곽식 순장지역이고, 둘째는 함안을 중심으로 한 수혈식 석실의 주곽순장지역이다. 셋째는 고령을 중심으로 합천, 함양, 남원 등에 분포하는 순장곽 순장지역이다. 이들을 제가야 세력권으로 대비해 보면 금관가야세력권, 아라가야세력권, 대가야세력권으로 크게 나누어 볼 수 있다는 말이 된다. 그런데 순장 자체만 가지고 가야왕권의 변화나 지배력을 말할 수는 없지만, 순장의 변화과정과 그와 관련된 묘제나 위세품의 성격변화 등을 통해 대체적인 왕권의 추이를 살펴 볼 수 있을 것이다.

1. 금관가야의 순장과 왕권

김해와 주변지역 고분군이 중심이 되는 금관가야 세력권의 순장과 왕권을 관련시켜 보면, 김해 대성동고분군에 순장이 처음 등장하는 것은 단곽목곽묘인 3세기 후반의 대성동29호분이다. 이 목곽묘는 극히 일부분만 도굴의 피해를 입어 가야의 순장과 정치세력의 성격을 파악할 수 있을 정도로 중요한 유물이 출토되었고, 가야권역에서 가장 빠른 시기의 순장이 확인되었다. 이 고분에서 확인된 이른 시기의 도질토기와 순장, 오르도스형 동복 등의 북방적 성격의 유물로 인해 북방지역과 관련성이 제기되기도 했다.[37] 이 고분은 묘광의 길이가 960㎝, 너비 560㎝, 잔존깊이 130㎝의 규모에 목곽 길이 640㎝, 너비 320㎝, 높이 40㎝의

37　신경철, 2017, 「고고학에서 본 가야의 전개와 연구전망」, 『가야문화권 조사·연구 현황과 과제』, 문화재청·국립문화재연구소, pp. 43~55.

이전에 비해 비교할 수 없을 정도의 대형목곽묘이다.[38] 이렇게 길이 5m이상의 대형 목곽을 축조하기 위해서는 종전에 비해 축조기술 면에서 크게 진전되어야 하고 또 축조재료의 획득이나 인력의 동원에서 강력한 정치력이 발휘되어야 가능한 묘제의 변화라고 하겠다. 순장자는 1인으로 주인공의 발치공간 즉 토기의 다량부장 공간과 주인공피장 공간의 사이에 주피장자의 안치방향과 직교되게 배치하고 있으며 유리구슬 목걸이를 착장하고 있었다.

그리고 유물의 부장방법도 종전의 철제품 위주의 품목과 주인공 주변에 부분적으로 부장하던 방법에서 토기의 다량부장과 다양한 유물 품목과 함께 부장품을 위한 공간이 목곽내에서 중요한 공간으로 확보되었다는 점이다. 이는 목곽 규모의 확대가 이러한 순장과 후장을 하기 위한 것임을 말하는 동시에 이를 통해 권력 집중을 과시하여 일반하위 집단과의 차별성을 더욱 강화하기 위한 것이라 생각된다. 그리고 이와 같은 변화는 양동리고분군이나 봉황대유적에서는 나타나지 않는데, 이것은 대성동고분군 세력이 이들 지역을 통제하기 때문으로 생각된다. 따라서 이 시기에 순장과 후장이 이루어지는 김해 대성동고분군의 정치체는 정치, 군사적 권력이 확립되어 왕권이 강화된 것으로 보인다. 그러나 순장과 왕권의 관계로 보면, 자체 내에서의 지배권은 강화되나 금관가야로서의 왕권은 강했다고 보기 어렵다.

한편 김해 대성동고분군뿐만 아니라 부산 복천동고분군까지를 금관가야의 영역으로 보는 견해도 있으나, 묘제나 토기 등 출토유물로 보아 5세기에는 이미 복천동고분군은 물론 연산동고분군의 세력은 신라권역으로 보는 것이 타당할 것이다.[39] 특히 복천동고분군은 주실은 수혈식석실, 부곽은 토광목곽 형태로도 나타나는데 주실과 부곽에 모두 순장하고 있다. 이것은 원래 목곽묘의 전통을

---

38   申敬澈, 金宰佑, 2000, 『金海大成洞古墳群Ⅱ』, 慶星大學校博物館.
39   김세기, 2013, 「고분자료로 본 가야제국의 존재형태와 연산동고분군」, 『가야제국의 존재형
      태와 연산동고분군』, 고산문화재단, pp.32~56.

가지고 있던 동래지역이 신라화 되면서 수혈식석실분으로 변화해 가는 과정에서의 순장을 보여주는 것인데, 그렇더라도 주실에 3인, 부곽에 1인의 순장을 하는 주부곽식 순장은 변하지 않고 있다.

2. 아라가야의 순장과 왕권

함안의 아라가야의 중심고분군은 함안읍의 말산리와 도항리에 걸쳐 위치하는 말이산고분군이다. 이 고분군의 묘제는 대체로 5세기 이후의 수혈식석실분이며, 이보다 이른 시기에는 김해지역과 마찬가지로 대형목곽묘가 지배층묘제로 사용되었으나 발굴고분수가 적어서 그런지 순장은 행해지지 않고 있다.[40]

함안지역은 김해의 구야국狗邪國과 함께 변진 12국 중 가장 유력한 소국이었던 안야국安邪國[41]의 고지이며 이것이 발전하여 안라국安羅國, 혹은 아라가야阿羅加耶로 발전한 곳이다. 그러나 적어도 3세기 이전부터 유력한 정치세력으로 성장하여 중국에까지 알려지게 되었을 뿐만 아니라 『삼국지三國志』 동이전에 우호優號를 칭한 유력한 나라로 기록되어 있어[42] 이 시기의 유적이 있었을 것이지만 안야국의 수장묘라고 생각되는 고분은 현재까지 고고학적으로 알려지지 않고 있다. 그 시기의 묘제는 김해지역과 마찬가지로 목관묘 혹은 목곽묘였을 것으로 보이나, 창원 다호리 유적이나 김해 양동리 고분군처럼 대규모의 목관묘 유적이나 목곽묘유적은 보이지 않는다. 오히려 조금 늦은 시기의 목곽묘로 지배자의 무덤으로 판단되는 마갑총이 있지만, 아라가야 주묘제는 수혈식 석실분이다.

함안 지역의 순장고분은 수혈식석실 안에 주인공과 함께 순장하는 주곽순장 형태 하나뿐이다. 또한 시기도 5세기 후반에 집중되어 있을 뿐만 아니라 순장인

---

40   國立昌原文化財研究所, 2002, 『咸安 馬甲塚』.
41   「…臣智에게는 간혹 우대하는 호칭인 臣雲遣支報 安邪踧支 濆臣離兒不例 狗邪秦支廉의 호칭을 더하기도 한다.」(臣智或加優呼 臣雲遣支報 安邪踧支 濆臣離兒不例 狗邪秦支廉之號) (『三國志』 魏書 東夷傳 韓條).
42   위의 『三國志』 魏書 東夷傳 韓條의 기록.

수도 2~6명으로 큰 변화가 없다. 따라서 순장과 왕권의 변화를 추적하기 어려운 실정이다. 다만 아라가야 지배층은 4세기에서 5세기 전반까지는 대형목곽묘에 갑주와 대도 등의 무장적 성격이 강한 상태에서 5세기 중반이후는 수혈식석실로 바뀌며, 순장도 이루어진다. 그러나 순장인은 많지 않아 2, 3명이 주류이며 대형고총에 최고 6명이 가장 많은 순장고분이다. 또한 무장적인 성격은 여전히 가지고 있으나 대형봉토분, 대형수혈식석실 등의 규모에 비해 위세품으로서 강력한 왕권의 상징이라고 할 수 있는 관모류가 전혀 출토되지 않는다.

말이산 주능선의 중심 융기부에 입지한 최대의 고분인 4호분(구34호분)과 주능선에서 서쪽으로 뻗은 가지능선 말단부에 위치한 8호분도 직경 38m, 높이 5m의 봉분 중앙에 석실 1기만 배치하였다. 석실의 규모는 길이 11m, 너비 1.85m, 깊이 1.9m로 장폭비가 5.9:1의 세장형이다. 고분의 묘실 구성에서 부장품을 위한 부곽이 존재하지 않는 것도 아라가야 묘제의 특징의 하나로 볼 수 있는데 주실의 길이가 10여m로 긴 것은 주인공과 함께 부장품과 순장자를 함께 넣기 위한 방법에서 나온 구조로 생각된다. 하나의 석실에 주인공과 순장자, 부장품을 함께 매장해야 하므로 자연히 순장자의 수도 5, 6명이상 늘어나기 어려운 구조이며, 부장유물도 부곽이 있는 김해 대성동고분이나 고령 지산동고분 보다 대체로 적은 편이다.

도항리8호분의 겨우 주인공의 발치에 해당하는 석실의 남쪽에는 주인공을 위한 순장자 5명이 주인공의 방향과 직교되게 나란히 매장되어 있다.[43] 이러한 매장양상은 함안 최대의 고분인 도항리4호분(구34호분)의 경우도 대동소이하며 다만 순장자의 수가 6명으로 아라가야 고분 중에서 가장 많은 순장자를 매장하고 있는 점이 다르다.

아라가야는 이른 시기에는 목곽묘가 지배층 묘제였으나, 5세기가 되면서 어

---

43   國立昌原文化財研究所, 2004, 『咸安道項里古墳群Ⅴ』.

면 계기로 인해 주묘제가 수혈식 석실분으로 바뀌어 갔다. 위에서 살펴 본 바와 같이 아라가야의 중심고분군인 말이산의 고총고분들은 수혈식석실 구조에 장폭비 5.5:1이상의 극세장한 평면형태, 석실 1기만 배치하는 단실과 거기에 따른 주실 순장이 아라가야 순장제의 특성이라고 할 수 있다.[44] 이렇게 수혈식석실분을 주묘제로 사용하는 시기부터 아라가야로 발전되었다고 할 수 있다.

이와 같이 아라가야의 순장은 주곽순장이다. 묘제상 한 봉분에 수혈식석실 1기만 축조하고 한 석실 안에 주인공과 순장자를 함께 매장하는 것으로, 대개의 경우 주인공을 묘실 중앙에 안치하고 순장자는 주인공의 머리맡이나 발치부분에 주인공의 부장품과 함께 매장한다. 그러므로 이 유형의 순장에서는 순장자의 수가 2~3명이 대부분이고 가장 많은 경우가 도항리 4호분(구34호분) 6명이다. 이러한 주실순장 유형은 현재까지는 아라가야(함안)지역에만 존재하고 있어 아라가야식 순장이라고 할 수 있다.

이렇게 제한적인 묘제적 특성은 토기문화에도 그대로 적용되어 아라가야 토기문화의 특징인 화염형 투창고배의[45] 분포 범위 역시 묘제의 범위와 거의 일치하고 있다.[46] 따라서 아라가야가 최고로 발전했다고 생각되는 6세기 초반의 영역권은 함안식 수혈식묘제라고 생각되는 극세장형 석실분과 화염형 투창고배의 출토지역으로 보아 도항리 중심권을 비롯하여 법수면 황사리, 군북면, 칠원지역과 남강 북안의 의령 예둔리, 마산시의 현동고분군, 진동만 일대와 함안의 서쪽 경계에 가까운 진주시의 진양지역까지도 이에 포함시킬 수 있을 것이다. 이러한 아라가야의 영역은『일본서기』등 문헌에 기록된 국력에 비해 넓지 않은 편이다. 이러한 묘제와 토기로 보면 아라가야의 영역과 국력은 그렇게 강하지 않았다고 생각된다. 여기에 순장과 왕권으로 보아도 아라가야의 왕권은 그다지 강력했다

44 　김세기, 2004,「墓制를 통해 본 安羅國」,『지역과 역사』14, pp.69-100.
45 　曺秀鉉, 2006,「火焰形透窓土器 研究」,『한국고고학보』59, pp.38-73.
46 　이주헌, 1998,「토기로 본 안라와 신라」,『가야와 신라』, pp.45-77.

고 보기 어렵다.

3. 대가야의 순장과 왕권

다음 순장곽 순장이 행해지는 고령을 중심으로 합천, 함양, 남원지역, 즉 대가야영역의 순장과 왕권을 살펴보면, 대가야지역 순장고분의 가장 빠른 것은 5세기초의 매장주체부가 목곽묘인 고령 지산동73호분이다. 2007년 지산동 73호분이 발굴조사 되기 전에는 지산동고분군에는 목곽묘가 전혀 조영되지 않은 것으로 인식하고 있었다. 제73호분은 지산동 주능선에서 읍내방향으로 뻗어 내린 나지막한 세 구릉 중 중간구릉의 말단부에 위치한다.

내부주체공간의 구조가 목곽인데도 불구하고 호석과 대형봉토를 갖추고 있는 왕릉급 고총분이다. 목곽의 구조특징은 넓고 깊은 하나의 묘광 안에 주곽과 부장곽을 이격상태로 구성하되 평면 T자형으로 배치하였다. 목곽 주위와 양 곽 사이에 할석만으로 채워쌓아 보강한 점이 특이하다. 특히 목곽 벽재 뒷면의 충전보강석 상태는 상당범위에서 마치 석벽을 쌓은 듯 비교적 정연한 상태를 보여 석실로 착각할 정도이다. 그리고 묘광내 충전보강석에서 3기의 순장곽이 확인되었다. 주곽의 양쪽 장변 보강적석 내부에 1기씩, 부장곽의 서장변 보강적석 내부에서도 순장곽 1기가 축조되어 있다. 또한 봉토 중에도 순장곽 1기를 주체목곽과 같은 방향으로 배치하였다. 따라서 이 고분에는 묘광 충전보강석 속의 3기와 봉토 순장곽 1기로 모두 4기의 순장곽을 가진 다곽순장 고분으로 축조되었다.[47] 그리고 이 보다 조금 늦은 시기의 봉분직경 25m의 석실봉토분인 75호분에는 T자형 주실과 부실을 중심으로 봉토 속에 3기, 주석실 묘광 안에 7기로 모두 10기의 순장곽이 설치되었다. 그러므로 추정 순장인 수는 주실에 1인, 부곽에 1인, 묘광 순장곽에 7인, 봉토 순장곽에 3인으로 모두 12인이다.〈그림 5〉

47　曺永鉉, 2013,『高靈 池山洞 第73~75號墳』, 大加耶博物館・(財)·大東文化財研究院.

그림 5 | 지산동 73호분 순장곽(좌)과 75호분 순장곽(우)

한편 이와 비슷한 시기에 주석실과 나란히 순장곽1기를 가진 중형봉토 석실분인 지산동32호분이 축조된다. 이 고분에는 주인공 발치에 금동관과 철판갑옷 및 투구세트, 등자 등 마구, 많은 토기 밑에 1인의 순장자가 배치되었다. 주석실과 나란한 순장곽에도 1인이 순장되어서 단곽순장이지만 모두 2인이 순장된 것이다.

이와 같이 순장곽순장이 실시되고 갑주와 함께 금동관을 쓴다는 것은 이 지역 수장층의 지배력이 다른 지역에 비해 강력하게 부상하고 있다는 것을 의미하는 것이라 하겠다. 이것이 더 나아가 5세기 후반이 되면 드디어 순장곽이 32기나 되는 초대형 다곽순장묘인 지산동44호분과 순장곽 11기의 45호분이 축조되고 위세품도 전형적인 가야식이라고 말하는 초화형 입식의 금동관이 출토되고 화려한 일본산의 야광패제 국자가 출토된다. 이는 5세기 후반 대가야왕 하지가 남제에 사신을 파견하여 남제로부터 가라국 본국왕이라는 작호를 받고[48] 국내외적으로 확실한 왕권을 확립하면서 이 강력한 왕권을 대내외에 과시하기 위하여 장례에서도 순장자를 직능별 혹은 직책별로 구분하여 다수를 순장시킬 수 있었던 것이 아닐까 추측된다.

48　"加羅國三韓種也 建元元年 國王荷知使來獻 … 加羅王荷知 款關海外 奉贊東遐可授輔國將
　　軍本國王"『南齊書』加羅傳.

이와 같이 대가야 왕권이 대형다곽식묘에 순장하는 5세기 후반 고령지역 안의 주변세력 고분군인 본관리고분군의 34, 35, 36호분이 모두 주실과 순장곽 1기를 가진 단곽순장묘가 축조되고 있다.[49] 이는 5세기 전반 지산동32호분부터 만들어지기 시작한 단곽순장묘가 왕릉은 다곽순장묘로 확대되면서 단곽순장묘는 왕릉보다 한 단계 낮은 지배층으로 지속되어 축조된 것으로 파악된다. 이것은 대가야가 관료제와 같은 국가지배체제가 확립되고 장의에서도 계층성에 따라 단곽순장과 다곽순장으로 제도화된 정치사회구조를 말해주는 것이다.

이러한 단곽순장묘는 점차 대가야영역의 다른 지역에도 적용되어 합천 반계제 가A호분, 다A호분, 다B호분[50] 및 봉계리대형분과[51] 함양 백천리1호분에도[52] 축조되고 있다. 더 나아가 남원의 월산리, 두락리·유곡리고분군[53] 뿐만 아니라 섬진강을 넘어 순천 운평리고분군에까지 이르고 있다.[54] 이들 단곽순장 지역은 고분들은 묘제는 완전한 대가야식 묘제인 수혈식석실분이고 토기 또한 대가야 양식 토기 일색이며, 귀걸이 등 장신구도 대가야양식에다 순장양식도 대가야식인 단곽순장묘인 것이다.

그리고 중요한 것은 이들 순장묘의 위세품 가운데 관모류가 출토되지 않는 점이다. 이는 대가야왕권이 복식제 등을 통해 이들을 통제한 결과라고 생각된다.[55] 더구나 고령출토품으로 알려진 리움미술관 소장의 가야금관과 도쿄국립박물관의 가야금관은 이러한 사실을 반영하는 것이다. 이렇게 고령에서만 순금제금관

49   계명대학교박물관, 1995, 『高靈 本館洞古墳群』.
50   김정완 외, 1987, 『陝川 磻溪堤古墳群』, 國立晉州博物館.
51   沈奉謹, 1984, 『陝川 鳳溪里古墳群』, 東亞大學校博物館.
52   부산대학교박물관, 1986, 『咸陽白川里1號墳』.
53   곽장근, 2014, 「전북 동부지역 가야문화」, 『가야문화권 실체 규명을 위한 학술연구』, 가야문화권 지역발전 시장군수협의회, pp.369~412.
54   순천대학교박물관, 2008, 『순천운평리 고분군 I 』.
55   노중국, 2012, 「대가야사 연구의 진전을 위한 몇가지 제언」, 『대가야사 연구의 현황과 과제』, 대가야박물관 · 계명대학교한국학연구원, pp.60~63.

과 금동제관묘가 출토된다는 것은 대가야의 왕권이 주변의 여러 세력을 압도하고 있다는 것을 의미하는 것이며, 이러한 양상은 이들 지역이 대가야 왕권의 직접지배지역이라는 것을 말하는 것이다. 즉 5세기 후반의 대가야는 합천, 함양, 산청, 남원지역을 직접지배 할 만큼 강력한 왕권이 성립된 것으로 볼 수 있을 것이다.

V. 맺음말

지금까지 문헌기록에는 없으나 고분의 실체로 존재하는 가야의 순장양상을 유형별로 분류하고 그에 따른 지배력 내지 왕권의 변화과정을 추적해 보았다. 가야의 순장은 대체로 세가지 유형으로 분류할 수 있는데, 그 순장의 유형이 가야의 중요한 세력권인 금관가야, 아라가야, 대가야세력권과 일치하는 것을 알 수 있었다. 이를 통해 왕권의 변화를 살펴보면 주부곽 목곽묘 순장지역인 김해의 금관가야세력은 가야권역에서 가장 빠른 3세기 후반부터 순장이 시작되는데, 순장인은 2, 3명이 보통이고 가장 많아야 5인정도이다. 이렇게 금관가야의 왕권은 초기에 강한 영향력을 행사하나 관모류로 상징되는 강력한 왕권의 확립까지는 가지 못한다. 5세기 전반부터 부산 복천동고분군에서 금동관모가 나타나지만 이미 신라화된 세력으로서의 지배력 확대였다. 이처럼 순장으로 본 금관가야세력의 왕권은 절대권력을 발휘하지 못한 것으로 보인다.

다음 5세기이후 남해안과 남강유역의 중계지적인 지리적 입지에 자리한 함안의 아라가야 권역은 한 묘역 안에 극세장한 수혈식석실 1기만 축조하는 주석실 안에 주인공과 순장자를 한 공간에 매장하는 주곽순장인데, 순장인은 2, 3명이 보통이며, 많을 경우 5, 6명을 순장하고 있다. 아라가야의 순장은 묘제상 대규모 순장을 할 수 없는 제한적 묘제이다. 또한 강력한 왕권의 상징이라 할 수 있는 관모류가 출토되지 않아 순장으로 본 아라가야 왕권은 강하지 않았던 것으로 볼수 있다.

그러나 5세기 초부터 순장을 실시하고 지배력을 확립하기 시작한 고령의 대가야세력은 초기부터 강한 군사적 성격과 함께 강력한 지배력을 확립하여 대가야식 관모를 착용한다. 순장묘제도 처음부터 주인공이 들어가는 주곽과 여러 기의 순장곽을 가진 다곽순장과 주석실과 순장곽 1기만 가진 단곽순장묘가 함께 발전하지만, 5세기 후반이후 왕급의 최고지배층은 다곽순장묘에 대규모 순장인을 보유하고, 세력이 낮은 지배층은 단곽순장묘를 사용한다. 5세기 후반 국제사회에서 왕권을 인정받은 대가야는 순장곽 32기와 40여명을 순장하는 최고의 왕권을 확립하고, 여러 제도와 함께 복식제도 정비하여 주변지역과 원거리지역에는 단곽순장묘만 사용하도록 규제한 것으로 보인다. 따라서 합천, 함양, 산청, 남원과 섬진강 건너 순천지역에까지 직접지배 혹은 간접지배의 대가야영역으로 편입시키고 있음을 알 수 있다.

4_ 호남 동부지역과 대가야

Ⅰ. 머리말

우리가 일반적으로 잘 알다시피 영산강은 호남지역 역사와 문화의 중심영역이면서 모든 호남문화의 모태가 시작되고 꽃피웠던 곳이고, 낙동강 역시 영남지방의 젖줄로써 특히 가야문화의 뿌리가 시작되고 있다고 해도 과언이 아니다. 낙동강과 영산강의 양 지역은 원삼국시대 각기 변한과 마한의 여러 정치체로 시작되어, 지역내부와 경쟁을 하면서도 중국군현지역이나 바다 건너 왜와의 교역과 교류를 통하여 정치와 문화를 발전시켜 나가고 있었다. 영산강유역 세력은 한강유역의 백제 중앙과의 관계정립에 여러 가지 문제를 야기하며, 백제의 변방 세력으로, 혹은 독자적 문화와 정치력을 가진 독립 세력으로 존재하기도 하여 학계의 뜨거운 논점이 되기도 했다.[1]

특히 일찍이 일본학자가 『일본서기』 계체기에 나오는 소위 임나4현의 위치를 영산강 유역으로 비정하면서 낙동강과 영산강은 가야와 백제의 관계와 함께 역사적 논점으로 대두되게 되었고, 고고학적으로는 영산강 유역에서 전방후원분이 발굴 조사되어 가야와 관련된 유물이 출토됨으로써 양 지역이 더 활발한 논

---

[1] 이 글은 제18회 호남고고학회 학술대회의 기조강연 「가야와 호남지역」의 내용을 『계명사학』의 논문 체제에 맞추어 수정, 정리한 것이다. 김세기, 2010, 「가야와 호남지역」, 『호남동부지역의 가야와 백제』, 호남고고학회.

의의 대상이 되었던 것이다.[2]

또한 이러한 논점의 실마리는『삼국지』동이전이나『삼국사기』와 같은 문헌사료와 영산강 유역의 주구토광묘나 횡혈식 석실분 혹은 전방후원분과 같은 고고학 자료가 서로 상충되는 듯한 양상으로 출토되어 이를 연구하는 과정에서 비롯된 것이기도 했다.[3]

4세기까지 호남동부의 토착세력과 금관가야, 아라가야, 소가야, 대가야 등 여러 가야세력이 물자교류를 통한 상호관계를 유지하던 관계가 5세기 이후 급격히 변화하게 된다. 특히 섬진강을 중심으로 하는 호남 동부지역의 고분과 토기에 본격적으로 대가야의 영향이 강하게 나타나고, 대가야는 이 영역화를 바탕으로 일본이나 중국으로 진출하는 기반을 구축하면서 강력한 지배권을 확립하게 된다.

이렇게 호남 동부지역이 대가야의 지배권으로 들어가자 6세기이후 백제가 이에 진출하여 호남 동부지역은 물론 섬진강하류 지역 소위 일본서기의 임나4현을 점령함으로써 대가야와 백제, 일본이 관련되는 국제문제로 부상되기도 했다. 이렇게 전개되는 가야와 호남지역의 관계는 결국은 백제와 가야의 관계로 귀결되게 되어 있다고 하겠다.[4]

그런데 문제는 호남동부 지역에 대가야식 고분군이 분포하고 있고, 문헌기록에서는 백제가 이 지역과 섬진강유역을 장악하고 있는 것으로 해석할 수 있게 되어 있다는 것이다. 따라서 대가야와 백제가 호남동부와 섬진강을 둘러싼 남해안을 두고 전개되는 세력다툼이 매우 치열했다는 것을 의미한다고 하겠다. 즉 이 지역을 고고자료만 보면 대가야의 지배영역이고 문헌자료만 보면 백제의 영

---

2   山本孝文, 2003,「大伽耶와 榮山江勢力 -소위 '三國周邊'의 社會水準과 交易-」,『大加耶의 成長과 發展』, 한국고대사학회.

3   朱甫暾, 1999,「百濟의 榮山江流域 支配方式과 前方後圓墳 被葬者의 性格」,『韓國의 前方後圓墳』, 忠南大學校百濟研究所.

4   노중국, 2005,「가야의 대외교섭 -3~5세기를 중심으로-」,『加耶의 海上勢力』, 金海市.

역이 되는 것이다. 그러므로 고분자료와 문헌사료를 종합하여 분석하지 않고 한쪽으로만 해석한다면 실제 역사적 사실과 다른 분석과 해석에 도달하여 편협된 결론에 이르게 될 것으로 생각된다.

따라서 이 글에서는 이와 관련된 몇 가지 문제를 제기하고, 이 지역에 분포하거나 조사된 고고자료와 문헌사료를 개관하고, 이에 대한 종합적 해석방법을 제기함으로써 한쪽에 치우친 해석으로 역사가 왜곡되는 오류를 범하지 않는 역사해석의 일단을 피력하려고 한다.

II. 가야와 호남 동부지역의 고분문화

1. 대가야 고분의 입지와 묘제

고분의 입지와 외형은 고분의 내부구조 및 부장유물과 함께 고대사회의 총체적 반영이라 할 수 있을 것이다. 고령지역 고분은 현재 고령군 소재지인 고령읍을 비롯하여 각 면 단위 지역을 중심으로 여러 군데 분포하고 있는데 고령 중심지의 대표적인 고분군인 지산동고분군과 주변지역 고분군인 본관리고분군을 통해서 대가야고분의 입지를 다음과 같이 정리할 수 있다.[5]

첫째로 대형 봉토분들은 뒤에 국읍과 읍락을 지켜주는 산성을 배경으로 국읍(읍락)과 평야가 내려다보이는 능선의 산마루와 주능선이 뻗어 내리는 등줄기의 돌출부에 자리를 잡는다. 이렇게 능선의 산마루나 돌출부에 봉분을 쌓으므로써 봉분의 규모가 훨씬 커 보이고, 고대한 봉분 자체가 산봉우리처럼 보여 최대의 권력과 권위를 상징하는 것으로 생각된다.

둘째로 대형 봉토분이 그 지역의 가장 중심부 능선의 우월한 지점에 자리잡

---

5   김세기, 2003, 『고분 자료로 본 대가야 연구』, 학연문화사.

고, 중형 봉토분은 그 능선에서 나누어진 가지능선 등줄기의 돌출부에 군집하여 자리잡고 있다. 이 때 봉토분 자리에 선축된 소형분은 파괴시키거나 무시하고 축조한다.

셋째로 소형 봉토분과 봉토 없는 소형분들은 중대형 고분의 주위나 경사면 적당한 곳에 등고선 방향에 따라 불규칙하게 자리잡고 있다. 그러나 불규칙하다고는 하지만 군집된 중대형고분의 주위에 배치됨으로써 능선별로 혹은 사면별로 일정한 군집군으로 존재하고 있다.

이러한 고분의 군집현상은 능선의 높낮이와 경사면 등 분포지역을 달리하는 고분의 크기와 숫자에 따라 소군집분, 중군집분, 대군집분으로 나눌 수 있다. 소군집분은 주로 소형의 석곽묘(석관묘)로 구성되고 숫자도 수십기 정도이며 봉분은 거의 없는 것이 대부분인 가운데 봉토분이 1~2기 섞여 있다. 중군집분은 소군집군보다 소형고분의 숫자도 많지만 가지능선 또는 주능선의 하단부 우뚝한 위치에 직경 10m~15m 정도의 중형봉토분이 수십기 분포하고, 대군집분과 멀리 떨어져 있을 때는 약간의 대형 봉토분이 포함되는 경우도 있다. 대군집분은 여러 중군집분으로 구성되고, 중심부 능선의 정부 또는 주능선의 등마루에 직경 20m이상의 대형봉토분이 모여 있어 장관을 이루며 그 지역에서 중심고분군의 역할을 한다. 이들 군집분 중의 중대형봉토분은 후술하겠지만 입지의 우월성과 고분의 규모, 부장유물의 질과 양으로 볼 때 그 지역 지배층의 분묘로 판단된다.

이미 잘 알려진 바와 같이 고령 지역뿐만 아니라 여러 가야 지역의 주묘제는 수혈식 묘제이다. 그런데 이들 발굴 조사된 고분을 통하여 수혈식 묘제 중에서도 고령 지역 수혈식 묘제 내부 구조의 특징을 고분의 구성 요소별로 분석해 보면 대가야묘제의 독특함을 나타내고 있다. 즉, 봉토 직경 10m 이상의 중대형 고분들은 입지에서 살펴보았듯이 주능선 등줄기의 둘출부에 자리잡고, 묘역 중앙에 고분의 주체부(매장부)가 들어갈 자리를 약간 고른 다음 구덩이를 깊게 파고 돌로 4벽을 동시에 맞물려 쌓은 수혈식 석곽(석실)을 축조하고 있다. 네 벽의 축조 재료는 그 지역에서 쉽게 구할 수 있는 편리한 돌을 사용하는 것이 보통이다.

그러므로 축조 재료는 지역에 따라 자연석, 할석, 천석 등을 이용하고 있다. 그러나 소형분의 경우에는 할석을 사용한 것도 있고, 판자 모양의 길고 납작한 돌로 4벽을 쌓은 판석식도 섞여 있다.

내부 공간 면적 5㎡이상의 수혈식 석실분은 봉토 직경 10m이상의 중대형 고분에서 나타나고 있고, 이들 고분의 평면 형태가 길이대 너비의 비율로 보아 장폭비 5 : 1 이상의 세장방형인 점이 가장 두드러진 특징이라 할 수 있다. 인근 지역인 성주나 대구, 혹은 부산 지역의 수혈식 석실분의 평명 형태는 장폭비 3 : 1 정도의 장방형이 대부분인 점과 대조된다. 이렇게 평면 형태가 세장방형이므로 개석도 5매 이상으로 여러 장을 잇대어 덮고 대개 개석의 틈은 작은 돌로 막은 후 진흙을 발라 밀봉하고 있다.

중대형 고분의 경우는 중앙에 고분 주인공이 매장될 주석실을 배치한 다음 주석실 옆에 주실보다 작은 부장곽이나 순장곽을 같이 설치하는 것이 보통이다. 매장부를 완성한 다음은 이들 전체를 둘러싸는 원형 혹은 타원형의 호석을 쌓는 것이 보통이나, 할석 한 두 개를 놓아 흔적만 나타낸 것도 있다. 이 호석은 묘역의 경계이기도 하고 봉토의 유실을 막는 구실도 하고 있다.

다음 출토 유물 중 토기의 조합상은 지산동 44, 45호분 및 32~35호분, 30호분이 일정하지는 않으나 대체로 비슷한 양상인데 대가야 토기로 설정할 수 있는 주요 기종으로는 유개장경호와 발형기대, 유개고배, 개배, 단경호가 세트를 이루고 있고, 44호와 45호분의 경우 여기에 파수부호와 중경호가 추가된다. 이들 가운데 가장 주류를 이루는 것은 장경호와 유개고배이다.[6]

---

6   李熙濬, 1995, 「토기로 본 大伽耶의 圈域과 그 변천」, 『加耶史研究 -대가야의 政治와 文化-』, 慶尙北道.

2.호남동부지역의 고분과 묘제

1)남원지역

남원지역은 지리적으로 소백산맥의 준령과 섬진강을 기준으로 크게 두 개의 지역권으로 나눌 수 있다. 그 하나는 소백산맥 서쪽 섬진강 수계를 중심으로 한 남원시 주생면, 송동면 지역권이고, 다른 하나는 소백산맥 동쪽의 남강상류 수계를 중심으로 아영면, 운봉면 지역권이다. 이 중 운봉면, 아영면 지역은 표고 400m 이상의 고원분지를 이루며 남강 상류가 이곳을 흐르고 있어 함양 지역과는 동일한 문화권을 이루고 있다. 특히 운봉고원 지역은 가야 지역과 백제 지역을 연결하는 교통상, 전략상 요충지로 매우 중요한 지역이라 할 수 있다. 그러므로 이와 같은 지리적, 정치적 여건을 배경으로 한 정치 집단이 존재하였을 것임은 쉽게 짐작할 수 있고, 이를 뒷받침하는 고총 고분군이 아영면 월산리와 두락리에 분포하고 있다.[7]

(1) 월산리고분군

월산리 고분군은 남원시 아영면 청계리와 월산리에 걸쳐 서쪽에서 동쪽으로 뻗어 내린 낮은 구릉에 분포한 고분군으로, 구릉 정상부에 위치한 봉토분 10여 기와 주위 사면에 분포한 소형분 100여기가 군집되어 소군집분으로서는 크고 중군집분으로서는 작은 규모에 속한다. 그러나 아영 분지의 동남쪽 산자락에 분포하고 있는 두락리고분군까지 합하면 이 지역 세력 집단의 주고분군이라 할 수 있다.

고분군이 위치한 아영면 월산리, 두락리, 동면 서곡리(성내부락)지역은 독립된 것처럼 보이는 나지막한 야산에 산성이 존재하고, 그 산성에서 동쪽으로 이어지는 능선을 따라 올라가면 해발 573m의 연비산에 닿는데 이 연비산 서남 사면에

7 　郭長根, 2000, 「小白山脈 以西地域의 石槨墓 變遷過程과 그 性格」, 『韓國古代史研究』 18.

닭실 마을이 있고, 닭실 마을 뒷산에는 돌로 쌓은 산성이 자리잡고 있다. 이 산성은 석축이 파괴되어 골짜기를 메우고 있는데 축성 시기를 확실히 알 수는 없으나 고대로부터 중요한 산성으로 사용되었을 것으로 생각된다.

위와 같은 이 지역 세력 집단의 주고분군인 월산리 고분군 중 M1호분은 서쪽에서 동으로 뻗어 내린 구릉 정상부의 가장 높은 곳에 자리잡고 있는 봉토 직경 19m, 높이 2.4~3.2m의 중형 봉토분이다. 그러나 이 고분에는 여러 개의 묘곽이 레벨을 달리하여 축조되고 있는데, 이 고분의 매장 주체부인 M1A석실분이 주석실이고 나머지는 모두 추가로 설치된 것이다. M1봉토분의 주체부인 M1A호는 묘역 중앙에 장축 방향을 남북(N-20°-W)으로 두었으며, 천석과 할석을 혼용하여 4벽을 쌓고 판상석 14매로 개석을 덮었다. 석실의 규모는 길이 8.65m, 너비 1.17~1.36m, 깊이 1.85m이며, 장폭비는 6.8 : 1의 세장한 평면 형태로 대가야식 묘제이다.

출토 유물도 유개장경호와 발형기대, 유개고배 등 고령양식 토기가 대부분이며, 갑옷편, 찰갑편과 금상감 귀갑문환두대도의 무구류, 재갈 등의 마구류가 출토되었고, 고령 지산리 32~35호분에서 출토되는 축소 모형 철기도 출토되고 있다. 이밖에 월산리 고분군에서는 M2, M3, M4호분이 조사되었는데, M2, M3호분은 소형 수혈식 석곽묘, M4호분은 수혈식 석실분이었으며, 여기서도 출토 토기가 모두 고령양식 토기 일색이었다.

월산리 M1A호분은 구조면에서 세장한 수혈식 석실의 대가야식 묘제이며, 갑옷, 금상감대도 등의 위세품, 고령양식 토기를 부장하고 있다.

⑵두락리·유곡리고분군

두락리 고분군은 앞의 월산리고분군에서 들판을 사이에 두고 마주보는 지역 야산에 위치한다. 월산리고분군이 서쪽에서 동쪽으로 뻗은 능선에 분포하는 고분인데 비하여 두락리고분군은 동쪽에서 서쪽으로 뻗어 내린 능선과 사면에 분포하는 고분군이다. 또 월산리고분군이 모두 대가야식 묘제인 세장형 수혈식석곽(석실)분인데 비하여 고총 고분 30여기가 군집한 이곳 두락리고분군은 대가야식 석실분과 함께 횡혈식 석실분도 섞여 있고, 대가야식 고분도 월산리고분보다 조금 후대의 고분으로 생각된다.

그 중 대가야 묘제 고분인 1호분은 장경 19m, 단경 16m의 타원형 봉분 안에 수혈식 석실 1기만 설치한 단곽식 고분이다. 석실은 묘역 중앙에 장축 방향을 남북(N-15°-E)으로 두었으며, 냇돌과 활석을 섞어 네 벽을 축조하고 길쭉한 판상석 17매로 뚜껑을 덮었다. 석실의 규모는 길이 8m, 너비 1.3m, 깊이 1.8m, 장폭비가 6.2 : 1의 전형적인 대가야식 묘제인 세장한 평면구조를 보이고 있다.

출토 유물은 유개장경호와 기대, 원통형기대, 고배 등으로 모두 고령양식 토기만 출토되었고, 말안장, 말재갈, 등자, 기꽂이 등의 마구류와 철모, 꺽쇠, 관못 등도 출토되었다.

2)장수, 진안, 임실지역

장수, 진안, 임실 지역은 전라북도의 동부에 위치하여 험준한 소백산맥의 지류들이 모여 해발 400m이상 되는 산간지역을 이루는 곳이다. 금강의 상류에 해당하는 수계에 위치한 이곳은 백제와 가야의 접경지대로 문화적 교류지역이라고 생각되는데 최근의 조사에 의하면 의외로 이곳의 고분들이 대가야식 묘제이고 토기들도 대가야양식이 주로 출토되고 있다.[8]

(1)장수 삼고리고분군

삼고리고분군은 장수군 천천면 삼고리 삼장마을 뒤 능선에 위치하는데 능선의 정상부에는 대형봉토분이 자리잡고 그 사면에는 소형석곽묘들이 분포하고 있어 가야지역의 수장층 고분 입지와 같은 양상을 보이고 있다. 이들 고분군 중에서 19기의 석곽묘가 조사되었는데 출토 초기들도 유개고배, 유개장경호, 유개

---

8   곽장근, 2014, 「전북 동부지역 가야문화」, 『가야문화권 실체규명을 위한 학술연구』, 가야문화권 지역발전 시장 · 군수협의회.

중경호, 광구장경호, 발형기대, 저평통형기대, 개배 등 대가야양식 토기가 주류를 이루고 있다. 백제토기는 삼족토기 1점과 병형토기 1점 정도뿐이다. 시기는 대체로 5세기 말엽 내지 6세기 초엽으로 추정된다.

(2)진안 황산리고분군

황산리 고분군은 진안군 용담면 황산리 금강수계의 상류에 위치하는데 세장형 수혈식 석곽묘에서 유개장경호, 저평통형기대 등 대가야양식 토기가 주로 출토되고 있다. 시기는 삼고리 고분군과 같은 시기로 추정된다.

(3)임실 금성리고분군

금성리 고분군은 임실군 관촌면 금성리 화성부락 근처에 위치하는데 정식 발굴조사는 되지 않았으나 수혈식 석곽묘 혹은 횡구식석곽묘로 생각되는 소형고분 3기에서 출토된 유물 중에 대가야양식 유개장경호가 보인다.

3)순천, 광양지역
(1)순천 운평리고분군[9]

최근의 조사에서 순천 운평리고분군의 묘제와 토기가 대가야식으로 밝혀져 순천 고락산성에서 출토된 대가야 토기와 함께 5세기말에서 6세기초에 섬진강을 넘어 광양, 순천 등 전남 동부지역까지 세력을 확장한 것으로 확인되었다.[10]

3. 대가야의 호남동부지역 진출

가라국은 5세기 전엽부터 서쪽으로 진출하여 영향력을 확대하기 시작하였다.

---

9   순천대학교박물관, 2008, 『순천운평리 고분군 I 』.
10   이동희, 2014, 「전남동부지역 가야문화」, 『가야문화권 실체 규명을 위한 학술연구』, 가야문화권지역발전 시장·군수협의회.

가라국이 이렇게 서쪽 방향으로 진로를 결정한 것은 이미 4세기 후엽부터 신라 (사로)가 낙동강 중하류로 진출하여 낙동강 교역로를 장악하고 이를 봉쇄하여 고령의 가라는 낙동강 수로를 이용한 대외교역과 교류의 길이 막혀버렸기 때문이었다. 특히 고구려군의 남정 이후 김해 세력이 약화된 상태에서 가야지역의 주도권을 잡기 위하여는 교역로의 확보가 절실하였다. 가라는 이때 신라에 의해 막힌 낙동강 수로를 대신하여 새로이 내륙 교통로 개척에 나섰던 것이다.

그리하여 가라국은 가야내의 주변소국과의 관계를 새로 정립하였다. 지산동 35호분과 32호분의 축조시기인 5세기 초엽부터 안림천의 소지류 통로인 합천군 묘산천을 따라 황강상류인 합천군 봉산면 지역을 거쳐 거창군 통로를 개척하여 남원 지역으로 진출하였다. 이것은 남원분지를 지나 섬진강 하류지역으로 진출하기 위한 통로를 확보하기 위한 차원에서 남원 아영지역의 정치세력과 관계를 맺은 것으로 볼 수 있다. 이때의 관계는 묘제나 유물에서 완전한 대가야 일색이 아니라 일부 재지계 유물이 존재하고 있어, 두 지역간의 관계는 가라국이 주도권을 가지고 있으나 이 지역의 소국은 독립성은 유지하되 상하관계는 존재하는 것으로 볼 수 있다.[11]

월산리 고분군이 있는 아영분지 지역은 가라가 소백산맥을 넘어 백제 지역과 섬진강을 따라 하류의 하동 지역으로 진출하기 위한 중요 거점지역이었으므로 어느 지역보다 먼저 관계를 맺고 두 지역으로 가기 위한 교두보를 확보한 것이다. 그리고 고령과 월산리 지역간의 통로인 거창 말흘리 고분이나 봉계리 고분에서도 비교적 이른 시기의 대가야양식 토기가 나타나고 있어 이를 뒷받침한다.[12]

5세기 후반이 되면 고령 지산동고분군에는 주산 남주능선의 등마루를 따라 봉토직경 20m이상의 대가야식 묘제의 I급묘형 대형분이 축조되기 시작한다.

---

11   金世基, 2002,「大加耶의 발전과 周邊諸國」,『大加耶와 周邊諸國』, 韓國上古史學會.
12   김세기, 1998,「고령양식토기의 확산과 대가야문화권의 형성 -성주토기와의 비교를 겸하여-」,『加耶文化遺蹟 調査 및 整備計劃』, 경상북도.

그 고총 고분중의 일부가 바로 44호분과 45호분이다. 44호분은 정식으로 발굴 조사된 고분 중에서 가장 크고 내부 구조에서도 대가야식 묘제의 최고 수준인 I급묘형 고분이다. I급묘형 고분은 고령 지산동고분군에만 존재하는 것으로 44호분의 경우 길이 9.4m의 주석실과 부장실 2개, 이 석실들을 에워싸듯 32개의 순장곽을 설치한 다음 하나의 거대한 봉토를 쌓아 축조한 봉토직경 27m의 초대형 고분이다. 이 고분의 주인공은 36명 이상의 순장자를 거느린 가야 최대의 권력을 가진 국왕이라 할 수 있다.[13]

이 고분의 출토유물에서는 주변제국과의 관계를 보여주는 유물이 많이 출토되었는데, 우선 44호분 석실의 금동합과 등잔 등은 백제와 관계된 유물이고, 45호분의 은제 3엽형 대도는 신라와 관계된 것이다. 그리고 44호분의 야광패제 국자는 일본의 오끼나와산으로 일본의 큐슈지역의 중계를 통해서 대가야에 유입된 것으로 생각되며, 45호분의 동경편도 일본제일 가능성이 제기되고 있다.[14]

III. 대가야의 대륙진출로 해석

1. 대가야의 교통로와 호남지역

5세기 후반 고령의 대가야는 서남방향으로의 진출을 계속하여 무력을 앞세운 위협과 각 지역을 선상으로 연결하는 교역로의 장악으로 각지에 대한 지배권을 확립하여 갔다. 뿐만 아니라 금강수계인 장수 삼고리 고분군, 진안 황산리 고분군과 섬진강 상류인 남원 금성리 고분까지 대가야식 묘제와 대가야 양식토기 일색으로 만들어 놓았다. 이렇게 소백산맥 이동지역은 물론 소백산맥 이서지역의

---

13   김세기, 2007, 「대가야연맹에서 고대국가 대가야국으로」, 『5~6세기 동아시아의 국제정세와 대가야』, 대가야박물관, 계명대학교한국학연구원.

14   朴天秀, 1997, 「政治體의 相互關係로 본 大伽耶王權」, 『加耶諸國의 王權』, 신서원.

상당한 지역까지 지배권아래 두게 된 대가야는 이러한 발전을 배경으로 섬진강 하구를 통한 해외로의 진출을 시도하게 된다. 그와 같은 시도의 결실은 479년, 남제에 사신 파견으로 이루어지고 당당히 국제무대에 등장하게 된다.

〈사료 A〉

加羅國은 三韓의 한 種族이다. 建元 원년(서기 479년) 국왕 荷知가 사신을 보내와 방물을 바쳤다. 이에 조서를 내렸다. '널리 헤아려 비로소 (조정에) 올라오니 멀리 있는 오랑캐가 감화됨이라. 加羅王 荷知는 먼 동쪽 바다 밖에서 폐백을 받들고 관문을 두드렸으니, 輔國將軍本國王의 벼슬을 제수한다.'(『南齊書』東南夷列傳 加羅國條)

이와 같이 고령의 가라왕 하지는 독자적으로 중국에 진출하여 '보국장군본국왕'이라는 중국 남제의 관계 제3품에 해당하는 품계를 받음으로써 국제적으로 당당한 하나의 국가로 인정을 받고 공식적으로 '왕王'을 칭하게 되었고, 나라 이름도 대가야로 부르게 되었다. 이것은 5세기 초엽부터 계속되어온 주변지역 복속으로 지배영역을 확보하고 대외교역을 통하여 그 만큼 국제사회에서 지위를 인정받고 있었기 때문에 단 한번의 사신파견에도 불구하고 비교적 높은 품계를 받을 수 있었다고 생각된다.

여기서 가야와 호남지역이 중요한 이슈로 떠오르게 된다. 즉 당시 대가야에서 중국 남제로 가기 위해서는 백제영역이었던 호남지역을 반드시 거치지 않으면 갈 수 없는 상황이었다. 이와 관련하여 가라 사신의 통로에 대하여 그간 여러 가지의 의견이 제시되어 있지만 대체로 3가지의 통로가 상정되어 왔다.[15]

그 통로는 ①고령→합천→삼가→진주→하동 ②고령→거창→함양→산청→진

---

15   田中俊明, 1992, 『大加耶連盟の 興亡と「任那」』, 吉川弘文館.

주→하동 ③고령→거창→함양→남원→섬진강→하동 루트인데 ①의 삼가, 진주
루트와 ②의 산청, 진주 루트는 고령에서 섬진강 하구의 하동으로 가는 가까운
통로이기는 하지만 5세기 후엽에는 아직 고령세력이 삼가, 진주까지 진출하지
못하여 현실적으로 이용하기 어려웠을 것이므로 ③루트인 남원, 하동 루트가 유
력시되어 왔다.

이에 대하여 남원지역에는 백제에 의해 축조된 6세기 전반대의 초촌리고분군
과 척문리산성, 흑송리산성 등이 축조되어 있으므로 백제가 이미 5세기 후반대
에는 남원분지에 진출해 있었다고 가정하고, 이 루트를 수정하여 ④고령→거창
→함양→운봉→구례→섬진강→하동이라는 ④루트가 제시되기도 하였다.[16]

그러나 6세기의 백제산성이 있어 남원으로 못나간 것은 아니라고 생각된다.
왜냐하면 위에서 설명한 바와 같이 5세기 후엽에는 장수 삼고리와 진안 황산리,
남원 금성리까지 대가야 묘제와 대가야 토기 일색으로 되어 있으므로 백제 때문
에 통과할 수 없었던 것은 아니라고 생각된다. 오히려 당시 상황으로 보아 어떤
형태로든 백제의 용인 혹은 협조가 있어야 가능한 진출이었다고 보는 것이 합리
적인 해석일 것이다.

다만 ③루트의 경우 남원에서 섬진강 본류를 따라 하동으로 가려면 남원-곡성
을 거쳐야 하는데 그렇게 멀리 도는 것보다는 운봉고원에서 주천면을 지나 구례
로 내려가서 섬진강으로 가는 것이 더욱 편하고 가까운 통로가 된다. 어떻든 세
부적으로 볼 때 ④루트가 가능하다고 생각된다.[17] 그리고 이 루트는 고대로부터
소백산맥 동쪽에서 서쪽으로 통하는 주요 교통로 중의 하나이고, 오늘날에도 많
이 이용하는 통로로 무리가 없는 추론이라고 생각된다.

앞의 4가지 교통로는 모두 결국 대외로 가는 출발점은 섬진강 하구인 하동이

---

16   박천수, 2007, 「5-6세기 호남동부지역을 둘러싼 大伽耶와 百濟」 『교류와 갈등 -호남지   역
     의 백제, 가야, 그리고 왜-』 호남고고학회.
17   김세기, 2003, 『고분 자료로 본 대가야 연구』 학연문화사.

된다. 그러면 하동을 출발한 다음은 남해안을 돌아 서해안으로 가는 연안항로를 거치고[18], 대륙으로 출발하는 중요한 지점이 전북 부안의 죽막동 제사유적이다. 죽막동 제사유적은 바다와 관련된 독립된 제사유적으로 4세기 중반부터 현대에 이르기까지 제사행위가 이루어진 곳으로, 각종 장경호와 기대, 고배, 개배, 손잡이잔 등 대가야토기들이 많이 포함되어 있다.

이 유적이 입지한 지리적 위치, 유물의 출토상태, 출토유물의 내용, 문헌 기록 등으로 살펴 볼 때 해안 가에 위치한 백제의 독립된 노천제사유적으로 보인다. 그리고 제사의 대상은 어업신, 항해신, 선신 등의 해양신이었을 것으로 추정되는데, 그 중에서도 특히 항해신과 관련이 있을 것으로 보인다. 따라서 이 죽막동 유적은 한반도에서 대륙으로 건너가는 항로의 중요한 결절지에 해당하는 요충지로 백제뿐만 아니라 대가야나 신라도 이곳에서 항해신에게 제사를 지낸 후 출발하였을 개연성이 높다고 생각된다.[19]

그렇다면 지금까지 대가야에서 연안항로를 거쳐 서해안의 죽막동 유적까지 가는 노정을 상정하여 섬진강 하류의 하동을 출발지로 하는 루트만 생각하였다. 그러나 백제의 묵인 혹은 도움이 있었다는 것을 전제로 한다면 굳이 멀고 복잡한 섬진강→연안항로가 아닌 내륙교통로를 검토할 필요가 있다고 생각된다. 즉, 그것은 ①고령→거창→함양→운봉→남원→순창→임실(회문)→정읍→부안(격포:죽막동)으로 가는 교통로와 또 ②금강 상류를 거치는 방법으로 함양에서 육십령을 넘어 장수군 장계→진안(월평리)→임실(운정리)→부안(가야포→죽막동)에 이르는 루트도 대단히 유력한 교통로라고 할 수 있다. 더구나 최근의 연구에서 ②루트의 연변에 대가야식 고총고분군이 분포하고 있어 대가야가 내륙교통로를

---

18   姜鳳龍, 2006, 「古代 東北亞 沿岸航路와 榮山江・洛東江流域」, 『加耶, 洛東江에서 榮山江으로』, 김해시.

19   國立全州博物館, 1994, 『扶安 竹幕洞 祭祀遺蹟』.

이용하였을 것이라는 주장이 이를 뒷받침하고 있다.[20]

2. 호남 동부지역의 대가야문화권 형성과 해석

대가야양식 토기는 4세기 초엽에 성립되기 시작하여 5세기 초엽에 완성을 보고 대가야의 정치, 사회의 성장과 함께 주변지역으로 확산되기 시작하였다. 그것은 당시 사회에서 고령의 대가야가 가지고 있는 정치, 경제적 위상이 지리산을 감싸는 소백산맥 이동의 내륙지역 여타의 정치세력 보다 강력했음을 시사하는 것이다. 이렇게 해서 시작된 대가야양식 토기의 확산과 분포는 일정한 범위를 갖게 되고 시간의 경과에 따라 변화하는 양상을 갖게 되었다.

대가야양식 토기는 고령의 서쪽과 남쪽으로 뻗어 상당히 넓은 지역으로 퍼져 나갔고 이는 정치적 상황변화를 일정부분 반영하고 있는 것으로 생각된다. 그러나 대가야양식 토기의 분포권이 대가야 정치권 혹은 지배력을 그대로 반영한다고 단정할 수는 없을 것이다. 그것은 여러 사회집단이 공유한 관습이나 생활방식의 유사를 반영할 수도 있고, 서로 연계된 경제적 교환의 범위를 의미할 수도 있을 것이다. 이런 것을 통틀어서 우리는 문화권이라 말한다. 그러나 어느 지역 수장급 분묘에서 특정지역 양식의 토기가 어느 시점부터 집중적으로 부장되기 시작하여 지속적으로 이어지고, 그것이 시간이 경과할 수록 하위분묘에까지 확산된다면 이는 단순히 생활방식의 공유나 경제적 교환에 의한 의미로만 해석할 수 없다. 그것은 어느 정도 강제적 선택압이 작용하고 있는 것으로 보아야 할 것이다.[21]

우선 대가야양식 토기의 확산과 분포의 범위를 중심으로 볼 때 위에서 살펴

---

20 곽장근, 2010, 「고고학으로 본 새만금해역」, 『서해안의 전통문화와 교류』, 한국대학박물관협회.

21 李熙濬, 1995, 「토기로 본 大伽耶의 圈域과 그 변천」, 『加耶史研究-대가야의 政治와 文化-』, 慶尙北道.

본 바와 같이 대가야의 고총고분인 고령 지산동고분군의 토기를 표지로 하고, 이러한 양식적 특징을 가진 토기들이 일정한 패턴과 시대적 변화과정을 함께 하면서 공통의 양식을 가지고 있다면 그것은 적어도 그러한 토기양식을 가지고 있는 지역이 공통의 문화적 기반을 가지고 있음을 나타낸다고 보아야 한다. 또한 토기양식 뿐만 아니라 묘제에서도 대가야묘제의 특징을 공유하고 있다면 그것은 고령고분 문화권 즉 대가야 문화권인 것이다.

대가야양식 토기의 고령이외 지역으로의 확산 즉, 대가야문화권 형성의 시작은 5세기 전엽, 고령의 바로 남쪽에 붙어 있는 옥전 지역부터이다. 그 다음 고령에서 묘산을 거쳐 황강의 상류인 거창 말흘리고분에 대가야양식 토기가 나타나는 것은 5세기 전반이었다. 이것은 고령세력이 서쪽으로의 통로 개척에 일찍부터 힘을 기울여 남원 월산리에 일단 자기 세력권을 확보하면서 황강의 상류인 반계제 수장층을 지배하에 두는데 성공하였음을 의미하는 것이다. 반계제 가A호분, 다A호분이 보이는 완전한 대가야양식 유개장경호와 발형기대, 수장층의 상징인 의례용 원통형기대는 이 시기 반계제 세력의 수장층이 고령의 지배하에 들어갔음을 말하는 것이다.

이렇게 황강수계와 운봉고원지역을 확보한 고령의 대가야는 계속 서남진하여 남강상류 지역으로 영향력을 확대하였고, 이어서 남강하류 지역으로 세력을 확장하였다. 이러한 정치적 영향이 토기 문화에 반영되어 6세기 초엽에 진주 수정봉의 횡혈식고분에 대가야양식 고배, 장경호와 함께 수장층 제의의 상징인 원통형기대까지 부장하게 되는 것이며 나아가 고성의 율대리 고분에까지 대가야양식 토기가 주류를 이루게 되는 것이다.

결국 대가야문화권의 영향력은 상승효과를 가져와 각 지역의 고총 고분뿐만 아니라 소형 석곽묘까지도 대가야양식 토기 일색으로 만들게 되었는데 산청의 묵곡리나 옥산리 유적의 경우가 이를 잘 반영하고 있다고 하겠다. 그러나 이러한 대가야 묘제와 토기문화권의 형성이 어떤 의미를 갖고 있느냐 하는 해석의 문제는 사실 좀더 신중한 접근이 필요하다고 생각된다.

특히 역사시대의 문화권 해석은 같은 시기의 문헌자료를 무시해서는 안 된다. 고고자료의 해석과 접근은 고고학적 방법론으로 분석하고 추론하되 역사적 사실과 문헌사학의 연구 성과를 비교하여 무리가 없어야 한다. 문화권이 곧 정치적 지배영역을 그대로 반영한다고 해석하거나, 혹은 지역의 독자성을 지나치게 강조하다 보면, 실제 역사 사실과 동떨어진 편견을 가져올 위험성이 있으므로 조심하여야 한다. 즉, 호남동부지역의 대부분이 대가야 문화권이 형성되었다고 해서 바로 대가야의 지배영역이라고 너무 강조하고, 호남 남부지역이 영산강의 독자적 세력이었다고 한다면 6세기 백제는 공주, 부여지역만이 지배영역이 되어 역사적 사실과 전혀 맞지 않는 결과를 가져오게 될 수도 있기 때문이다.

한편 소백산맥을 넘어 전북 장수, 진안, 임실 지역까지 대가야양식 토기 일색이 되는 것은 정치 상태를 반영한다기보다 경제권에 의한 문화권의 형성을 말해주는 것이라고 생각된다. 즉 대가야는 낙동강을 통한 교역로가 신라의 압박으로 막히게 되자 일찍부터 내륙을 거쳐 섬진강하류로 통하는 루트를 개척하였었다. 거창, 함양, 아영, 운봉을 거쳐 섬진강, 하동으로 이어지는 이른바 반월형루트가 바로 이것이다. 이러한 과정에서 섬진강 상류지역인 남원과 금강 상류지역인 장수, 진안, 임실 지역이 대가야 문화권을 형성하게 되는 것이라고 생각된다.[22]

---

22 김세기, 1998, 「고령양식토기의 확산과 대가야문화권의 형성 -성주토기와의 비교를 겸하여-」, 『加耶文化遺蹟 調査 및 整備計劃』, 경상북도.

IV. 섬진강에 대한 대가야와 백제의 갈등

1. 임나4현과 기문, 대사의 문제

〈사료 B〉

① 서기481년(『삼국사기』신라본기 소지왕 3년): 고구려와 말갈이 신라의 미질부성을 침공하자 백제, 加耶가 함께 신라를 구원함.

② 서기487년(『일본서기』현종기 3년): 紀生磐宿彌가 任那를 근거로 고구려와 통함.

③ 서기512년(『일본서기』계체기 6년): 12월, 백제가 사신을 보내 조를 올렸다. 따로 표를 올려 上哆唎, 下哆唎, 娑陀, 牟婁의 4현을 청함.

④ 서기513년(『일본서기』계체기 7년): (ⅰ)6월, 백제가 왜에 伴跛國의 기문 약탈사실 알림. (ⅱ)11월, 사라, 安羅, 伴跛 등이 왜왕의 뜻에 따라 기문을 백제에 돌림.

⑤ 서기514년(『일본서기』계체기 8년): 伴跛가 子呑, 帶沙에 축성, 일본에 대비함.

⑥ 서기515년(『일본서기』계체기 9년): (ⅰ)2월, 伴跛人이 한을 품고 군사로 暴虐을 일삼는다는 것을 듣고 物部連이 帶沙江으로 들어감. (ⅱ)4월, 伴跛가 군사를 일으켜 物部連이 정박한 帶沙江을 정벌하여 의복과 물건을 약탈하고, 장막을 불지름. 물부련이 겨우 달아나 汶慕羅 섬에 머무름.

⑦ 서기520년대(『梁職貢圖』백제국사전): 백제 곁의 소국에 반파, 탁, 다라, 전라, 지미, 마연, 상기문, 하침라 등이 있어서 백제에 부용함.

⑧ 서기529년(『일본서기』계체기 23년): (ⅰ)3월, 백제가 加羅의 多沙津을 일본에 요청함. 일본이 다사진을 백제에 하사하자 加羅王이 항의함. 일본 칙사가 (加羅의) 면전에서 물러나 별도로 백제에 하사함. 이로

인해 加羅는 신라와 친해지고 일본에 원한을 품음. (ⅱ)일본이 安羅에 사신을 보내 신라에게 南加羅, 喙己呑을 다시 건립하도록 함. 安羅는 새로 高堂을 짓고, 여기에서 신라사신, 백제사신과 회의를 함. (ⅲ)加羅王이 (서기 522년) 신라왕녀를 맞아 결혼하여 아기를 낳음. 신라가 여자를 시집보낼 때, 종자 백 명을 함께 보냈는데, (가라왕은) 이들을 여러 縣에 안치하고 신라의 의관을 입도록 함. 이에 阿利斯等이 變服을 거둬들이게 하므로 신라가 혼인을 파함.

위의 사료는 5-6세기 호남 동부지역 즉 섬진강 유역을 둘러싼 대가야와 백제 사이의 충돌과, 이에 관련된 왜, 신라 등의 동향과 역사적 추이를 보여주는 내용을 필자가 모아 정리한 것이다.[23] 그리고 이 지역에 분포한 고분과 기타 고고학 자료의 해석을 통하여 접근하면 이 지역의 중요성과 백제와 대가야의 나아가 신라와 일본의 이해관계와 관련된 국제적 갈등과 이합집산을 잘 파악할 수 있을 것이라 생각된다. 그러나 그 문제는 그렇게 간단하지는 않은 것이 또한 사실이다.

그것은 임나4현에 관련된 지명비정이나 지역의 문제이기도 하고, 국명에 관련된 가야제국의 문제이기도 하다. 따라서 여러 연구자들이 지명의 비정을 비롯하여 그 역사적 전개 추이를 추론하고 있는데, 그 개요를 보면 대체로 다음과 같이 요약된다.

즉, 5세기 중엽부터 진행된 대가야의 호남 동부지역으로의 진출 과정과『일본서기』계체기에 보이는 이른바 임나4현과 기문, 대사지역의 지정학적 입지와 이 지역의 확보를 통한 남해안의 제해권 장악과 관련하여 일어난 일련의 사건으로 파악된다. 한편 이 시기 한강유역을 상실한 백제는 호남 서부지역으로 남진하여 6세기 전엽에는 호남 동부지역으로의 진출을 개시한다.

---

23 김세기, 2003,『고분 자료로 본 대가야 연구』학연문화사.

따라서 호남 동부지역을 둘러싼 대가야와 백제의 충돌은 필연적인 것이었으며, 이를 보여주는 역사적 사건이 『일본서기』계체기에 보이는 이른바 임나4현과 기문, 대사지역을 둘러싼 대가야와 백제의 공방이다.

임나4현에 대하여 쓰에마스 야스카즈末松保和(1949)는 그 위치를 영산강유역으로 비정하였으나, 전영래全榮來가 순천, 광양, 여수지역을 임나4현의 사타娑陀, 모루牟婁, 다리哆唎로 비정한 이래, 김태식[24], 박천수, 이동희 등 많은 연구자들이 임나사현과 기문, 대사지역이 서로 인접하고 가야지역에 속한 것으로 이해하고 있다.[25]

임나사현과 기문, 대사에 대해 백제와 대가야의 분쟁지역인 점에서 그 위치는 양자간의 국경에 해당하는 지역으로 보는 것이 논리적이고, 상식적으로도 합리적이라고 생각된다. 그러므로 임나4현을 영산강유역에 비정하는 것은 맞지 않다고 생각된다.[26]

그것은 백제가 임나4현에 대한 공략을 개시하는 시기가 512년, 기문, 대사에 진출을 시도하는 시기가 513년인 점에서, 양자는 일련의 사건으로 상호 아주 근접한 지역으로 파악되기 때문이다. 따라서 박천수의 주장처럼 문헌 연구자들의 이론이 거의 없는 대사 즉, 하동을 중심으로 양자가 비정되어야 할 것이다.[27]

또 임나4현의 영유기사에는 대가야의 관련이 보이지 않으나, 백제가 대가야 영역인 기문, 대사지역을 공략하는 것에서 이와 연계된 임나4현은 앞서 본바와 같이 원래 대가야의 권역이었던 지역으로 추정된다. 임나라는 명칭은 왜인이 가야지역을 지칭할 때 사용된 점에서도 그러하다. 특히 임나4현의 다리와 기문己汶

---

24 金泰植, 1993, 『加耶聯盟史』, 一潮閣.
25 이동희, 2007, 「남해안 일대의 가야와 백제문화 -전남동부지역을 중심으로-」, 『교류와 갈등 -호남지역의 백제, 가야, 그리고 왜-』, 호남고고학회.
26 박천수, 2007, 「5-6세기 호남동부지역을 둘러싼 大伽耶와 百濟」, 『교류와 갈등 -호남지역의 백제, 가야, 그리고 왜-』, 호남고고학회.
27 李鎔賢, 2000, 「加羅(大加耶)를 둘러싼 국제적 환경과 그 대외교섭」, 『韓國古代史硏究』 18.

이 대가야의 권역을 나타내는 우륵12곡의 달이達已와 상기물上奇物, 하기물下奇物
로 각각 비정되는 것도 이를 뒷받침한다고 하겠다.

더욱이 근래 한성기 후반에 조영된 백제산 위세품을 부장한 고흥군 안동고분
이 확인됨으로서 백제의 영향력이 이미 고흥지역에까지 미친 것으로 파악되어,
임나4현은 김태식, 박천수의 주장처럼 고흥반도의 동쪽에 위치한다고 보아야
할 것이다. 사타는 이동희의 연구처럼 사평沙平이라는 고지명과 6세기 초까지 조
영된 순천 운평리고분군으로 볼 때 순천지역으로, 모루는 마로馬老라는 고지명
과 백제에 의해 조영된 마로산성과 관련된 광양으로 보는 것이 타당할 것으로
생각된다.[28]

기문, 대사의 경우 대사는 일부 대구의 달성군 다사로 비정하는 경우가 없지
는 않으나 일반적으로 하동에 비정되어 왔는데, 무리가 없다고 보이고, 기문은
대사와의 관계로 볼 때 하동에 인접한 섬진강수계에 속한 것으로 파악되며, 이
는 기문하己汶河를 섬진강으로 보는 점에서도 무리가 없다고 본다. 기문의 위치
는 상, 하기물로 볼 때 상하로 나뉘어 있는 것으로 추정되어 섬진강수계의 구례,
곡성, 순창, 남원분지, 임실지역 등을 그 후보지로 보는 것이 일리가 있다.

그러나 근래 호남 동부지역 고분을 비롯한 이 지역 연구에 가장 많은 연구업
적을 발표하고 있는 곽장근은 이보다 상류 쪽인 장수, 장계분지를 주목하고 있
어 이에 대한 활발한 논의가 필요할 것으로 생각된다.[29]

---

28   순천대학교박물관, 2006, 「순천운평리 고분 발굴조사 자문위원회 자료」(2006. 1. 13).

29   곽장근, 2007, 「湖南 東部地域 加耶勢力의 發展過程과 그 性格」, 『교류와 갈등 -호남지역의
      백제, 가야, 그리고 왜-』, 호남고고학회.

Ⅳ. 맺음말

지금까지 가야의 주 무대였던 낙동강과 백제의 지방이면서 상당기간 독자적 문화를 간직하기도 했던 영산강을 비롯한 호남 동부지역을 중심으로 가야와 관련된 고고학적 문헌적 자료에 입각한 여러 사실들을 해석하고 이해하는 방법을 제시해 보았다. 그 내용은 다음과 같이 요약 정리할 수 있다.

1) 호남 동부지역의 고분문화는 대가야의 묘제와 토기문화 혹은 위세품과 관련하여 대가야문화권에 속할 수 있다. 대가야양식 묘제와 토기는 고령의 서쪽과 남쪽으로 뻗어 상당히 넓은 지역으로 퍼져 나갔고, 이는 정치적 상황변화를 일정부분 반영하고 있는 것으로 생각된다. 대가야양식 토기의 분포권이 대가야 정치권 혹은 지배력을 그대로 반영한다고 단정할 수는 없을 것이다. 그것은 여러 사회집단이 공유한 관습이나 생활방식의 유사를 반영할 수도 있고, 서로 연계된 경제적 교환의 범위를 의미할 수도 있을 것이다. 그렇더라도 그것은 어느 정도 강제적 선택압이 작용하고 있는 것으로 보아야 할 것이다.

그러나 이러한 해석의 문제는 신중한 접근이 필요하다고 생각된다. 특히 역사시대의 문화권 해석은 같은 시기의 문헌자료를 참고하는 것이 좋을 것이라 생각된다. 고고자료의 해석과 접근은 고고학적 방법론으로 분석하고 추론하되 역사적 사실과 문헌사학의 연구성과를 비교하여 무리가 없어야 한다.

문화권이 곧 정치적 지배영역을 그대로 반영한다고 해석하거나, 혹은 지역의 독자성을 지나치게 강조하다 보면, 실제 역사 사실과 동떨어진 편견을 가져올 위험성이 있으므로 조심하여야 한다. 즉, 호남동부지역의 대부분이 대가야 문화권이 형성되었다고 해서 바로 대가야의 지배영역이라고 너무 강조하고, 호남 남부지역이 영산강의 독자적 세력이었다고 한다면 6세기 백제는 공주, 부여지역만이 지배영역이 되어 역사적 사실과 전혀 맞지 않는 결과를 가져오게 될 수도 있기 때문이다.

2) 대가야가 대륙이나 일본으로 진출하기 위한 교통로의 문제는 백제의 용인과 협조 없이는 불가능한 일이기 때문에 이에 대한 연구는 좀더 활발히 전개되어야 한다고 본다. 지금까지 대가야에서 연안항로를 거처 서해안의 죽막동 유적까지 가는 노정을 상정하여 섬진강 하류의 하동을 출발지로 하는 연안항로의 루트만 생각하였는데, 이제는 남원을 거처 호남 내륙지방을 가로질러 죽막동으로 가는 내륙교통로도 검토할 필요가 있다고 생각된다.

3) 5-6세기 호남 동부지역 즉 섬진강 유역을 둘러싼 대가야와 백제 사이의 충돌과, 이에 관련된 왜, 신라 등의 동향과 역사적 추이를 보여주는 문헌사료와 이 지역에 분포한 고분과 기타 고고학 자료의 해석을 통하여 접근할 필요가 있다. 그렇게 함으로써 이 지역의 중요성과 백제와 대가야는 물론 나아가 신라와 일본의 이해관계와 관련된 국제적 이해관계를 잘 파악할 수 있을 것이라 생각된다.

5_ 낙동강 중상류지역의 여러 가야와 대가야

Ⅰ. 머리말

최근 들어 가야에 대한 관심이 높아가는 가운데 가야사 복원이 국가정책 과제로 선정된데 이어 문화재청은 경상남도의 김해 대성동고분군, 함안 말이산고분군, 합천 옥전고분군, 창녕 교동·송현동고분군과 경상북도의 고령 지산동고분군, 전라북도의 두락리·유곡리고분군 등 7개 가야고분군을 세계유산 우선등재목록으로 결정하였다. 이를 계기로 일반시민들도 가야유산에 대한 관심을 기울이고 있고, 학계와 지방자치단체의 노력 또한 활발하게 전개되고 있어 매우 고무적인 일이다. 그러나 가야에 대한 정확하고 객관적인 이해 없이 가야 우월주의에 빠져 맹목적 자랑이나 지나친 관심은 자칫 역효과를 가져올 수도 있다는 것을 염두에 둘 필요가 있다. 그러므로 가야에 대한 객관적이고 폭 넓은 이해를 위해 각 지역별 가야문화에 대한 올바른 이해가 필요한 상황이다.

가야에 대한 본격적인 접근의 시작은 고령지산동 44, 45호분의 발굴로부터 시작되었다고 해도 과언이 아니다. 이 고령지산동 44, 45호분은 1977년 11월 26일부터 1978년 3월 4일까지 경북대학교 박물관(44호)과 계명대학교 박물관(45호)이 합동 발굴 조사한 대가야 최대의 고분으로 대가야왕릉으로 판단된다. 이 대가야 고분발굴은 가야 고고학사에 한 획을 긋는 매우 중요한 발굴이었다. 이 발굴에서는 고분에서 확실한 순장묘를 확인하여 세간의 관심을 일으키고 가야를 부각시키는 계기를 마련하였다.[1] 44호분에서는 중앙에 3기의 석실과 이를 둘러싸는 32기의 순장곽이 확인되었고, 45호분은 2기의 석실과 11기의 순장곽을 가진 다곽분이었다. 고대의 순장은 이집트나 중국을 비롯한 세계 여러 지역에서 많이 행해지던 풍속이었고, 우리나라에서도 부여와 신라에서 순장이 행해졌다는『삼국사기』등의 기록이 있어 왔으나 고분에서 이러한 사실을 확실히 보여준 것은 이 지산리 44호, 45호분 발굴이 처음이었다. 그리고 이 고분에서 출토된 초화형 관모장식이나 금제 귀걸이 등 장신구는 대가야의 특징을 잘 보여주고 있으며, 또한 출토된 토기의 종류와 모양은 대가야양식 토기로 규정될 만큼 대가야의 특징을 가지고 있다.

이 고분의 발굴은 가야사를 본격적으로 연구하는 계기가 되었고, 이후 많은 가야고분 발굴의 모태가 되기도 했다. 특히 이들 고분의 묘제와 출토유물은 대가야 고고학 연구의 기본 자료이며, 얼마 안 되는 문헌사료를 보충하여 이후 대가야 역사의 복원 뿐 아니라 전체 가야사 연구가 활발하게 전개되는 중요한 자료가 되었다. 이후 가야 여러 지역에서 중요한 발굴조사가 이루어져 각 지역 가야고분 자료가 많이 축적되게 되었다.

이러한 자료의 축적은 가야사를 새로운 각도에서 다루어 보려는 다양한 방법과 다학문적 접근을 가능하게 하는 가운데 특히 고고자료와 문헌자료의 접목을 통한 가야사의 연구를 가능하게 하고 있다. 주지하다시피 가야사료의 절대부족으로 문헌자료만으로는 더 이상의 진전을 기대하기 어려운 상황에서 이러한 가야 고분 자료의 증가는 가야사를 좀 더 발전적으로 보려는 학풍을 가져오게 하였고, 이러한 경향이 대두되면서 가야 각국사에 대한 고고학 연구가 활발히 진행되고 있다고 하겠다.

---

1   김종철, 2007,「대가야왕릉의 조가경위와 발굴과정」『고령 대가야 왕릉 발굴 30년』, 대구사학회, pp.19~29.; 姜大衡, 2007,「우리날 왕릉 발굴 30년사 -대가야 왕릉, 무령왕릉, 천마총, 황남대총 등의 취재비화-」『고령 대가야 왕릉 발굴 30년』, 대구사학회, pp.79~97.

고고학 자료가운데서도 당시 정치체의 성격과 사회상이 많이 반영되어 있고 그 전통이 잘 변화되지 않아 지속적 관찰이 가능한 것이 묘제이기 때문에 고분 자료를 통한 가야의 이해는 가야의 역사와 문화를 올바로 인식할 수 있는 유익한 방법의 하나라고 생각된다. 특히 가야 지역의 고총 고분을 중심으로 한 묘제는 시기별 변화양상과 지역차가 드러나고, 그것이 일정부분 그 지역의 정치집단의 성격이 반영된다고 생각되어 가야의 정치 사회 복원에 매우 필요한 자료가될 것이다.

따라서 여기서는 이러한 취지에 입각하여 낙동강 중상류에 존재하였던 가야에 대한 고고 자료, 특히 고분을 중심으로 이들 가야에 대한 의미와 성격에 대하여 밝혀 보도록 하겠다. 그것은 고령의 대가야, 성주의 성산가야, 창녕의 비화가야, 상주(함창)의 고령古寧가야에 대한 고분 자료의 분석과 이해로 귀결된다.

II. 낙동강 중상류 지역의 역사지리적 환경

영남의 큰 하천인 낙동강은 강원도 삼척시 상장면 함백산에서 발원하여 남류하고 안동부근에서 반변천을 합하여 서쪽으로 흐르다가 점촌 부근에서 다시 내성천, 영강을 합하면서 상주의 동남쪽으로 방향을 전환한다. 또 의성부근에서 흘러내리는 위천과 김천에서 내려오는 감천을 선산부근에서 합한 낙동강은 다시 대구 부근에서 영천, 경산을 거쳐 내려온 금호강을 합류하여 계속 남쪽으로 흘러내린다. 계속하여 낙동강은 창녕 앞에서 거창, 합천을 거쳐 내려오는 황강을 합하고, 더 남쪽으로 내려가 남지에서 함양, 산청, 진주, 의령을 거쳐 내려온 남강을 합류한 후 한산산지에 막혀 동쪽으로 흐르다가 삼랑진에서 청도, 밀양을 거쳐 내려온 밀양강을 합하고 다시 동남류하여 김해를 거쳐 바다에 흘러 들어간다.

낙동강은 본류의 길이가 525km로 남한에서 가장 긴 강이며 유역면적도

23,859㎢로 남한 면적의 1/4, 영남면적의 3/4에 해당한다.[2] 낙동강의 경사는 지극히 완만하여 본류 또는 지류의 가까운 곳에 곡저평야를 형성하고 있다. 중류나 하류는 거의 평형상태에 가깝고 흐름이 완만하여 사행유로를 취하고 있는 경우가 많다. 특히 고령지역 이하는 경사가 지극히 완만하며, 하구에서 약 344㎞ 상류에 있는 안동 부근에서도 해발 90m에 불과해 배가 안동까지 올라 갈 수 있어 고대로부터 내륙수로 교통의 동맥이 되어 이 지역에 살던 사람들의 젖줄과 같은 역할을 한 강이다.

이 낙동강의 중상류는 상주, 구미, 성주를 거쳐 고령군의 동쪽 경계를 이루며 금호강이 합치는 다산면부터 심하게 곡류하여 고령군의 성산면, 개진면, 우곡면을 지나 합천을 거쳐 남으로 흘러가는데, ㅋ자 형상으로 흐르면서 이들 지역에는 넓은 충적평야가 형성되어 있다. 낙동강의 하구에서 고령대교까지의 거리는 148㎞이나 해발고도는 불과 15.4m로 하상경사가 3/10,000으로 지극히 완만하여 평형상태를 이룬다.

낙동강은 고령 이남에서 대가야와 밀접한 관계를 갖는 회천, 황강, 남강의 3대 대지류를 합류시킨다. 황강은 소백산맥의 한 봉우리인 남덕유산(1508m)의 동사면에서 발원하여 거창을 거쳐 합천을 돌아 서쪽으로 흘러 쌍책을 지나 창녕 부근에서 낙동강 본류에 합류한다. 황강유역은 비교적 유역이 좁아 큰 평야는 없으나 상류 지역에 거창분지가 발달하고 하류로 내려오면서 합천의 봉계지역, 합천읍지역, 초계·쌍책지역에 곡저평야와 분지를 형성시키고 있으며 주위는 산지로 둘러싸여 있다.

대가야가 성립하고 발전한 기반이 되는 고령지역은 태백산맥과 소백산맥이 만들어 놓은 영남지방의 중앙을 남북으로 관통하여 흐르는 낙동강을 끼고 펼쳐진 대유역 분지 안에 자리 잡고 있다. 고령의 대체적인 지형은 서부와 남서부는

---

2   建設部國立地理院, 1994,『韓國地誌』地方篇 Ⅲ, p.6.

그림 1 | 낙동강수계(상주, 성주, 고령, 창녕지역)

소백산맥의 지맥이 뻗어내려 비교적 높은 산맥이 형성되어 있고 중앙부는 회천과 그 지류들이 합류되면서 형성된 분지상의 평지로 이루어져 있으며, 동부지역은 해발 300m 이하의 구릉들이 이어지다가 차츰 낮아져 낙동강의 범람원이 이룩한 낮은 충적지가 형성되어 있다.

성주지역은 서남쪽의 산지 지형과 동쪽의 낙동강유역 충적지로 대별된다. 우선 서남산지는 추풍령을 지나는 소백산맥의 지맥이 구미 금오산(976.6m)을 거쳐 북쪽의 영암산(792m)에서 서남단의 가야산으로(1,430m) 활처럼 휘어지면서 높은 산지를 이룬다. 이 산지에는 백마산(715m), 염속산(870m), 형제봉(1,022m), 독용산(955.5m), 두리봉(1,133m)의 고봉으로 이어져 서북-서남방향을 병풍처럼 감싸고 있다. 이 서남산지의 고봉중 하나인 독용산에는 삼국시대 이후 축성한 것으로 보이는 독용산성이 있어 성산가야로부터 삼국시대를 거쳐 고려, 조선시대까지 중요한 방어 산성으로 역할을 하고 있었다. 동쪽의 낙동강유역은 왜관을 거쳐 내려온 낙동강이 북에서 남으로 곧게 흐르며 성주와 대구 달성을 갈라놓고 그 유역에 비교적 넓은 퇴적평야를 형성시키고 있다. 또한 남쪽은 표고200~300m의 지맥이 동서로 달려 자연스럽게 고령과의 경계를 이루어 놓고 있다.

이와 같이 북에서 서남으로 이어지는 지맥과 그 사이의 하천이 만들어 놓은 성주의 지형은 거의 원형을 이루고 성주의 중심부는 분지의 형태를 띠고 있다. 그러므로 서북편의 높은 지형에서 흘러내린 물줄기들은 대체로 동남방향으로 흘러 3개의 중요한 하천이 되어 낙동강의 지류를 형성하고 또한 성주문화 형성의 중요한 역할을 하게 된다. 그 3개의 하천이 백천, 이천, 대가천이다. 우선 백천은 서북쪽 금릉군과의 경계에 솟아있는 백마산의 동북쪽 사면에서 발원하여 초전면을 지나면서 여러 골짜기를 합쳐 수역이 넓어지고, 유로를 동쪽으로 틀면서 월항면을 거쳐 대산리에서 이천을 합해 낙동강으로 들어간다.

한편 창녕지역의 경우 동쪽은 화왕산에서 남북으로 펼쳐지는 산지를 이루고, 그 서쪽은 낮은 구릉과 평야를 이루며 낙동강에 닿고 있다. 즉 낙동강은 창녕의 서쪽 경계를 이루어 합천군과 의령군과 접경을 이루며 남쪽으로 흐르다가 위에서 설명한 남지에서 남강을 합류하여 동쪽으로 흘러 김해지역에서 바다로 들어간다.

이 낙동강의 중상류에는 본류와 지류의 주변에 분지성 유역을 중심으로 선사시대로부터 사람들이 모여 살면서 정치체가 형성되었고, 진변한 시기에 여러 소국들이 자리 잡고 있었다. 이들은 낙동강 대수로를 이용한 교통과 교역 등을 통해 공통성과 독자성을 가지면서 발전하였다. 이러한 진변한 소국들은 신라, 가야가 성립되면서 각 소국들의 역사 지리적 환경, 혹은 문화적 기반이나 정치적 입장에 따라 혹은 신라진영에, 혹은 가야진영에 속하면서 자신들의 정치적 경제적 이익을 추구하고 있었다. 이렇게 형성된 소국들이 어느 시기에 가야를 표방하면서 삼국유사에 기록되었고, 이 지역의 특정가야 가야로 인식되게 되었다. 이렇게 인식된 가야가 상주 함창의 고령가야古寧伽耶, 성주의 성산가야星山伽耶, 혹은 벽진가야碧珍伽耶, 창녕의 비화가야非火伽耶, 고령의 대가야大伽耶 등이다.〈그림 1〉

III. 성주 성산동고분군과 성산가야의 존재형태

1. 성산동고분군의 묘제와 주요고분

성주 성산동고분군은 주고분과 주변고분들이 발굴 조사되어 성주의 고대문화를 어느 정도 밝혀주고 있다. 이 성산동고분군은 일제시대에 구 1, 2, 6호분 및 대분, 팔도분八桃墳과[3] 1986년에 38, 39, 57, 58, 59호분이 발굴 조사되었고,[4] 1998년에 인근의 명포리고분군과 2003년에 차동골, 시비실고분군이 발굴조사 되었다.

우선 성주지역 봉토분의 묘제는 크게 3종류로 분류된다. 하나는 매장주체부에 목곽을 설치하고 할석으로 보강한 보강석목곽묘로 성산동 39호분, 구1, 2, 6호분과 주변의 장학리 고분군에 분포한다. 또 다른 하나는 대형 판석과 할석으로 축조한 판석식으로 성산리 38, 57, 59호분이 해당한다. 그리고 또 다른 하나는 네벽을 할석으로 축조하되 한쪽 장벽에 잇대어 부곽을 설치한 철凸자형 고분으로 성산리 57호분과 성산리 근처의 시비실 고분군, 장학리 별티1호분, 명포리고분군에 분포한다.

대형분에서의 목곽체부에 할석을 보강하는 보강석목곽묘는 고령 지산동73호분이나 합천 옥전고분군 등 가야지역에서 흔히 볼 수 있는 축조 방법이나 성주지역은 고령지역과 다르게 나타난다. 먼저 평면구조에서 고령의 대가야식은 길이 대 너비의 비율이 5:1의 긴 장방형인데 비해 성주지역은 2~3:1 정도의 넓은 장방형이고, 보강석도 고령지역은 납작한 할석을 세밀하고 정교하게 쌓는데 비해 성주지역은 막돌을 엉성하게 쌓고 많은 돌을 들어붓듯이 둘러 보강하는 점이다. 판석축조의 경우도 벽체는 대형판석 3, 4매를 세우고, 판석사이에 할석을 보

3　朝鮮總督府, 1922,『朝鮮古蹟調査報告 -大正七年度·西紀一九一八年-』(舊一, 二, 六號墳) ; 朝鮮總督府, 1931,『朝鮮古蹟調査報告 -大正十二年·西紀一九二三年-』(大墳) ; 梅原末治, 1972,『朝鮮古代の 墓制』, 日本國書刊行會, 圖板27. (八桃墳).

4　啓明大學校博物館, 2006,『星州星山洞古墳群』.

강하여 4벽 전체가 견고하게 유지되도록 한 것이다. 평면 형태는 할석식과 같이 넓은 장방형이다. 이와 같은 판석조 석실구조는 대구 내당동고분과 거의 똑같은 형태이고, 이러한 형태는 칠곡 약목고분과 구미 황상동고분, 김천지역으로 연결된다.

한편 철자형 고분은 막돌로 네 벽을 쌓지만 한쪽 장벽 쪽을 넓게 확장하거나 장벽에 붙여 바닥보다 약간 높게 부곽으로 사용하는 방법이다. 이와 같은 형태는 경주 사라리 등 신라문화권 지역에서 일부 사용되는 묘제이나 일반적인 것은 아니다.

1) 철凸자형 고분

철자형 고분은 막돌로 네 벽을 쌓지만 한쪽 장벽 쪽을 넓게 확장하여 바닥보다 약간 높게 벽장처럼 만들어 부곽으로 사용하는 묘제이다. 축조재료로만 본다면 할석식에 속하지만 평면형태가 철凸자 형태를 이루어 특이하기 때문에 성주지역 묘제의 한 종류로 분류하는 것이 일반적이다. 이러한 철凸자형 고분은 명포리 고분군과 시비실고분에 주로 분포하고 있는데 앞에서 본 명포리 1호분과 시비실 3호분처럼 주체부가 목곽인 경우와 장학리 별티1호분과 성산동 57호분처럼 주체부가 석실인 경우의 2종류가 있다.

성산동 57호분은 할석식 석실분에 속하지만 경사가 높은 쪽에 석실장벽에 바로 잇대어 석실과 나란히 부곽을 배치한 철자형 고분이다. 이 고분은 완만한 경사면을 파고 석실은 경사면 아래쪽에 길이 374㎝, 너비 159㎝, 현재깊이 120㎝로 축조하였고, 부곽은 경사 위쪽인 남장벽에 바로 붙여 길이 199㎝, 너비 114㎝, 깊이 78㎝로 석실과 나란히 배치하였다. 석실의 남장벽 보강석과 부곽의 북장벽을 함께 쌓아 석실과 부곽을 같이 붙여서 마치 칸 막은 철자형을 이루고 있다.

2) 보강석목곽묘

성주 묘제의 유형 중 보강석목곽분은 주체부에 목곽을 설치하고 막돌이나 깬

돌을 이용하여 목곽의 네벽을 보강한 묘제로 성주의 주고분군인 성산동고분군에 주로 분포하고 있다. 그러나 정식 발굴조사하지는 않았지만 지표조사로 확인한 바에 의하면 고총고분인 용각리고분군과 명천리고분군에도 나타나고 있다. 성주지역 뿐만 아니라 합천이나 함안 등 다른 지역의 대형분중에도 이러한 보강석목곽분이 많이 있다.

보강석목곽분의 대표적인 예로 볼 수 있는 성산동 39호분을 통해 좀 더 상세히 보면 우선 완만한 경사면의 묘역 중앙에 목곽을 배치하고 주곽보다 약간 높은 쪽에 부곽을 설치하였다. 주체부 목곽은 장축의 방향을 동북-서남으로 두고 목곽주변을 자연할석으로 보강하여 쌓고 개석을 덮은 구조이다. 고분의 축조방법은 먼저 경사진 지반을 장방형으로 넓게 파고 굵은 강자갈을 깐 다음 목곽을 설치하고 크기가 일정하지 않은 자연석을 들어붓듯이 적당히 보강하여 돌끼리 서로 엇물려 4벽을 지탱하도록 하였다. 발굴당시는 목곽이 썩어 없어지고 보강석만 남아 마치 엉성하게 축조한 석실처럼 보인다. 전체적인 모습은 지반이 높은 쪽은 거의 지하식에 가깝고 낮은 쪽은 반쯤만 지하에 들어가고 반은 목곽의 높이를 맞추기 위해 지상에 올라와 있는 상태이다. 물론 지상에 올라온 부분은 벽면 뒤에 흙을 다져 보충하고 있다.

그리고 벽면의 석축방법이 다른 지역 석실처럼 면과 크기를 맞추어 가지런하게 쌓지 않고 엉성하게 엇물려 지탱하는 형태이다. 이렇게 벽면을 한 단 한 단 공들여 쌓지 않고 둥글둥글한 자연석을 여러 겹으로 맞물려 지탱하도록 한 것은 기본적으로 이 석실이 목곽을 먼저 설치하고 목곽을 보강하는 형태의 석실형식이기 때문이다. 즉 이 고분은 합천 옥전 M1, 2, 3호분과 같이 목곽이 중심묘곽이고 할석은 목곽을 보강하기 위한 보강자료이기 때문에 보강석 목곽분인 것이다. 그러므로 고령지역의 할석석실보다 묘광도 넓고 석실 벽면이 일정하지 못하고 엉성한 것이다. 또한 묘광 어깨선 위의 지상부분에는 묘광선 범위보다 더 밖으로 넓게 돌을 깔아 목곽을 보강하고 있다. 이 보강석들이 타원형으로 돌면서 네 벽의 모서리를 서로 엇물려 지탱하도록 하고 그 위에 둥글고 길쭉한 판석 3매로

그림 2 | 성주 성산동고분 묘제(보강목곽식 39호분(좌), 판석식 38호분)

개석을 덮었다. 이렇게 벽석을 두껍게 보강하였으나 목곽이 썩어 내려앉으면서 엉성한 벽면은 대부분 무너져 내리거나 토압에 의해 밀려나와 휘어져 있는 상태이다.〈그림 2〉

목곽의 범위인 보강석의 규모는 길이 375㎝, 너비 135~145㎝, 깊이 195㎝이다. 바닥의 너비가 다른 것은 벽석이 내려앉으면서 바닥의 선을 흩으러 놓아 일정하지 않기 때문이다. 따라서 길이: 너비의 비율이 약 2.5: 1을 보이고 있다. 이비율은 판석식이나 철자형 고분에서도 똑같은 양상으로 나타나고 있다. 이는 대가야지역인 고령의 할석축조 수혈식 석실분의 장폭비 5:1의 세장방형보다 폭이넓은 장방형이며, 낙동강 동안지역 봉토분 석실의 장폭비 3:1과 비슷한 것이다. 또한 이들 보강석목곽묘들은 대부분 할석조 부곽을 설치하고 봉토기부에 원형호석을 돌리는 것이 일반적이다. 부곽의 경우 순장곽의 기능을 가진 2기의 부곽이 있는 구2호분을 제외하고 나머지는 부장품을 넣는 부장품곽의 성격을 가지고 있다. 그러나 39호분의 경우는 부곽에도 부장품 한편에 순장자를 매장하고 있다.

3) 판석식 석실분

판석식 석실분은 성주지역에서 현재로서는 성산동고분군의 대형분에만 나타나고 있다. 판석식 고분은 매장주체부인 석실의 4벽을 넓적하고 길쭉한 판석을 세워 만든 석실분을 말한다. 이 판석 축조의 경우도 벽체는 대형판석을 사용하고 사이사이에 할석을 보강하여 4벽 전체가 견고하게 유지되도록 한 것이다. 평면 형태는 할석식과 같이 장방형이다. 이와 같은 판석식 석실구조는 이곳 성산동 고분군과 대구 내당동의 달서고분군이[5] 축조재료와 세부 축조수법은 물론 평면 형태까지도 거의 똑같은 양상이다.

판석식 석실분인 성산동 38호분은 봉분의 외형이 장경 17.5m, 단경 13.8m이며, 높이는 경사면 아래쪽인 북쪽은 5.8m, 위쪽인 남쪽은 2.8m로 약간 긴 타원형을 이루고 있다.

이 38호분 석실의 구조를 보면 석실 규모보다 넓게 묘광을 파고 바닥에 강자갈을 부어 깐 다음 대형판석으로 4벽을 세웠다. 판석 뒤에는 판석이 넘어지지 않도록 둥글둥글한 자연석을 쌓아 보강하였다. 양장벽은 높이가 같지 않은 2매의 넓은 판석을 바닥에 깐 강자갈 위에 잇대어 세웠는데 개석이 놓일 판석 윗면을 맞추기 위해 짧은 판석의 아래쪽은 모자라는 만큼 할석을 쌓은 뒤 그 위에 판석을 올려 세우고 있다. 또 판석과 판석 사이에 간격을 띄우고, 그 사이는 할석을 쌓아올려 판석과 할석축이 서로 꽉 끼이도록 하였다. 양단벽은 각각 1매의 판석을 가운데 세우고 양옆과 장벽과 이어지는 연접부에는 역시 할석을 끼워 쌓아 4벽 전체가 견고하게 유지되도록 하고 있다.〈그림 2〉

장벽과 단벽 뒷면의 자연석 보강 방법은 할석식과 마찬가지로 벽체와 묘광사이 공간에는 막돌을 부어 넣었다. 이렇게 던져 넣은 보강석들은 4벽을 돌아가면서 서로 엇물려 세워놓은 판석과 벽체를 견고하게 유지시키고 있다. 또 4벽의 상

5　朝鮮總督府, 1931,『朝鮮古蹟調査報告 -大正十二年·西紀一九二三年-』

면은 수평을 맞추어 두툼한 괴석 1매와 얇고 평평한 판석 1매로 개석을 덮고 개석사이의 틈과 주위에도 작은 할석을 지붕 잇듯이 깔아 놓고 있다.

석실의 규모는 길이 390㎝, 너비 170㎝, 깊이 195㎝로 장폭비가 2.3:1이다. 성산동 38호분 이외의 판석식 고분인 58분은 길이 332㎝, 너비 125㎝, 깊이 175㎝로 장폭비 2.6:1이고, 59호분은 길이 378㎝, 너비 110~128㎝, 깊이 175㎝로 장폭비 2.9:1이다.

2. 성산동고분군 출토유물

1) 토기류

영남지방에서 토기의 지역양식이 성립되기 이전의 토기는 와질토기와 고식도질토기인데, 이때까지는 대체로 공통양식을 이루고 있었다. 성주지역도 예외는 아니어서 가야시대 극명하게 달라지는 고령의 대가야양식 토기와 성주 성산가야 토기양식이 와질토기 단계까지는 고령 반운리 와질토기와 성주 예산리 와질토기가 기형과 제작수법까지 동일한 양상을 보이고 있다[6].

이와 같이 공통양식을 가지고 있던 토기문화는 크게는 낙동강 이동양식(신라토기)과 이서양식(가야토기)으로 나누어지고, 각 지역별로 고총고분이 조영되면서 그 지역의 문화적 성격을 가미한 지역토기양식이 성립되기 시작한다. 이러한 양상은 성주지역도 마찬가지이다. 성주지역은 대체로 5세기 초엽부터 성주의 지역성을 띤 성주양식 토기가 성립하기 시작하는 것으로 생각되는데, 이른 시기 고분인 명포리 1호분은 목곽묘가 주체부인 철자형 고분으로 이 고분출토 토기나 성산동 고분의 토기들이 성주양식 토기의 특징을 잘 반영하고 있다고 하겠다. 그 중에서 대표적인 기종은 장경호, 유개고배, 대부장경호, 대부완, 단경호, 통형기대 등인데, 사실은 성주양식이 성립되기 전의 목곽묘 토기들도 범신라양

---

6   김세기, 1998, 「고령양식토기의 확산과 대가야문화권의 형성」, 『加耶文化遺蹟 調査 및 整備計劃』, 경상북도, pp.83~121.

식 일색으로 가야양식 토기는 존재하지 않고 있다.[7]

　장경호는 유개원저장경호와 무개원저장경호, 대부장경호로 세분되는데 이들 장경호의 공통된 특징은 긴 목부분이 직립원통식으로 일관되어 가운데가 약간 졸린 듯 하면서 부드러운 곡선을 이루는 고령양식과 대조적이다. 또 몸체의 어깨부분이 발달하여 동최대경이 어깨에 있고 동부와 구분되도록 각이 저서 꺾이거나 돌선이 한 줄 돌고 있는 점이다. 이는 목과 몸체가 S자 형태로 부드럽게 연결되는 고령양식과 두드러지는 차이점이다. 그리고 장경호 저부에 대각이 붙고 대각에 방형의 투창을 뚫은 대부장경호가 많은 것도 고령과는 다른 점이다. 장경호의 뚜껑은 사발을 엎어놓은 듯이 가운데가 높고 꼭지는 고배의 대각을 거꾸로 붙여 놓은 듯한 '대각도치형'이 특징이다. 이 대각도치형 뚜껑은 유개고배의 뚜껑에도 많이 있는데 역시 대구, 경산, 경주 등 신라양식 토기에 보이는 공통적 양식이다.

　유개고배는 출토된 토기중 가장 많은 숫자를 점하는 기종이다. 유개고배는 배신부와 뚜껑 모두가 깊고 높으며 대각도 상부에서 사다리꼴로 직선적으로 뻗어내려 갑자기 끝나 저부가 오똑한 느낌을 준다. 대각의 장방형 투창도 상하단이 엇갈려 있어 고령양식

그림 3 | 성주 출토 유계고배(성산동 38호분)

과는 대조적이다. 고배의 뚜껑은 대각도치형이 대부분이고 납작단추형 뚜껑도 일부 보이나 그 세부는 대가야양식과 다르다.〈그림 3〉

　유개고배의 뚜껑표면에는 방사상점열문과 조족문이 그려진 것이 있지만 무문이 많고 명포리 고분의 경우는 삼각거치문, 파상문, 침엽문 등 문양이 다양하

7　南翼熙, 2008, 「5~6세기 성주양식 토기 및 정치체 연구」, 『嶺南考古學』49, pp. 53~92.

다. 특히 고배대각의 투창사이에도 조밀하게 문양을 시문하고 고배뚜껑의 드럼 턱에도 파상문을 시문한 것도 있다.

2) 관모와 장신구(위세품)

관모와 장신구는 신분을 나타내는 위세품으로서 그 지역집단 성격을 보여준다는 의미에서 매우 중요한 요소이다. 신라의 경우 경주의 왕릉급 고분에서 금관과 금제관식, 금제허리띠 장식과 금동신발 등이 세트로 출토되어 이것이 최고위의 신분표시 물품임을 알 수 있다. 그러나 신라의 지방정치체가 있었던 경산, 대구, 의성 등 고총고분에서는 신라왕실에서 사여한 것으로 판단되는 금동관이나 은제관모, 은제허리띠 장식이 세트로 출토된다. 가야의 경우에도 관모는 최고신분을 나타내는 것으로 보이지만, 가야의 관모는 현재 고령을 중심으로 한 대가야 지역에서만 출토되었다. 고령 출토로 전해지는 순금제 가야금관은 꽃봉오리나 나뭇가지 형태를 한 초화형이고 고령 지산동 45호분에서 나온 금동관식도 비슷한 형태이다. 그리고 지산동 32호분 출토의 금동관은 불상 광배형 몸체에 보주형 가지가 달린 독특한 형식으로 신라식인 출자형과는 완전히 다른 양식이다.

성주 고분에서는 성산동 구 1호분에서 신라식의 나비형 은제관식이 신라식

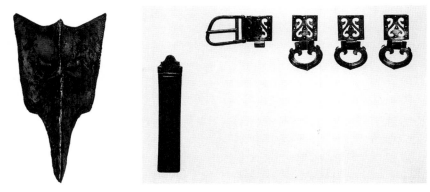

그림 4 | 은제관식(좌)과 과대(우)(성주 성산동 구1호분)

은제과대와 함께 출토되었고, 귀걸이 또한 신라식의 굵은 고리식이 성산동 구 1호분과 58호분에서 출토 되어 토기문화와 함께 위세품인 관모와 장신구에서도 완전한 신라문화 양상을 보이고 있다.〈그림 4〉

단 성주 가암동에서 출토되었다는 금동관이 있는데, 관테에 사람이 팔을 들고 서 있는 듯한 솟은 장식이 정면과 좌우에 붙어 있어 신라식이 아닌 독특한 양식이나 출토지라고 하는 가암리에 고총고분군이 없고, 출토위치도 석연치 않아 성주 것이 맞는지 의심스럽다.

3. 고분으로 본 성산가야의 성격과 존재형태

1) 묘제로 본 성격

성주지역에서 발굴조사 된 봉토분 자료를 중심으로 묘제의 유형을 분류해 보면 매장주체부 한쪽 장벽에 잇대어 감실을 설치한 평면 철凸자형의 감실부곽식 고분, 매장주체부를 할석으로 축조한 할석식 석실분, 매장주체부를 대형 판석을 주로 사용하고 할석으로 보강한 판석식 고분 등 3유형으로 분류된다.

이 묘제의 유형 중 철凸자형 고분은 주체부는 목곽이고 부곽은 석곽으로 축조되어 봉토분으로서는 가장 빠른 묘제이지만, 최고위계의 고총분은 판석식 석실분이다. 이 판석식 석실분은 모두 수혈식석실분으로 대구의 내당동·비산동고분군과 동일계통의 묘제이다. 또한 할석식 석실분의 경우 네벽을 가지런히 쌓은 것이 아니라 대형의 목곽을 설치하고, 목곽을 보강하기 위하여 목곽주위에 많은 돌들을 들어붓듯이 던져 넣어 서로 얽혀 목곽을 보호하는 보강석 목곽묘 형태이다.

성주 묘제의 특징적인 지역성은 석실의 길이 대 너비의 비율이 3:1의 장방형을 이루고 있는 점으로 고령 대가야 묘제의 5:1의 세장방형이나 함안 아라가야 묘제의 5.5:1이상의 극세장형 석실과 비교되는 특징이다. 따라서 성주묘제의 성격은 가야고분이 아니라 대구, 성주, 칠곡(약목 1호분), 구미, 김천으로 이어지는 경북 서북부 지역으로 연결되는 신라고분인 것이다. 즉, 성주고분은 신라의 지방 세력이며, 소백산맥 서남라인의 거점지역으로 남쪽에 인접하고 있는 대가야

를 견제하고 백제지역으로 진출하는 중간거점으로의 역할을 하는 고분이라고
생각된다.

  2) 유물로 본 성격

  성주지역의 토기는 첫째, 고배대각 투창의 상하 엇갈림, 둘째, 사다리꼴의 직
선대각, 셋째, 깊은 배신, 넷째, 대각도치형 뚜껑, 다섯째, 장경호의 직립원통형
목의 형태, 여섯째, 각진 어깨, 일곱째, 대부장경호의 존재 등 신라 토기의 범주
에 속하고 있다. 그러나 세부에 있어서는 「경주양식」과는 뚜렷이 구분되어 필자
는 이러한 성산리 고분출토 토기를 「성주양식」으로 설정한 바 있다.[8] 이러한 성
주양식 토기의 성립에 대하여 고배 배신이 아주 깊은 것으로부터 성주의 지역색
이 싹트기 시작하여 고배대각이 단부端部 가까이에서 크게 벌어지는 단계에 「성
주 Type」이 성립하는 것으로 보기도 한다.[9] 좀 더 구체적으로는 5세기 중엽에서
말엽까지의 기간 동안 성주분지 내에서 제작되고 사용되어 타 지역과 구분될 수
있는 형태적, 기술적 특징(지역색)을 가진 일련의 토기군으로 정의하기도 한다.
특히 이단투창고배의 배신부에 형성되어 있는 1조의 돌대는 타 지역 토기에서
는 확인되지 않는 성주 지역만의 특징이며, 또한 이단투창고배의 대각부 형태
중 대각부 중하위에서 급격하게 바깥쪽으로 꺾이는 대각부의 형태도 배신부의
돌대와 마찬가지로 성주양식 고배류에서만 나타나는 특징적인 지역색이라 할
수 있다.[10]

  성주양식 토기의 성격은 대구의 비산동·내당동고분의 구조와 토기양식이 가
장 유사하여 대구지역과의 밀접한 문화관계를 엿볼 수 있다. 지역적으로 가까이

---

8   金世基, 1987, 「星州 星山洞古墳 發掘調査槪報 -星山洞 제38, 39, 57, 58, 59號墳-」, 『嶺南考古
    學』3, pp. 183~213.
9   定森秀夫, 1988, 「韓國慶尙北道 星州地域出土 陶質土器에 대하여」, 『伽倻通信』17, pp. 25~37.
10 南翼熙, 2008, 「5~6세기 성주양식 토기 및 정치체 연구」, 『嶺南考古學』49, pp. 53~92.

붙어 있고 정치적으로나 문화적으로 강력하고 광범위한 분포범위를 가졌던 대가야의 영향을 받지 않고, 가야라는 명칭을 가지고 있으면서 오히려 낙동강을 건너 멀리 떨어진 대구의 영향을 받고 있는 점이 성주지역 토기가 가지고 있는 정치적 성격이라 하겠다.

3) 성산가야의 존재형태

성주지역은『삼국유사』오가야조에 5가야의 하나인 성산가야星山伽耶혹은 벽진가야碧珍伽耶지역으로 기록된[11] 이래 성산가야의 고지로 알려져 왔고,[12] 또 성주지역에 분포한 고총고분군이 성산가야의 고분으로 이해하여 왔다. 그러나『삼국유사』에 더 이상의 내용이 없고,『삼국사기』에도 성주 역사에 대한 구체적 기록은 나오지 않는다. 다만 지리지에 '성산군은 본래 일리군이었는데 경덕왕 때 개명한 것이며, 오늘날의 성주군 지역에 해당 된다'는[13] 내용뿐으로 그 외의 사정을 알 수 있는 사료가 없다는 것이 일반적인 사실이다.

그런데 성주지역의 고고 자료는 삼국시대 고분군 외에 청동기시대 묘제인 지석묘가 하천변이나 구릉지 여러 곳에 분포되어 있다. 또 원삼국시대의 목관묘 유적이 있어 선사시대부터 삼국시대에 이르기까지 성주지역에 일찍부터 정치세력이 형성되었고, 진변한 소국의 하나로 발전되었던 사실을 이해할 수 있는 단서가 되고 있다. 그러므로 성주의 중심지에 자리 잡고 있는 성산동의 고총고분들은 성산가야 최고 지배층의 분묘라고 인식하여 왔던 것이다. 그러나 1980년대

---

11 「阿羅(一作 耶)伽耶(今咸安) 古寧伽耶(今咸寧) 大伽耶(今高靈) 星山伽耶(今京山 一云碧珍) 小伽耶(今固城) 又本朝史略云 太祖天福五年庚子 改五伽耶名 一金官(爲金海府) 二古寧(爲加利縣) 三非火(今昌寧 恐高靈之訛) 餘二 阿羅星山(同前星山 或作碧珍伽耶)」(『三國遺事』 卷 第一紀異 第二, 五伽耶條).

12 星州郡, 1996,『星州郡誌』, pp.102~121.

13 「星山郡 本一利郡(一云 里山郡) 景德王改名 今加利縣 嶺縣四 壽同縣 本斯同火縣 景德王改名 今未詳 谿子縣 本大木縣 景德王改名 今若木縣 新安縣 本本彼縣 景德王改名 今京山府 都山縣 本狄山縣 景德王改名 今未詳」(『三國史記』卷 第三十四 志 第三 地理 一 星山郡條).

이래 성산동 고총고분들이 발굴조사 되면서 묘제와 출토유물의 성격이 일반적으로 나타나는 다른 가야지역과 판이하게 다르다는 것이 밝혀지게 되었다. 그리고 이러한 고분 자료를 중심으로 학계에서 성산가야의 실체에 대한 많은 논의가 일어나기 시작하였다. 특히 최근의 연구에서 성산가야의 추이를 보면 진변한 시기에 진한과 변한의 어느 하나에 고정으로 소속되지 않고 필요에 따라 바꾸는 유동적인 상태였었고, 그래서 일시적으로 가야권에 속한 때가 있었다고 이해한다. 또한 성산(벽진)가야로 불리게 된 계기는 후삼국기 성주지역 호족세력의 정치적 상황에서 비롯된 것이라는 것이며, 4세기 후반의 이른 시기에 신라 영역으로 편입되었다고 본다.[14] 따라서 성산가야의 존재형태는 이른 시기부터 가야문화권에 속하여 가야로 존재하다가 5세기에는 신라문화권으로 흡수되었던 가야라고 이해하는 것이 좋을 것이다.

IV. 창녕 교동·송현동고분군과 비화가야 문화

1. 교동·송현동고분군의 묘제

비화가야非火伽耶 혹은 비자발比自鉢의 고지로 비정되는 창녕지역의 중심고분군은 교동, 송현동고분군이다. 교동고분군은 군집에 따라 3군으로 나눌 수 있으며, 인접한 송현동고분군까지 포함하면 4군으로 나뉜다. 지금까지의 조사에서 확인된 교동고분군의 묘제는 횡구식 내지는 횡혈식석실묘를 주체로 하고 있다. 고분군의 출토유물로 보아 5세기 후반에서 6세기대가 중심연대이다. 발굴 조사된 대표적 고분은 교동1호분, 7호분과 송현동6, 7호분이다.

---

14   김세기, 2012, 「고분자료로 본 삼국시대 성주지역의 정치적 성격」, 『신라문화』43, 동국대학교 신라문화연구소, pp1~27.

1) 교동 7호분

교동7호분은 일제 강점기인 1918년에 발굴조사 최근 재 발굴된 봉토와 내부 구조에 대한 조사는 생략된 채 발굴갱을 통한 유물수습과 반출만이 이루어졌다. 더욱이 당시 발굴 내용에 대한 보고나 자료가 공개되어 있지 않아 발굴 상황이나 출토유물을 전혀 알 수 없는 상황이었다. 다만 이 고분에서는 약 700여점의 유물이 출토된 것으로 알려져 있으며, 그 중 금동관을 비롯한 약 50여점의 중요 유물만이 穴澤咊光·馬目順一에 의해 1975년 학계에 소개된바 있다.[15] 당시 발굴된 교동고분군의 일부 유물은 현재 국립중앙박물관과 일본 도쿄국립박물관에 소장되어 있는 것으로 알려져 있다.[16]

그리고 2011년 우리문화재연구원에서 교동 7호분에 대한 전면 재 발굴을 실시하였다. 그 결과 고분은 직경 40m, 높이 10m 의 고총분이다. 묘제는 횡구식 석실분으로 석실 길이 약 9.5m, 너비 약 2m, 깊이 약2m의 세장방형이며, 봉토의 축조는 구분 쌓기, 제방상 봉토축조 방식 등이 확인되었다.[17] 유물은 1918년 조사에서 출토된 출자형 금동관, 금제드리개, 은제관식, 금제이식, 은제허리띠, 금동신발 등의 장신구와 토기류 등이다.

2) 교동 1호분〈그림 5〉

교동 1호분은 봉토 직경이 22.5m의 원형 봉토분이며, 냇돌과 할석을 섞어 쌓은 호석은 높은 곳은 12단, 낮은 곳은 4단을 쌓았다. 이 호석의 외부에는 1.5-1.8m의 간격으로 기둥구멍이 돌려져 있었다. 봉토에는 방사상으로 16등분한 부분구획성토 흔적인 점토띠가 발견되었다. 묘제는 횡구식 석실분으로 석실 안에

15   穴澤口禾光·馬目順一, 1975, 「昌寧校洞古墳群」, 『考古學雜誌』60-4, pp. 23~75.
16   국립가야문화재연구소·국립김해박물관, 2010, 『비사벌-특별전도록-』, p. 17
17   우리문화재연구원, 2011, 「창녕 교동7호분 발굴조사 2차 자문회의 자료집」

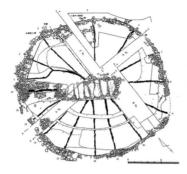

그림 5 | 창녕 교동 1호분

는 주인공 외에 3인의 순장자가 함께 매장되어 있었다.[18]

3) 송현동 6, 7호분

송현동 6, 7호분은 표형분으로 교동고분군과 같은 횡구식석실분이다. 교동 1호분과 마찬가지로 구획성토와 경사면 조정을 위한 석축단 시설이 확인되었다. 금동제 안교 등 마구와 통나무배를 재사용한 녹나무 관 등 목제 유물도 출토되었다.

2. 교동 · 송현동고분군 출토유물

1) 토기류

창녕 교동, 송현동고분군 출토 고배와 뚜껑을 중심으로 창녕양식을 설정하고 있는 바, 시기적으로 4세기후반에서 5세기 전반에 창녕양식 토기가 성립하여 발전하는 것으로 보는 것이 일반적이다. 그러나 기본적인 형태는 경주식이다.〈그림 6〉

---

18   박광춘, 2001, 「昌寧 校洞古墳群의 發掘調查와 意義」 『가야시기 창녕지방의 역사 · 고고학적 성격』 국립창원문화재연구소, pp. 20~29.

그림 6 | 창녕양식 토기(좌)와 장신구(우 교동7호분)

2) 장신구(위세품)

창녕 교동 7호분에서 출토된 출자형 금동관을 비롯하여 은제과대, 교동 1호분, 송현동 6, 7호분과 15, 16호분 출토의 장신구 등 대부분이 경주양식 위세품이 대부분이다.

3. 고분으로 본 비화가야의 문화와 존재형태

369년 백제에 의해 평정된 가야세력으로서 창녕으로 비정되는 비자발比自㶱 등 7국의 이름이 등장한다. 4세기 중반에는 이 외에도 더 많은 가야 세력이 있었다. 특히 낙동강 중상류의 동서 연변에 위치한 정치세력들은 이해관계에 따라 가야를 표방하고 있었다.[19] 창녕지역의 고분군은 남쪽의 계남리, 계성리고분군에서 교동, 송현동고분군으로 이동하면서 교동, 송현동고분군이 중심고분군으로 등장하였다. 그런데 여기 고분의 평면 형태로 보면 가야지역의 장폭비 5:1의 세장방형과, 신라형인 3:1의 장방형이 혼재하고 있어 가야의 묘제와 전혀 무관하다고 할 수는 없다. 그러나 묘제에서 교동, 송현동고분군의 대형분의 묘제는 모두 횡구식 석실분이므로 가야지역의 중심묘제와는 판이한 형태이다.

---

19 백승충, 2011, 「문헌을 통해 본 고대 창녕의 정치적 동향」, 『고대 창녕지역사의 재조명』, 창녕군, pp. 1~28.

또한 출토유물에서도 관모나 마구, 장신구 등 위세품이 대부분 경주양식이라는 점은 창녕양식 토기문화의 존재에도 불구하고 창녕지역의 중심세력은 신라문화를 가지고 있는 정치세력이었다고 생각된다.[20] 즉 고대 창녕지역은 이른 시기부터 신라의 영향을 받기 시작하는데, 5세기 이후 경주 외곽지역에서 조영되는 고총고분들은 독자적인 것이 아니라 신라 중앙정부로부터 정치, 경제적 기반을 승인받은데 불과한 것으로 독자성을 상실한 것으로 보는 것이 타당할 것이다.[21]

따라서 『삼국유사』에 기록된 창녕의 비화가야의 존재형태는 묘제와 출토유물로 보아 가야에 속한 시기가 있었지만, 중심고분의 묘제와 출토유물로 보면 대체로 신라에 의해 복속된 신라영역이었음을 보여주고 있다. 창녕지역은 지정학적으로 삼국시대 신라와 백제의 쟁패과정에서 특히 신라의 가야와 백제 진출의 교두보로써 매우 중요했기 때문에 여러 정치세력들의 이해관계가 복잡하게 얽혀 있는 지역이었다. 고분문화에 보이는 가야, 신라, 백제, 왜 등이 다양하게 섞여 있는 것으로 알 수 있고, 이것이 『삼국유사』, 『삼국사기』, 『삼국지』, 『일본서기』 등 한국, 중국, 일본의 문헌에도 진한, 변한, 신라, 가야의 일국으로 기록된 것이라고 생각된다. 이러한 창녕 비화가야가 신라에 복속된 시기에 대하여 여러 설이 있지만 5세기에 이미 신라화된 것으로 볼 수 있다.

---

20 이희준, 2005, 「4~5세기 창녕지역 정치체의 읍락구성과 동향」, 『嶺南考古學』 37, pp9~18.
21 주보돈, 2009, 「文獻上으로 본 古代社會 昌寧의 向方」, 『한국 고대사 속의 창녕』 경북대학교 영남문화연구원, pp52~67.

V. 상주지역 고분군의 성격과 고령가야의 의미

1. 상주지역 고분의 묘제
1)상주 신흥리고분군

경상북도 상주시 함창읍 신흥리와 중촌리 일대에 분포하는 삼국시대 고분군이다. 고분군은 고령가야古寧伽耶의 고지로도 알려진 함창지역의 중심이 되는 대형의 고총고분군이다.[22] 고분군이 위치한 곳은 함창분지의 남쪽에 솟아 상주지역과 이 지역을 구분하는 오봉산(해발 238m)에서 북으로 뻗는 여러 개의 능선인데, 곳곳에 직경 20m 정도의 대형 봉토분들이 분포하고 있다. 고분군의 북쪽과 접해서는 서에서 동으로 이안천이 흘러 그 북편에 함창분지를 발달시켰다. 이 이안천은 유적에서 4.5㎞ 떨어진 지점에서 영강과 합류하고 이것이 더 흘러 낙동강의 본류와 합류한다.

고분은 삼국시대의 목관묘, 목곽묘 150기, 옹관묘 51기, 석곽묘 177기, 석실분 45기 등 423기와 고려시대 이후의 분묘 35기가 조사되었다. 대부분의 고분은 소형고분들로 구성되어 있고, 이 지역 지배층의 고분이라 할 수 있는 봉토분은 석실분 35기인데, 모두 횡구식석실분이다. 석실분의 규모도 직경 15m 이하의 중

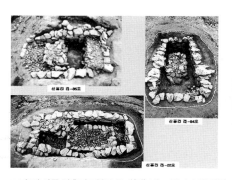 

그림 7 | 상주 신흥리고분군 묘제(좌), 전 고령가야왕릉(우)

---

22 韓國文化財保護財團 外, 1998,『尙州 新興里古墳群 Ⅰ-Ⅴ』.

소형 봉토분인데, 그나마 봉토가 남아 있는 것은 4기에 불과하다. 석실분의 축조 시기도 5세기 후반 이후로 보여 가야라고 보기 어렵다.〈그림 7의 (좌)〉

출토유물도 고배, 장경호, 연질 발 등 토기류가 모두 신라양식 양식이며, 특히 신홍리고분군 중 최고의 고분인 라-1호 석실묘에서 신라식 은제과대가 출토되어 정치적 의미를 확실히 하고 있다.[23] 따라서 신홍리고분군은 가야고분과는 매우 상이한 성격이라 하겠다.

2) 상주 병성동고분군

경상북도 상주시 병성동·헌신동 일대에 위치한 삼국시대의 대형고분군이다. 병성동고분군과 헌신동고분군으로 나누기도 하나 크게 보아 하나의 고분군이다. 고분군이 위치한 곳은 상주시 중심가의 남동편에 위치한 병풍산(해발 365.6m)에서 북으로 뻗는 몇 개의 가지능선들 상부이다. 고분들이 분포하는 능선들의 중심이 되는 병풍산에는 고분군과 세트를 이루는 포곡식산성인 병풍산성이 위치하고 이 주변에는 같은 시기의 고분군인 성동리고분군보다 이른 시기의 헌신동 지석묘군, 헌신동 입석, 성동리 무문토기산포지 등이 분포하여 대단위 유적군을 형성하고 있다.

고분군은 병성동 검동골 마을을 남에서 감싸는 2개의 능선과 그 능선들이 합쳐진 남쪽능선들에 넓게 분포하는 고분군(병성동·헌신동지역)과 그 동편 골마마을 서편 능선에 분포하는 고분군(병성동지역)으로 나누어진다. 이 가운데 병성동·헌신동 고분군에는 직경 29m 정도의 초대형분부터 7~8m의 소형분에 이르기까지 다양한 봉토분 수십 기가 남아 있고, 병성동지역에는 직경 12m 내외의 봉토분들이 열을 지어 분포하고 있다.

이 고분군 가운데 헌신동과 병성동에 걸쳐 분포하는 곳의 중앙으로 중부내륙

---

23   김진형, 2012, 「고분으로 본 삼국시대 상주지역의 성격」, 『경북지역 가야유적의 세계유산 가치 검토』, 경북대학교 인문과학연구소, pp. 103~122.

고속도로가 지나가게 되어 1999년과 2000년에 걸쳐 한국문화재보호재단과 경상북도문화재연구원이 그 부분을 발굴하였다. 한국문화재보호재단의 발굴에서는 삼국시대의 석곽묘와 횡구식석실분 42기, 옹관묘 4기가 조사되었고, 경상북도문화재연구원의 발굴에서는 옹관묘 3기, 석곽묘 37기, 횡구식석실분 11기, 고려시대 석곽묘 2기가 확인되었다.[24]

횡구식석실분 가운데 대표적인 것은 4호분으로 봉분은 생토층을 깎아 평탄하게 정지하고 석실을 축조하였는데, 봉분의 직경은 8.5m 내외이다. 봉분의 내부에서는 제의유구로 생각되는 것이 3개 확인되었다. 석실의 크기는 길이, 너비, 높이가 4.0×1.9×2.1m 내외이다.

병성동 고분군에서는 유개고배, 대부호, 등의 신라토기와 도자, 화살촉, 철모 등의 철기류, 방추차, 귀고리 등이 출토되었다. 따라서 상주지역 고분은 5, 6세기 다른 신라지역과 같은 고분양상을 보이고 있어 가야와는 전혀 상관없는 고분군이다.

2. 고분으로 본 고령가야의 의미

오가야는 아라阿羅〔라羅는 야耶로도 쓴다〕 가야伽耶〔지금의 함안〕 고령가야古寧伽耶〔지금의 함녕〕, 대가야大伽耶〔지금의 고령〕, 성산가야星山伽耶〔지금의 경산京山이니 벽진碧珍이라고도 한다〕, 소가야小伽耶〔지금의 고성〕이다. 또 본조사략에 일렀으되 「태조太祖 천복天福 5년 경자庚子(940)에 오가야의 이름을 고치니 일一은 금관金官〔김해부金海府가 되었다〕이요, 이二는 고령古寧〔가리현加利縣이 되었다〕이요, 삼三은 비화非火〔지금의 창녕이라는 것은 아마 고령의 잘못인 것 같다〕요, 나머지 둘은 아라阿羅와 성산星山〔앞의 주해와 같이 성산은 벽진가야라고도 한다〕라고 하였다. 《『삼국유사』 오가

---

24 慶尚北道文化財研究院, 2000, 『尙州 屛城洞古墳群 發掘調査』.

야조〉

위의 오가야 명칭 중 고령가야는 고려시대의 함녕 즉, 지금의 함창지역인데, 고고학적으로는 묘제나 출토유물로 보아 가야지역으로 보지 않는 것이 일반적이다. 문헌사학에서는 일찍이 신채호가 가라加羅를 대소大沼의 의미로 보고, 함창지역을 고령가야의 옛 땅으로 이해하였지만, 대체로 부정하는 편이다. 또한『삼국사기』권34 지리지에서는

   "고령군古寧郡은 본래 고령가야국古寧加耶國이었는데, 신라가 빼앗아 고
   동람군古冬攬郡〈또는 고릉현古陵縣〉으로 삼았다. 경덕왕이 이름을 고쳤다.
   지금의 함녕군咸寧郡이다."

라고 하였다. 경덕왕대 고령군은 본래는 고령가야국이었고, 신라에 의해 병합되어 고동람군 또는 고릉군이 되었다가 다시 고령군이 되었다는 것이다. 이 기사도 대체로 수긍하지 않는다.[25]

그런데 현재 함창에는 전고령가야 왕릉과 전고령가야 왕비릉이라는 비석이 있는 봉토분이 존재하고 있다. 그리고 함창김씨 종중에서는 묘우인 숭녕전과 재사인 만세각을 지어 고령가야의 시조묘로 모시고 있다. 그러나 이 비석이 조선시대 후기에 세운 것이고, 이 지역 고분은 위에서 살펴본 바와 같이 함창의 신흥리고분군이나 병성동고분군의 발굴결과 묘제와 출토유물로 보아 신라고분이 확실하다고 생각된다.〈그림 7의 (우)〉

그러나『삼국유사』에서 함창지역을 고령가야로 기록한 데는 성주의 성산(벽진)가야처럼 나름대로의 근거나 어떠한 관련사실이 있었을 것이라 생각된다. 아

---

25 이영호, 2012,「上古期 尙州地域 政治體의 性格 -함창=고녕가야설과 관련하여-」,『경북지역
   가야유적의 세계유산 가치 검토』, 경북대학교 인문과학연구소, pp. 89~98.

무런 이유도 없이 고령가야라는 명칭을 하필 함창에 비정하지는 않았을 것이다. 따라서 함창지역을 성주처럼 가야문화권으로 이해하기 위해서는 일정한 시기, 혹은 어떠한 근거로 그렇게 기록되었는지에 대한 합리적인 자료를 발굴할 필요가 있을 것이다. 현재는 고령가야왕릉과 왕비능이 함창김씨 문중의 시조묘의 의미만 존재하고 있지만 고령가야의 존재형태를 찾는 것이 가야문화권으로 이해할 수 있는 방법이라 하겠다.

VI. 고령 지산동고분군과 대가야 문화권

1. 지산동고분군 분포상황과 주요고분

대가야의 중심고분군인 지산동고분군은 경상북도 고령군 고령읍 지산동 마을 뒤편(서쪽)의 능선 정상부를 따라 산봉우리처럼 줄지어 솟아 있는 고분군이다. 대가천과 안림천이 남북으로 감싸 안은 서쪽 끝에 가야산에서 동주해온 산줄기가 우뚝 솟아 고령의 진산인 주산이 되었다.

지산동고분군은 이 주산에서 남쪽으로 뻗어 내린 주능선 등마루를 따라 직경 20m 이상의 거대한 봉토분이 산봉우리처럼 열을 지어 서 있고 이 주능선과 가지능선 사면에는 중소형 봉토분 700여기가 군집해 있는 가야 최대의 고분군이다. 고령읍내를 병풍처럼 둘러 친 것 같은 지산동고분군의 남쪽 능선은 다시 동쪽으로 방향을 바꾸어 고아리로 뻗어 있는데, 이 고아리에도 대형분들이 이어져 이것까지를 지산동고분군에 포함한다. 이 고아리 능선의 말단부에 가야고분 중 유일한 벽화고분도 자리하고 있다.

이 지산동고분군 중 대표적 고분은 다음과 같다.

1) 지산동 44, 45호분

고령의 주산 남쪽으로 뻗은 주능선 등마루에 고령 최대의 봉토분 5기가 자리

잡고 있는데 그 능선은 방향을 동쪽으로 틀면서 경사져 내려온다. 이렇게 방향을 틀어 내려오는 주방향 완만한 경사면에 45호분이 자리 잡고, 그 아래 광장처럼 넓게 퍼져 평평한 부분에 44호분이 위치한다. 이 두 고분은 직경 20m 이상의 대형분으로 주능선 정상부에 위치한 5기보다는 작지만 현재까지 정식 발굴 조사된 대가야 고분 중에서는 최대의 고분이다.[26]

44호분은 묘역 중앙에 주석실과 부장석실 2기의 대형석실을 축조하고, 주위에 소형석곽 32기를 순장곽으로 배치한 다음 타원형 호석으로 이들 모두를 둘러싼 다곽분이다. 고분의 규모는 호석을 기준으로 장경 27m, 단경 25m이며, 봉토는 파괴 유실이 심하나 개석 상면에서 3.6m 높이이다. 주석실은 묘역 정중앙에 장축방향을 서북-동남(N-64°-W)으로 두고 있으며, 길이 9.4m, 너비 1.75m, 깊이 2.1m이다. 주실보다 약간 작은 2기의 부장품용 석실 중 남석실은 주실과 나란히 배치하고, 서석실은 주실과 직교되게 T자형으로 배치하였다. 32기의 순장곽들은 3기의 주·부석실을 중심으로 원주상과 부채살 모양으로 배치되어 있으며, 판석으로 짠 석관, 할석으로 쌓은 석곽, 판석과 할석을 혼용한 것이 섞여 있다. 〈그림 8〉

그림 8 | 고령 지산동44호분의 순장곽

---

26   尹容鎭·金鍾徹, 1979, 『大伽耶古墳發掘調査報告書』, 高靈郡.

45호분은 남북으로 경사진 묘역의 중앙에 장축방향을 동북-서남으로 둔 주실과 부실을 나란히 설치하고, 그 주변에 11기의 순장석곽을 원주상으로 배치한 다곽분이다. 주실은 암반을 깊게 파고 4벽을 큼직한 할석으로 고르게 쌓았으며, 길이 7.15m, 너비 1.64m, 깊이 1.85m 이다.

2) 지산동 73~75호분

대가야박물관 동편에 바로 붙어 있는 능선의 말단부와 그 옆의 가지능선에 위치하고 있는 봉토분인데, 73호와 75호분은 호석의 직경이 25m 이상 되는 대형분으로 2007~2008년에 대동문화재연구원에서 발굴 조사하여 새로운 묘제와 구조를 밝혀 많은 주목을 받은 고분이다.[27] 즉, 2007년 지산동 73호분이 발굴조사되기 전에는 지산동고분군에는 목곽묘가 전혀 조영되지 않은 것으로 인식하고 있었다.

그러나 1995년 쾌빈리 1호분이 발굴조사 되면서 목곽묘의 확실한 존재를 인식하게 되었고, 이를 계기로 그전에 알려졌던 이른 시기 반운리 목곽묘로부터 지산동고분군에서 목곽묘에 대한 인식을 다시 생각하게 되었다. 대형고총분인 지산동73호분의 조사로 주곽과 부곽이 완전한 목곽묘의 존재가 확실하게 되었다. 지산동에서는 유일하지만 완전한 목곽묘의 등장으로 대가야묘제 연구의 새로운 과제를 제시하게 되었다.

제73호분은 내부주체공간의 구조가 목곽인데도 불구하고 호석과 대형봉토를 갖추고 있는 대가야식 목곽봉토 고총분이다. 목곽의 구조특징은 넓고 깊은 하나의 묘광 안 깊숙이 주곽과 부장곽을 따로 구성하되 평면 T자형으로 배치한 다음 그 주위와 양 곽 사이에 할석으로 차곡차곡 쌓아 보강한 점이 특이하다. 특히 목곽 벽재 뒷면의 충전보강석 상태는 마치 석벽을 쌓은 듯 비교적 정연한 상태를

---

27   曺永鉉, 2012, 『高靈池山洞 第73~75號墳』, 高靈郡 大加耶博物館·(財)大東文化財硏究院.

그림 9 | 고령지산동 73(좌), 75호분(우)

보여 석실로 착각할 정도이다. 그리고 묘광내 충전보강석에서 3기의 순장곽이 확인되었다. 주곽의 양쪽 장변 보강적석 내부에 1기씩, 부장곽의 서장변 보강적 석 내부에서도 순장곽 1기가 축조되어 있다. 또 봉토 중에도 제2단 호석을 축조 하면서 순장곽 1기를 주체목곽의 주축과 같은 방향으로 배치하였다. 따라서 이 고분에는 묘광 충전보강석 속의 3기와 봉토 순장곽 1기로 모두 4기의 순장곽이 축조되었다.〈그림 9의 (좌)〉

한편, 지산동 75호분은 제73호분의 동편구릉 말단부에 위치하는 수혈식 석실 봉토분이다. 고분의 축조는 넓고 깊은 묘광을 파고 주석실과 부곽을 T자형으로 분리 배치하되 주석실과 부곽을 약간 떨어지게 다른 구덩이를 파고 설치하였다. 제73호분과 같이 묘광을 파낸 흙을 묘광 주변에 쌓아 토제를 만든 다음 주체공 간을 설치하였고, 그 다음에 호석을 다중으로 배치하였다.

봉분안의 순장곽은 3기였으나 2기는 부곽 상부 위에 설치되었는데 부곽 개석 이 깨지면서 함몰하여 함께 무너져 내린 상태였다. 한편, 순장곽과 같은 높이에 서 비교적 너른 위석공간이 확인되었는데, 그곳은 소나 말을 묻은 동물순장의 공간으로 추정된다. 이 고분에서 가장 주목되는 것은 주석실의 묘광 안에 축조 된 7기의 순장곽이다. 순장곽 5기는 묘광 안쪽에 3면은 석축하고, 나머지 한면은 묘광의 벽면을 그대로 이용한 나무뚜껑 구조이다. 그리고 2기는 바닥에 판석만 깔고 목관을 안치한 것으로 파악된다. 따라서 이 고분의 순장곽은 봉토 속에 3

기, 주석실 묘광 안에 7기로 모두 10기이다. 그러므로 추정 순장인 수는 주실에 1인, 부곽에 1인, 묘광 순장곽에 7인, 봉토 순장곽에 3인으로 모두 12인이다.〈그림 9의 (우)〉

3) 고아리 벽화고분

고아리 벽화고분은 가야의 유일한 벽화고분이며 대가야왕릉으로 가야의 횡혈식 석실분을 대표한다. 이 고분은 1963년 도굴로 발견되어 기초 조사를 한바 있다.[28] 그 후 봉분을 더 쌓고 시멘블록으로 묘도를 만들고 출입문을 달아 일반에게 공개하였으나 습기와 이슬로 인해 벽화보존에 문제가 제기되어 1985년에 정밀실측조사와 벽화 모사도를 작성한 다음 입구를 폐쇄하여 보존하고 있는 고분이다.[29]

현실은 커다란 할석을 약간 다듬어 4벽을 축조하였는데 남북 양단벽은 수직으로 쌓아 올리되 남단벽은 오른쪽(동쪽)장벽에 연결하여 연도를 이어 쌓았다. 동서 양장벽은 수직으로 쌓아 올리다가 상반부에서 서서히 안으로 기우려 쌓아 길게 좁혀진 천정부에 작은 개석 6매를 덮어 전체적으로 터널처럼 만들었다. 현실의 규모는 길이(남북) 375㎝, 너비(동서) 282㎝, 높이 312㎝이다.〈그림 10의 (좌)〉

연도는 현실 남벽의 동쪽에 치우쳐 동장벽에 잇대어 수직으로 쌓아 올리고 평평한 장대석 8매로 덮었다. 연도의 길이는 현실보다 길어 482㎝이며, 너비는 좁아 148㎝, 높이는 164㎝이다.

벽화는 현실과 연도전체에 그렸던 것으로 보이나 현재는 천정석에만 남아 있는 상태다.〈그림 10의 (우)〉

---

28   金元龍・金正基, 1967,「高靈壁畵古墳調査報告」『韓國考古』2, pp.1~20 ; 啓明大學校博物館, 1984,『高靈古衙洞壁畵古墳實測調査報告』.
29   啓明大學校博物館, 1984, 위의 책.

그림 10 | 고령 고아리 벽화 고분 현실(좌), 연화문(우)

　부장품은 깨끗하게 도굴 당해 관 못과 토기편 외에 남아 있는 것이 없으나 금동제 말안장이 이 고분에서 출토되었다고[30] 하는 것으로 보아 상당수의 위세품이 있었음이 분명하다. 그리고 복원을 위한 봉토조사에서도 2중으로 된 호석열 사이와 봉토 속에서 대가야양식 토기편이 출토된 바 있다[31]

2. 지산동고분군의 묘제와 순장

　순장곽순장은 고령지산동 고분의 가장 큰 특징이라 할 수 있는데, 주실과 순장곽 1기뿐인 단곽순장과 순장곽이 3기 이상인 다곽순장묘가 있다. 다곽순장묘는 주실과 부실(부곽)에도 물론 순장자를 매장하고 있어 다른 지역의 주부곽순장이나 주곽순장의 형태를 모두 포함하고 별도의 순장곽에 순장하는 것이 다른 점이다. 이러한 다곽순장은 현재까지는 고령 대가야 중심고분군에서만 조사되고 있다.〈그림 11〉

30　金元龍・金正基, 1967,「高靈壁畵古墳調査報告」『韓國考古』2, pp.1~20. 위의 보고서는 啓明大學校博物館, 1984,『高靈古衙洞壁畵古墳實測調査報告』에도 轉載되어 있다.

31　啓明大學校博物館, 1984, 앞의 책.

그림 11 | 단곽순장(지산동 32호분)(좌), 다곽순장(지산동 75호분)(우)

3. 지산동고분 출토유물의 성격

1) 대가야양식 토기

지산동고분군의 성격을 규정하는 요소는 위에서 말한 묘제의 성격과 함께 고분의 부장품도 중요한 요소 중의 하나이다. 지산동고분군의 출토유물은 대가야양식 토기와 주인공의 신분을 나타내는 위세품이 있다. 토기는 고분에서 출토되는 유물 중에서 수량이 가장 많을 뿐만 아니라 시기변화를 가장 예민하게 반영하고, 또 지역적 특성도 가장 잘 반영하고 있는 것이 바로 토기이다. 따라서 이 토기의 분포상이나 제작기법 등을 통해 지역색을 비롯한 편년 등 다양한 연구가 활발히 이루어지고 있다. 그 중에서도 고령을 중심으로 제작되었던 일련의 토기들은 이른바 대가야식 토기라고 일컬어져 오면서 토기의 편년 문제와 함께 그 분포 범위와 확산의 정치적 의미 해석 등 여러 가지 논의가 진행되고 있다.

대가야양식 토기는 대가야왕릉인 지산동 44호, 45호분과 32~35호분 및 주변 석곽묘군에서 출토된 토기 중에서 토기의 기형과 조합상을 보고 그것이 다른 지역과 구별되는 고령지역의 특징을 가지고 있는 토기를 일컫게 된 것이다. 이러한 대가야양식 토기의 조합상은 일정하지는 않으나 대체로 유개장경호와 발형기대, 무개장경호, 유개고배, 무개고배, 단경호, 개배, 대부파수부소호, 우각형파수부발, 통형기대와 단추형 꼭지 뚜껑 등이 몇 종류씩 조합을 이루고 있다. 이들 중에서 출토 빈도가 가장 높고 다른 지역에서도 고령양식 토기로 많이 출토되는

대표적 기종을 대가야양식 토기(사진 7)라고 한다.

이들 가운데 가장 주류를 이루는 것은 장경호와 유개고배이다. 둥근공 모양의 몸체에 긴 목이 달린 장경호는 목부분에 특징이 잘 나타난다. 긴 목부분은 옆으로 1~2줄의 돌대를 돌려 구분하고 그 안에 정밀한 밀집파상문대를 돌리고 있는데, 그 중간부분이 부드럽게 잘록한 형태를 하고 있다. 목부분과 몸체사이에도 1줄의 돌대가 돌아가고 있으나 목부분의 곡선이 꺾이지 않고 그대로 둥근 몸체에 S자형 곡선을 이루며 이어지고 있어, 전체적으로 부드러운 곡선미와 함께 풍만감을 주고 있다. 이러한 장경호는 구연부가 안으로 오그라진 유개식과 나팔처럼

그림 12 | 대가야양식 토기(고령 지산동고분군)

밖으로 벌어진 무개식의 두 종류가 있으나 위의 요소는 똑같이 나타나고 있다.

다음 유개고배는 장경호와 함께 대가야 토기의 특색을 대표할만한 기종인데, 뚜껑과 배신부가 납작하며, 대각이 나팔처럼 크게 곡선을 이루며 벌어져 전체적으로 안정감을 준다. 납작한 뚜껑 중앙에는 납작하면서 가운데가 약간 볼록한 볼록단추형과 그대로 납작한 납작단추형 꼭지가 붙어 있고, 이들 중심으로 방사상 점열문대가 2~3줄 돌려 있다. 이 뚜껑은 장경호의 뚜껑도 공통된다. 대각에는 방형 투공이 상하 일치되게 2단으로 배치되고 있다.

기대는 발형기대, 원통형기대, 족쇄형기대 등 여러 종류가 있으나 특징적인 것은 장경호를 올려놓는 발형기대이다. 이 기대는 배부가 깊숙하고 위로 넓게

벌어지면서 끝은 짧게 외반하고 있고, 표면에는 2~3줄의 밀집파상문과 소나무 잎과 같은 침엽문을 배치하고 있다. 또 팔八자형으로 벌어진 긴 대각은 3~4단의 돌대로 구분하고 여기에 3각형 투공을 상하 일치되게 배치하고 있다.〈그림 12〉

(2) 대가야식 장신구

다음 토기 이외의 유물로서 대가야의 특징을 보이는 것으로는 피장자가 지배층 신분임을 나타내는 위세품Prestige Goods으로 금동관(금관) 등의 관모류, 갑주류, 구슬목걸이, 금제귀걸이, 환두대도 등이 있다. 이러한 금속유물은 다른 지역과 대체로 유사하나 보주가 달린 초화형 혹은 광배형(보주형) 관식이나, 금립과 중공의 소구가 장식된 금제귀걸이 등은 대가야의 특징을 잘 나타내고 있다.〈그림 13〉

가야의 관모는 현재 고령을 중심으로 한 대가야 지역에서만 출토되었는데, 고령 출토로 전해지는 순금제 가야금관은 꽃봉오리나 나뭇가지 형태를 한 초화형이고 고령 지산동 45호분에서 나온 금동관식도 비슷한 형태이다. 그리고 지산동 32호분 출토의 금동관은 불상 광배형 몸체에 보주형 가지가 달린 독특한 형식인데, 일본의 금동관에 이와 비슷한 형태가 있어 가야 관모가 일본에 영향을 준 것으로 생각된다.(사진 8) 한편 신라의 관모는 왕이나 왕족이 썼던 것으로 생각되는 금관은 신라 적석목곽분에서는 금관총, 금령총, 서봉총, 천마총, 황남대총 북분 등에서 출토되었는데 출토된 금관이 모두 출자형 장식을 달고 있다. 이와 같은 출자형 관모는 금관 이외에 금동관, 은관도 같은 형식이며, 경주 이외의 의성, 안동, 대구, 경산 등의 신라지역에서도 출토되고 있어 출자형 관모가 신라식 문화의 특성임을 분명히 하고 있다.

신라, 가야의 고분에서는 대단히 많은 금제, 은제, 금동제 귀걸이가 출토되었다. 귀걸이는 귓불에 끼는 큰 고리와, 거기에 매달리는 중간장식, 다시 그 밑에 붙는 끝 장식의 3부분으로 구성되는 것이 기본형식인데, 귀에 거는 큰 고리가 아주 굵은 것을 굵은고리식(태환이식)이라하고 고리가 가는 것을 가는고리식(세환

그림 13 | 대가야의 관모(좌로부터 삼성 리움미술관, 지산동45호, 지산동32호)

이식)이라 한다.

가야 여러 지역에서 공통적으로 출토되는 가야식 귀걸이는 대부분 가는고리식인데, 가는 고리에 풀의 열매모양 장식을 매단 모양이다. 특히 장식 끝에 좁쌀만한 금 알갱이를 1~3개 장식하는 것은 가야의 독특한 양식이라 할 수 있다. 신라식 귀걸이는 대부분이 굵은고리식이며, 특히 하트형 끝장식과 금실을 누비듯붙여 장식한 누금장식 태환이식은 신라귀걸이의 가장 큰 특징이다.

4. 대가야 지방개념의 합천지역 고분군

1) 옥전고분군

옥전 고분군은 경남 합천군 쌍책면 성산리 옥전(구슬밭)마을 뒤 표고 80m 내외의 구릉지대에 위치한다. 이 지역은 표고 100~200m의 산지가 발달한 지형 사이를 사행蛇行하면서 내려온 황강이 낙동강과 합류하기 바로 전, 한 구비 도는 곳으로 강변에 약간의 평야가 있으나 그다지 넓지 않고 산지가 많은 지역이다. 그러나 이 지역은 낙동강과 황강의 합류지점으로 고대사회에서 합천, 거창 등 경남 내륙지방으로 통하는 주요한 교통로인 황강의 입구이며, 바로 낙동강 건너창녕지역과 마주보는 지역으로서 교통의 요지에 해당되는 지역이다.

옥전고분군은 황강의 강변에 닿아 있는 표고 50m 내외의 성산리토성 구릉이약간 높아지면서 북쪽으로 길게 이어져 올라가다가 약한 봉우리처럼 솟으면서동서로 넓어지는 지형에 위치하고 있다. 고분군은 구릉의 정점을 중심으로 그 주위 주능선과 사면에 봉토직경 10~20m의 고총고분이 30여기 분포하고 봉토분 사이에 소형고분들이 분포하고 있다.

옥전 고분군의 동쪽에서 서쪽으로 산의 정상부를 따라 축조되는 중심선에 M1, M2, M3, M4, M6, M7, M10호분이 중심고분을 형성하고 있다. 이 중심고분군 중 가장 대형분인 M3호분를 비롯하여 M1, M2호분이 묘역 중앙에 대형목곽 2개를 길게 붙여 놓은 다음, 목곽주위를 할석과 차진점토를 같이 섞어 보강하고 주곽과 부곽사이에도 같은 방법으로 보강하여 축조한 목곽묘이다. 묘광과 목곽 사이에 진흙과 할석을 채우고 나무로 뚜껑을 덮은 다음, 뚜껑위에도 납작한 판석으로 보강한 보강석목곽묘補强石木槨墓 혹은 위석목곽묘圍石木槨墓이다. 그러므로 나중에 목곽은 썩어 없어지고 보강석만 남아 마치 엉성하게 쌓은 석곽처럼 보이고 2개의 목곽사이 보강석은 마치 주・부곽을 나누는 격벽처럼 보이게 된 것이다. 출토 토기는 대야야 양식이다.

M1, M2, M3호분이 옥전 고분군 특유의 보석목곽묘이며 이 지역 대형 봉토분의 주류인데 비하여 M4호분과 M6호분만은 할석으로 4벽을 치밀하게 쌓아 세장형의 석실을 구축한 수혈식석실분이다. M4호분의 봉토는 장경 15.0m, 단경 13.6m, 높이 1.9m이며 경사면을 고르고 석실을 축조하여 경사진 남쪽부분에 석축을 쌓아 석실의 남벽과 봉토를 보강하고, 석실주위에도 할석을 깔아 석실전체를 보강하고 있으며, 이 보강석과 함께 석실을 둘러싸는 타원형의 호석을 둘리고 있다. 〈그림 14〉

M6호분은 M4호분의 북서쪽으로 6m 떨어져 있는 봉토분으로 봉토장경 10.8m, 단경 9.1m, 높이 1.5m로 거의 원형에 가까운 타원형봉토이다. 내부구조는 중앙에 장축방향을 동서로 두고 할석으로 네벽을 쌓은 수혈식석실구조이다. 서쪽 호석열에 붙어서 소형석곽 1기 축조되었는데, 이 석곽은 동장벽이 M6호분의 호석열 아래에 접하고 있어 M6호분 호석을 쌓으면서 동시에 축조된 석곽이다. 이 석곽은 석실과 동시에 축조된 순장곽으로 생각된다.

그림 14 | 합천 옥전M3호분(좌), M4호분(우)

2) 반계제고분군

반계제고분군은 황강의 중류 지점인 합천군 봉산면 송림리 상반계 마을 북쪽 표고 150~180m의 구릉에 위치한다. 황강의 강변은 대개 가파른 산지로 되어 있어 다른 하천과 달리 평야가 그다지 발달하지 않았다. 따라서 황강은 농업 생산의 수리 역할보다는 낙동강의 지류로서 북부 경남 내륙 지방과의 교통로 역할이 더 큰 강이라 할 수 있다. 이들 황강 중류역의 고분군 중 봉토분은 가A, B호분과 나A, B호분, 다A, B호분이다.

반계제 가A호분은 북쪽에서 강 방면인 남서쪽으로 뻗은 소능선 구릉 정상부에 자리잡은 봉토분으로 동쪽은 대지상의 능선을 이루며, 서쪽과 남쪽은 급경사를 이룬다. 봉분은 자연 분구를 이용하여 장경 16m, 단경 13m의 타원형을 이루고 있으며, 내부에는 묘역 중앙에 주석실과 순장곽 1기를 나란히 배치하고, 이를 둘러싸는 원형 호석을 돌리고 있다. 출토된 토기류는 완전히 대가야양식 토기 일색이다. 봉토 안의 호석 근처에서는 의례용 토기인 원통형기대도 출토되었다.

3) 다라국多羅國과 옥전고분군의 성격

옥전고분군에서 동쪽으로 황강의 북안에 다라리 마을이 있어 이 고분군이『일본서기』에 나오는 임나 10국 중 하나인 다라국과 관련된 것으로 이해하기도 하지만, 다라국에 대한 다른 문헌기록이 없고, 소위 왜가 평정했다는 가라 7국과

562년 멸망한 임나 10국에 국명만 나오는 실정이다. 다만 발굴조사에서 장식대도, 로만그라스 등 화려한 위세품이 많이 출토되어 이것을 다라국의 고분으로 추정하게 되었다. 그런데 묘제와 토기에서 대가야 일색이어서 대가야의 지배지역과 밀접한 관계가 있는 것으로 볼 수 있다.

즉, 고령 지산동고분군에서 44호분이 조영되는 5세기 후반은 대가야의 비약적 발전을 가져오고 영역도 훨씬 확대되어 가는 시기이다. 옥전고분군의 묘제와 출토유물을 통해 구체적으로 보면 5세기 전반까지 옥전고분군 고유의 묘제인 대형의 보강식 목곽묘를 구축하나 토기가 고령양식토기 일색이었던 M3호분에서 5세기 후반이 되면 묘제도 대가야식인 수혈식 석실분이고, 유물 또한 대가야양식 토기 일색인 M4호, M6호분이 축조되게 되었다. 이것은 5세기후반 옥전지역이 대가야의 지배지역으로 편입되었음을 의미하는 것이다.

그런데 『일본서기』 흠명기 23년조(562) 기사에 신라가 가야전체를 쳐서 멸망시켰다고 하면서 전체로는 '임나任那'이고 이때 멸망한 10개국 이름을 열거하는 중에 가라(대가야), 안라(아라가야)와 함께 다라국도 포함되어 있다. 그러나 다라국은 『일본서기』 신공기 49년(369)조에 나온 후, 백제와 접전기록이나 안라와의 관계에서도 전혀 나오지 않다가 541년 제1차 임나부흥회의에 다시 등장하고 있다. 그 밖에 졸마, 산반해, 사이기, 자타 등도 전혀 보이지 않다가 임나부흥회의에서 갑자기 나타나고 있다. 즉, 대가야 영역권 안에는 5세기 후반부터 6세기 중반(541년)까지 50여 년 동안 소국이름이 등장하지 않는다. 그 이유는 바로 이시기에 대가야가 이들 지역을 완전히 복속시켜 고대국가를 이룩했기 때문인 것이다.

그리고 황강 중류지역인 합천 봉산면 반계제고분군을 통해 보면, 이 지역은 옥전 지역보다 더 빠른 시기에 이미 대가야 세력으로 편입된 지역으로 소위 토착수장층 고분인 반계제 가A호분, 다A호분에서 완전한 대가야식 고분이 축조되고, 특히 가B호분에서는 고령에서 하사한 것으로 생각되는 특수제사용 기대인

원통형기대가[32] 출토되고 있어 이 지역은 직접지배지역이라 생각된다. 이들 고분들의 편년은 대체로 5세기 후반에 해당된다.

이러한 현상은 반계제에서 거창을 거쳐 남강 상류인 함양의 백천리고분군을 거쳐 산청, 남원의 운봉고원의 두락리·유곡리, 월산리고분군까지 이어진다.

5. 고분으로 본 대가야의 국가위상

고령 지산동의 고분 자료와 문헌자료를 종합해 볼 때 대가야의 국가위상은 대체로 5세기 중후반에는 고대국가 체제를 이룩한 것으로 볼 수 있다. 즉, 왕권의 세습이 안정되고, 부체제를 통한 지방조직의 성립, 수위제首位制에 보이는 중앙관제, 낙동강 이서에서 지리산과 섬진강, 남강 이북에 이루는 영역의 확보, 신라와 백제에 군사를 파견할 정도의 군사력 보유, 당시 국제사회에서의 확실한 지위인 남제로부터의 작위수여 등의 사실과 고고자료에 보이는 금관의 사용, 대왕명 토기, 하부사리리명 토기 등으로 볼 때 비록 50여년의 짧은 기간이지만 고대국가 단계에 진입하였다고 보는 것이 타당할 것이다.

고령의 가라왕 하지는 서기 479년에 독자적으로 남제에 사신을 보내 '보국장군본국왕'의 품계를 받는다.[33] 이로써 가라국은 국제적으로 당당한 하나의 국가로 인정을 받고 공식적으로 '王'을 칭하게 되었다. 이것은 5세기 초엽부터 계속되어온 주변지역 복속으로 지배영역을 확보하고 대외교역을 통하여 그 만큼 국제사회에서 지위를 인정받고 있었기 때문에 단 한 번의 사신파견에도 불구하고 중국 남제의 관계 3품의 비교적 높은 품계를 받을 수 있었다고 생각된다.

한편 대가야 왕은 최고의 위세품으로 금관을 쓴 것이 분명하다. 가야지역에서는 유일하게 고령지역에서만 금관이 출토되었는데, 전 고령 출토로 되어 있는

---

32   朴天秀, 1994,「伽耶·新羅地域の 首長墓に おける 筒形器台」『考古學研究』40-4.

33   "加羅國, 三韓種也. 建元元年, 國王荷知使來獻, 詔曰, 量廣始登, 遠夷治化. 加羅王荷知款關海外, 奉贄東遐, 可授輔國將軍本國王."『南齊書』東南夷列傳 加羅國條.

금관은 그 양식이 대가야만의 독특한 초화보주형 대관 형식을 하고 있다. 이러한 형식은 지산동 45호분이나 32호분, 30호분에서 출토되는 보주형 금동관과 전체적 이미지와 모티브가 동일하여 고령출토품이 확실하다고 생각된다. 그러므로 이 금관은 대가야왕이 썼던 금관임이 틀림없다.

이후 대가야는 이제까지의 왕보다 한 단계 더 높은 대왕의 칭호를 사용하게 되었다. 그것을 증명해 주는 것이 충남대학교박물관 소장의 '大王'이 새겨진 대가야식 장경호이다.[34] 이와 아울러 관등체계도 정비하였을 것이 분명하나 남아 있는 자료가 거의 없어 알 수가 없다.

중앙관등체계를 정비한 후에는 지배영역을 상부와 하부 등 부체제로 편제하여 중앙과 지방을 구분하였다. 이와 관련한 고고자료가 합천 저포리 E지구 4-1호분에서 출토된 대가야양식 토기에 새겨진 하부사리리下部思利利란 명문이다.[35] 이 토기에 새겨진 하부사리리에 대하여 대부분의 연구자들은 대가야 하부(부명)의 사리리(인명)로 해석하여[36] 대가야에 부가 존재한 것으로 보는 것이 일반적이다.

Ⅶ. 맺음말

지금까지 대가야의 고지인 고령 지산동고분군과 성산가야의 고지로 알려진 성주 성산동고분군, 비화가야인 창녕의 교동, 송현동고분군, 고령가야로 알려진 상주 함창의 신흥리고분군과 병성동고분군의 발굴자료인 묘제와 출토유물의 성

---

34 부산광역시립박물관, 1997, 『유물에 새겨진 古代文字』〈특별전도록〉, p.34.
35 釜山大學校博物館, 1987, 『陜川苧浦里E地區遺蹟』.
36 釜山大學校博物館, 1987, 『陜川苧浦里E地區遺蹟』, pp.220~224 ; 蔡尙植, 1989, 「陜川 苧浦 4 號墳 出土 土器의 銘文」, 『伽耶』2, 伽耶文化社, p.28.

격을 살펴보고 고분자료를 통해 각 지역 가야의 실체에 대해 알아보았다.

성주 성산동고분군의 묘제와 출토 유물에 나타나는 고고자료를 통해 고대 성주지역의 정치적 성격을 보면, 대구 내당동고부군 세력과 비슷한 4세기 후반부터 가야가 아니라 신라에 예속된 세력이었음이 밝혀지게 되었다. 성산동고분군의 묘제와 유물이 대구지역과 아주 비슷한 것으로 보아 이러한 해석이 가능하다. 그러나 진변한 시기에 진한과 변한의 어느 하나에 고정으로 소속되지 않고 필요에 따라 바꾸는 유동적인 상태였고, 원삼국시대의 목관묘 유적이 있어 선사시대부터 삼국시대에 이르기까지 성주지역에 일찍부터 정치세력이 형성되었고, 진변한 소국의 하나로 발전되었던 사실을 이해할 수 있는 단서가 되고 있다. 그래서 신라에 복속되기 전까지는 가야권에 속한 때가 있었다고 이해한다. 즉 일정한 시기까지는 가야의 일원으로서 가야문화권 속에 소속되어 있었던 것도 사실이다.

또한 비자발, 비사벌 등으로 불렸던 비화가야의 고지인 창녕지역은 중심고분군인 교동, 송현동 고분자료를 통해 보면 다른 지역에 비해 토착적 요소와 가야적 요소, 신라적 요소 등 복합적 문화 요소가 강하지만 역시 5세기 초엽에는 완전한 신라영역으로 편입된 것으로 파악된다. 창녕지역 역시 성주지역과 마찬가지로 신라의 지배지역으로 편입되기 전까지는 성주지역보다 더 다양하고 독특한 창녕 고유의 요소를 지닌 가야문화권의 일원이었음은 분명하다고 생각된다.

한편, 고령가야로 알려진 함창 신흥리고분군과 상주 병성동고분군도 묘제나 출토유물로 보거나 지리적 여건으로 보아도 상주 함창지역은 가야가 아니라 원래 신라지역이었던 것이 확실하다 하겠다. 그러나 『삼국유사』에서 함창지역을 고령가야로 기록한 데는 성주의 성산(벽진)가야처럼 나름대로의 근거나 어떠한 관련사실이 있었을 것이라 생각되므로, 함창지역을 가야문화권으로 이해하기 위해서는 일정한 시기, 혹은 어떠한 근거로 그렇게 기록되었는지에 대한 합리적인 자료를 발굴할 필요가 있을 것이다. 그럼으로써 현재는 함창김씨 문중의 시조묘의 의미만 존재하고 있는 전 고령가야왕릉과 왕비능이 가야문화권으로 확실히 인식될 수 있을 것이다.

　이와 비교하여 고령의 대가야는 대가야묘제의 분포지역과 특징을 통하여 대가야의 영역이 고령을 중심으로 서쪽으로 합천, 함양, 산청과 남원의 운봉지역을 포함하고, 남쪽으로 의령, 남서쪽으로 진주, 하동지역을 포함하는 광범위하였다. 다라국의 고지로 보는 견해가 있는 합천 옥전고분군도 대가야의 부체제 속에서 하가라도의 중심지가 되는 것이다. 이와 같이 대가야는 다른 가야와 달리 국가의 위상도 부체제와 관료제를 확립한 고대국가 단계에 도달한 것으로 볼 수 있다.

제 2 장

대가야 고대국가론

1_ 대가야의 발전단계와 주변제국

Ⅰ. 머리말

최근의 가야사연구는 문헌사학과 고고학이 서로 보완적 측면에서 공동으로 연구하는 경향이 활발해지고 있다. 그것은 문헌사료를 더 이상 기대하기 어려운 상황에서 고고학 자료가 가지고 있는 실물자료를 통해 문헌자료를 재해석하거나 보완하는 방법과, 문헌자료의 해석에 바탕을 두고 유물의 생산과 교역관계 등을 규명하는데 있어 매우 바람직한 일이라 여겨진다. 그리고 또 하나의 경향은 종래 하나의 체제로 다루던 연구에서 각국사로 다루어[1] 이것을 통해 가야사 전체를 해명해 보려는 시도이다.

그 중에서도 대가야에 대한 연구는 가장 활발한 연구 경향을 보이고 있다고 하겠다. 처음 문헌사학자와 고고학자가 공동으로 대가야의 정치와 문화를 연구하여 발표한[2] 이래 대가야만을 주제로 한 공동연구와[3] 개별연구가[4] 활발히 진행

---

1   韓國考古學會, 1999,『고고학을 통해 본 가야』, 제23회 한국고고학 전국대회 발표요지.; 부산 대학교 한국민족문화연구소, 2000,『가야각국사의 재구성』, 가야사학술심포지움 발표집.

2   경상북도, 1995,『加耶史研究 -대가야의 政治와 文化-』.

3   한국고대사학회, 1999,『대가야의 정치와 문화적 특성』.

4   朴天秀, 1998,「大伽耶圈 墳墓의 編年」,『韓國考古學報』39, pp.89~124.
     김현숙, 1998,「대가야(大伽耶)의 정치발전과 영역지배 방식」,『加耶文化遺蹟 調査 및 整備計劃』, 경상북도, pp.49~81.; 김세기, 1998,「고령양식토기의 확산과 대가야문화권의 형성」,『加耶文化遺蹟調査 및 整備計劃』, 경상북도, pp.83~121.; 金世基, 2000,「古墳資料로 본 大加

되어 대가야의 국가성격에 대한 규명이나 국제관계 등이 연구되어 왔다. 이는 대가야에 대한 연구의 진전뿐만 아니라 연맹체론이나[5] 고대국가론[6] 등에 대한 활발한 논의를 전개시켜 가야사연구 전체를 발전시키는 계기가 될 것이 틀림없을 것이다.

어느 국가가 주변의 다른 국가와 관계를 맺을 때는 대체로 다음과 같은 몇 가지의 유형이 있을 것이다. 첫째는 물자의 교역을 통한 상호이익 추구와 기술의 이동이며, 둘째는 영토의 확장과 관련된 전쟁을 통한 무기나 전쟁기술에 관한 것이며, 셋째는 조공이나 교빙, 혼인과 같은 외교적 교섭을 통한 관계일 것이다. 그러나 국가간의 관계는 아무리 가까운 주변국과의 일이라도 명분과 실리 등 복잡한 양상으로 진행되는 것이 일반적인 양상이라 생각된다.

이러한 국가간의 관계를 대립·투쟁관계와 우호·교섭관계로 나누어 보기도 하지만 국가간의 관계가 고대국가에서는 지배자집단 상호간의 이해관계에 의해 성립되므로 가변성이 큰 것으로 이해되고 있다.[7] 대가야와 주변제국의 관계도 이러한 관점에서 검토되어야 하지만, 그것은 종국적으로 대가야의 입장에서 살펴보아야 할 것이다. 따라서 본고에서는 대가야의 발전과정에서 주변제국과의 관계를 살펴 볼 것이다. 그러기 위해 고고학자료를 기초로 문헌사료에 나타나는 국가발전 단계를 접합시키고, 그 과정에서 주변제국이 어떤 작용을 하였나를 규명해 볼 것이다.

耶」, 啓明大學校大學院 博士學位論文.

5   李炯基, 2000, 「大加耶의 聯盟構造에 대한 試論」, 『韓國古代史研究』 18, pp. 5~35.; 金泰植, 2000, 「加耶聯盟體의 性格 再論」, 『韓國古代史論叢』 10, pp. 156~162

6   朴天秀, 1996, 「大伽耶의 古代國家 形成」, 『碩晤尹容鎭教授停年退任紀念論叢』, pp. 377~402.; 金世基, 2000, 주4)의 위 논문.

7   李文基, 1995, 「大伽耶의 對外關係」, 『加耶史研究 -대가야의 政治와 文化-』, 慶尙北道, pp. 192~253.

Ⅱ. 1~3세기 고령지역 읍락국가(邑落國家)와 주변소국

1. 고령지역의 문화기반

고령지역에 사람이 살기 시작한 것은 청동기시대부터이다. 신석기시대부터 사람이 살기 시작하였을 가능성은 충분히 있지만, 현재까지의 고고학조사자료로서는 청동기시대의 지석묘가 가장 오래된 유적이기 때문이다. 고령 지역의 청동기시대유적으로는 지석묘와 무문토기 및 마제석기 산포지, 입석, 암각화유적 등이 있다. 취락지가 아직 조사되지 않아 당시의 취락규모나 인구 등은 알 수 없으나, 유적의 분포지역이나 입지, 유구의 성격 등을 참고할 때 이들 유적 근처의 구릉이나 평지에 취락이 있었을 것으로 생각된다.

한반도에서 초기국가初期國家가 형성되는 것은 지역적으로 차이가 있지만 대체로 청동기시대에 지석묘와 우세한 청동기를 소유한 정치집단을 중심으로 계급분화가 진전되면서 성립된 것으로 보는 것이 일반적이다.[8] 다만 선진지역인 한반도 북부지역에서는 고조선의 예처럼 국가의 성립 시기가 상당히 빨랐을 것이고 한반도 남부지방 에서도 이보다는 늦지만 청동기 문화에 바탕을 두고 초기국가가 형성되었을 것으로 보고 있다.[9] 그러나 대구를 비롯한 영남지역은 지석묘 축조단계에서는 청동기가 거의 출토되지 않고, 기원전 3세기 내지 2세기에 청동간두식靑銅竿頭飾과 같은 청동기 유물이 금호강 유역이나 신천변의 신천동에서 출토되고 있어, 이 무렵부터 대구지역에도 이들 청동기를 배타적으로 소유할 수 있는 보다 강력한 지배권력이 존재하고 초기국가가 형성되는 단초가 마련되는 것으로 보고 있다.[10]

대구를 비롯한 경주, 영천 등 영남의 선진지역은 청동기시대 지석묘도 대규모

---

8 盧泰敦, 1981,「國家의 成立과 發展」,『韓國史硏究入門』, 知識産業社, p.114.

9 李賢惠, 1984,『三韓社會形成過程硏究』, 一潮閣, pp.76~78.

10 朱甫暾, 1996,「新羅國家形成期 大邱社會의 動向」,『韓國古代史論叢』8, p.89.

로 형성되어 있고, 초기 철기시대에는 세형동검이나 동모銅鉾, 동과銅戈 등의 청동기와 함께 철검 등 철기들이 함께 출토되고 있어『삼국지』위서 동이전東夷傳에 보이는 소국의 모습을 보여주고 있다.

그러나 영남 내륙지방인 고령지역의 경우는 같은 영남의 선진지역과 달리 정치권력의 형성을 말해 주는 청동기들이 전혀 출토되지 않고, 지석묘도 수계를 따라 소규모로 분포되고 있어 초기국가의 형성은 영남의 다른 지역보다도 늦게 이루어진 것으로 생각된다.

청동기시대의 고령지역은 회천의 수계인 대가천과 안림천을 중심으로 그 주변에 지석묘와 무문토기 산포지가 소규모로 분포하지만, 이들은 나름대로 분포범위와 입지적 특징이 있어 당시의 취락 형성의 단초를 보여주고 있다. 이들 고령지역 청동기시대의 유적을 다음과 같이 5개의 권역으로 설정할 수 있는데 ① 고령분지 내륙과 쾌빈리의 내륙분지권 ②운수면 봉평리 지석묘군과 입석의 대가천 유역권 ③쌍림면 산주리 지석묘와 내곡리 무문토기 산포지, 안화리 암각화의 안림천 유역권 ④양전리 지석묘군과 무문토기 산포지, 알터 암각화의 회천유역권 ⑤박곡리 지석묘의 낙동강 유역권이 그것이다. 이들은 각기 고령 수계의 주요 지점에 자리 잡아 수계를 통한 교통과 주변 평야를 통한 농경의 기반을 형성하고 공동체를 이루고 있었다.[11]

그런데 이 5개의 권역 상호간에 뚜렷한 우열의 차이는 나타나지 않는다. 대가천 유역권의 봉평리 지석묘 발굴 조사 결과에서도 소형 석관묘에 마제석검과 마제석촉 정도만 출토되어 뚜렷한 권력을 가진 정치집단의 상정을 어렵게 한다. 유적·유물로 볼 때 고령지역은 청동기시대 후기까지 회천에 이어지는 대가천과 안림천의 주변에 각기 조그마한 촌락을 이루고 촌락공동체적 생활에 머무르고 있었다. 다만 무문토기와 마제석기의 산포지와 알터암각화가 소재해 있고,

---

11   金世基, 2000,「古墳資料로 본 大加耶」, 啓明大學校大學院 博士學位論文, pp. 20~72.

지석묘도 10여기 이상으로 가장 많이 분포하고 있는 양전리 반운리의 회천 유역권이 수계를 통한 이웃의 촌락과 서로 유기적 관계를 맺으며 중심지 역할을 하였을 것으로 생각된다. 즉 기원전 3~2세기 무렵 대구나 영천지역에서 청동기 소유집단에 의한 변화가 일어난 시기에도 고령지역에는 청동기유물이 출토되지 않는 등 별다른 변화의 기미는 보이지 않고 있다.

2. 변진반로국弁辰半路國과 주변소국

그러나 기원 1세기경 한반도 남부 전역에 급격히 확산되는 청동기와 철기문화의 소용돌이가 일면서, 낙동강 수로를 통한 김해 지역과의 소통으로 고령지역에도 철기문화가 유입되기 시작한 것으로 추측된다. 아직 1세기대의 유적이 조사된 바는 없지만 반운리에서 전기 와질토기와 철제무기가 출토되는 토광묘(목곽묘)가 조사되어 적어도 1세기에는 반운리 일대에 농경과 철기로 대표되는 정치집단이 형성되고 이 정치집단이 중심이 되어 종래의 촌락공동체적 성격의 주변지역을 통합하는 초기국가가 성립될 수 있었다고 추측된다.

양전리, 반운리 지역은 대가천과 안림천이 합류하여 회천이 되는 합강 지점의 강안江岸으로 아늑하게 펼쳐진 들판과 4㎞ 정도 떨어진 낙동강 개포나루 등은 선사시대부터 사람이 살기 적당한 지리적 요건을 갖추고 있었다. 그러므로 이 지역에 고령군 내에서 가장 큰 지석묘군이 형성되었던 것이며, 이 지석묘를 조영하던 시대부터 양전리 구릉지대에 사람이 모여 살기 시작하였다. 그리고 이들은 회천과 낙동강의 풍부한 어로자원과 농경을 통해 일찍부터 인구의 집중과 마을 내지 부락공동체가 형성되었다고 생각된다. 특히 초기철기시대初期鐵器時代가 되면서 농경이 발달하고 양전리를 중심으로 한 부락공동체가 성립된 후 이들은 양전리 알터암각화를 새겨 부락의 동질성을 확인하고 생산의 풍요와 안녕을 기원하는 신앙의 대상으로 삼았으며, 우세한 지배자집단을 중심으로 정치세력을 형성해 읍락국가인 소국이 성립하였던 것으로 볼 수 있다.

이 양전리에 소국을 형성했던 사람들의 고분이 바로 반운리의 목관묘유적이라고 생각된다. 반운리 유적은 평지 가운데 솟은 야산인 독산獨山의 구릉 정상부로부터 분묘를 조영하기 시작해 시기가 늦을수록 사면 아래로 내려오면서 목곽묘를 조영한 고분유적이다.

이 유적에서는 철겸, 철부, 철모와 같은 철제 농경도구 및 무기가 부장되고, 전기와질토기 및 후기와질토기와 함께 경질토기 단경호가 출토되고 있어 상당히 오랜 기간 형성된 유적으로 판단된다.[12] 따라서 이 유적은 이들 토기의 연대로 보아 2세기 중엽에서 3세기 중엽까지 이 지역에 살던 사람들의 분묘유적인 것이다. 즉 발달된 철제농기구와 철제무기를 통한 농업생산의 향상과 회천을 이용한 어로의 발달은 이들의 경제기반을 확고히 하였으며, 이를 바탕으로 소국을 형성하고 낙동강을 통해 하류지역과 교통하였던 것이다. 반운리 와질토기유적의 입지적 조건이나 토기양상이 부산 노포동 유적이나 울산 하대下垈 가지구 유적과 매우 비슷하고, 소량이기는 하지만 철기를 소유하고 있어 이 유적은 이 지역 소국의 지배층 분묘유적이라고 생각된다.

문헌에서 이 시기 고령지방의 국명을 살펴보면 종래 변진미오야마국弁辰彌烏邪馬國이라는 설이 지배적이었으나,[13] 미오야마는 임나任那의 일본어 훈인 미마나ミマナ의 음상사로 추론한 것으로 신빙성에 문제가 있다고 생각된다. 따라서 필자는 근래 들어 새로이 제기된 변진반로국설弁辰半路國說을 따른다. 변진반로국설은 『일본서기』의 반파(「伴跛」)와 『양직공도梁職貢圖』백제국사전百濟國使傳의 반파(「叛波」)를 관련시켜 추론한 것으로[14] 『삼국지』동이전 변진조의 변한 12국 중에 '변진반로국'이라는 비슷한 이름으로 들어 있고, 후대까지 『양직공도』에 「반파」로 나오는 반로국이 대가야의 역사적 위상과도 일치하기 때문에 반로국으로 보는 것이 더 타당하다고 생각된다.

12 　洪鎭根, 1992, 「高靈 盤雲里 瓦質土器遺蹟」, 『嶺南考古學』10, pp. 69~86.

13 　千寬宇, 1995, 「復元 加耶史」, 『加耶史研究』, 一潮閣, pp. 3~54.

14 　金泰植, 1993, 『加耶聯盟史』, 一潮閣, pp. 101~104.

이때의 반로국의 범위는 양전리, 반운리의 국읍國邑을 중심으로 대가천 유역권의 봉평리와 안림천 유역권의 쌍림면 지역, 고령읍의 저전리, 쾌빈리의 내륙분지권과 박곡리의 낙동강 유역권이 청동기시대~원삼국시대의 고고학적 지역권이며 국읍 외에 4개의 각 지역권은 읍락邑落이 되었다. 즉 읍락국가인 반로국의 범위는 반경 10㎞ 이내로 현재 고령군의 절반정도의 범위가 된다. 이는 삼한소국의 크기가 대개는 오늘날의 군郡 규모의 크기라고[15] 한 것보다는 작은 범위이고, 소국연맹체 단계의 소국의 범위가 현재의 군단위 보다 약간 작은 범위라고 한 것과[16] 비슷하다.

또한 반로국이 반경 10㎞ 범위 내에 반운리의 중심취락 외에 4, 5개의 종속취락으로 이루어져 있다는 것은 이 당시 읍락국가의 일반적 상황과 일치하고 있으며, 당시 소국의 경계는 오늘날의 국경과 같은 하나의 선으로 이루어지지 않고 어느 정도의 폭을 가진 대상帶狀으로 이루어졌다고 하는데[17] 고령의 반로국도 같은 현상이다. 그리고 '성읍국가城邑國家' 단계의 취락의 주변에는 목책木柵이나 토성으로 둘러싸여 있었다고 하는데[18] 반로국의 경우는 그러한 목책이나 토성 없이 하천과 산으로 둘러싸인 자연적 방어시설이었다고 생각된다.

고령의 반로국은 이와 같은 범위의 읍락을 모두 포함하여도『삼국지』의 '소국육칠백가小國六七百家'[19]의 소국에 해당하였다. 이 시기 변진의 대국은 진왕辰王으로부터 우호優號를 받은[20] 김해의 구야국狗邪國과 함안의 안야국安邪國이었다.[21] 따

---

15   末松保和, 1952,『新羅史の諸問題』, 吉川弘文館, pp.397~399.

16   金龍星, 1989,「慶山·大邱地域 三國時代 古墳의 階層化와 地域集團」,『嶺南考古學』6, p.50.

17   崔永俊, 1990,『嶺南大路 -韓國道路의 歷史地理的 研究-』, 高麗大學校民族文化研究所, p.63.

18   李基白, 1990,『韓國史新論』新修版, 一潮閣, p.32.

19   『三國志』魏書 東夷傳 弁辰條, "…大國四五千家, 小國六七百家, 總四五萬戶."

20   『三國志』魏書 東夷傳 韓條, "辰王은 月支國을 통치한다. 臣智에게는 간혹 우대하는 호칭인 臣雲遣支報 安邪踧支 濆臣離兒不例 狗邪秦支廉의 칭호를 더하기도 한다.(辰王治月支國. 臣智或加優呼臣雲遣支報安邪踧支濆臣離兒不例狗邪秦支廉之號.)"

21   盧重國, 1995,「大伽耶의 政治·社會構造」,『加耶史研究 -대가야의 政治와 文化-』, 慶尙北道, p.155.

라서 반로국의 지배자 명칭도 대국 지배자 명칭인 신지臣智를 칭하지 못하고 변진 소국의 차하급次下級 지배자 칭호인 험측險側이나 번예樊濊를 칭하였다고 생각된다.[22]

이 시기(1~3세기) 반로국은 주변의 여러 읍락국가와 관계를 가지고 발전하였던 것으로 보인다. 우선 가장 긴밀한 관계를 가졌던 것은 당시 가장 선진국이라고 할 수 있는 김해의 구야국이었다. 이곳 양전리, 반운리를 중심으로 낙동강을 이용하여 김해의 구야국과 교역관계를 갖게 되고, 이를 통해 중국에까지 그 이름이 알려지게 되어 『삼국지』에 기록된 것이다. 그리고 함안의 안야국은 물론 낙동강 건너 대구지역의 화원이나 달성의 달벌국達伐國이나 성주지역의 소국과도 일정한 관계를 유지하며 물자의 교역과 상호 경쟁을 통해 발전해 갔을 것이다.

그러나 이 시기까지는 각 지역속국간의 토기양식이나 특정양식이 형성되지 않고 있다. 그 예가 고령 반운리 출토의 와질토기와 성주 예산리 출토 와질토기가 공통양식을 보이고 있는 것에서 잘 알 수 있다.[23] 더 나아가 김해의 구야국이나 대구지역의 와질토기 및 철기도 서로 영향을 주고받았을 것으로 생각된다.

Ⅲ. 4세기~5세기전반의 가라국(加羅國)과 주변제국

1. 중심지의 이동과 가라국의 성립

이렇게 3세기까지 양전리, 반운리에서 성장하던 반로국은 4세기 초 점차 사회가 발전하고 정치력이 성장하면서 다른 지역 정치세력과의 전쟁 등에 대비하고 지배력을 확고히 하기 위해 양전리보다 더 넓고 그러면서도 방어하기에는 유리

---

22 盧重國, 1995, 주21)의 위 논문.
23 김세기, 1998, 「고령양식토기의 확산과 대가야문화권의 형성 -성주토기와의 비교를 겸하여-」, 『가야문화유적 조사 및 정비계획』, 경상북도, pp.83~121.

한 주산아래의 구릉지인 연조리延詔里로 그 중심을 옮겨가게 되었다. 즉 3세기까지의 반로국 지배자는 알터암각화를 중심으로 한 제정祭政을 주관하고, 이를 통해서 집권력을 행사하는 제사장적 성격이 강한 단계의 소국이었다. 그러다가 점차 낙동강 하류의 김해지역과 접촉하면서 선진지역의 정치적 영향을 받게 되고, 새로운 문물, 특히 제철기술의 습득과 철기의 제작에 의한 무장의 강화와 철제 농기구에 의한 생산력의 증가를 가져오게 되었다.

3세기 후반에 일어나게 되는 이러한 변화과정에서 철기제작 기술을 소유한 집단이거나 철기제작자 집단을 통제할 수 있는 새로운 정치집단이 군사적 무력을 바탕으로 정치적 실권을 잡으면서, 새로운 진로를 모색하기 위해 그 중심지를 이동하였던 것이다. 연조리 일대는 배후(서쪽)에 높은 주산이 병풍처럼 둘러 있어 외적을 방어하기 좋고, 완만한 동사면 이면서 평지보다 약간 돋을막 하여 자연토성처럼 대지상臺地狀을 이루어 앞(동쪽)으로 들판과 회천을 내려다보기 좋은 지형이므로 도읍지로서 손색이 없는 곳이다. 현재 이곳에는 대가야의 궁성지, 궁문지, 왕정王井 등의 전설과 유적이 남아 있어 이를 뒷받침하고 있다.[24]

그런데 금관가야 지역인 김해의 대성동유적大成洞遺蹟[25]과 양동리유적良東里遺蹟[26], 아라가야 지역인 함안의 도항리유적道項里遺蹟[27] 등에서의 가야와 연결되는 원삼국시대原三國時代 묘제는 목곽묘가 주류이고[28] 그 밖의 진변한의 소국이 존재했던 것으로 생각되는 부산 복천동고분군[29], 울산 하대유적[30], 심지어 고령과 아

24 啓明大學校博物館, 1985, 『加耶文化圈遺蹟精密調査報告書(高靈郡)』; 高靈郡, 1982, 『大伽耶의 얼』.

25 申敬澈, 1991, 「金海 大成洞古墳群의 發掘成果」, 『加耶史의 再照明』, 金海市.

26 林孝澤, 1993, 「洛東江 下流域 土壙木棺墓의 登場과 發展」, 『三韓社會와 考古學』, pp. 9~37.

27 洪性彬 · 李柱憲, 1993, 「咸安 말갑옷(馬甲)出土古墳 發掘調査槪報」, 『文化財』 26, 文化財管理局, pp. 116~164.

28 崔鐘圭, 1991, 「무덤에서 본 三韓社會의 構造 및 特徵」, 『韓國古代史論叢』 4, pp. 135~158.

29 釜山大學校博物館, 1983, 『釜山 福泉洞古墳群 I』; 釜山大學博物館, 1990, 『釜山福泉洞古墳群』.

30 安在晧, 1992, 「蔚山 下垈가地區古墳의 性格」, 『제1회 영남고고학회 학술발표회 발표 및 토

주 가까운 옥전고분군에서도 4세기까지 목곽묘가 주류를 이루고 있는 상태이다. 그래서 진변한 지역의 정치세력이 있었다고 생각되는 곳의 지배층 묘제는 목곽묘가 주류를 이루다가 점차 수혈식 석실분으로 발전한 것으로 이해하고 있는 것이다.[31]

그러나 고령의 경우대 가야읍의 외곽인 쾌빈리에 4세기 초엽의 목곽묘가 조사되었는데 이에 대해서는 뒤에서 살펴보기로 한다. 또한 일반적으로 목곽묘의 입지는 대개 낮은 구릉의 정상부나 사면에 해당하는데, 현재 고령 지산리에서는 낮은 구릉과 사면에서도 일반적인 목관묘나 목곽묘는 보이지 않는다. 다만 5세기 초의 대형봉토분인 73호분에 주체부가 목곽이나 토광과 목곽사이를 다른 수혈식석실 벽을 쌓듯이 가지런하게 충전한 대가야식 보강목곽묘가 축조되고 있다.

아무튼 3세기까지 양전리에 중심을 두고 반운리 능선 정상부와 사면에 목곽묘를 조영하던 반로국이 4세기 초 그 중심지를 고령읍내의 연조리 성지로 이동하게 됨으로써 고분의 중심지도 반운리 와질토기유적에서 지산동고분군으로 이동하게 된 것이다. 즉 지산리 능선이 대가야 지배층의 묘지로 사용되기 시작하는 것은 반운리에 있었던 반로국 세력이 연조리 궁성지에 자리 잡은 이후부터인 것이다. 이렇게 중심지를 이동한 것은 이 당시 반로국 안에 모종의 정치적 변동이 있었던 것으로 추측할 수 있다.

3세기까지 알터암각화를 중심으로 한 제사장적 성격이 강한 소국이었던 반로국은 4세기 군사적 성격이 강한 집단이 집권함으로써 방어적 요새이며 새로운 근거지인 주산主山 아래 연조리 지역으로 이동하게 되었다. 연조리로 이동하기 전 반로국은 고령분지와 하천변의 농경지에서 농업생산을 착실히 하면서 김해의 구야국과 긴밀한 관계를 가지며 제철기술을 도입하고 이때 대가야 발전의 획

론요지』, pp. 5~24.

31   崔秉鉉, 1992, 『新羅古墳研究』, 一志社.

기적 원동력이 된 내륙의 야로철산지冶爐鐵産址를 활발하게 개발하였던 것 같다.[32]

이 야로철산의 개발에 대하여 5세기초에 고구려군의 정벌에 의해 김해의 금관가야(경남해안세력이라 표현) 세력이 타격을 입자 그 잔존세력의 일부가 고령지역으로 옮겨와 개발한 것으로 추정하고, 지산동고분군의 번성기가 5세기이고 토기의 기형이 남해안의 고식 도질토기의 전통을 계승한 것이라는 견해가 있다.[33] 그러나 이미 지산동고분군의 빠른 시기 소형 석곽묘들에 실전용 무기들이 다량 부장되고, 또한 4세기 후엽의 쾌빈리 목곽묘에도 다량의 철제 농공구 및 유자이기, 철촉, 모형철기가 부장되고 있어 이미 4세기대에 고령의 철기 생산이 본격화되었음을 말해 주고 있다. 따라서 5세기대에 와서 김해세력에 의해 야로철산이 개발되었다는 견해는 설득력이 없다.

야로의 철산개발과 함께 완성한 것이 대가야토기이다. 토기는 각 지역에서 대량으로 소모되는 생활의 필수품이지만 양질의 태토와 고도의 소성기술이 필요한 작업이므로 아무 곳에서나 쉽게 이루어질 수 있는 것이 아니다. 연조리로 중심지를 옮긴 반로국은 근교에 해당하는 쌍림면 송림리에 대규모 토기요지를 만들고 각종 토기를 대량으로 생산하여 고령지역은 물론 주변지역에 공급하기 시작하였다.[34]

그러나 와질토기편은 전혀 보이지 않아 이 토기요지가 4세기 초 반로국의 중심이 연조리로 옮겨 온 이후에 조성되기 시작했다는 것을 말해주고 있다. 그리

---

32 冶爐鐵産의 위치에 대해서『世宗實錄』地理志에는 冶爐縣 心妙里로 나오고, 조영현과 박천수의 글에는 冶爐里(조영현 외, 2000, 「합천군 문화유적의 조사연구」,『陜川地域의 歷史와 文化』, 陜川文化院, pp. 276~277. 및 朴天秀, 1996, 「大伽耶의 古代國家 形成」,『碩晤尹容鎭教授停年退任紀念論叢』, p. 387)로,『高靈郡誌』(1996)에는 金坪里 불메골 일대로 기록되어 있는데, 여기서는 일단 야로리설을 따른다. 발굴조사에 의한 자료가 아니라 여러 사람이 각기 다른 곳을 지칭하고 있지만, 그것이 야로 철산이 대규모였다는 것을 반증해 주는 것으로도 볼 수 있다.

33 金泰植, 1993,『加耶聯盟史』, 一潮閣, pp. 92~96.

34 嶺南文化財硏究院, 2017,『高靈 松林里 大加耶 土器가마 遺蹟』.

고 대가야식 토기가 이미 성립되어 있어 대가야양식 토기의 성립은 이 송림리 토기요지에서 이루어진 것임이 분명하다. 송림리 토기요지에서 생산된 질 좋고 기형 좋은 토기는 반로국 지역뿐만 아니라 서서히 합천, 함양, 남원 등 다른 지역으로 퍼져나가게 되었다.

이와 같이 반운리 중심의 반로국은 연조리로 중심지를 이동하였고, 보다 넓은 지역에 영향력을 확대시켜 나갔다. 따라서 국가규모도 커져 소국에서 당시 대국이었던 가락국駕洛國과 같은 명칭인 가라국으로 호칭되기 시작하였던 것이다. 그리하여 지산동고분군을 지배층 묘지로 사용하게 되었던 것이고, 이때의 지배층 고분이 대형 수혈식 석곽묘인 32NE-1호분과 32SW-1호분이다.

4세기 중기 가라의 지배층은 무장적 성격이 강하여 지산동고분군 중간능선의 평평하며 전망이 좋은 곳에 자리 잡고, 내부에 군사적 지배력의 상징인 은상감 봉황장식銀象嵌鳳凰裝飾 환두대도環頭大刀를 부장하고 있는 것이다. 그러나 아직 지역민을 체계적으로 대규모 동원하여 축조할 만큼의 지배력은 성립되지 않아 대형봉토분인 고총高塚으로의 발전은 하지 못한 상태였다.

2. 가라국加羅國의 발전과 주변제국

그 후 5세기가 되면 고령 지산동고분군의 묘제는 32~35호분에서 보는 것처럼 중형 봉토분을 쌓고 순장곽을 설치하는「고총고분기」로 접어들게 된다. 32~35호분은 말 잔등처럼 평평한 구릉대지 가운데 4기의 봉토분이 가까이 군집하고 있는 친연관계가 깊은 고분이다.

특히 34~35호분은 호석과 봉토가 연결되어 있는 쌍분으로 북분인 35호분이 여성인 부인의 묘이고, 남분인 34호분이 남성인 남편의 묘로 밝혀진 바 있다.[35] 그런데 32호와 33호는 쌍분은 아니지만 동서로 거의 나란히 설치되었다. 구조와

---

35 金鍾徹, 1981,『高靈池山洞古墳群』, 啓明大學校博物館.

규모를 34, 35호와 비교해 보아도 유사점이 많은 것을 알 수 있다. 즉 35호분이 중앙에 주실 1기만 배치한 단곽분이고 34호분은 규모도 더 크고 주실과 순장곽 1기를 배치한 다곽분이며, 33호분도 주실 1기만 배치한 소형의 단곽분이다. 또, 33호분은 유리옥제 목걸이와 곡옥 등 장신구가 많이 출토되어 여성의 무덤으로 추정되고, 32호분은 금동관, 갑옷, 대도 등으로 보아 남성의 무덤임에 틀림없다. 따라서 32호는 남편, 33호는 부인으로 된 부부묘일 가능성이 큰 것이다. 그리고 이보다 앞서 5세기초에 순장곽을 여러 기 배치한 목곽주체에 가지런한 할석보 강의 73호분과 전형적인 수혈식석실분인 75호분이 축조된다. 결국 이들의 분묘가 대가야식 고총고분이[36] 된 것이다.

이때부터 국명도 4세기 연조리로 중심지를 이동한 다음부터 호칭되던 가라국으로 공식화하기 시작하였다. 그리고 지배자의 명칭도 험측에서 수장을 의미하는 한기旱岐로 바뀌게 되는 것이다.[37] 국명을 가라국으로 공식화 한 시기는 5세기초 고총고분이 조영되기 시작할 때부터가 확실하지만, 그 보다 먼저 이미 4세기부터 가라로 호칭되었을 가능성은 다음과 같은 사실에서 확인된다.[38] 즉, 이러한 사실이 『일본서기』 신공황후 섭정기 49년조(수정연대 369년)의 〈가라加羅〉이며,[39]

---

36   고총고분은 일반적으로 고분 중에서 매장시설을 덮은 봉분이 원형이나 타원형으로 높게 싸여진 것을 의미하지만, 고분변화의 의미를 규정하는 용어로서 墳墓→古墳→高塚으로 하거나(金龍星, 1996,「林堂ⅠA-1號墳의 性格에 對하여」,『碩晤尹容鎭敎授停年退任紀念論叢』, pp.311~343.), 墓→墳→塚으로의(李熙濬, 1997,「新羅 高塚의 특성과 의의」,『嶺南考古學』20, pp.1~25.) 단계로 정의하기도 한다. 여기서는 위의 정의 외에 필자가 규정한 대가야식 고분의 Ⅱ급묘형 이상의 고분을 의미한다.(金世基, 1995,「大伽耶 墓制의 變遷」,『加耶史研究 -대가야의 政治와 文化』, 慶尙北道, pp.315~323.)

37   노중국, 1997,「대가야(大加耶)의 발전(發展)과 정치운영(政治運營)」,『高靈地域의 歷史와 文化』, 啓明大學校韓國學研究院, pp.20~21.

38   盧重國, 1995,「大伽耶의 政治社會構造」,『加耶史研究 -대가야의 政治와 文化』, 慶尙北道, p.161.

39   김태식은 최근 논문에서,『日本書紀』의 이 기사를 인용하여 加羅國의 존재를 인정한 여러 견해를 '四世紀加羅論'이라고 부르고,『일본서기』신공 섭정기 49년조가 후대기록이라 신빙할 수 없다고 비판하고 5세기 중엽보다 앞서기 어렵다고 하였다.(金泰植, 2000,「加耶聯盟體

같은 신공황후 섭정기 62년조(수정연대 382)에 나오는 〈가라국왕기본한기加羅國王
己本旱岐〉의 기사이다.

이렇게 5세기 초엽에 지산동고분군에 고총고분이 조영될 수 있는 기반은 무
엇이었을까? 4세기에서 5세기 전반기는 신라에서는 대형 적석목곽묘가 조영되
는 마립간의 시대이며[40], 이 시기를 통하여 신라는 고대국가의 기반을 다지게 되
고 각 지역별로 교역과 전쟁을 통해 정치집단간의 통합과 정복이 활발한 시대였
다[41]. 이와 같은 신라의 발전 추이는 고령의 가라에도 영향을 주어 이미 4세기에
연조리로 중심지를 옮긴 가라국이 4세기대를 거쳐 5세기 초엽까지 상당한 수준
의 정치적 발전을 이루고, 고분에서는 고총으로 발전하게 되었다.

이와 같은 4세기~5세기전반 가라국의 발전과 주변제국과의 관계는 다음과 같다.

첫째로는 앞에서도 자주 언급되었듯이 야로의 철산지의 확보와 개발이었다.
야로지역의 철산개발을 통하여 우선 무기를 다량 생산하였다. 그리고 무력을 앞
세워 고령지역 내부에서의 확고한 지배력을 확립하여 정치적 안정을 이룩하였
다. 그런 다음 철제 농기구를 보급하여 농업생산력을 증대시켜 경제기반의 확대
를 가져오게 하였다.

이와 같은 농업 생산기반의 고고학적 증거는 지산동고분군과 쾌빈동고분군,
본관동고분군의 발굴 조사된 고분마다 거의 빠지지 않고 출토되는 철겸과[42] 겸
형 철기를 비롯한 축소모형縮小模型 농공구 등 철제농구의 일상적 부장이라 하겠
다. 특히 축소모형 농공구의 부장은 농경을 매우 중시하는 대가야 권역을 나타

의 性格 再論」,『韓國古代史論叢』10, pp. 168~181) 그러나 백승충의 주장처럼『남제서』에도
등장하는 加羅國이 그렇게 갑자기 등장한 것으로는 볼 수 없기(白承忠, 1995,「加耶의 地域
聯盟史 硏究」, 釜山大學校大學院 博士學位 論文, p. 159) 때문에 4세기 후반에 가라를 칭했
을 가능성은 매우 높다고 하겠다.

40 崔秉鉉, 1981,「古新羅 積石木槨墳의 變遷과 編年」,『韓國考古學報』10 · 11, pp. 137~228.

41 李熙濬, 1998,「4~5세기 新羅의 考古學的 硏究」, 서울大學校 大學院 博士學位 論文,
pp. 60~67.

42 千末仙, 1994,「鐵製農具에 대한 考察」,『嶺南考古學』15, pp. 1~52.

내는 표지적 유물[43]의 하나이며,[44] 이것은 농업생산 도구를 중시하면서도 매장의
례를 강조하는 대가야만의 독특한 정신적 세계관을 반영하는 것이다.

철제 농공구의 제작 공급을 통한 농업생산 기반의 안정적 구축과 생산의 증가
로 경제적 안정을 다진 가라국은 철제무기를 통한 무력을 강화하여 주변지역에
대한 영향력을 확대해 나가게 되었다. 이와 같은 무력의 증강은 지산동 32~35호
분과 그 주변의 석곽묘군에서 출토된 실전 무구에 의해 증명된다. 즉 4세기 말엽
의 고분인 32NE-1호분의 은상감 환두대도를 비롯하여, 5세기 전엽의 고총고분
인 32호분의 실전용 대도와 철판갑옷과 투구, 철모 등 가라국 최고 지배자인 왕
묘에 보이는 이와 같은 무장구는 가라국의 지배자가 강력한 무력을 소유한 무장
이라는 것을 말하고 있는 것이다.

그 뿐 아니라 32~35호분 주변에 이들 봉토분의 전후에 축조된 소형 석곽묘에
서도 비슷한 무기, 무장구의 부장양상이 두드러지게 나타난다. 32NW-1호분의
대도와 철촉 다발이나 34SE-3호분의 금동제 호록은 그 대표적 예이다. 특히 가
라지배층의 무사적 성격을 강하게 보여주는 것이 35호분과 34호분 사이에 별도
로 설치된 소형석곽인 연결석곽의 예이다. 5세미만의 소아묘[45]임에도 불구하고
대검과 화살통 등의 무기와 금제이식, 유리구슬목걸이 등을 부장하고 있다.

둘째로는 4세기 초엽부터 시작되는 김해세력의 약화와 쇠퇴이다. 그것은 구
야국의 주요 교역대상이며 중국물자의 공급지였던 낙랑·대방군이 313년과 314
년 고구려에 의해 멸망함으로써 중개무역지로서의 위치를 상실한 점이다. 그리
고 나아가 4세기 중엽 이후에는 왜와의 교역에서도 신라와 백제가 주도적 역할

43   安順天, 1996,「小形鐵製模型農工具 副葬의 意義」,『嶺南考古學』18, pp.109~159.
44   그러나 縮小模型 農工具가 백제에서 기원한 것이라는 주장이 제기되었다.; 林淳發, 1999,
      「百濟의 南遷과 榮山江流域 政治體의 再編」,『韓國의 前方後圓墳』, 忠南大學校百濟研究所,
      pp.89~114.
45   金鍾徹, 1981,『高靈池山洞古墳群』, 啓明大學校博物館, pp.93~95.

을 하게 되었고,[46] 이로 인해 김해의 구야국은 국제적 교역체계의 중심기지의 이점을 점차 잃게 되었던 것이다. 즉 4세기 중엽에는 기존의 가락국을 중심으로 왜와 친백제적인 안라安羅로 연결되었던 교역네트워크에 백제가 적극적으로 개입하는 것이 『일본서기』의 신공49년(369년)의 '임나칠국평정任那七國平定' 기사이고, 이와 같은 백제의 가야진출에 신라가 개입하는 것이 『일본서기』 신공62년조의 백제에 의한 '가라사직복구加羅社稷復舊' 기사인 것이다. 이때 사직이 복구된 '가라'는 고령의 가라가 아니라 4세기대의 상황으로 남부가야지역이라고 판단된다. 그러나 이러한 시대적 상황을 국가발전에 유리하게 이끈 고령의 가라국 지배자의 지배능력이 크게 발휘되었을 것으로 추측되며, 그 지배자가 지산동 73호분의 주인공이라고 생각된다.

또 여기에 더하여 4세기 말 한반도 정세가 김해 가락국〈임나가라任那加羅〉에 불리하게 작용하였다. 즉 4세기 말 고구려 광개토왕이 남쪽에 관심을 갖고, 신라가 친고구려 정책을 펴자 이에 위협을 느낀 백제는 가야 및 왜와 연합하여 이를 타개하려 하였다. 그리고 가락국(임나가라)는 백제·왜 연합세력에 가담하여 고구려·신라 연합세력과 대립하게 되었다. 백제가 먼저 왜군을 끌어들여 신라를 공격하자 고구려 광개토왕이 5만의 대군을 출동시켜 신라를 구원하고 임나가라의 종발성에 이르러 항복을 받았다. 그리고 이 전쟁에는 백제의 요청에 의해 임나가라와 안라도 참전하였다. 이것이 바로 서기400년 고구려 광개토왕의 남정이며, 광개토왕비문의 영락 9년조와 10년조의 대체적인 내용이다. 한반도 전체와 왜가 관련된 이 국제전쟁에서 고구려·신라를 먼저 공격하였던 백제·왜·가야연합세력이 완전 패배하였고, 가장 큰 타격을 입은 것은 김해의 임나가라였다.[47] 김해의 임나가라가 이렇게 세력이 약화되자 이 전쟁에 소극적이었거나 참

---

46   李賢惠, 1988, 「4세기 加耶社會의 交易體系의 변천」, 『韓國古代史研究』 1, 韓國古代史研究會, pp. 157~179.

47   이때의 임나가라의 위치에 대해서는 金海說과 高靈說이 있으나(金泰植, 1994, 「廣開土王碑文

전하지 않았던 고령의 가라국은 세력을 온전하게 보전하였을 뿐만 아니라 오히려 그 동안 주도적이지 못했던 대외 교역에서 김해를 대신해서 가야전체를 주도하는 세력으로 나서게 되었다.[48]

셋째로는 가라국은 5세기 전엽부터 서쪽으로 진출하여 영향력을 확대하기 시작하였다. 가라국이 이렇게 서쪽 방향으로 진로를 결정한 것은 이미 4세기 후엽부터 신라(사로)가 낙동강 중하류로 진출하여 낙동강 교역로를 장악하고 이를 봉쇄하여 고령의 가야는 낙동강 수로를 이용한 대외교역과 교류의 길이 막혀버렸기 때문이었다.[49] 특히 고구려군의 남정 이후 김해 세력이 약화된 상태에서 가야지역의 주도권을 잡기 위하여는 교역로의 확보가 절실하였다. 가라는 이때 신라에 의해 막힌 낙동강 수로를 대신하여 새로이 내륙 교통로 개척에 나섰던 것이다.

그리하여 가라국은 가야내의 주변소국과의 관계를 새로 정립하였다. 지산동 73호분과 75호분의 축조시기인 5세기 초엽부터 안림천의 소지류 통로인 합천군 묘산천을 따라 황강상류인 합천군 봉산면 지역을 거쳐 거창군 통로를 개척하여 남원 지역으로 진출하였다. 이것은 남원분지를 지나 섬진강 하류지역으로 진출하기 위한 통로를 확보하기 위한 차원에서 남원 아영지역의 정치세력과 관계를 맺은 것으로 볼 수 있다. 이때의 관계는 묘제나 유물에서 완전한 대가야 일색이 아니라 일부 재지계 유물이 존재하고, 묘형도 지산동32호분과 같은 Ⅱ급 묘형인 것으로 보아 두 지역 간의 관계는 가라국이 주도권을 가지고 있으나 이 지역의 소국은 독립성은 유지하되 상하관계는 존재하는 것으로 볼 수 있다. 월산리 고분군이 있는 아영분지 지역은 가라가 소백산맥을 넘어 백제 지역과 섬진강을 따라 하류의 하동 지역으로 진출하기 위한 중요 거점지역이었으므로 어느 지역보

의 任那加羅와 '安羅人戍兵'」『韓國古代史論叢』6, pp.62~86 참조.) 필자는 김해설을 따른다.

48   盧重國, 1997, 「대가야(大加耶)의 발전(發展)과 정치운영(政治運營)」, 『高靈地域의 歷史와 文化』, 啓明大學校韓國學硏究院, pp.25~26.

49   李熙濬, 1998, 「4~5세기 新羅의 考古學的 硏究」, 서울大學校大學院 博士學位 論文, p.65.

다 먼저 관계를 맺고 두 지역으로 가기 위한 교두보를 확보한 것이다. 그리고 고령과 월산리 지역간의 통로인 거창 말흘리 고분이나 봉계리 고분에서도 비교적 이른 시기의 대가야양식 토기가 나타나고 있어 이를 뒷받침한다.

넷째로 고고학 유물로 주변제국과의 관계를 살펴보면 지산동32호분 부곽에서 신라양식 고배가 출토되는 것 외에는 생각보다 신라계 유물은 많이 출토되지 않는다. 그러나 35호분 석실에서 출토된 단경호류에는 백제적 요소가 많이 발견된다. 그리고 왜계 유물은 아직 출토되지 않는데 이는 일본에서 출토되는 가야계 유물이 5세기 중엽까지는 김해의 금관가야계 유물이 출토되다가 5세기 후반부터는 대가야가계 유물이 집중적으로 출토되는 것으로도[50] 대가야와 일본과의 관계를 보여주는 것이라 하겠다. 특히 일본 후쿠이福井현 이혼마츠야마고분二本松山古墳에서 출토된 금동관은 고령 지산동32호분 석실에서 출토된 광배형 금동관의 모방제품으로 생각된다.[51]

IV. 5세기중반~6세기전반 대가야와 주변제국

1. 국제무대 진출과 고대국가 대가야

5세기 중엽 지산동고분군에서는 30호분이 축조된다. 같은 II급 묘형[52] 고분이지만 주석실 외에 부실과 순장곽이 주석실을 돌아가며 4개나 배치되고, 석실 밑에도 순장곽을 배치하는 다곽순장묘가 축조된다. 고분의 규모와 묘형으로 보아

---

50   박천수, 1996, 「日本 속의 伽倻文化」, 『加耶史의 새로운 이해』, 한국고대사연구회, pp. 55~86.

51   朴天秀, 1996, 주50)의 위 논문.

52   여기서의 고분등급은 필자가 정한 대가야식 묘제중에서 고총고분의 위계를 파악하기 위해 구분한 3등급을 말한다. (金世基, 1995, 「大伽耶 墓制의 變遷」, 『加耶史研究 -대가야의 政治와 文化-』, 慶尙北道, pp. 301~364.

Ⅰ급과 Ⅱ급 묘형의 과도기형으로 볼 수 있는 대형고분이 축조되는 것이다. 유물에서도 32호분 보다 더 의장화된 금동관과 금동제 마구와 화살통장식〈호록胡錄〉등의 위세품과 함께 대도, 철모, 화살촉 다발 등이 아직은 강한 무장적 요소를 가지고 있는 것이다. 그리고 부의 상징이며 가라국 발전의 밑거름이었던 철정을 다량 부장하고 있어 이 무렵 가라국의 정치적, 경제적 능력을 짐작케 한다.

이 30호분 시기에 대가야양식 묘제와 토기는 고령이외의 지역에 본격적으로 확산된다. 묘제에서 목곽묘의 전통을 견지하고 유물에서도 강한 토착성을 견지하던 합천 옥전고분군에서도 대가야양식 토기가 주류를 이루게 되고, 합천 반계제 고분군에서는 단곽순장의 대가야식 Ⅱ급 묘형의 수장묘인 반계제 가A, 다A 호분이 축조된다. 그리고 부장유물도 완전한 대가야양식 토기만으로 이루어지고, 특히 대가야 복속의 상징물이라 할 수 있는 의례용 특수토기인 원통형기대가[53] 부장됨으로서 황강 중류역의 봉산면 지역은 이미 고령의 가라국에 의한 간접지배 형태가 이루어진 것으로 볼 수 있다.[54]

5세기 후반이 되면 고령 지산동고분군에는 주산 남주능선의 등마루를 따라 봉토직경 20m이상의 대가야식 묘제의 Ⅰ급묘형 대형분이 축조되기 시작한다. 그 고총 고분중의 일부가 바로 44호분과 45호분이다.[55] 44호분은 정식으로 발굴조사된 고분 중에서 가장 크고 내부 구조에서도 대가야식 묘제의 최고 수준인 Ⅰ급묘형 고분이다. Ⅰ급묘형 고분은 고령 지산동고분군에만 존재하는 것으로 44호분의 경우 길이 9.4m의 주석실과 부장실 2개, 이 석실들을 에워싸듯 32개의 순장곽을 설치한 다음 하나의 거대한 봉토를 쌓아 축조한 봉토직경 27m의 초대형 고분이다. 이 고분의 주인공은 36명 이상의 순장자를 거느린 가야 최대의 권

---

53 朴天秀, 1994,「伽耶·新羅地域の首長墓における筒形器臺」,『考古學研究』40-4, pp. 27~48.
54 李熙濬, 1995,「토기로 본 大伽耶의 圈域과 그 변천」,『加耶史研究 -대가야의 政治와 文化』, 慶尙北道, p. 420.
55 高靈郡, 1979,『大伽倻古墳發掘調査報告書』

력을 가진 국왕이라 할 수 있다.

이 고분의 출토유물에서는 주변제국과의 관계를 보여주는 유물이 많이 출토되었는데, 우선 44호분 석실의 금동합과 등잔 등은 백제와 관계된 유물이고, 45호분의 은제 3엽형 대도는 신라와 관계된 것이다. 그리고 44호분의 야광패제夜光貝製 국자는 일본의 오키나와산으로 일본의 큐슈지역의 중계를 통해서 대가야에 유입된 것이다.[56]

이 시기에 고령의 가라국은 서남방향으로의 진출을 계속하여 무력을 앞세운 위협과 각 지역을 선상으로 연결하는 교역로의 장악으로[57] 각지에 대한 지배권을 확립하여 갔다. 이 시기의 지배영역은 황강黃江 수계인 합천의 전 지역은 물론, 거창과 함양의 상백리 고분군과 백천리 고분군을 포함한다. 특히 가야내의 주변제국 중 큰 세력인 합천 옥전의 다라국을 복속시켰다. 옥전고분군은 황강과 낙동강을 잇는 교통요지에 자리 잡아 일찍부터 부를 축적하였고, 낙동강 건너 창녕지역과의 밀접한 관계를 유지하여 신라계의 문화를 받아들이면서도 강한 독자성을 가진 세력으로 존재하고 있었다.

그러나 이때부터 묘제에서도 한동안 지역적 독자성이 강한 보강목곽묘補强木槨墓 혹은 위석목곽묘圍石木槨墓에서 장폭비 5 : 1의 세장방형 평면에 4벽을 할석으로 정연하게 쌓는 수혈식 석실 묘제로의 변화가 뚜렷하게 나타난다. 이러한 변화는 발굴 조사자도 고찰한 바와 같이 「변화의 요인이 부산, 김해지역의 수혈식 석곽묘의 변천에 따른 영향에 있었다거나 경주지역 적석목곽분의 변화 양상을 따랐다는 것을 의미하는 것이 아니라, 이웃한 고령지역으로부터의 강한 영향 때문이었을 것으로 추정되며, 여기에는 단순히 문화의 영향에 의한 변화라기보다

---

56 朴天秀, 1996, 주50)의 위 논문.
57 李熙濬, 1995, 「토기로 본 大伽耶의 圈域과 그 변천」, 『加耶史硏究 -대가야의 政治와 文化-』 慶尙北道, p. 420.

는 보다 강하고 직접적인 어떤 배경이 작용하고 있었다고 여겨진다.[58] 그 직접적인 배경이란 바로 고령의 직접지배하에 들어간 것을 의미하는 것이다.

옥전玉田〈다라국多羅國〉 지역을 복속시킨 고령의 가라국은 함양의 백천리 고분군 지역도 묘제와 유물에서 완전 대가야식 일색으로 바꾸며 권역을 확대시켰다. 뿐만 아니라 금강수계인 장수 삼고리 고분군, 진안 황산리 고분군과 섬진강 상류인 남원 금성리 고분까지 대가야식 묘제와 대가야 양식토기 일색으로 만들어 놓았다.[59] 이렇게 소백산맥 이동지역은 물론 소백산맥 이서지역의 상당한 지역까지 지배권아래 두게 된 가라국은 이러한 발전을 배경으로 섬진강하구를 통한 해외로의 진출을 시도하게 된다.

그와 같은 시도의 결실은 479년, 중국 남제南齊에 사신 파견으로 이루어지고 당당히 국제무대에 등장하게 된다.

〈사료A〉

加羅國은 三韓의 한 種族이다. 建元 원년(서기 479년) 국왕 荷知가 사신을 보내와 방물을 바쳤다. 이에 조서를 내렸다. '널리 헤아려 비로소 (조정에) 올라오니 멀리 있는 오랑캐가 감화됨이라. 加羅王 荷知는 먼 동쪽 바다 밖에서 폐백을 받들고 관문을 두드렸으니, 輔國將軍本國王의 벼슬을 제수한다.'(『南齊書』東南夷列傳 加羅國條)[60]

여기서 가라국왕 하지荷知에 대하여는 고령의 대가야왕으로 보는 것이 통설로

---

58   趙榮濟 外, 1993, 『陜川玉田古墳群 Ⅳ -M4 · M6 · M7號墳-』, 慶尙大學校博物館, pp. 164~165.

59   郭長根, 2000, 「小白山脈 以西地域의 石槨墓 變遷過程과 그 性格」, 『韓國古代史硏究』18, p. 145.

60   "加羅國, 三韓種也. 建元元年, 國王荷知使來獻, 詔曰, 量廣始登, 遠夷洽化. 加羅王荷知款關海外, 奉贄東退, 可授輔國將軍本國王."

되어 있다.[61] 고령의 가라왕 하지는 독자적으로 중국에 진출하여 '보국장군본국왕'이라는 중국 남제의 관계官階 제3품에 해당하는 품계品階를 받음으로써 국제적으로 당당한 하나의 국가로 인정을 받고 공식적으로 '왕王'을 칭하게 되었다는 것이다.

여기서 작호의 명칭을 다시 한 번 생각해 볼 필요가 있다. 남제로부터 받은 작호가 '제가라諸加羅△△, △△연맹왕聯盟王'이 아니라 '보국장군본국왕輔國將軍本國王' 즉 가라국왕加羅國王이라는 것이다. 이것은 가라국의 국가형태와 관련하여 고려해 보아야 할 중요한 사항중 하나이다. 이것은 단순히 자체적으로 왕이라고 칭하였다거나, 『일본서기』 신공황후 섭정기 62년年(서기382년)조의 '가라왕기본한기' 칭호와는 근본적으로 다른 한 단계 진전된 사회임을 나타내는[62] 동시에 국제사회에서 당당한 국가로 등장하게 된 것을 의미하는 것이다.

이렇게 '가라국왕'이라는 공식명칭을 사용하면서부터는 고대국가의 체제를 갖추기 위하여 주변지역에 대한 지배력을 더욱 강화하고 아직까지 가라 영역이 아닌 옥전 고분군 남쪽의 의령지역과 합천 삼가지역까지 세력을 뻗치기 시작하였다. 그러면서 국호를 '대가야'로 부르기 시작하였다.

〈사료B〉

高靈郡은 본래 大加耶國이었는데, 시조 伊珍阿豉王〈또는 內珍朱智라고도 하였다〉으로부터 道設智王까지 모두 16世 520년이었다. 眞興大王이 침공하여 멸망시키고 그 땅을 大加耶郡으로 삼았다. 경덕왕이 이름을 고쳤다. 지금도 그대로 쓴다. 영현이 둘이었다. 야로현은 본래 적화현이었는데, 경덕왕이 이름을 고쳤다. 지금도 그대로 쓴다. 신복현은 원래 가

---

61   金泰植, 1993, 『加耶聯盟史』, 一潮閣, p.106.
      白承忠, 1995, 「加耶의 地域聯盟史研究」, 釜山大學校大學院 博士學位 論文, pp.157~158.
62   白承忠, 1995, 위의 논문, p.159.

시혜현이었는데, 경덕왕이 이름을 고쳤다. 지금은 어디인지 알 수 없다.(『三國史記』잡지3 지리1 康州條)[63]

이것은 고령이 원래 대가야국이었다는 명백한 증거이다. 즉 가라국으로 인정받은 국가 명칭을 언제부터인가 '대가야'로 표방하였고, 신라도 그 사실을 인정하여 대가야를 멸망시킨 후 그곳을 '대가야군大加耶郡'으로 삼았던 것이다. 다시말해 대가야라는 국호는 5세기 초에 나온[64] 것이 아니라 5세기 후반, 즉 가라왕하지가 남제로부터 본국왕이라는 인정을 받고 주변의 여러 정치세력들을 통합한 후, 그 자신감에서 나온 것으로 보아야 하며, 대가야라는 국호를 사용하여 대연맹체를 이룩하려고 일어났던 것[65]이 아니라 고대국가 체제를 이룩하기 위한것이었다.

이는 신라가 원래 경주를 중심으로 사로斯盧 혹은 사라斯羅라고 하다가 주변의정치세력을 복속시킨 후 사로 뿐만 아니라 그에 예속된 다양한 정치세력을 포괄하는 보다 넓은 의미의 뜻을 가진 신라新羅로 국가명칭을 확정하는[66] 것과 마찬가지라 하겠다. 즉 가라는 원래의 고령지역을 의미하고 이제 대가야는 고령지역을포함하여 새로이 복속된 지역전체를 포괄하는 의미의 국가명칭인 것이다.

2. 대가야의 영역확대와 주변제국

대가야양식 토기는 4세기 초엽에 성립되기 시작하여 5세기 초엽에 완성을 보고 대가야의 정치, 사회의 성장과 함께 주변지역으로 확산되기 시작하였다. 우

---

63   高靈郡 本大加耶國 自始祖伊珍阿豉王--一云內珍朱智- 至道設智王 凡十六世 五百二十年. 眞興大王侵滅之 以其地爲大加耶郡 景德王改名 今因之 領縣二. (번역문은, 〈韓國精神文化硏究院, 1997, 『譯註三國史記』 2, 번역편〉을 인용함)
64   金哲埈, 1975, 『韓國古代社會硏究』, 知識産業社, pp. 98~101.
65   金泰植, 1993, 『加耶聯盟史』, 一潮閣, p. 110.
66   朱甫暾, 1994, 「新羅 國號의 確定과 民意識의 成長」, 『九谷黃鍾東教授停年紀念史學論叢』, pp. 245~277.

선 대가야양식 토기의 확산과 분포의 범위를 중심으로 볼 때 위에서 살펴 본 바와 같이 대가야의 고총고분인 고령 지산동고분군의 토기를 표지로 하고, 이러한 양식적 특징을 가진 토기들이 일정한 패턴과 시대적 변화과정을 함께 하면서 공통의 양식을 가지고 있다면 그것은 적어도 그러한 토기양식을 가지고 있는 지역이 공통의 문화적 기반을 가지고 있음을 나타낸다고 보아야 한다. 또한 토기양식 뿐만 아니라 묘제에서도 대가야묘제의 특징을 공유하고 있다면 그것은 고령 토기 문화권 즉 대가야 문화권인 것이다.

대가야양식 토기의 확산에 의한 대가야문화권은 합천을 중심으로 한 황강유역권, 거창, 함양, 산청, 지리산주변의 남강상류 및 진주의 남강 중류권, 고성의 남해안권, 하동을 중심으로 한 섬진강권, 장수, 진안, 임실을 중심으로 한 금강상류권에 이르는 광범위한 지역에 형성되었다. 그런데 고령과는 바로 북쪽으로 인접해 있고 대가천의 수계로 연결되어 있음에도 불구하고 성주지역에는 전혀 대가야문화가 형성되지 않은 점은 대단히 흥미 있는 일이다. 그것은 성주지역이 어느 시기부터인지는 확실치 않지만 이른 시기부터 신라에 정치적으로 예속됨으로써 대가야지역과는 적대적이었기 때문이라고 생각된다.

여기에 더하여 순장을 통해서도 정치적 의미와 대가야의 영역을 더 확실히 할 수 있다. 가야의 순장은 유형별로 보아 크게 3개 지역권으로 나누어 볼 수 있는데, 첫째가 김해를 중심으로 한 목곽묘 전통의 주·부곽식 순장지역이고, 둘째는 함안을 중심으로 한 수혈식 석실의 주곽순장지역이다. 셋째는 고령을 중심으로 합천·함양에 분포하는 순장곽 순장지역이다. 이들을 제가야諸加耶 세력권으로 대비해 보면 금관가야세력권·아라가야세력권·대가야세력권으로 크게 나누어 볼 수 있다는 말이 된다.

이처럼 대가야식 묘제와 토기, 순장 등의 고분자료를 통해 대가야의 지배체제와 영역은 매우 선명히 드러난다. 먼저 묘제와 유물을 통한 지배영역을 보자. 옥전 M4호분을 통해 보면 5세기 후반이후 옥전지역을 복속시킨 대가야는 계속하여 낙동강 연안을 따라 의령군 부림면을 거쳐 삼가고분군 지역을 대가야 토기군 분포권역으로 만든 후, 6세기 중엽에는 진주지역까지 영향권을 확대하였다. 그 증거가 바로 진주의 수정봉, 옥봉 고분군의 횡혈식 석실분의 대가야토기이다.

이것을 통해서 6세기 중엽 대가야 최성기最盛期의 영역을 구성해 보면, 직접지배 지역으로 상부인 고령지역과 하부인 합천 봉산면(저포리, 반계제 고분군), 거창 말흘리 고분군, 함양 백천리고분과 상백리고분군, 산청지역의 생초고분군을 포함하며 이 선은 하동으로 이어진다. 하부의 남쪽은 합천 옥전을 지나 의령 부림면 지역과 의령읍과 합천 삼가고분군에 이른다. 다음 간접지배 지역으로 남원 월산리, 두락리 고분군을 포함하는 운봉고원지역과, 섬진강수계의 구례지역과 진주 수정봉, 옥봉 고분군을 지나 하동으로 이어지는 선이었다. 또한 진주 수정봉 옥봉고분군 지역이 대가야 권역으로 포함되면서 그 영향권에 있던 고성의 율대리 2호분이나 연당리 고분군에도 대가야의 영향력을 미치게 되었던 것이다.

이 시기의 대가야와 관계된 주변제국과의 관계를 문헌사료에서 찾아보면 다음과 같다.

〈사료C〉

①서기481년(『삼국사기』 신라본기 소지왕 3년): 고구려와 말갈이 신라의 미질부성을 침공하자 백제, 加耶가 함께 신라를 구원함.

②서기487년(『일본서기』 현종기 3년): 紀生磐宿彌가 任那를 근거로 고구려와 통함.

③서기496년(『삼국사기』 신라본기 소지왕 18년): 加耶國에서 꼬리가 다섯 자 되는 흰 꿩을 보냄.

④서기513년(『일본서기』 계체기 7년): (ⅰ)6월, 백제가 왜에 伴跛國의 기문 약탈사실 알림. (ⅱ)11월, 사라, 安羅, 伴跛 등이 왜왕의 뜻에 따라 기문을 백제에 돌림.

⑤서기514년(『일본서기』 계체기 8년): 伴跛가 子呑, 帶沙에 축성, 일본에 대비함.

⑥서기515년(『일본서기』계체기 9년): ①2월, 伴跛人이 한을 품고 군사로 暴虐을 일삼는다는 것을 듣고 物部連이 帶沙江으로 들어감. ②4월, 伴跛가 군사를 일으켜 物部連이 정박한 帶沙江을 정벌하여 의복과 물건을 약탈하고, 장막을 불지름. 물부련이 겨우 달아나 汶慕羅 섬에 머무름.

⑦서기520년대(『梁職貢圖』백제국사전): 백제 곁의 소국에 반파, 탁, 다라, 전라, 지미, 마연, 상기문, 하침라 등이 있어서 백제에 부용함.

⑧서기522년(『삼국사기』신라본기 법흥왕 9년): 加耶國王이 신라에 청혼, 이찬 比助夫의 여동생을 보냄.

⑨서기524년(『삼국사기』신라본기 법흥왕 11년): 법흥왕이 남쪽 변방을 순시하였는데 加耶國 왕이 와서 회동함.

⑩서기529년(『일본서기』계체기 23년): (ⅰ)3월, 백제가 加羅의 多沙津을 일본에 요청함. 일본이 다사진을 백제에 하사하자 加羅王이 항의함. 일본 칙사가 (加羅의) 면전에서 물러나 별도로 백제에 하사함. 이로 인해 加羅는 신라와 친해지고 일본에 원한을 품음. (ⅱ)일본이 安羅에 사신을 보내 신라에게 南加羅, 㖨己呑을 다시 건립하도록 함. 安羅는 새로 高堂을 짓고, 여기에서 신라사신, 백제사신과 회의를 함. (ⅲ)加羅王이 (서기 522년) 신라왕녀를 맞아 결혼하여 아기를 낳음. 신라가 여자를 시집보낼 때, 종자 백 명을 함께 보냈는데, (가라왕은) 이들을 여러 縣에 안치하고 신라의 의관을 입도록 함. 이에 阿利斯等이 變服을 거둬들이게 하므로 신라가 혼인을 파함.

479년 이후 『삼국사기』신라본기에 나오는 가야관계 기사는 거의가 대가야를 지칭하는 것으로 보이며, 김해의 경우는 대개 금관국金官國으로 표기되어 나온다. 남제로부터 가라국의 왕으로 인정을 받은 대가야는 481년에는 백제와 나란히 신라에 구원병을 파병하기도 하고, 496년에는 꼬리가 다섯 자 되는 상서로운 꿩을 신라에 보내기도 한다.(사료C- ①,③) 한편『일본서기』에는 조금 더 상세한 기록이 나오는데, 513년 대가야가 기문己汶을 직속영토로 만들자, 백제가 이에 반발하고 대가야와 갈등을 빚는다. 이럴 때의 대가야 명칭은 「반파」라는 국명으로 나오고(사료C-④,⑤,⑥), 백제와 직접 관련이 없는 사건에는 「가라」라는 국명으로 나온다.(사료C-⑩-ⅲ) 그리고『일본서기』에는 이 기간에 안라에 관한 기사가 상당히 많이 나오는데, 이는 안라와 일본의 밀접한 관계를 말해 주는 것으로 파악된다.

4세기대 이후 소국의 이름이 보이지 않다가 6세기 530년대에 탁기탄喙己呑 등 대가야 지역이 아닌 남부가야 지역의 국명이 약간 나오기 시작하여 541년부터 대가야지역의 소국이름이 본격적으로 나타난다. 특히 대가야 지역에 해당되는 소국의 대표적인 국명인 다라多羅의 경우『일본서기』신공기 49년조에 나온 후, 백제와 접전기록이나 안라와의 관계에서도 전혀 나오지 않다가 541년 제1차 임나부흥회의任那復興會議에 다시 등장하고 있다. 그 밖에 졸마卒麻, 산반해散半奚, 사이기斯二岐, 자타子他 등도 전혀 보이지 않다가 임나부흥회의에서 갑자기 나타나고 있다. 즉, 대가야 영역권 안에는 5세기 후반부터 6세기 중반(541년)까지 60여 년 동안 소국명이 등장하지 않는다. 그 이유는 바로 이시기에 대가야가 이들 지역을 완전히 복속시켜 고대국가를 이룩했기 때문인 것이다.

즉, 대가야는 단독으로 국제무대에 등장하여 작호를 받는 479년부터 고대국가古代國家로 성립하였고 530년대 신라의 팽창정책으로 대가야가 다시 분열될 때까지 50여년간 고대국가로 존재하였다. 비록 짧은 기간이기는 하지만 이 기간 동안 신라, 백제와 대등한 관계를 유지한 것은[67] 연맹장으로서의 지위가 아닌 고대국가로서의 대등한 관계였던 것이다.

---

67   白承忠, 1995,「加耶의 地域聯盟史 硏究」, 釜山大學校大學院 博士學位 論文, p.183.

V. 6세기중반 대가야의 분열과 주변제국

1. 삼국항쟁과 대가야의 분열

대가야는 5세기부터 비약적 발전을 거듭하였다. 특히 백제가 고구려의 남진에 대비하여 북쪽에 신경을 쓰다가, 마침내 고구려에게 패하여 개로왕이 전사하고 수도를 공주로 옮기는 등의 틈을 이용하여 중국 남제에 사신을 파견하여 책봉을 받고 드디어 고대국가의 기틀을 마련하였다. 그리하여 서기 480년경부터는 지배영역을 상, 하 2부체제로 편제하고 수위 계열의 중앙관등제를 통해 지배체제를 확립하였다.[68] 통치이념을 확립하기 위해 예악禮樂을 마련하고, 시조탄생 신화를 창조하여 지배 이데올로기까지 완성하였다. 그리하여 대왕을 칭하고 금관을 착용하면서 6세기 중엽에는 낙동강 서안의 고령에서 서쪽으로 운봉고원의 소백산맥을 넘어 장수 삼고리까지, 남쪽으로는 옥전, 의령을 거쳐 삼가 진주, 고성의 남해안까지, 서남쪽으로는 대외교역의 거점인 섬진강 하구의 하동까지를 직접지배와 간접지배의 영역으로 하는 최대 판도를 확보하였다.[69]

그러나 백제는 6세기초부터 전라도 방면에 관심을 집중시켜 탐라와의 관계를 재정비하고, 대가야지역인 섬진강하구를 위협하였다.[70] 이에 대가야는 왜에 외교적 지원을 호소하기도 하였으나 효과를 보지 못하였다. (사료C-④) 이와 같이 대가야는 가야지역으로 진출하려는 백제의 집요한 공격을 막고, 난국을 벗어나기 위해 신라에 혼인을 통한 적극외교를 시도하였다.

---

68   노중국, 1997, 「대가야(大加耶)의 발전(發展)과 정치운영(政治運營)」, 『高靈地域의 歷史와 文化』, 啓明大學校韓國學研究院, pp. 7~46.

69   김세기, 2003, 「고분자료로 본 대가야 연구」, 학연문화사, pp. 261~294.

70   李鎔賢, 2000. 「加羅(大加耶)를 둘러싼 국제적 환경과 그 대외교섭」, 『韓國古代史研究』, 18, pp. 37~60.

〈사료D〉

法興王 9년(서기 522년) 봄 3월에 가야국 왕이 사신을 보내 혼인을 청하였으므로, 왕이 이찬 比助夫의 누이를 그에게 보냈다. (『三國史記』권4 新羅本紀 법흥왕 9년조)

〈사료E〉

繼體 23년(서기 529년) 3월, 加羅王이 신라왕녀를 맞아 결혼하여 애기를 낳았다. 신라가 처음 여자를 보낼 때, 백명을 함께 보내어 종자로 삼게 하였다. (가라왕은) 이를 받아 들여 여러 縣에 나누어 안치하고 신라의 의관을 입도록 하였다. 阿利斯等은 그들이 變服하였다며 성내며 불러서 돌려보내었다. 이에 신라는 크게 부끄러워하여 여자를 돌아오게 하려고 "전에 그대가 장가드는 것을 받아들여 내가 즉시 허락하였으나 지금 이미 이와 같이 되었으니 왕녀를 돌려주기를 청한다."고 하였다. 加羅의 己富利知伽〈상세하지 않다〉가 대답하여, "이미 부부로 짝지어졌는데 어찌 헤어질 수 있겠소? 또한 아이가 있는데 아이를 버리면 어디로 가겠소?"라고 말하였다. 드디어 지나는 길에 刀伽, 古跛, 布那牟羅 등 세 개의 성을 함락시키고, 또한 북경의 5성을 함락시켰다. (『日本書紀』권17 繼體紀 23년 3월조)

백제와 갈등을 빚고 있는 상황에서 대가야는 신라와 더욱 든든한 관계가 필요하였기 때문에 결혼동맹을 요청하였던 것이며, 신라는 남한강 상류 지역까지 내려와 있던 고구려를 물리치고 한강유역으로 진출하기 위해서, 병부를 설치하고 율령을 반포하는 등 기반을 튼튼히 하고 있었다. 한편으로는 백제와 갈등을 빚으면서 국경을 맞대고 있는 대가야를 안정시킴으로써 자국의 안전에 완충지 역할을 담당하게 할 목적이 있었다. 그리고 신라는 이미 동래 복천동고분군 지역을 복속시킨 후 계속하여 낙동강 하류지역을 집중 공략하는 중이었으므로, 낙동강 중류지역에 대한 안전보장 차원에서도 대가야의 청혼을 받아들이게 되었던 것이다.

이렇게 청혼을 받아들이고, 남부지역 척경 순시에 대가야 왕을 회동시키는 등 대가야를 안심시킨 신라는 마음 놓고 가야남부지역을 공략하여 탁기탄을 복속시키고, 백제와 친밀한 관계를 유지하고 있는 안라에도 손을 뻗치게 된다. 이렇게 신라의 공격이 집요해지자 김해의 가락국과 함안의 안라를 비롯한 탁순국卓淳國 등 남부제국들은 불안감을 떨치기 위하여 백제와 왜와의 관계를 더욱 긴밀히 하는 등 자구책을 마련하게 된다. 이미 기력이 쇠한 가락국〈남가라南加羅〉은 속수무책 상태이고, 안라국은 이러한 상황을 타개하기 위하여 적극성을 띠게 되는 것이며, 그것이 529년의 안라국에서 열리는 '안라회의安羅會議'인 것이다. (사료 C-⑩-ⅱ)

이러한 가운데 백제의 대가야에 대한 공격은 더욱 치열하여 대가야는 안라와 왜와 연결한 백제에게 529년 주요 전략거점인 하동지역〈다사진多沙津〉을 빼앗기게 된다. (사료 C-⑩-ⅰ) 그리고 남원지역은 초촌리草村里 고분군과 척문리尺門里산성, 흑송리黑松里산성 등 6세기 전반의 백제유적이 존재하는[71] 것으로 보아 이보다 먼저 운봉고원雲峰高原까지 백제에게 넘어가게 된 것으로 보인다. 이와 같이 섬진강 상류 및 운봉지역과 하동지역을 상실하게 되고, 약화된 모습을 보이게 되자 지금까지 간접지배 지역으로 대가야의 지배를 받던 진주, 고성지역이 동요하게 되고 대가야는 약화되었다.

그러나 신라는 사료 E에서 보이는 것처럼 '변복사건變服事件'을 구실로 결혼동맹을 파기하고 대가야에 대한 압박을 가하는 한편, 532년에 가락국〈금관국金官國〉을 손에 넣은 다음, 계속하여 서쪽으로 방향을 돌려 탁기탄, 탁순, 구례산까지 진출하였다.[72] 이러한 정세변화와 대가야의 약화를 틈타 옥전지역이 반란을 일

---

71   朴天秀, 1997, 「政治體의 相互關係로 본 大伽耶王權」, 『加耶諸國의 王權』, 신서원, pp. 185~186.
72   李鎔賢, 2000, 주70)의 위 논문.

으키고 이탈하자 대가야 권역내의 여러 지역에서도 과거 세력을 중심으로 대가야에서 분열되어 각기 소국을 다시 칭하게 되었던 것이며, 이것이 『일본서기』권 19 홈명기 2년(541년)조와 5년(544년)조에 나오는 1, 2차 '임나부흥회의' 참가국이며, 또한 홈명기 23년(562년)조의 임나 10국은 이것 외에 남부가야 지역에 있던 소국을 포함한 것이다.[73]

2. 대가야의 붕괴와 주변제국

결혼동맹의 파기로 믿었던 신라에게 배신당하여 대가야가 분열되기 시작하고, 532년 김해의 금관국이 신라에 항복하자 남부가야지역의 안라는 위기의식을 느끼고 백제와 일본을 연결하여 난국을 타개하기 위한 노력을 경주한다. 그리고 대가야에서 분열되어 독립한 소국들도 안라가 주도하는 친백제연합親百濟聯合에 새로이 가담하게 된다.

이렇게 6세기 중엽부터 옥전지역을 시작으로 여러 지역이 떨어져나감으로써 대가야의 영역은 점점 축소되게 되었다. 아마도 옥전 다음으로 이탈한 세력은 원거리의 진주지역이나 삼가지역, 하동지역 등이라고 생각된다. 이때의 영역은 고령을 기반으로 한 상부와 하부 중에서 합천읍과 쌍책 이남지역이 빠진 봉산면 지역과 거창 함양 등 서부경남 내륙의 일부지역으로 영역이 줄어들게 되었고 간접지배 지역이었던 진주 등 원거리지역은 모두 잃게 되었다.

〈사료F〉

欽明 2년(서기 541년) 4월, 安羅의 次旱岐 夷呑奚・大不孫・久取柔利, 加羅의 上首位 古展奚, 卒麻의 旱岐, 散半奚의 旱岐兒, 多羅의 下旱岐 夷他, 斯二岐의 旱岐兒, 子他의 旱岐 등은 任那日本府인 吉備臣과 함께 백

73　金世基, 2003, 주69)의 위 책.

제로 가서 왜왕의 뜻을 듣고 현안을 논의하였다. (『日本書紀』권19, 흠명기 2
년조)

〈사료G〉

欽明 5년(서기 544년) 11월, 日本吉備臣, 安羅의 下旱岐 大不孫·久取柔
利, 加羅 上首位 古展奚, 卒麻君, 斯二岐君, 散半奚君兒, 多羅 二首位 訖乾
智, 子他旱岐, 久嗟旱岐들이 백제로 갔다. (『日本書紀』권19, 흠명기 5년조)

이와 같이 축소된 대가야는 안라가 주도하는 1(사료 F), 2(사료G)차 임나부흥회
의에도 다른 소국들과 함께 대표를 파견하기도 하고, 신라에 대한 심한 배신감
과 복수심으로 다시 백제에 접근하는 등 자구적自救的 대외관계를[74] 시도하게 된
다. 그러나 전과 같이 대등한 입장에서 외교관계를 맺을 수 없는 처지가 되었고
거의 부용화附庸化되는[75] 단계에 이르게 되었다.

이 당시 대가야와 백제의 관계를 말해 주는 유적이 고령 고아리벽화고분古衙里
壁畵古墳이다. 대체로 6세기 전반으로 편년 되는 이 횡혈식 고분은 전형적인 공주
송산리형 석실구조에 연화문을 그린 벽화고분이다. 또 봉토 속에서 출토된 토기
에도 백제지역에서 많이 출토되는 조족문鳥足文 토기가 있어 백제의 영향하에 만
들어진 것임을 알 수 있다.[76]

이러한 상황에서 신라의 집요한 회유책 등으로 사료 H에서와 같이 나라가 어
지러워질 것을 염려한 우륵이 신라에 망명하는 사건이 일어나게 된 것이다.

74　李文基, 1995, 「大伽耶의 對外關係」, 『加耶史硏究 -대가야의 政治와 文化-』, 慶尙北道,
　　pp. 239~246.
75　李文基, 1995, 주74)의 위 논문.
76　계명대학교박물관, 1985, 『高靈古衙洞壁畵古墳實測調査報告』.

〈사료H〉

眞興王 12년(서기 551년) 3월에 왕이 순행하다가 娘城에 이르러 于勒과 그의 제자 尼文이 음악을 잘 한다는 말을 듣고 그들을 특별히 불렀다. 왕이 河臨宮에 머무르며 음악을 연주하게 하니, 두 사람이 각각 새로운 노래를 지어 연주하였다. 이보다 앞서 加耶國 嘉實王이 12줄 弦琴을 만들었는데, 그것은 12달의 음률을 본 뜬 것이다. 이에 우륵에게 명하여 곡을 만들게 하였던 바, 나라가 어지러워지자 악기를 가지고 우리에게 귀의하였다. 그 악기의 이름은 加耶琴이다. (『三國史記』권4, 新羅本紀 진흥왕 12년조)

〈사료I〉

진흥왕 15년(서기 554년) 7월에 명활성을 수리하여 쌓았다. 백제왕 明襛(성왕)이 加良과 함께 管山城을 공격해 왔다. 군주 각간 于德과 이찬 耽知 등이 맞서 싸웠으나 전세가 불리하였다. 新州 군주 金武力이 주의 군사를 이끌고 나아가 교전함에, 禪將 삼년산군의 高干 都刀가 급히 쳐서 백제왕을 죽였다. 이에 모든 군사가 승세를 타고 크게 이겨, 佐平 4명과 군사 2만9천6백 명을 목 베었고, 한 마리의 말도 돌아간 것이 없었다. (『三國史記』권4, 新羅本紀 진흥왕 15년조)

〈사료J〉

진흥왕 23년(서기 562년) 9월에 가야가 반란을 일으켰으므로 왕이 異斯夫에게 명하여 토벌케 하였는데, 斯多含이 副將이 되었다. 사다함은 5천 명의 기병을 이끌고 앞서 달려가 栴檀門에 들어가 흰 旗를 세우니 성안의 사람들이 두려워 어찌할 바를 몰랐다. 이사부가 군사를 이끌고 거기에 다다르자 일시에 모두 항복하였다. (『三國史記』권4, 新羅本紀 진흥왕 23년조)

그러나 이미 약화된 대가야는 이에 속수무책인 가운데 사료 I에서 백제-왜 연합에 가담하여 백제의 성왕聖王이 주도하는 관산성管山城 전투에 군대를 파병하였던 것이며, 관산성전투에서 백제·가야·왜의 연합군이 신라에게 패하고 성왕이 전사함으로써 대가야는 결정적 타격을 받게 되었던 것이다.

신라가 백제와 연합하여 고구려가 차지하고 있던 한강유역을 획득한 다음, 기습적 공격을 통해 백제가 차지한 한강하류를 점령함으로써 이에 대항하여 일어났던 전투가 관산성 전투였다. 이 전투에서 승리를 거둔 신라는 이듬해인 555년 비사벌比斯伐〈창녕〉에 완산주完山州〈하주下州〉를 설치하고[77] 이어 557년에는 사벌주(沙伐州)〈상주〉를 폐지하는 대신 개령(開寧) 김천에 감문주甘文州〈상주上州〉를 설치하였다.[78] 신라의 이와 같은 일련의 조치들은 백제의 보복공격에 대한 대비책이기도 하였지만 보다 직접적으로는 대가야를 병합하기 위한 포위와 압박 작전이었다.

그리하여 사료 J에서 보는 것처럼 562년 신라장군 이사부와 부장 사다함이 이끄는 기병대의 기습공격으로 대가야는 붕괴되었다.

VI. 맺음말

지금까지 대가야의 발전과정과 주변제국과의 관계를 고고학적 자료와 문헌을 종합하여 살펴보았는데 이를 정리하면 다음과 같다.

대가야의 터전인 고령지역은 청동기시대부터 사람들이 살기 시작하여 지석묘와 무문토기 산포지를 중심으로 취락을 형성하였으나 청동기의 소유와 같은 발달된 청동기문화는 없었다. 그러나 대구를 비롯한 영남 다른 지역과 교류를

---

77   置完山州於比斯伐 (『三國史記』권4, 신라본기 진흥왕16년조).
78   廢沙伐州置甘文州 (『三國史記』권4, 진흥왕 18년조).

통해 점차 범위를 확대하면서 초기철기시대에 회천유역의 반운리를 중심으로 서서히 읍락국가인 반로국이 형성되었다. 반로국은 3세기경까지 장기리의 알터 암각화와 반운리 목곽묘를 조영하였고, 당시 대국이었던 김해의 구야국과의 관계를 맺으며 낙동강을 통하여 선진문물을 받아들였을 것으로 보이나 가시적인 유적이나 유물은 보이지 않는다. 다만 이때에는 아직 토기의 지역양식이 성립되지 않아 고령과 성주의 와질토기양식이 동일한 것으로 나타나므로 유적이나 유물에서 잘 나타나지 않는 것으로 생각된다. 그러나 3세기의『삼국지』에 김해의 구야국이나 함안의 안야국과 같이 변진 12국속에 반로국이 기록된 것으로 보아 이들과의 관계를 상정할 수 있다.

3세기까지 목곽묘를 조영하며 반운리 지역에 자리잡고 있던 반로국은 4세기가 되면서 지산리에 수혈식석곽묘를 쓰는 집단에 의해 대가야읍 연조리로 중심지를 이동하였다. 중심지를 연조리로 옮긴 반로국은 김해의 구야국이 약화된 틈을 이용하여 야로의 철산을 개발하고, 4세기 후반부터는 대가야양식 토기를 생산하면서 영역을 확대해 나갔다. 이와 같은 발전에 따라 나라 명칭이 반로국에서 김해의 가락국과 같은 명칭인 가라국으로 호칭하기 시작하였다. 이것이『일본서기』에 나오는「가라」이며, 이를 증명하는 것이 철제무기가 출토되지만 고총고분은 아닌 32NE-1 32SW-1 석곽묘이다.

그 후 5세기가 되면 고령 지산동고분군의 최고지배층 고분은 73, 75호의 고총고분이 축조되기 시작한다. 이 시기 가라국은 비약적인 발전을 이룩하는데, 그 요인은 주변국의 관계가 깊이 작용하였다. 즉, 백제-가야(가락국과 안라국중심)-왜의 연합세력과 고구려-신라의 대결에서 신라쪽이 승리함으로써, 여기에 적극참여 했던 김해의 가락국이 약화되었던 것이다. 이를 기반으로 가라국은 서쪽방향으로 진출을 계속하여 섬진강하구까지 도달하였고, 마침내 5세기 후반 중국과 외교관계를 수립하여 남제로부터 보국장군본국왕의 작호를 받게 되었다.

중국으로부터 가야세력으로서는 유일하게 왕의 작호를 받은 가라국은 나라 이름을 대가야로 호칭하였다. 나라 이름을 바꾼 대가야는 나아가 대왕의 호칭과 금관을 사용하며, 영역을 상, 하의 2부체제로 편제하고, 수위계열의 관제를 정비하는 등 고대국가의 면모를 갖추었다. 이와 같이 대가야는 5세기 후반부터 6세기 전반까지 주변의 소국을 통합하여 짧은 기간이지만 고대국가체제를 이룩하였다. 이러한 사정을 반영하는 것이 『일본서기』에 소국명이 보이지 않는 것이며, 고고학적으로는 지산리 44호분과 같은 초대형 고분이며, 대가야식 제사용 기대의 분포이다. 이 기간에는 백제나 신라와의 관계도 우호적이었으며, 지산동 44호분의 야광패제 유물과 일본고분의 대가야식 금동관으로 보듯이 일본과의 관계도 매우 활발했던 시기였다.

그러나 6세기 전반이후 백제의 서남부 대가야지역 압박과 신라의 금관가야를 비롯한 가야 남부지역 진출로 인한 양면 위기로 대가야는 분열되었다. 본격적인 삼국항쟁기의 불안한 국내외 정세에서 대가야는 다시 백제 진영에 가담하였으나 신라가 승리함으로써 대가야는 결국 붕괴되고 말았다. 그러나 고령지역의 소국으로 출발한 대가야는 주변제국들과 대립과 우호 관계를 반복하면서 한시대의 역사를 담당하였다.

2_ 대가야 토기의 확산과 대가야문화권의 형성

I. 머리말

삼국시대 고고학의 대부분이 그렇듯이 가야시대의 고고학 연구는 거의가 고분에서 출토되는 유물과 묘제 등 고분 자료를 통한 접근이 대부분이라 해도 과언이 아니다. 고분출토 유물 중에서도 토기는 제일 많이 출토되는 유물이다. 그러므로 토기는 수량도 많을 뿐만 아니라 시기변화를 예민하게 반영하고, 또 지역적 특성도 가장 잘 반영하고 있다. 따라서 이 고분출토 토기의 분포상이나 제작수법 등을 통해 지역색을 비롯한 편년 등 다양한 연구가 활발히 이루어져 왔다.

그 중에서도 고령을 중심으로 제작되었던 일련의 토기군들은 고령양식 토기 혹은 대가야식 토기라고 일컬어져 오면서 토기의 편년 문제와[1] 함께 그 분포범위와 확산의 정치적 의미해석 등 여러 가지 논의가 진행되어 왔었다.[2] 그리고 그것은 대가야식 묘제와 더불어 대가야의 정치적 권역이나 정치체의 성격, 이를테면 연맹체냐 아니냐와 같은 논의를 불러오기도 하고 정치발전 단계를 논하는 자

---

[1]　禹枝南, 1987, 「大伽倻古墳의 編年 -土器를 中心으로-」, 『三佛金元龍教授停年退任紀念論叢』, pp. 617~652.; 定森秀夫, 1987, 「韓國 慶尙北道 高靈地域 出土 陶質土器의 檢討」, 『東アツアの 考古と歷史』, pp. 412~463.; 藤井和夫, 1990, 「高靈 池山洞古墳群의 編年 -伽耶地域 古墳出土 陶質土器 編年 試案 V-」, 『東北アツア考古學(天池)』, pp. 165~204.; 李熙濬, 1994, 「고령양식 토기 출토고분의 편년」, 『嶺南考古學』15, pp. 89~113.

[2]　李熙濬, 1995, 「토기로 본 大伽耶의 圈域과 그 변천」, 『加耶史研究』, 慶尙北道, pp. 365~444.

료로 사용되기도 하였다.[3] 대가야 토기는 지금까지 대가야의 최고지배층의 분묘인 지산동고분을 통해 논의되어 왔으나, 대가야읍 쾌빈리고분군에서 대가야 토기가 다량 출토되는 목곽묘가 조사되고, 최근에는 지산동고분군에 출토되는 토기들을 생산한 것으로 이해되는 쌍림면 송림리 토기가마가 발굴되고,[4] 대가야권역이 아닌 창원 중동리 유적에서 대가야 토기를 생산한 토기요지가 발굴조사 되어 새로운 자료를 제공하게 되었다.[5] 따라서 본고에서는 고령지역에서 가장 이른 시기의 쾌빈동 목곽묘 출토 토기와 송림리 대가야토기가마에서 출토된 토기를 통해 대가야토기가 어떻게 성립하게 되는가를 추론해 보고, 나아가 성립된 대가야 토기가 확산되어 가는 과정을 통해서 대가야문화권의 형성을 추적해보려고 한다.

II. 대가야 토기의 성립과 확산

1. 대가야양식 성립 이전의 토기

1)고령 반운리 와질토기瓦質土器

고령지역에서 출토된 토기 중 대가야양식 성립 이전의 토기는 반운리에서 출토된 와질토기류가 있다. 물론 그보다 이른 시기의 토기인 빗살무늬토기와 무문토기가 박곡리나 양전리 등에서 출토되었지만[6] 대가야토기 성립과는 상관이 없다고 하겠다.

---

3   金世基, 1995,「大加耶墓制의 變遷」,『加耶史研究』, 慶尙北道, pp. 301~364.; 朴天秀, 1996,「大伽耶의 古代國家 形成」,『碩晤尹容鎭教授停年退任紀念論叢』, 慶北大學校考古人類學科, pp. 377~402.
4   嶺南文化財研究院, 2017,『高靈松林里 大加耶 土器가마 遺蹟』.
5   동서문물연구원, 2012,『昌原 中洞遺蹟』.
6   삼한문화재연구원, 2018,『高靈 朴谷里 遺蹟』.

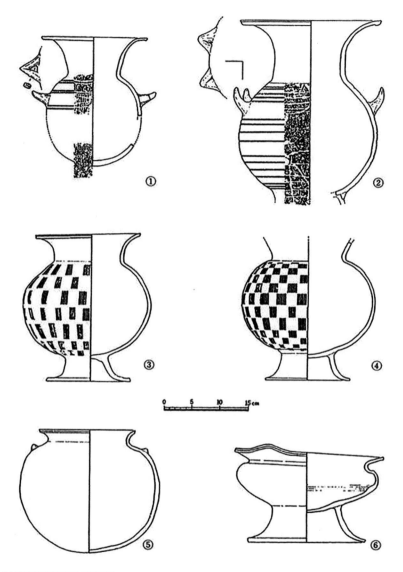

그림 1 | 고령 반운리 출토 와질토기

　따라서 대가야양식 토기의 성립과 관련해서 이전의 토기문화를 살펴보려면
반운리 와질토기를 보아야 한다. 이 토기는 지표조사에 의해 채집된 것으로 낙

동강의 지류이며 고령읍을 관통해 흐르는 회천 유역에 입지하고 있는 나지막한 구릉지대에 형성된 목곽묘(목관묘)유적에서 채집된 것이다.[7] 〈그림 1〉

이들 와질토기를 유형별로 보면 장경호류, 단경호류, 노형토기류, 옹류로 나눌 수 있는데, 장경호류는 원저조합우각형 파수부장경호, 대부조합우각형 파수부장경호, 대부장경호 2점 등 4점이 채집되었다. 이 중 원저조합우각형장경호〈그림1-①〉는 동체의 최대경이 중앙에 위치하고, 전체적으로 세로로 긴 느낌을 주는 것으로 일반적으로 전기 와질토기에 해당하는 것이다. 또한 대부조합우각형장경호〈그림1-②〉는 대각이 붙어 있지만 조합우각형파수의 부착과, 넓고 크게 벌어지는 구연부 등이 전기 와질토기의 전통을 간직하고 있다. 대부장경호 2점〈그림1-③, ④〉은 구형동체에 낮고 짧게 벌어지는 대각과 구경부를 가지고 있는 아자형대부호亞字形臺附壺로써 일반적으로 후기 와질토기에 속하는 것이다.

노형토기爐形土器〈그림1-⑥〉는 3점이 채집되었는데 동최대경이 동체의 중앙에 있는 후기 와질토기에 해당하는 것들이다. 이 노형토기들은 소성도에서 전형적인 와질토기와 경질토기가 섞여 있고 형태면에서도 시기의 변화 과정을 살필 수 있는 것들이다. 또한 같은 와질 노형토기라도 소성도에서 상당한 차이를 볼 수 있고, 경질의 노형토기에는 대각에 돌대가 추가되어 발전된 모습을 보이고 있다. 단경호는 격자문의 연질호 1점과 무문양의 경질호 5점인데 동체가 약간 세로로 긴 느낌을 주는 것과 어깨에 꼭지가 붙어 있는 것〈그림1-⑤〉들로 일반적으로 와질토기 전 기간에 걸쳐 출토되는 기종이다.

이와 같이 고령 반운리 와질토기들은 와질토기 전기와 후기의 과도기단계, 즉 2세기 중반에서 경질토기단계인 3세기말 내지 4세기초까지의 토기들이다. 그런데 이러한 와질토기의 기형들은 경남지역인 울산 하대리 출토 와질토기, 부산 노포동 출토 와질토기와 동일한 것들로 고령의 지역색을 나타내지 않고 있다. 뿐만

---

7   洪鎭根, 1992, 「高靈盤雲里 瓦質土器 遺蹟」, 『嶺南考古學』 10, pp. 69~86.

아니라 인근 지역인 성주 예산리 출토의 와질토기 기형과도 같아 이 시기에는 아직 고령양식 즉 대가야양식 토기가 성립되지 않고 있음을 보여주고 있다. 고령과 이웃하고 있는 성주 예산리 와질토기를 보아도 이 사실을 알 수 있다.

2) 성주 예산리 와질토기

성주 예산리 와질토기는 경북 성주군 성주읍 예산리의 야트막한 야산과 연결되는 경사진 구릉에서 출토된 것이다.〈그림 2〉이것 역시 발굴 조사가 아닌 출토품의 신고로 알려지게 되어 나중에 주변을 조사한 것이다. 이곳의 출토 토기는 주머니호 1점과 조합우각형 파수부원저장경호 5점이며, 이와 함께 철부 1점도 같이 출토되었다.[8]

주머니호는 기표면 전체가 검은 색으로 마연된 것으로 와질로서는 소성이 양호한 것이다. 밑바닥은 둥글고 배는 급하게 튀어나왔으며, 상부는 약간 내경하면서 곧게 올라가다가 급하게 외반하면서 구연부와 연결되고 있다. 이와 같은 기종은 부산의 구서동, 창원 다호리,[9] 경주 황성동[10] 출토 주머니호와 형태상 가장 가깝다.

조합우각형파수부 원저장경호 5점〈그림2-①~④〉은 모두 대체로 비슷한 형태로 비교적 정선된 태토에 구형에 가까운 동체 전면에 격자문이 타날되어 있고 구연은 크게 외반되어 광구를 이루고 있다. 이와 같이 토기들은 와질토기 전기에 속하는 것들로서 경주 조양동 유적과[11] 부산 구서동[12], 울산 하대리[13], 대구 팔

8　韓炳三, 1984,「星州出土 - 括瓦質土器」,『尹武炳博士 回甲紀念論叢』, pp.169~182.

9　李健茂 外, 1989,「義昌 茶戸里遺蹟 發掘進展報告(Ⅰ)」,『考古學誌』第1輯, 韓國考古美術研究所, pp.5~174.

10　隍城洞遺蹟發掘調査團, 1991,「慶州 隍城洞遺蹟 第1次 發掘調査 概報」,『嶺南考古學』8, pp.1~102

11　崔鍾圭, 1982,「朝陽洞土壙墓群 4次發掘」,『박물관신문』제126호.

12　申敬澈, 1986,「釜山久瑞洞出土의 瓦質土器」,『嶺南考古學』2, pp.115~122.

13　安在晧, 1994,「三韓時代 後期 瓦質土器의 編年-下垈遺蹟을 中心으로-」,『嶺南考古學』14,

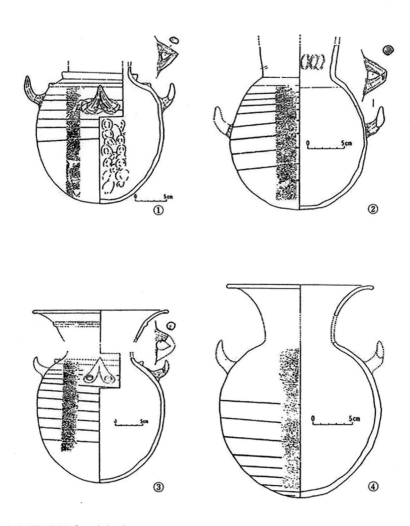

그림 2 | 성주 예산동 출토 와질토기

달동[14], 그리고 앞의 고령 반운리에서 출토되는 것과 형태면에서 거의 같은 양식

pp. 63~87.

14   嶺南文化財硏究院, 2000, 『大邱 八達洞遺蹟 I 』.

이다. 또한 와질토기와 함께 철부와 같은 철제품이 출토되는 양상도 차이가 없는 실정이다.

이와 같은 토기 양상은 적어도 와질토기 단계인 3세기까지는 고령과 성주의 토기문화가 같았다는 것이며 더 나아가 부산이나 울산, 경주, 대구 등 영남지역 공통의 양식을 가지고 있었음을 말하는 것이다.

2. 대가야양식 토기의 성립

1) 대가야양식 토기의 설정과 기종

대가야양식 토기의 기종은 고령지역의 중심고분군인 지산동고분군 출토의 토기 기종 중에서 고령의 지역색을 가장 특징적으로 반영하면서도 시간이 흘러도 변치 않으며 다른 지역의 동일 기종 토기에는 보이지 않는 고유한 특성을 가지고 있는 토기를 말한다.

그런데 토기의 양식 명칭을 말할 때 보통은 특정 양식의 기종이 형성되거나 출토되는 지역의 명칭으로 불러 고령양식 토기[15], 함안식 토기[16], 고성·사천식 토기[17] 혹은 진주식 토기[18] 등으로 부르는 경우도 있고, 통일신라양식 토기[19] 혹은 신라 후기양식 토기[20], 소가야 토기[21] 등 시대나 국가양식으로 부르는 경우도 있다. 그러나 지역양식 토기의 의미가 결국 지역의 의미를 벗어나 정치체의 권역을 나타내는 것으로 본다면[22] 고령지역에서 먼저 성립되어 다른 지역으로 확산

---

15   李熙濬, 1994,「고령양식 토기 출토 고분의 편년」,『嶺南考古學』15, pp. 89~113.

16   金正完, 1994,「咸安圈域 陶質土器의 編年과 分布 變化」, 慶北大學校 大學院 碩士學位 論文.

17   定森秀夫, 1983,「韓國慶尙南道泗川·固城地域出土陶質土器について」,『角田文衛博士古稀紀念古代學論叢』, pp. 285~295.

18   朴升圭, 1992,「一段長方形透窓高杯에 대한 考察」,『嶺南考古學』11, pp. 81~108.

19   金元龍, 1985,「統一新羅土器」,『韓國史論』15, 國史編纂委員會, pp. 501~540.

20   崔秉鉉, 1987,「新羅後期樣式土器의 成立試論」,『三佛金元龍教授停年退任紀念論叢』, pp. 563~596.

21   尹貞姬, 1997,「小加耶土器의 成立과 展開」, 慶南大學校大學院 碩士學位 論文.

22   李熙濬, 1995,「토기로 본 大伽耶의 圈域과 그 변천」,『加耶史研究 -대가야의 政治와 文化-』,

된 양식이지만 그것이 대가야의 문화권 내지 정치적 지배영역을 의미한다는 점을 강조하는 뜻에서 필자도 그전에는 고령양식 토기라고 하였으나,[23] 이 글에서는 '대가야토기'라는 용어를 사용한다.[24]

따라서 여기서는 대가야 왕경의 최대고분군인 지산동고분군 중 발굴 조사된 44호, 45호분, 32~35호분 및 주변 석곽묘군 출토 토기류와 대가야문화권을 형성하기 전인 원대가야原大加耶 권역에 해당하는 고령 본관리 고분군의 34~36호분과 주변석곽묘군, 고령중심지의 근교에 해당하는 쾌빈리 고분군의 목곽묘 및 석곽묘 등에서 출토된 토기류와 송림리 토기가마에서 출토된 기종 중에서 선정하였다.[25]

위에 열거한 고분에서 출토되는 토기들의 조합상은 일정하지는 않으나 대체로 유개장경호와 발형기대, 무개장경호, 유개고배, 무개고배, 단경호, 개배, 대부파수부소호, 우각형파수부발, 통형기대, 저형통형기대, 고리형기대, 단추형꼭지 뚜껑 등이 몇 종류씩 조합을 이루고 있다. 이들 중에서 출토 빈도가 가장 높고 다른 지역에서도 대가야양식 토기로 많이 출토되는 대표적 기종을 선정하여 대가야양식 토기로 설정한다.〈그림3, 4〉

慶尙北道, p.366.

23   김세기, 1998,「고령양식토기의 확산과 대가야문화권의 형성」,『加耶文化遺蹟調査 및 整備計劃』, 경상북도, pp.83~121.

24   그러나 경우에 따라 '고령양식토기', '대가야양식토기'의 용어도 상황에 따라 적절하게 쓰기로 한다.

25   대가야양식 토기의 설정에서 참고한 발굴보고서 및 참고도서는 다음과 같다.
①齊藤忠, 1973,『新羅文化論攷』, 吉川弘文館(지산동 舊39호분).
②尹容鎭・金鍾徹, 1979,『大伽倻古墳發掘調査報告書』, 高靈郡(지산동 44,45호분).
③金鍾徹, 1981,『高靈池山洞古墳群』, 啓明大學校博物館(지산리 32~35호분 및 주변석곽묘군).
④啓明大學校博物館, 1995,『高靈本館洞古墳群』(본관리 34,35,36호분 및 석곽묘).
⑤嶺南埋藏文化財硏究院, 1996,『高靈快賓洞古墳群』(쾌빈리 1~13호분).
⑥嶺南埋藏文化財硏究院, 1998,『高靈池山洞30號墳』(지산동 30호분).
⑦嶺南文化財硏究院, 2017,『高靈松林里 大加耶 土器가마 遺蹟』.

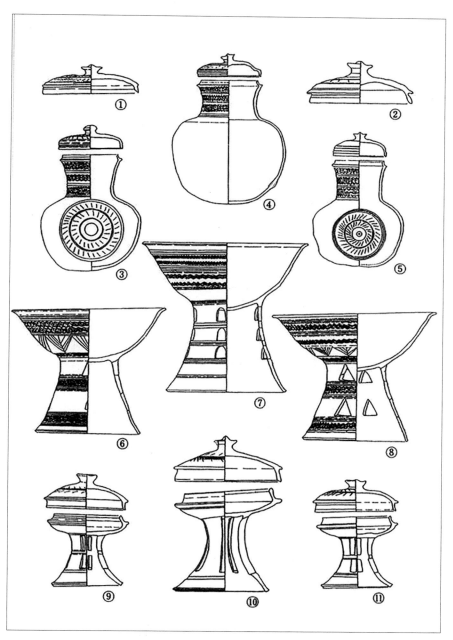

그림 3 | 대가야양식토기 I (유개장경호, 발형기대, 유개고배, 뚜껑)

그림 4 | 대가야양식토기 II (유개고배, 무개고배, 원통형기대, 저평통형기대, 개배)

(1) 장경호

① 유개장경호

대가야양식 토기 중에서도 가장 고령적인 특징이 강한 토기이다. 구형몸체에 긴 목이 달린 이 유개장경호는 특히 목부분에 특징이 잘 나타난다. '긴박緊縛된 경부頸部'라고 부르는[26] 긴 목은 가운데를 조른 듯이 중간부분이 부드럽게 잘록한 형태를 하고 있다. 이렇게 부드러운 곡선으로 졸린 듯한 긴 목은 돌대로 대개 3 등분되고, 그 안에 밀집파상문이 시문된다. 경부와 동체부의 연결도 S자형 곡선 을 이루며 부드럽게 이어져 전체적으로 곡선미와 함께 풍만한 안정감을 느끼게 한다. 이 유개장경호는 구연부가 내반하여 뚜껑 받이 턱이 되고 그 위에 대개 단 추형 꼭지의 뚜껑을 붙이고 있다.〈그림3-③, ④, ⑤〉

② 무개장경호

무개장경호는 목부분과 동체의 연결이나 곡선미 등 대부분의 요소들은 유개 식과 비슷하고 다만 구연부가 나팔처럼 벌어지는데 동체부보다는 짧아 균형미 가 있다. 그리고 목으로부터 구연부로 이어지는 선과 동체부로 이어지는 곡선이 더 유연하고 안정적이다. 대가야양식 토기들이 공통적으로 가지는 양식적 특징 이 부드러운 곡선감이지만 그 중에서도 장경호가 전형적이라 할 수 있다.〈그림 4-⑦〉

(2) 기대

기대는 그 위에 다른 토기를 올려 놓는 토기로써, 그 형태와 용도에 따라 발형 기대, 원토형기대, 저평통형기대, 족쇄형기대 등의 종류가 있다.

26　金元龍, 1960,『新羅土器의 研究』, 乙酉文化社, p. 15.

① 발형기대鉢形器臺

발형기대는 유개장경호와 세트를 이루는 고령양식 토기의 대표적 기종이다. 이 기대는 그릇을 올려놓는 발부가 깊숙하고 위로 넓게 벌어지며 구연단이 짧게 외반한다. 발부 표면에는 밀집파상문과 침선문이 배치되고, 대각과 발부의 높이가 대체로 같아 깊숙하고 넓은 느낌을 준다. 또 팔자형八字形으로 벌어진 대각은 3, 4단의 돌대로 구분하고 여기에 3각형 투창을 상하단 일치하게 뚫고 있다. 투창은 삼각형 뿐 아니라 장방형, 종형, 종형에 세로로 창살이 있는 형태 등이 있으나 삼각형이 주류를 이룬다. 대각의 문양은 투창 사이나 아래의 단에만 밀집파상문이 시문되거나 문양이 없는 점 등이 양식적 특징이다.

발형기대의 가장 고령적인 특징은 발부와 대각의 전체적 비율이 알맞은 점과 대각의 벌어져 내리는 비율에 있다. 즉 대각이 갑자기 옆으로 퍼져 내리거나 곧게 서지 않고 발부에 연결된 상부로부터 거의 45도 각도로 균형 있게 내려와 최대의 부드러운 곡선을 이루면서도 안정감을 주는 데 있다.〈그림3-⑥, ⑦, ⑧〉

그리고 발형기대 중에는 발도 그다지 깊지 않고 짧은 대각이 붙는 단각기대도 있다. 단각의 대각에는 투창도 일단에 무문으로 처리되어 있는데 이 단각기대는 고령양식 기대 중 후기에 등장하여 다른 지역까지 널리 유행한다.

② 통형기대筒形器臺

통형기대는 원통형기대라고도 하는데, 제사용 혹은 의례용 토기로 대체로 중형봉토분 이상에서만 출토되어 양은 많지 않으나 대가야적인 특징을 잘 보여주는 토기이다. 발형기대를 엎어놓은 듯이 넓게 퍼진 대각부 위에 아래위가 비슷한 원통형의 몸체를 세우고, 그 위를 볼록하게 솟아오르게 만든 다음 맨 꼭대기의 그릇 받치는 수부受部는 납작하며 넓게 벌어지는 광구부로 되어 있다. 그리고 몸통과 대각부에 삼각형 혹은 세장방형의 투창을 촘촘히 뚫고 투창 사이에는 밀집파상문과 침엽문 등을 시문하고 있다.〈그림4-④, ⑤〉

특히 몸통부 어깨에서 대각부 윗부분까지 뱀모양을 형상화한 세로띠를 네 군데 대칭 되게 붙여 전체적으로 매우 화려하고 신비한 느낌을 주고 있다. 이렇게 아래위의 균형 잡힌 형태와 장식성은 성주지역의 밋밋하고 단순한 형태의 통형 기대나, 아래위가 같이 볼록한 김해지역과 함안지역의 기대와 다른 고령양식(대 가야 양식) 통형기대의 특징이다.〈그림 15〉

③ 저평통형기대低平筒形器臺〈그림4-⑧〉
짧은 원통형 몸체의 상부를 졸라 상단을 크게 외반시켜 소형장경호를 받치는 형태의 기대로 고령양식 특유의 기종이다. 대각에는 삼각형 투창이 한 단 뚫려 있다.

(3) 고배
① 무개고배
무개고배는 배신이 얕고 대각은 역시 팔자형으로 벌어지나 대각의 최소경이 배신접합부보다 약간 아래에 있어 가운데가 약간 졸린 듯한 느낌을 주며 유연한 곡선을 이루고 있다. 대각에는 세장방형의 긴 투창이 여러 개 뚫려 있어 다투창 고배라고 부르기도 한다.〈그림4-②〉

② 유개고배
유개고배 또한 고령양식 토기의 대표기종 중의 하나라고 할 수 있다. 배신이 전체적으로 납작한 형태이고 대각은 무개고배나 발형기대의 그것과 같이 팔자 형으로 벌어지나 가운데가 졸린 듯 하며 균형 있게 내려온다. 대각에는 방형이 나 장방형 투창이 상하단 일치되게 뚫려 있어 범 가야적인 양식이나 세부적인 면에서는 앞서 본 바와 같은 고령적인 특징을 가지고 있다. 이 유개고배는 시간 이 경과될수록 전체적으로 납작해진다.〈그림4-①③⑥〉
뚜껑은 배신과 같이 납작한 느낌을 주며 중앙에 가운데가 약간 튀어나온 볼록 단추형이나 납작한 납작단추형의 꼭지가 붙어 있고, 이를 중심으로 방사상 점열문대가 2~3줄 돌려져 있다.

이런 단추형 꼭지와 점열문 뚜껑은 유개고배의 뚜껑 뿐만 아니라 유개장경호
나 중경호, 대부파수부호, 유개양이부호 등 일부의 개배를 제외한 거의 모든 토
기 뚜껑에 공통적으로 사용되고 있다. 단추형꼭지 뚜껑은 고령양식토기의 대표
적 특징이라 할 수 있다.〈그림3-①, ②〉

(4) 개배蓋杯

개배는 약간 불룩하면서도 납작한 두 개의 토기를 아래위로 마주 덮은 것 같
은 형태의 토기로 그 형태상 특징으로도 독특한 편이며 고령양식 토기 분포지역
에서 흔히 부장되는 기종이다. 형태가 단순한 대신 적갈색 연질개배와 회청색
혹은 회색의 경질개배의 두종류가 제작된다.〈그림4-⑨〉

처음 성립시에는 뚜껑에 점열문이 시문된 단추형 꼭지의 뚜껑이 사용되지만
시간이 지나면서 문양이 없어지고 꼭지도 유두형 꼭지로 바뀌고 개신도 점차 평
평해져 수평적으로 변하는 특징이 있다.

2. 대가야양식 토기의 성립과정

(1) 쾌빈리 목곽묘 토기〈그림5〉

영남지역에서 늦은 시기의 와질토기가 출토되거나 빠른 시기의 경질토기가
출토되는 묘제가 목곽묘라는 것은 잘 알려진 사실이다. 그리고 김해나 울산 경
주 등지에서는 그 시기의 최고 수장층들이 대형 목곽묘를 사용하고 있는 것도
주지의 사실이다. 그러나 대가야 최고 지배층의 분묘군인 지산동고분군에서는
목곽묘가 발견되지 않고 있었다.

그러다가 1995년 영남매장문화재연구원에 의해 고령 쾌빈리에서 목곽묘를
발굴 조사 하게 되었다. 쾌빈리 목곽묘는 고령 읍내에서 북쪽으로 2㎞ 정도 떨어
진 정방마을 뒷산에 위치한다. 이 유적은 본관리고분군이 있는 산줄기가 뻗어
내려오다가 평지에 닿은 말단에 해당하는 곳으로 능선의 등줄기에는 중형의 수

혈식 석실분이 집중 분포하고 그 사면에는 소형 석곽묘가 조영되어 있는 가운데 능선의 말단부 사면에 목곽묘가 위치하고 있는 유적이다. 유적은 아파트 건립

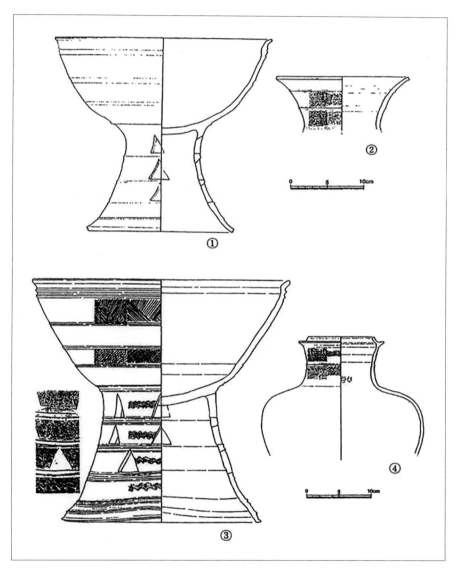

그림 5 | 고령 쾌빈리 1호분 목곽묘 출토토기

공사로 많은 부분이 잘려 나가고 일부만 수습 조사한 것이다.[27]

이 조사에서는 목곽묘 3기를 비롯하여 석곽묘 10기가 발굴 조사되었다. 특히 목곽묘는 폭 280cm의 대형목곽묘로서 와질토기가 채집된 반운리 유적이 목관묘나 목곽묘일 것이라는 추정일 뿐 조사된 일이 없는 고령에서 첫 목곽묘의 조사라는 데도 큰 의미가 있다고 하겠다.

쾌빈리 1호 목곽묘에서는 대가야양식의 발형기대, 장경호, 대호와 뚜껑 등 23점의 토기와 유자이기, 철촉 등 30여점의 철기류가 출토되었다. 철기류 중에는 겸형철기, 도끼형철기 등 모형 철기류도 섞여 있었다. 발형기대〈그림5-①, ③〉는 발부가 깊숙하고 발부와 대각의 높이가 비슷한 고령양식이나 전체적으로 투박한 느낌을 준다. 대각의 투창은 장방형, 방형, 삼각형이 있으나 삼각형이 주류이고, 상하 일치되게 배열되어 있으며, 밀집파상문이 시문되어 있다. 이들 발형기대는 지산리 35호분 기대보다 빠른 시기의 요소들을 많이 가지고 있다.[28] 따라서 이 고분은 35호분보다 빠른 4세기 후엽으로 비정된다.

또 12호 목곽묘에서는 지산동고분군에서는 출토되지 않은 양이부호와 노형기대가 출토되었다.〈그림6-①, ②〉 노형기대는 '고식도질토기' 출토 고분에서 보이는 기종이며 영남의 남부지역에서 많이 출토된 바 있다. 이 12호 목곽묘 출토의 노형기대는 김해 예안리 93호, 138호부곽, 151호 고분출토의 노형기대와 혹사하다.[29] 즉 둥그런 호 부분이 중간에서 한번 오므라들다가 갑자기 외반하여 구연부를 이루는 점과 구연단과 목 부분에 돌대가 돌아가는 점, 그리고 서서히 팔자로 벌어지는 대각에 삼각형 투창이 뚫려 있는 점 등이다.〈그림7-①, ②〉 뿐만 아니라 목곽묘의 형태도 비슷한 양상이며 이들 목곽묘에서 같이 출토되는 양이부호나 단경호의 공반관계도 흡사하다.

---

27   嶺南埋藏文化財硏究院, 1996,『高靈快賓洞古墳群』.
28   朴天秀, 1998,「大伽倻圈 墳墓의 編年」,『韓國考古學報』39, pp. 114~116.
29   釜山大學校博物館, 1993,『金海禮安里古墳群』Ⅱ, 本文篇, p. 56, 158, 186.

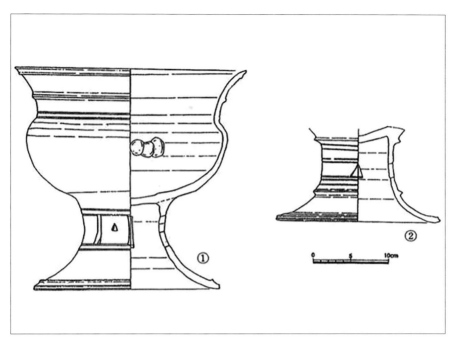

그림 6 | 고령 쾌빈리12호 목곽묘 출토토기

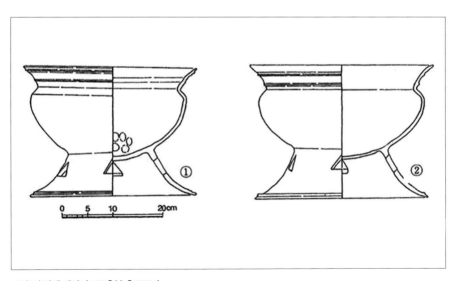

그림 7 | 김해 예안리 138호분 출토토기

이들 예안리 93호, 138호, 151호 목곽묘는 보고서에서 예안리 Ⅱ단계로 분류
되고 있는데 이들보다 빠른 예안리 Ⅰ단계의 실연대를 4세기 전엽으로 편년하
고 있다.[30]〈그림7〉 여기서의 전엽은 전, 중, 후의 전엽을 의미하는데 편년표에 나
타난 것을 보면 4세기의 초에 해당한다[31]. 이런 여러 가지를 감안하더라도 쾌빈
리 12호 목곽묘는 본고의 4세기 초엽에 비정된다.

(2) 대가야양식 토기의 성립

이미 위에서 살펴 본 바와 같이 4세기 초엽의 고령 쾌빈리 12호 목곽묘에서는
노형기대와 양이부단경호만 출토되고 대가야양식 토기인 발형기대나 장경호는
출토되지 않고 있다. 그러나 4세기 후엽의 목곽묘라고 생각되는 1호 목곽묘에서
는 완전한 대가야양식 토기인 발형기대와 유개장경호가 출토되고 있다. 그리고
이들 쾌빈리 목곽묘는 유구의 구조에서도 차이가 있어, 12호 목곽묘는 목곽과
묘광 사이를 충전토로만 채우고 있는데 반해 1호 목곽묘는 묘광과 목곽 사이를
충전토와 함께 할석으로 보강하고 있다.

쾌빈리고분군은 고령의 중심고분에서 벗어난 근교 지역 고분군인데, 이와 같
은 주변고분군 중에서 그것도 목곽묘에서 4세기 초엽에는 대가야양식 토기가
성립되어 있지 못하다가 4세기후엽 고분에서는 대가야양식 토기로 완전히 변하
고 있다. 이로 보건대 대가야 중심고분군인 지산동고분군에서는 4세기 후엽보
다 빨리, 늦어도 4세기 전엽에는 대가야양식 토기가 성립되었을 것으로 추정할
수 있다.

지산동고분군의 봉토분 중에서 가장 빠른 고분인 73호분이 5세기 초엽인데
여기에서 발형기대의 균형잡힌 대가야 양식이 나타나고 73호분과 비슷한 시기
이면서 조금 뒤라고 생각되는 7호분에서는 발형기대와 장경호 외에 유개고배와

---

30   釜山大學校博物館, 1993, 앞 책, p. 247.
31   釜山大學校博物館, 『金海禮安里古墳群Ⅰ』, pp. 303~307.

무개고배 등의 완전한 대가야양식 토기가 완성되어 있는 것을 볼 수 있다.[32] 〈그림3, 4〉

그리하여 4세기 전반에 성립되기 시작한 대가야양식 토기는 노형기대에서 발달한 발형기대를 시작으로 무개장경호, 유개장경호, 무개고배, 유개고배 순으로 정형화해 간 것으로 생각된다. 이것은 반운리에서 목곽묘를 조영하던 고령세력이 4세기초에 그 중심지를 연조리로 이동하고 이들의 지배층 묘제로 수혈식 석곽(석실)묘를 채용한 사람들에 의해 이루어진 것이며[33] 그 제작지는 고령의 서쪽인 쌍림면 송림리 토기요지로 추정된다. 송림리 토지요지에서는 지산동고분군 출토 토기와 같은 장경호, 고배, 발형기대, 통형기대, 저평통형기대, 뚜껑 등 대가야양식 토기가 모두 출토되고 있어 이를 뒷받침해 주고 있다.[34] 이 송림리 토기가마에서는 대가야양식 토기와 함께 철기제작에 필요한 송풍관도 출토되어 대가야 제철이 활발히 이루어졌음을 증명하고 있다. 출토된 토기는 시기차이가 있고 연화문전蓮花文塼도 출토되어 오랜 기간 조업이 진행된 것으로 보인다.

---

32 曺永鉉, 2010, 『高靈池山洞73~75號墳』, 大東文化財硏究院.
33 金世基, 1995, 「大伽倻墓制의 變遷」, 『加耶史硏究』, 慶尙北道, p. 356.
34 嶺南文化財硏究院, 2017, 『高靈 松林里 大加耶 土器가마 遺蹟』.

3. 대가야 토기의 확산

1) 대가야 토기의 출토지역

(1) 합천지역

① 옥전고분군[35]

합천 옥전고분군은 소형목관(목곽)묘로부터 대형목곽봉토분, 대형수혈식봉토분, 횡구식석실분, 횡혈식석실분 등 각종 묘제와 유물이 출토된 고분군으로 황강 하류에 위치한다. 이 곳에서의 고령양식 토기는 빠른 시기 목곽묘 단계에서 일부가 출토되다가 점차 대가야양식 토기 일색으로 되기도 한다. 옥전고분군의 대가야양식 토기는 유개장경호와 발형기대, 통형기대, 유개고배, 무개고배, 개배 등의 거의 고령양식 토기 전기종을 망라하고 있다. 옥전 고분군의 고령양식 토기는 빠른 것은 5세기 전엽에 나타나기 시작하나 확산되는 것은 대체로 5세기

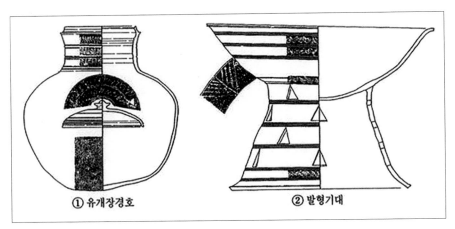

① 유개장경호 ② 발형기대

그림 8 | 합천 옥천고분 출토 대가야양식토기(M6호분)

---

35   慶尙大學校博物館, 1986, 『陜川玉田古墳群 1次發掘調査槪報』.; 慶尙大學校博物館, 1988, 『陜川玉田古墳群 Ⅰ-木槨墓-』.; 趙榮濟・朴升圭, 1990, 『陜川玉田古墳群 Ⅱ-M3號墳-』, 慶尙大學校博物館.; 趙榮濟 外, 1992, 『陜川玉田古墳群 Ⅲ-M1,M2號墳-』, 慶尙大學校博物館.; 趙榮濟 外, 1993, 『陜川玉田古墳群 Ⅳ-M4,M6,M7號墳-』, 慶尙大學校博物館.; 趙榮濟 外, 1995, 『陜川玉田古墳群 Ⅴ-M10,M11號墳-』, 慶尙大學校博物館.; 趙榮濟 外, 1997, 『陜川玉田古墳群 Ⅵ-M23・28號墳-』, 慶尙大學校博物館.

후엽 이후라고 생각된다.〈그림8〉

②반계제고분군[36]

황강 상류지역인 반계제고분은 이 지역 수장층의 분묘인 고총고분이 가,나,다 지구의 중심에 자리잡고 주변에는 소형석곽묘들이 다수 분포하는데 출토된 유개장경호와 발형기대, 개배, 유개평저단경호 등은 모두 대가야양식 토기 일색이다. 이들 수장층 분묘의 고령양식토기는 5세기 후엽으로 추정된다.〈그림9〉

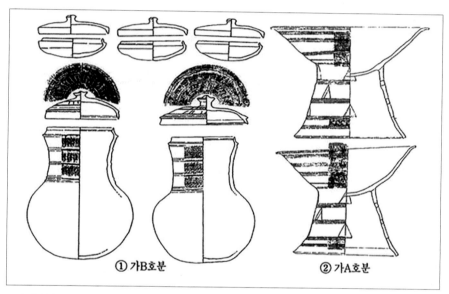

그림 9 | 합천 옥천고분 출토 대가야양식토기(M6호분)

③중반계고분군[37]

중반계고분군은 황강 상류지역인 반계제고분군보다 조금 하류로 내려온 지

---

36   김정완 외, 1987,『陜川磻溪堤古墳群』, 國立晉州博物館.
37   趙榮濟, 1987,『中磻溪古墳群』, 慶尙大學校博物館.

점으로 소형 수혈식 석곽묘 지역이다. 출토 토기는 대체로 대가야양식 토기 일색인데 무개장경호, 개배, 유개고배 등이 출토되었다. 이 토기들의 연대는 반계제의 수장층 분묘보다 늦은 6세기 초엽으로 추정된다.

④ 봉계리고분군[38]

황강의 중류지역인 봉계리 고분군은 강가의 평지에 토광묘로부터 소형 석곽묘까지 오랜기간에 걸쳐 조영된 고분군이다. 여기에서도 처음에는 재지계 토기속에 일부 섞여서 출토되던 대가야양식 토기가 점차 대가야양식 일색으로 변하고 있다. 이들 소형묘들과 조금 떨어진 구릉에 위치한 대형봉토분 1기는 묘제와 출토 유물 모두 대가야양식 일색이다. 봉계리 고분군의 시기는 5세기 후엽부터 6세기 초엽에 걸치는 것으로 판단된다.

⑤ 저포리고분군[39]

봉계리고분군보다 조금 하류에 위치한 저포리고분군은 능선별로 A, B, C, D, E지구로 나뉘어 조사되었는데 A,B지구는 토광묘(목관묘)지구로 고령양식 토기가 출토되지 않았고, C, D지구는 세장방형 수혈식 석곽묘에서는 대가야양식 토기가 출토되고, 방형수혈식 석곽묘나 횡구식과 횡혈식 석실묘에서는 최초 매장에는 대가야양식토기가 부장되고, 추가장에서는 신라양식이 가미된 토기가 부장되고 있다. E지구는 횡구식과 횡혈식 석실분인데 신라양식 토기가 대부분이지만 이른 시기 횡구식 고분에서는 대가야양식 토기가 남아 있는 상태이다. 대

38 沈奉謹, 1986, 『陜川鳳溪里古墳群』, 東亞大學校博物館.
39 鄭永和 外, 1987, 『陜川苧浦古墳A發掘報告』, 嶺南大學校博物館.
     朴東百・秋淵植, 1988, 『陜川苧浦里B古墳群』, 昌原大學博物館.
     李殷昌, 1987, 『陜川苧浦里 C・D地區遺蹟』, 曉星女子大學校博物館.
     尹容鎭, 1987, 『陜川苧浦里 D地區遺蹟』, 慶北大學校博物館.
     釜山大學校博物館, 1987, 『陜川苧浦里 E地區遺蹟』.

개 대가야가 쇠퇴하는 시기부터 멸망한 후까지의 고분으로 생각된다.

⑥ 창리고분군[40]
저포리고분군보다 조금 더 황강하류에 위치하는 창리고분군은 수혈식석곽묘
와 횡구식석곽묘군으로 나뉘어져 있는데 수혈식 석곽묘군에서 대가야양식 토기
일색인 가운데 재지계가 일부 섞여 있는 상태이다. 대개 5세기 말엽에서 6세기
초엽으로 생각된다.

⑦ 삼가고분군[41]
합천군의 남쪽 내륙지방에 위치하는 삼가고분군은 합천에서 진주로 가는 통
로에 해당하는 곳으로 진주, 산청, 의령으로 연결되는 곳에 위치한다. 이 고분군
은 수혈식, 횡구식, 횡혈식 고분이 혼재 되어 있는 고분인데, 추가장에 의한 다곽
분으로 이루어진 묘곽중에서 대가야양식 토기와 신라양식 토기가 출토되었다.
대개 6세기 전엽 이후의 고분으로 생각된다.

(2) 거창지역
① 말흘리고분군[42]
말흘리고분군은 황강상류에 해당하는 위천에 위치하는 소형분묘군이다. 그
중 3기의 고분이 발굴조사 되었는데 세장방형의 수혈식석곽묘에서 재지양식 토
기에 섞여 대가야양식의 유개장경호, 저평통형기대, 단추형꼭지 뚜껑이 출토되
었다. 대개 5세기 초엽의 토기로 생각된다.

---

40   沈奉謹, 1987, 『陜川倉里古墳群』, 東亞大學校博物館

41   심봉근, 1982, 『陜川三嘉古墳群』, 東亞大學校博物館.

42   한영희·김정완, 1985, 「거창 말흘리고분」, 『국립박물관 고적조사보고』 제17책, 국립중앙박
      물관, pp. 7~61.

② 무릉리고분군[43]

거창읍의 동쪽 4㎞ 황강 상류의 무릉리에서 채집된 토기들은 모두 대가야양식 토기들이다. 대개 5세기 후엽대의 토기로 생각된다.

(3) 함양지역
① 백천리고분군[44]

백천리고분군은 남강의 상류인 위천변에 위치하는데 묘제도 대가야묘제의 전형일 뿐만 아니라 출토된 토기 또한 고령에서 제작한 것으로 생각되는 대가야양식 일색이다. 시기는 5세기 말엽이다. 〈그림10〉

② 상백리고분군[45]

백천리고분군보다 약간 상류에 위치하는 상백리고분군은 묘제도 백천리고분군과 같은 대가야식이고 출토된 토기 역시 모두가 완전히 대가야양식이다. 시대 또한 백천리고분군과 같은 시기이다.

③ 손곡리고분군[46]

손곡리고분군도 백천리 고분군과 같이 천석으로 네벽을 쌓은 석곽묘로 유개 장경호 등 대가야양식 토기가 주류이다.

---

43   釜山女子大學校博物館, 1985,「陜川댐 水沒地區 居昌郡 南上·南下地域 地表調査報告書」,
      『陜川댐 水沒地區地表調査報告書』, 慶尙南道, pp. 177~245.
44   釜山大學校博物館, 1986,『咸陽白川里1號墳』.
45   金東鎬, 1972,『咸陽上白川里古墳群發掘調査報告』, 東亞大學校博物館.
46   노중국 외, 1998,『가야문화도록』, 경상북도, p. 252.

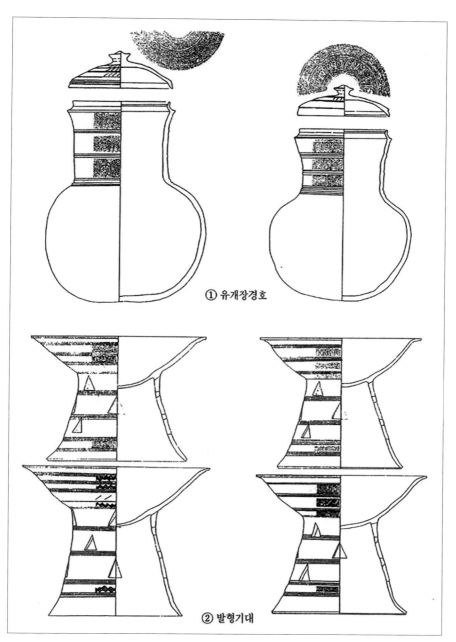

① 유개장경호

② 발형기대

그림 10 | 함양 백천리고분 출토 대가야양식토기(1호분)

(4) 산청지역

① 묵곡리고분군[47]

남강의 상류인 경호강변에 위치하는 묵곡리고분군은 석관묘와 수혈식 석곽묘 및 횡구식 석실묘가 혼재되어 있는 고분군으로 출토된 토기가 신라양식 토기와 혼합된 가운데 대가야양식 토기가 주류를 이루고 있다.

② 중촌리고분군[48]

산청군 신안면 중촌리에 위치하는 대규모 고분군이다. 중·소형의 봉토분과 봉분이 거의 남아 있지 않은 소형분들이 밀집되어 있는 고분군이며 그 중에는 봉분의 직경이 20m에서 30m 가까운 것도 있다고 보고된 바 있다.[49] 수혈식석곽묘와 횡혈식 석실분이 조사되었는데 재지계 토기 속에 대가야양식 토기가 섞여 있는 것으로 알려져 있다. 중촌리 고분군에서 출토되는 토기류들은 경남 서남부의 재지양식토기 속에 장경호 등 대가야식 토기도 출토되었다,

③ 옥산리고분군[50]

산청읍 교외의 경호강가에 위치한 목관묘와 석곽묘가 혼재한 고분군으로 1996년 경상대학교박물관에서 가야시대석곽묘 137기를 발굴 조사하였는데, 유개장경호, 무개장경호, 단경호, 고배 등 많은 토기가 출토되었다. 토기의 대부분이 대가야양식으로, 예를 들어 유개장경호가 석곽묘 97기에서 107점이 출토되었는데 모두 대가야식 이었고, 무개장경호 115점 중 수평구연호 50점, 대가야식

47   尹貞姬, 1997, 「小加耶土器의 成立과 展開」, 慶南大學校大學院 碩士學位論文, p.12.
노중국 외, 1998, 『가야문화도록』, 경상북도, pp.249~251.
48   安春培, 1983 「山淸中村里古墳發掘槪報」, 『韓國考古學年報』 10, P.28.
新羅大學校博物館, 2004, 『山淸 中村里古墳群』.
49   蔡奎敦, 金元經, 1993, 『山淸郡 文化遺蹟 精密地表調査 報告書』, 釜山女子大學校博物館.
50   趙榮濟 외, 2015, 『山淸 玉山里遺蹟 -石槨墓-』, 慶尙大學校博物館.

27점, 비대가야식 15점, 신라식 2점, 기타 21점으로 집계되었다.

④ 생초리고분군[51]

산청군 생초면 어서리 일대에 위치하는데, 이곳 야산의 정상부와 사면에는 20여기가 넘는 고총고분과 수백여기가 넘는 수혈식석곽묘가 분포하고 있어 일찍부터 가야고분 연구자들의 주목을 받아 온 곳이다. 2002년에 소형석곽묘군과 2004년에는 고총고분 중 소형봉토분인 M12호분과 대형봉토분인 M13호분 2기에 대하여 경상대학교박물관에서 발굴조사 하였다.

발굴조사 결과 많은 토기들이 출토되었는데, 장경호와 발형기대, 고배, 개배, 저평통형기대, 단경호, 파수부호 등 많은 토기가 출토되었는데, 거의 대부분이 대가야토기이고 재지계 토기들도 대가야토기를 모방한 것들이었다.

⑸ 진주지역

① 수정봉・옥봉고분군[52]

진주시내 동쪽 남강의 북안 구릉에 위치하는 횡혈식 봉토분으로 구성된 이 지역 수장층 집단의 분묘군이다. 이 고분은 묘제가 횡혈식 석실분임에도 출토유물은 대가야양식 일색이다. 시기는 6세기 초엽에 해당하는 유적이다.〈그림11〉

51   조영제 외, 2006, 『山淸 生草古墳群』, 慶尙大學校博物館.
조영제 외, 2009, 『山淸 生草 M12・M13號墳』, 慶尙大學校博物館.
52   定森秀夫 外, 1990, 「韓國慶尙南道晉州 水精峰2號墳・玉峰7號墳出土遺物」, 『伽倻通信』第19・20合輯, pp. 19~51.
朝鮮總督府, 1915, 『朝鮮古蹟圖譜』제3책, pp. 277~292.

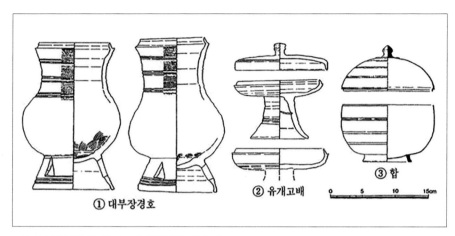

그림 11 | 진주 수정봉고분 출토 대가야양식토기(2호분)

(6) 창원지역

① 자산동兹山洞고분군[53]

창원시 합포구 자산동 산에 위치한 이 고분군은 수혈식 석곽묘 3기가 조사되었는데 대가야양식의 장경호, 발형기대, 개배 등이 출토되었다.

② 다호리고분군[54]

창원시의 다호리 유적은 원삼국시대의 통나무형 목관묘가 조사된 곳인데 일대가 오랜기간 조영된 각종 묘제가 분포된 유적이다. 이 다호리 유적 중 횡구식 봉토분 1기와 주변의 소형 수혈식, 횡구식 석곽들이 발굴조사 되었다. 그런데 수혈식 석곽묘와 봉토분인 횡구식 석실묘의 주구에 매납된 토기들 속에 2단투창 유개고배와 단추형꼭지 뚜껑 등 대가야양식 토기들이 다수 포함되어 있다. 또 주변 석곽묘에서 출토된 토기들 중에도 대가야양식 토기들이 섞여 있었다.

53   尹貞姬, 1997,「小加耶土器의 成立과 展開」慶南大學校大學院 碩士學位論文, pp. 16~17.
54   任鶴鐘 外, 2001,『昌原茶戸里遺蹟』國立中央博物館.

③ 중동 토기가마 유적[55]

창원 중동유적은 경상남도 창원시 의창구 중동에 위치한다. 창원 분지 북서쪽 남산 108m 의 남쪽 구릉 경사면과 끝부분으로, 동서문물연구원에서 2008년에 발굴 조사하였다. 대가야시대의 생산유적인 토기가마 2기와 폐기장, 고분유적인 수혈식석곽묘 26기, 생활유적인 도로유구 2기 등이 확인되었다. 토기가마의 조업 시기와 고분군을 만든 시기는 5세기 후반에서 6세기 전반이었다. 출토된 토기는 그릇받침과 항아리, 굽다리접시와 잔, 뚜껑 등 다양한 기종이며, 고령 지산동고분군의 것과 형태와 제작 기술 등에서 완전히 똑같아 구별하기 어려울 정도다. 중동 토기가마는 고령의 대가야 장인이 직접 파견되었거나 토기제작 기술을 제공해, 대가야 토기의 원거리 생산 체계와 유통 거점을 마련했던 것으로 보인다.

⑹ 고성지역

① 율대리고분군[56]

고성읍의 동남쪽에 위치하는 고분군으로 이 중 봉토분인 2호분이 조사되었는데 주곽인 수혈식 석곽에서 유개장경호, 발형기대, 단추형꼭지 뚜껑 등 대가야 양식 토기가 주류를 이루고 있다. 이 고분에서는 또 대부장경호 고배 등 신라양식 토기도 출토되었는데 시기는 6세기 전엽으로 편년된다.〈그림 12〉

② 연당리고분군[57]

고성군 영오면 연당리에 위치하는 고분군으로 진주와 고성을 잇는 통로에 해당하는 지역이며 진주 쪽에 더 가까운 곳이다. 이 곳에서는 횡혈식 석실분과 수

55　동서문물연구원, 2012,『昌原 中洞遺蹟』.

56　김정완 외, 1990,『固城 栗垈里 2號墳』, 國立晉州博物館.

57　金渟發・李相吉, 1994,『固城蓮塘里古墳群』, 慶南大學校博物館.

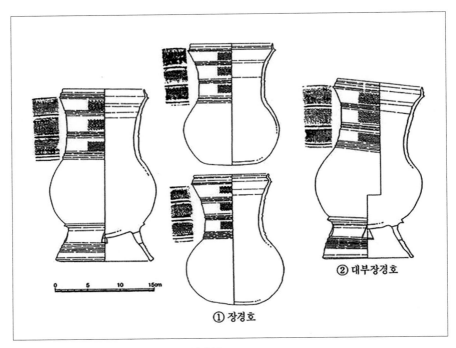

그림 12 | 고성 율대리고분 출토 대가야양식토기(2호분)

혈식 석곽묘가 조사되었는데 횡혈식 석실에서 출토된 토기는 대가야양식 토기
가 주류이고 신라양식 단각고배도 함께 출토되었다. 수혈식석곽에는 대가야양
식 토기가 주류를 이루고 있다. 축조 시기는 6세기 후엽으로 생각된다.

(7) 하동지역

① 흑룡리고분군[58]

하동 흥룡리 고분군은 섬진강변에 인접한 능선말단부의 사면부에 21기의 수
혈식 석곽묘가 위치한다. 출토유물은 대가야계 토기가 대다수를 차지하고 있고,

---

58   동아세아문화재연구원, 2012, 『하동 흥룡리고분군』.

늦은 단계에는 백제계 토기가 일부 확인된다. 즉, 출토 토기의 계통을 보면 대가야계 136점, 백제계 11점, 소가야계 2점, 신라계 1점 등이다. 철기의 부장비율이 극히 낮으며, 신분을 상징하는 유물은 출토되지 않아 위계가 비교적 낮은 집단으로 파악된다. 대가야계 유물로 보면 5세기말~6세기 전반으로 편년된다.

(8) 남원지역
① 월산리고분군[59]
전북 남원시 아영면 월산리와 청계리 일대에 분포하는 월산리고분군은 해발 400m이상의 운봉고원 지대에 형성되어 있다. 이 고분군은 봉분의 직경이 15m 이상되는 중형분 7, 8기와 주변의 소형분으로 이루어진 고분군인데 그 중 봉토분 3기가 발굴조사 되었다. 이 지역의 수장층 분묘라고 생각되는 M1호분의 주체부는 수혈식 석실묘인데 출토된 토기는 유개장경호와 발형기대, 저평통형기대 등 대가야양식 토기 일색이며 다른 고분도 마찬가지이다.[60] 대가야양식의 축소모형 철기도 출토된 이 고분은 5세기 전엽으로 편년된다.〈그림 13〉

② 두락리 · 유곡리고분군[61]
두락리고분군은 월산리고분군과 들을 사이에 두고 2km 정도 떨어져 있는데 직경 20m 정도의 봉토분 30여기가 군집하고 있는 고분군이다. 그 중 수혈식 석실묘 4기와 횡혈식 석실묘 1기가 발굴되었는데 대부분이 고령양식 토기만 출토되었다. 묘제는 수혈식으로 세장방형의 대가야식이며 토기도 장경호와 발형기대, 저평통형기대 등 고령양식 토기만 출토되었고 특히 수장층분묘에 부장되는 원통형기대도 출토되었다. 대개 6세기 초엽으로 편년된다.

---

59   全榮來, 1983,『南原 月山里古墳群發掘調査報告』, 圓光大學校 馬韓 · 百濟文化研究所.
60   전북문화재연구원, 2012,『남원 월산리 고분군』.
61   尹德香 · 郭長根, 1989,『斗洛里』, 全北大學校博物館.

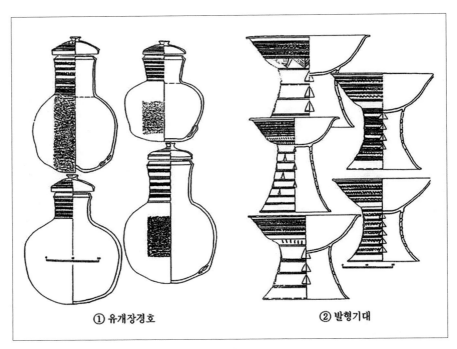

① 유개장경호   ② 발형기대

그림 13 | 남원 월산리고분 출토 대가야양식토기(M1-A석실)

③ 건지리고분군[62]

건지리고분군은 두락리고분군에서 남쪽으로 2㎞ 정도 떨어져 위치하는데 소형의 수혈식 석곽묘로 이루어진 고분군이다. 고분의 구조 역시 대가야식묘제이고 출토 토기들도 거의 대가야양식 토기 일색이다. 시기도 두락리 고분군과 비슷한 6세기 초엽에서 전엽으로 생각된다.

⑼ 장수, 진안, 임실지역

장수, 진안, 임실 지역은 전라북도의 동부에 위치하여 험준한 소백산맥의 지

---

62   國立文化財研究所, 1991,『南原 乾芝里 古墳群 發掘調査報告書』; 尹德香, 1987,「南原 乾芝里遺蹟 調査槪報」,『三佛 金元龍教授 停年退任紀念論叢』(考古學篇), pp. 525~540.

류들이 모여 해발 400m이상 되는 산간지역을 이루는 곳이다. 금강의 상류에 해당하는 수계에 위치한 이곳은 백제와 가야의 접경지대로 문화적 교류지역이라고 생각되는데 최근의 조사에 의하면 의외로 이곳의 고분들이 대가야식 묘제이고 토기들도 대가야양식이 주로 출토되고 있다.

① 삼고리三顧里고분군[63]

삼고리고분군은 장수군 천천면 삼고리 삼장마을 뒤 능선에 위치하는데 능선의 정상부에는 대형봉토분이 자리잡고 그 사면에는 소형석곽묘들이 분포하고 있어 가야지역의 수장층 고분 입지와 같은 양상을 보이고 있다. 이들 고분군 중에서 19기의 석곽묘가 조사되었는데 출토 초기들도 유개고배, 유개장경호, 유개중경호, 광구장경호, 발형기대, 저평통형기대, 개배 등 대가야양식 토기가 주류를 이루고 있다. 백제토기는 삼족토기 1점과 병형토기 1점 정도뿐이다. 시기는 대체로 5세기 말엽 내지 6세기 초엽으로 추정된다.〈그림 14〉

② 황산리고분군[64]

황산리 고분군은 진안군 용담면 황산리 금강수계의 상류에 위치하는데 세장형 수혈식 석곽묘에서 유개장경호, 저평통형기대 등 대가야양식 토기가 주로 출토되고 있다. 시기는 삼고리 고분군과 같은 시기로 추정된다.

③ 금성리고분군[65]

금성리 고분군은 임실군 관촌면 금성리 화성부락 근처에 위치하는데 정식 발

63 郭長根·韓修英, 1998,『長水 三顧里 古墳群』, 群山大學校博物館.
64 노중국 외, 1998,『가야문화도록』, 경상북도, pp. 148~149.
65 全榮來, 1974,「任實 金城里石槨墓群」,『全北遺蹟調査報告』第13輯, 全羅北道博物館, pp. 23~33.

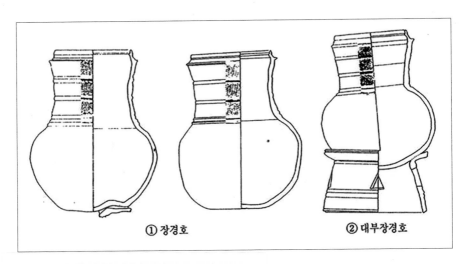

그림 14 | 장수 삼고리고분 출토 대가야양식토기(6호분)

굴조사는 되지 않았으나 수혈식 석곽묘 혹은 횡구식석곽묘로 생각되는 소형고분 3기에서 출토된 유물 중에 대가야양식 유개장경호가 보인다.

(10) 순천 지역

① 순천 운평리고분군[66]

최근의 조사에서 순천 운평리고분군의 묘제와 토기가 대가야식으로 밝혀져 순천 고락산성에서 출토된 대가야 토기와 함께 5세기말에서 6세기초에 섬진강을 넘어 광양, 순천 등 전남 동부지역까지 세력을 확장한 것으로 확인되었다. 특히 수장층의 상징처럼 되어 있는 대가야식 통형기대가 출토되어 대가야 권역임을 입증하고 있다.[67]

---

66   순천대학교박물관, 2008, 『순천운평리 고분군Ⅰ』.
67   이동희, 2014, 「전남동부지역 가야문화」『가야문화권 실체 규명을 위한 학술연구』, 가야문화권 지역 발전 시장군군수협의회, pp. 327~368.

2) 대가야 토기의 확산과정

4세기 초엽 대가야의 지배 세력이 회천 연안인 반운리에서 주산 동편의 연조리로 옮겨오면서 4세기 전엽경에 고령적인 지역색으로 성립되기 시작한 대가야양식 토기는 무개장경호와 일단투창무개고배, 발형기대 등 초기의 양식적 특징을 간직한 채 5세기 초엽이 되면 지산동 73호분과 75호분 같은 왕릉급 고총고분과 32~35호분 등을 축조할 만큼 지배력이 성장하게 되었다. 이 고총고분의 축조과정에서 유개장경호의 유연한 곡선과 발형기대의 조화가 이루어지고 유개고배의 균형 잡힌 대각도 확립되는 등 대가야양식 토기는 완성을 보게 된다.

5세기 전엽이 가까워 오면 이때부터 대가야는 야로의 철산을 개발하고 대외의 진출로로 낙동강이 아닌 서쪽의 내륙을 통한 우회로를 개척하게 된다. 그리하여 남쪽에 연접하고 있는 옥전 지역과 우호관계를 맺은 다음 백제를 향한 통로인 남원 월산리의 수장층과 일정한 관계를 맺어 대가야양식 토기 문화를 전파한다. 각 지역의 거점세력에게는 수장의 상징인 대가야 원통형기대를 주어 지배력을 강화한다.〈그림 15〉

5세기 후엽을 지나면서 고령의 대가야는 황강 상류의 반계제 지역에 진출하여 이 지역의 수장층을 지배하에 두게 되고 그 징표로 지배층의 상징인 대가야식 원통형기대를 사여한다.[68] 〈그림15-④〉 이때부터 대가야는 비약적 발전을 거듭하여 지산동 44호분과 같은 최대규모의 고분을 축조하고 40여명을 순장하는 국력을 과시한다.

그리고 5세기 말엽에는 그때까지 문화적으로는 대가야문화권에 속하면서도 정치적으로 독자성을 유지하던 옥전을 완전 장악하게 되고, 나아가 함양 백천리, 상백리의 수장층에까지 대가야양식 토기 일색으로 만든다. 대가야의 이와 같은 힘은 아마도 479년 남제로부터 받은 보국장군본국왕輔國將軍本國王이라는 관

---

68 朴天秀, 1994, 「伽倻·新羅地域の首長墓における筒形器臺」, 『考古學研究』 40-4, pp. 27~48.

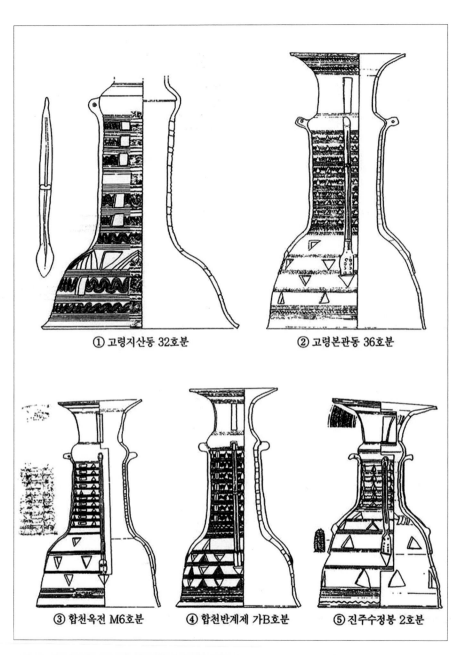

① 고령지산동 32호분   ② 고령본관동 36호분

③ 합천옥전 M6호분   ④ 합천반계제 가B호분   ⑤ 진주수정봉 2호분

그림 15 | 대가야문화권 출토 대가야양식 원통형기대

작의 위력이라고 생각된다.[69] 명실상부한 가야지역에서의 정치적 지배권을 국제적으로 인정받음으로써 그에 따른 영향력이 사회문화적인 측면에서 대가야양식 토기의 대대적 확산으로 나타나게 된 것이다.

6세기에 들어서면 대가야양식 토기는 진주를 거쳐 고성지역에까지 확대되어 율대리고분, 연당리고분은 물론 이 지역 최고 수장층인 진주 수정봉 7호분의 횡혈식 고분에까지 대가야토기 일색으로 확산되게 되었다. 이 시기에 크게 유행하는 대가야양식 토기는 6세기 중반에 가까워 오면서 남해안은 물론 마산, 창원에까지 퍼지고 소백산맥을 넘어 하동과 섬진강을 넘어 전남 순천과 장수, 진안, 임실 등 호남 동부지역까지 확산되어 넓은 영역에 퍼지게 되었다.

Ⅲ. 대가야문화권 형성의 의미

1. 대가야문화권의 개념

대가야양식 토기는 4세기 후반에 성립되기 시작하여 5세기 전반에 완성을 보고 대가야의 정치, 경제, 사회의 성장과 함께 주변지역으로 확산되었다. 처음에는 대가야의 가장특징적인 유개고배와 발형기대 세트를 중심으로 일부기종의 질 좋고 세련된 토기를 특정지역 수장층에게 공여하여 지역의 수장층들이 소장함으로써 주변지역에서 대가야 토기의 소장이 일종의 특권의식의 과시, 혹은 피지배층과의 차별화의 상징처럼 인식되어, 구성원들에게 대가야 토기의 소유 욕구를 크게 하고 더 나아가 선망의 대상으로 삼게 되었다. 이에 더하여 여러 지역의 토기 장인들도 대가야 토기 기형의 아름다움과 세련미와 소성기술의 우수성을 모방하여 대가야 토기는 더욱 급속히 넓은 지역에 퍼지게 되었다. 이러한 대

---

69 『南濟書』 권58 東南夷傳 加羅國條, "加羅國 三韓種也 建元元年 國王荷知使來獻 詔曰 量廣登始 遠夷洽化 加羅王荷知 款關海外 奉贄東遐 可授輔國將軍本國王…".

가야 토기문화는 토기뿐만 아니라 장신구, 철기, 마구 등에도 퍼져 결국 대가야 문화권을 형성하게 된 것이다.

그것은 당시 사회에서 대가야가 가지고 있는 정치, 경제적 위상이 지리산을 감싸는 소백산맥 이동의 내륙지역 세력 여타의 정치세력 보다 강력했음을 시사하는 것이다. 이렇게 해서 시작된 대가야양식 토기의 확산과 분포는 일정한 범위를 갖게 되고 시간의 경과에 따라 변화하는 양상을 갖게 되었다.[70] 대가야 토기의 양식 확산에 나타나는 분포 유형을 보면, 분포지역에 대가야 토기가 일색으로 출토되고 수장층고분 축조가 중단되는 유형과, 대가야 토기가 일색으로 출토되나 중심고분군이 계속 축조되어 지역수장층이 존재하는 유형이 있다. 또 대가야 토기의 대다수 기종이 확산되고 재지 토기가 함께 존속하는 유형, 대가야 토기가 출토되지만 재지형 토기와 대가야 토기이외에 외래형 토기가 함께 출토되는 유형으로 나눌 수 있다.[71] 그러나 분포유형이 어떠하든 대가야의 영향력이 강하게 미치고 있는 현상을 말해 준다.

대가야 토기는 고령의 서쪽과 남쪽으로 뻗어 상당히 넓은 지역으로 퍼져 나갔고, 이는 정치적 상황변화를 일정부분 반영하고 있는 것으로 생각된다. 그러나 대가야양식 토기의 분포권이 대가야 정치권력 혹은 지배력을 그대로 반영한다고 단정할 수는 없을 것이다. 그것은 여러 사회집단이 공유한 관습이나 생활방식의 유사를 반영할 수도 있고, 서로 연계된 경제적 교환의 범위를 의미할 수도 있을 것이다. 이런 것을 통틀어서 보통 문화권이라고 말한다. 그러나 문화권이란 말은 매우 막연한 개념이기도 하여 대가야문화권이라고 했을 때 이에 대한 개념의 정리가 필요하다.

우선 대가야 토기의 확산과 분포의 범위를 중심으로 볼 때, 위에서 살펴 본 바

---

70 李熙濬, 1995,「토기로 본 大伽耶의 圈域과 그 변천」,『加耶史研究 -대가야의 政治와 文化』, pp409~420.
71 朴升圭, 2003,「大加耶土器의 擴散과 관계망」『韓國考古學報』49.

와 같이 대가의 최고지배층 분묘인 고령 지산동고분군 토기를 표지로 하고, 이러한 양식적 특징을 가진 토기들이 일정한 패턴과 시기적 변화과정을 함께하면서 공통의 양식을 가지고 있다면, 그것은 적어도 그러한 토기양식을 가지고 있는 지역은 공통의 문화적 기반을 가지고 있다고 보아야 한다. 또한 토기양식 뿐만 아니라 묘제에서도 대가야묘제의 특징을 공유하고 있다면, 그것은 대가야 토기문화권 즉 대가야문화권인 것이다.

2. 대가야문화권의 정치적 의미

대가야 토기의 고령이외 지역으로의 확산, 즉 대가야문화권 형성의 시작은 5세기 전반, 고령의 바로 남쪽에 붙어 있는 옥전지역부터이다.[72] 옥전세력의 수장층과 관계를 맺은 고령의 대가야는 계속 서쪽으로 진출하여 운봉고원의 월산리 고분군 세력의 수장층 분묘를 대가야 토기 일색으로 만들어 교두보를 확보하였다. 고령에서 묘산을 거쳐 황강의 상류인 거창 말흘리고분에 대가야양식 토기가 나타나는 것은 5세기 중반이었다. 이것은 대가야가 서쪽으로의 통로 개척에 일찍부터 힘을 기울여 5세기 중반에 월산리에 일단 자기 세력권을 확보하면서 황강의 상류인 반계제 수장층을 지배하에 두는데 성공하였음을 의미하는 것이다. 반계제 가A호분, 다A호분에 보이는 완전한 대가야양식 유개장경호와 발형기대 세트, 수장층의 상징인 의례용 원통형기대는 이 시기 반계제 세력의 수장층이 대가야의 지배하에 들어갔음을 말하는 것이다.

이렇개 황강수계와 운봉고원지역을 확보한 고령의 대가야는 계속 서남진하여 남강상류지역으로 영향력을 확대하였고, 드디어 479년에는 중국 남제南濟에 단독으로 사신을 파견하여 작위를 받는데 성공하였다. 이렇게 국제적으로 국력을 공인받은 대가야는 남강하류지역으로 세력을 확장하였다. 이러한 정치적 영

---

72 李熙濬, 1995, 주)64의 앞 논문, p.412.

향이 반영되어 6세기 전반의 진주 수정봉의 횡혈식고분에 대가야양식 토기일색이 되고 수장층의 상징인 원통형기대까지 부장하게 되는 것이며 나아가 고성의 율대리1호분에 대가야 토기일색으로 되고, 이어 송학동 1호분, 연당리고분군에 대가야 토기가 부장되게 되는 것이다.

이러한 정치적 우위는 경제적 우월성도 확보하게 하여 어느 정도의 강제성을 동반한 경제활동을 가져왔고, 부수적으로 주변 지역에도 사회적. 문화적 영향을 미처 지금까지 대가야문화권에 들어있지 않았던 삼가지역이나 창원지역에까지 대가야양식 토기가 대량으로 부장되는 실태로 발전하게 되는 것이다. 이와 같은 대가야문화권의 영향력은 상승효과를 가져와 여러 지역의 수장층 뿐만 아니라 일반에게도 파급되어 소형석곽묘에까지지도 대가야양식 토기 일색으로 만들게 되었던 것이다. 산청의 묵곡리나 옥산리고분군의 경우가 이를 잘 반영하고 있다고 하겠다.

한편 소백산맥을 넘어 전북 장수, 진안. 임실지역까지 대가야양식 토기일색이 되는 것은 교역으로 시작하여 정치영향까지 반영된 대가야문화권의 형성을 말해주는 것이라고 생각된다. 즉 대가야는 일찍부터 낙동강 수로교통을 통해 김해지역과의 교류를 바탕으로 해외교류를 시도해 왔는데, 그것이 김해세력에게 주도권을 빼앗기게 되고, 또 신라의 낙동강 봉쇄로 낙동강통로를 이용할 수 없게 되자 그 진출방향을 내륙을 돌아 남강 섬진강루트를 개척하였던 것이다. 거창, 함양, 산청, 하동으로 이어지는 이른바 반월형루트가 이것이다.[73]

이렇게 섬진강을 확보하게 됨으로써 섬진강 상류지역인 남원과 장수, 진안, 임실지역이 대가야문화권을 형성하게 되는 것이다. 장수, 진안, 임실 나아가 무주지역은 금강 상류지역이기는 하지만 산간의 곡간통로를 통해 경제활동 범위에 더 편리하고 가까운 섬진강 상류 혹은 남강 상류이면서 해발400m이상 고원

---

73   朴天秀, 1997, 「정치체의 상호관계로 본 대가야왕권」, 『加耶諸國의 王權』, 신서원, p. 186.

지대인 남원의 운봉지역과 같은 대가야문화권을 형성하게 되었던 것이다. 이와 같이 대가야양식 토기 확산에 의한 대가야문화권은 합천을 중심으로 한 황강유역권, 거창, 함양, 산청, 지리산주변의 남강상류권, 진주의 남강 중류권, 고성의 남해안권, 하동, 순천을 중심으로 한 섬진강권, 장수, 진안, 임실을 중심으로 한 금강 상류권에 이르는 광범위한 지역에 형성되었다.

대가야 토기를 표지로 하여 형성된 대가야문화권의 의미는 교역과 같은 경제적 혹은 선진문화에 대한 선택압이 작용하여 형성된 것일 수도 있지만, 그렇다 하더라도 정치적 지배와 같은 강제력이 작용한 것임은 부정할 수 없다.

그런데 6가야중 하나인 성산가야로 알려져 온 성주지역은 고령과는 바로 북쪽으로 인접해 있고 대가천의 수계로 연결되어 있음에도 불구하고 전혀 대가야문화권이 형성되지 않은 점은 대단히 흥미 있는 일이다. 그것은 성주지역이 어느 시기부터인지는 확실치 않지만 이른 시기부터 신라문화의 강력한 영향을 받게 되었고, 그럼으로 해서 대가야지역과는 적대적이었기 때문이라고 생각된다.[74]

이러한 사실은 성주 성산리 고분 고총에서 신라식의 은제관모와 요패 장신구가 출토되고 토기 또한 대가야양식 토기는 거의 출토되지 않고 신라양식 토기만 출토되는 것으로 뒷받침된다. 그러므로 대가야는 일찍부터 진출방향을 서쪽으로 돌리었고, 대가야문화권도 서남쪽 지역에 형성되었던 것이다. 그런데 더욱 흥미 있는 사실은 대가야양식 토기의 출토지와 신라양식 토기인 성주토기가 출토되는 경계지점이 아주 묘하게도 오늘날의 고령군과 성주군의 경계와 정확하

---

74 대가야와 성산가야(벽진가야)와의 관계를 알려주는 기록은 없으나 성주군 벽진면 매수리의 동남쪽 고개 마루에 '태자공기돌'이라는 바위가 있다. 마을에 전해오는 전설에 의하면, 옛날 가야시대 벽진가야에서 대가야 태자를 인질로 잡아 왔는데, 이 태자가 남쪽을 바라보면서 고국인 대가야를 그리워하며 가지고 놀던 공기돌이라고 한다. 이 바위는 둥그런 바위 3개가 포개져 있고, 밑에는 2, 3개의 둥근 돌이 흩어져 있다. 태자는 끝내 대가야로 돌아가지 못하고 죽었다고 한다.

게 일치되고 있다는 점이다. 특히 그 점은 낙동강으로 연결되는 고령군 다산면의 경우 낙동강 건너 동쪽 대구광역시 달성군 화원에서는 물론 신라 토기가 출토되고, 고령군과 성주군의 경계에서도 낮은 산줄기가 만든 고개를 경계로 남쪽의 다산면에서는 대가야 토기가 출토되고 북쪽의 성주군 용암면에서는 성주토기가 출토되고 있어 이 사실을 입증하고 있다.[75]

IV. 맺음말

이상의 논의에서는 고령 지산동고분군에서 출토되는 토기 중 고령만의 특징이 있고, 그 특징이 다른 지역 고분출토 토기에도 나타나는 토기기종을 대가야양식 토기로 규정하였다. 이러한 대가야양식 토기는 시간이 경과함에 따라 점차적으로 다른 지역에까지 확산되어 감을 알게 되었다. 따라서 대가야양식 토기가 주로 출토되는 지역은 넓은 의미의 대가야문화권을 형성하고 있었음을 고찰하였다.

그 결과를 정리하면, 3세기 와질토기 시기까지는 고령과 성주는 물론 다른 지역간에도 지역적 특성이 나타나지 않았고 따라서 대가야양식 토기도 성립하지 않았다. 그러나 5세기가 되면 지산동고분군에서 전형적인 대가야양식 토기가 출토되고 있어, 이미 5세기 이전에 대가야양식 토기가 성립되었음을 말해주고 있다. 대가야양식 토기의 성립과정은 4세기대의 고령 쾌빈동 목곽묘 토기와 최근에 발굴 조사된 고령 송림리 토기 가마의 토기를 통해 추론하였다. 즉 쾌빈동 목곽묘 출토 대가야양식 토기와 대가야양식 성립 이전 토기를 비교하여 대가야

---

75   김종철, 1997, 「고령군 문화유적에 대한 고고학적 연구」, 『高靈地域의 歷史와 文化』, 啓明大學校韓國學研究院, p. 179.

토기가 늦어도 4세기 후반에는 성립되었고, 그것은 일시에 전 기종이 성립된 것이 아니라 서서히 토기기종의 다양화와 전형화가 이루어진 것임을 알게 되었다. 또 송림동 토기가마 출토 토기가 지산동 고총고분 출토품과 동일하고, 오랜 기간 조업한 것으로 나타나므로 이를 뒷받침하고 있다. 즉 4세기 후반에 성립된 대가야 토기는 대가야가 지산동에 왕릉을 축조하기 시작하는 5세기 초에 완성을 보았다. 대가야세력이 서남방향으로 진출을 꾀하면서 토기의 확산이 시작되어 5세기 중반에는 합천을 지나 남원의 월산리 지역에 진출하였다. 처음 여러지역의 수장층 분묘에서만 출토되던 대가야 토기는 5세기 후반 남제로부터 보국장군본국왕이라는 작위를 받고부터는 일반의 소형 석곽묘에도 대가야양식 토기 일색으로 만들면서 대가야문화권을 형성해 나갔다.

그 후 6세기가 되면 남강하류의 진주지역과 고성지역도 완전히 대가야문화권으로 변하게 되고 정치적으로도 대가야의 절대적 영향하에 들어가게 되어 진주 수정봉7호분의 횡혈식석실묘에 대가야가 지방의 수장에게 사여하는 순전한 대가야양식의 유대장경호와 발형기대 세트와 원통형기대를 부장하게 되는 것이다. 이와 같은 대가야 문화권을 통해 대가야는 일찍부터 낙동강통로를 포기하고 황강수계와 남강상류 수계를 통한 섬진강루트를 개척함으로써 백제와의 관계도 일정하게 정립할 수 있었고 이를 통한 중국과의 통교도 시도하여 성공할 수 있었다. 또한 이러한 요인들로 인하여 남원의 운봉고원을 바탕으로 장수, 진안, 임실과 같은 호남 동부지역을 대가야문화권으로 흡수할 수 있었던 것이다.

대가야양식 토기 확산에 의한 대가야문화권은 합천을 중심으로 한 황강유역권, 거창, 함양, 산청, 지리산주변의 남강상류권, 진주의 남강 중류권, 고성의 남해안권, 하동, 순천을 중심으로 한 섬진강권, 장수, 진안, 임실을 중심으로 한 금강 상류권에 이르는 광범위한 지역에 형성되었다. 대가야 토기를 표지로 하여 형성된 대가야문화권의 의미는 교역과 같은 경제적 혹은 선진문화에 대한 선택압이 작용하여 형성된 것일 수도 있지만, 그렇다하더라도 정치적 지배와 같은 강제력이 작용한 것임은 부정할 수 없다.

3_ 대가야 고분문화의 전개 양상

I. 머리말

고령을 중심으로 하는 대가야 영역은 고령군 지역은 물론 합천, 거창, 함양, 산청, 의령, 하동, 전남 동부의 광양, 순천지역과 전북 동부의 남원, 진안, 장수지역까지 포함하였다. 대가야는 변한의 소국인 반로국半路國으로 시작하여 가라국加羅國을 거쳐 5세기 후반 가야로서는 유일하게 중국의 남제南齊와 외교관계를 수립하고 대가야大加耶라는 고대국가로 발전하였다.

대가야의 발전과정은 묘제와 출토유물에도 그대로 반영되어 대가야의 발전단계에 따라 고분문화도 같은 궤도로 전개되고 있다. 이러한 대가야의 고분문화는 고령 지산동고분군을 중심으로 주변지역으로 확산되어 대가야문화권을 형성하였다. 대가야고분의 주 묘제는 수혈식 석실의 대형 고총분으로 높은 산줄기 정상부에 산봉우리처럼 열을 지어 장관을 이루고 있다. 그런데 이 지산동고분군의 대형 봉토분들은 대가야의 발전과정을 보여주듯이 단계별로 변천되고 있어 대가야를 이해하는데 매우 좋은 자료가 되고 있다. 사실 묘제란 사후 세계에 대한 당시 사람들의 인식체계를 반영하는 동시에 고대사회 특히 고구려, 백제, 신라, 가야시대에는 정치성향을 강하게 띠고 있기 때문에 묘제와 이에 따르는 장의풍습 및 부장유물은 가야사를 이해하는데 있어 매우 중요한 요소 중의 하나이다.

1945년 광복이후 가야사 연구는 거의 답보상태를 면하지 못하고 있었다. 그도 그럴 것이 일제식민지 시절 가야고고학은 임나일본부설을 증명하려는 일본학자들의 관심 속에서 가야 여러 지역 고분발굴을 통하여 일본유물을 찾는 수준이었고, 문헌으로는『일본서기』의 가야 관련 기록을 확인하려는 연구일색이었기 때문이었다. 그러므로 광복이후에도 가야사를 거론하는 것 자체가 일본서기 내용을 인정하는 것 같은 인식이 팽배하였으므로 가야사를 애써 외면하려는 학계 분위기는 어쩌면 당연한 결과였다고 생각된다.

그리고 1971년의 공주 무령왕릉 발굴과 1973년 경주 천마총과 황남대총의 발굴로 백제, 신라문화의 우수성과 위대함으로 온 나라가 떠들썩하게 되어 상대적으로 가야는 더욱 학계의 관심 밖으로 밀려나게 되었다. 그러나 이러한 백제, 신라고분 발굴이 대단한 고고학적 성과를 가져오자 1970년대 중반, 정부의 문화재 보존, 복원정책은 가야고분군 정비에까지 이르게 되었다. 그리하여 대가야 중심 고분군인 고령 지산동고분의 고총을 복원하게 되었고, 그 과정에서 2기의 왕릉급 고분인 지산동44, 45호분을 발굴조사하게 되었던 것이다.

고령지산동 44, 45호분은 1977년 11월 26일부터 1978년 3월 4일까지 경북대학교 박물관(44호)과 계명대학교 박물관(45호)이 합동 발굴 조사한 대가야 최대의 고분으로 대가야왕릉으로 판단된다. 이 대가야 고분발굴은 가야 고고학사에 한 획을 긋는 매우 중요한 발굴이었다. 이 발굴에서는 고분에서 확실한 순장묘를 확인하여 세간의 관심을 일으키고 가야를 크게 부각시키는 계기를 마련하였다. 44호분에서는 중앙에 3기의 석실과 이를 둘러싸는 32기의 순장곽이 확인되었고, 45호분은 2기의 석실과 11기의 순장곽을 가진 다곽분이었다.

이 고분의 발굴과 비슷한 시기에 발표된 천관우선생의 '복원가야사' 연구는『일본서기』기사 중 일본이 가야를 공격하거나, 복속했다는 기사의 주체를 일본이 아닌 백제로 바꾸면, 역사적 사실이 바르게 고쳐진다고 주장하였다. 이러한 주장은 그동안 기피되어 왔던『일본서기』를 가야사연구에 이용할 수 있는 발판을 마련하였고, 여기에 지산동44호분과 45호분의 발굴결과로 고고자료가 문헌사료를 보완해 줌으로서 이후 대가야 역사의 복원 뿐 아니라 전체 가야사 연구가 활발하게 전개되는 중요한 바탕이 되었다.〈그림 1〉

그림 1 | 고령 지산동 44호분(좌), 45호분(우) 발굴 모습

　이어서 다음해인 1978년 계명대학교 박물관에서 32~35호분을 발굴조사 하였
는데, 여기서 대가야 금동관과 갑옷, 투구 일습이 출토되어 가야문화가 신라, 백
제문화에 버금가는 높은 수준이었음을 증명하게 되었다. 또한 여기서도 주석실
외에 1기의 순장곽을 가진 묘제가 확인됨으로써 순장이 대가야고분의 큰 특징
이었음을 알게 되었고, 다른 지역의 고분에서 순장 묘제를 확인하는 기초가 되
었다. 따라서 대가야 묘제와 순장은 가야 전체는 물론 고대 신라 지역이었던 성
주, 대구, 경산, 의성, 창녕 등 고총고분 지역의 중요한 고고학적 관심주제가 되
었다. 그리고 그때까지 『삼국지』, 『삼국사기』 등 문헌사료에만 나와 있는 순장기
록을 실물로 확인하는 성과를 가져오게 되었고, 따라서 고고학과 문헌사학이 접
목할 수 있는 계기를 마련하게 되었다.

　따라서 오늘은 이러한 발굴결과를 중심으로 대가야고분 문화의 전개양상을
묘제와 출토유물을 중심으로 살펴보려고 한다.

Ⅱ. 대가야 묘제의 다양성

1. 소형(석곽)분의 묘제
1) 판석석곽묘(석관형)
판석석곽묘는 4벽을 모두 판석으로 조립한 것인데 보통 석관묘이다. 그러나

석관묘가 일반적으로 선사시대 묘제를 지칭하므로 혼돈을 피하기 위해 판석석곽묘라고 하는 것이다. 지산동고분군의 단독분이나 순장곽으로 사용되고 있다. 이 판석석곽묘는 부장칸이 있는 것과 없는 것의 두 종류가 있다.

(1) 지산동 32NW-2호분

봉토분인 32호와 33호분 사이의 중앙에 위치하며 층위상 32호분보다 먼저 축조 된 소형석관으로 어린아이의 무덤이다. 4벽은 1매씩의 판석으로 세우되 양단벽 중 머리 쪽인 남벽을 조금 넓게 한 '두관족협'이며, 바닥은 내부 크기에 꼭 알맞도록 장방형 판석 2매를 깔았다. 뚜껑은 장방형 판석 2매를 잇대어 덮고, 주위에 할석을 늘어놓은 다음 그 위에 크기가 일정하지 않은 납작한 할석 5매를 덮어 2중의 개석구조를 가지고 있다.

석관의 길이는 130㎝, 너비는 40㎝(머리), 35㎝, 깊이는 45㎝이다. 석관내부에는 흙이 차 있지 않아 매장원상을 그대로 보여주고 있는데, 남단벽 가까이에 두 개골이 남아 있어 남침임을 알 수 있다. 피장자는 신장 80㎝ 미만의 3세 전후 남자였다 유물은 금동제 세환이식을 비롯하여 토기류와 장도 등 철기류가 양단벽과 중앙부에 퍼져 있다.[1]

(2) 지산동 32SW-3호분

지산동 32호분으로부터 서남쪽으로 5~6m 떨어져 3기의 석곽이 장축의 한 끝을 서로 맞대듯이 한 방향르로 모으고 인접하여 있는데, 그 중 가장 남쪽에 있는 것이 32SW-3호분이다. 길이 330㎝, 너비 53㎝, 두께 2~3㎝의 매우 길고 얇은 장방형 판석 1매씩으로 장벽을 세우되 동남쪽은 칸막이 부근에서 다른 판으로 겹쳐 잇대었다. 이 장벽 끝부분 안쪽에 단벽을 세워 길이 290㎝ 가량의 곽을 마련

1　金鍾徹,『高靈池山洞古墳群』, 啓明大學校博物館, 1981.

하고 있는데, 서남단벽으로부터 103㎝ 떨어져 약간 낮은 칸막이 벽(폭 52㎝)을 세워 매장칸(길이 185㎝)과 부장칸(길이 103㎝)을 구별하고 있다.

바다에는 양칸 모두 판석을 깔고 있는데, 매장칸에는 큰 판석 2매와 사이사이에 판석조각을 깔고, 부장칸에는 조그만 판석조각을 사이 뜨게 적당히 깔았다. 유물은 부장칸에는 물론 매장칸에도 단벽과 서북장벽 쪽에 부장하고 있다.

2)할석석곽묘

할석석곽묘는 일반적으로 석곽묘로 부르는 것으로 할석이나 자연석, 괴석으로 4벽을 쌓은 것을 말한다. 또 할석 이외에 냇돌이나, 할석과 판석을 혼용한 것도 이 석곽묘에 해당한다. 이 석곽묘에는 할석으로 쌓은 외곽안에 판석조 석관을 설치한 2중곽식도 있다.

(1) 32SW-1호분

32호분과 33호분 사이의 남쪽 평탄한 지역에 위치하는데, 33호분 호석이 이 고분의 호석을 자르고 돌려져 있어 33호분보다 먼저 축조된 석곽분이다. 납작한 할석으로 4벽을 쌓은 석곽은 길이 360㎝, 너비 75㎝, 깊이 98㎝로 장폭비 5.0 : 1의 세장형으로 석곽으로서는 큰 편이며, 소형석실이라는 느낌이들 정도로 벽면이 정연하다.

장축방향을 정남북(N-1°W)으로 두고 있는 석곽주위에는 할석을 한줄로 늘어놓은 타원형의 호석이 돌려져 있다. 석곽의 상단부가 일부 지표에 노출되어 있었으므로 출토유물은 양단벽 쪽에 파편이 일부 남아 있을 뿐인데, 그 종류는 유개고배, 뚜껑 및 철촉, 착형철기 등 소형 철기류 등이다.〈그림 2의 (좌)〉

(2) 32NE-1호분

32호분 동북쪽 호석 밖에 1.4m 떨어져 독립분으로 발견된 것으로 층위상 이 석곽의 남쪽봉토 일부를 32호분의 봉토가 덮고 있어 32호분보다 먼저 축조된 것

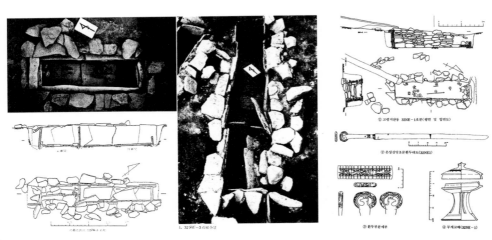

그림 2 | 대가야묘제(판석조(좌), 할석조(우)석곽)

이 분명하다.

장축방향을 남북(N-27°-W)으로 두고 있는 석곽의 규모는 길이 332㎝, 너비 70 ㎝, 깊이 90㎝로 장폭비 4.9 : 1의 세장형 석곽이다. 이와 같이 석곽의 규모는 크지 않으나 타원형으로 돌아가는 호석이 남쪽과 서쪽에 일부 남아 있고, 봉토는 거의 평탄하나 남쪽호석 위에 일부가 남아 있어 규모와 구조면에서 다른 소형석곽묘들과는 뚜렷이 구별된다.

부장유물에서도 무개식장경호, 1단세장형투공고배 등 비교적 빠르다고 생각되는 토기류와 함께 은상감당초문환두대도, 철검, 소도, 철촉등 철기류와 금제이식 등 지배층 성격이 강한 유물이 출토되었다. 〈그림 2의 (우)〉

2.고총분의 묘제

1)대가야 고총분의 형성과 전개

(1) 대가야 고총분의 분포와 특징

고령 지산동고분군은 주산에서 남쪽으로 뻗어 내린 주능선 등마루를 따라 직경 20m 이상의 거대한 봉토분이 열을 지어 서 있고, 이 주능선과 가지능선 사면에는 중소형 봉토분 704기가 군집해 있는 가야 최대의 고분군이다. 고분의 분포 상황을 좀 더 자세히 살펴보면, 주산에서 남쪽으로 뻗은 주능선의 등마루를 따라 위에서 말한 거대한 봉토분이 산봉우리처럼 열을 지어 서 있다.

고분은 능선 산마루 쪽에는 주로 대형 봉토분이 군집해 있고, 능선을 따라 낮은 지역으로 내려오면서 비교적 작은 봉토분이 몰려있다. 즉 주산성 하단인 표고 160~180m 사이의 능선 정상부에는 직경 20m이상의 대형분이, 100~160m 사이의 능선 하단부에는 직경 10~15m의 중형분이 집중분포하고 있다. 그러나 평지에 가까운 해발 40~60m 사이의 능선 하단부에도 고아리 고분벽화를 비롯한 대형분이 2~3기 가량 있고, 봉분이 없는 소형 석곽분은 능선의 높이에 관계없이 대형분의 주위와 능선사면을 가리지 않고 광범위하게 분포하고 있다. 이러한 지산동고분군의 입지와 외형, 내부구조를 통해 본 고분의 특징은 다음과 같다.〈그림 3〉

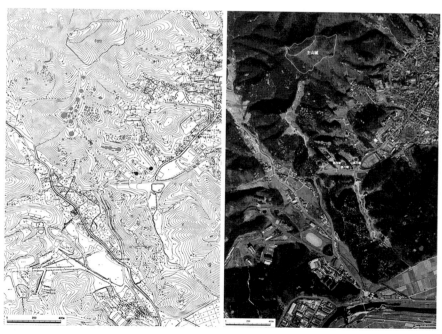

그림 3 | 고령지산동고분군 분포도

첫째, 대형 봉토분들은 뒤에 국읍과 읍락을 지켜주는 산성을 배경으로 국읍(읍락)과 평야가 내려다보이는 능선의 산마루와 주능선이 뻗어 내리는 등줄기의 돌출부에 자리를 잡는다. 이렇게 능선의 산마루나 돌출부에 봉분을 쌓음으로써 봉분의 규모가 훨씬 커 보이고, 고대한 봉분 자체가 산봉우리처럼 보여 최대의 권력과 권위를 상징하는 것으로 생각된다.

둘째, 대형 봉토분이 그 지역의 가장 중심부 능선의 우월한 지점에 자리 잡고, 중형 봉토분은 그 능선에서 나누어진 가지능선 등줄기의 돌출부에 군집하여 자리 잡고 있다.

셋째, 소형 봉토분과 봉토 없는 소형분들은 중대형 고분의 주위나 경사면 적당한 곳에 등고선 방향에 따라 불규칙하게 자리 잡고 있다. 그러나 불규칙하다고는 하지만 군집된 중대형고분의 주위에 배치됨으로써 능선별로 혹은 사면별로 일정한 군집군으로 존재하고 있다.

넷째, 정해진 묘역 중앙에 매장 주체부인 주실을 지하에 설치하고, 주실 옆에 부곽이나 순장곽을 설치한 다음, 묘역을 둘러싸는 원형 혹은 타원형의 호석을 쌓는다. 경우에 따라서는 순장곽 없이 석실만 단독으로 설치한 것도 있다.

다섯째. 매장부의 축조는 지하에 광을 파고, 할석, 판석, 자연석을 이용하여 4벽이 서로 엇물리게 쌓는데, 평면 형태가 길이 대 너비의 비율(장폭비)이 대개 5:1 이상이 되어 세장방형을 이룬다.

지산동고분군은 5세기가 되면 지산동 주능선 등줄기에 고총고분高塚古墳을 축조하면서 묘제도 석곽묘에서 석실분(1×1×5m=5㎡이상)으로 확대 발전된다. 따라서 일반적으로 ①입지立地상 능선 정상부의 융기부에 위치하고 고대한 원형봉토 축조 ②장폭비 약 5:1의 세장한 석실 평면형태 ③ 한 봉분 안에 주실과 별도의 순장곽을 가진 다곽분의 구조 ④봉분 기저부에 주실과 순장곽을 둘러싸는 원형호석의 설치 ⑤이러한 구조의 묘제에 대가야식 토기와 대가야 위세품이 부장된 고분은 대가야고분으로 규정할 수 있다.

여섯째 대가야 고총분은 다음과 같이 분류할 수 있다.

Ⅰ등급→ 봉분직경 20m이상, 주실+부장실+순장곽 10기 이상(최고의 위세품, 관모류)

Ⅱ등급→ 봉분직경 15-20m, 주실+순장곽 1~5기(위세품, 관모류)

Ⅲ등급→ 봉분직경 10m이내, 석곽, (위세품)

2)수혈식석실분의 묘제

대가야의 소형분 묘제는 판석조 석관묘와 할석조 석곽묘로 구분되지만 이들 중 할석조 석곽묘는 5세기 전반에는 고총고분인 석실묘로 발전하게 되는데, 석실분은 평면형태가 장폭비 5:1의 세장한 형태로 정형화되어 가야지역 고총고분의 묘제로 정착된다. 지역적으로도 고령지역 뿐만 아니라 가야전지역을 망라하고 있어 가야지역 지배층 묘제의 핵심이라고 할 수 있다. 그런데 가야지역의 고총고분은 봉토내부의 묘실구조에 따라 세 가지 유형으로 나누어진다.[2]

제1유형은 단실구조로 한 봉토 안에 매우 세장한 수혈식 석실 1기만 축조하는 유형으로 지산동 33호분과 35호분이 대표적이다. 이러한 단실분은 고령 지산동 고분군 외에 함안 도항리고분군과 말산리고분군 등 주로 함안지역에 분포한다. 단실식 석실의 중앙에는 주인공이 안치되고 발치에는 주인공과 직교하는 방향으로 고분의 규모에 따라 2~6명의 순장자를 매장하고 있다. 그리고 함안 고분은 석실 장벽과 단벽에는 벽감壁龕을 설치하는 것이 특징이다.[3] 이와 같은 벽감단실분 구조는 주로 함안지역에만 분포하며 아라가야식 토기가 출토되고 있어 아라가야식 묘제라 할 수 있다.

제2유형은 호석으로 둘러진 한 봉토 안에 주석실과 소형 순장석곽으로 이루

---

2   金世基, 2003,「墓制로 본 伽倻社會」『가야고고학의 새로운 조명』, 부산대학교한국민족문화연구소, pp.603~652.

3   李柱憲, 2000,「阿羅伽耶에 대한 考古學的 檢討」『가야각국사의 재구성』, 부산대학교 한국민족문화연구소, pp.219~285.

어진 다곽석실분 구조로 고령지산동고분군에서 5세기 전엽에 나타난다. 이 묘형에서 주실에는 물론 묘의 주인공이 묻히며 석곽에는 순장자가 묻히는 고분이다. 물론 순장자는 주실의 주인공의 발치나 머리맡에도 부장품과 함께 매장되는 경우가 많다. 처음에 주석실 하나에 순장곽 하나만 배치된 단곽순장형태에서 규모가 커지면서 주실 외에 부장품용 석실이 추가되고 순장석곽도 3기, 5기, 11개, 32기로 늘어난다.

이와 같은 순장곽과 석실로 이루어진 다곽석실분이 분포하는 지역은 고령의 지산동고분군과 본관동고분군, 합천 반계제고분군, 봉계리고분군, 옥전고분군, 함양 백천리고분군, 산청 중촌리고분군 등으로 출토유물에서도 대가야양식 토기가 주류를 이루고 있어 제2유형은 대가야식 묘제라 할 수 있다.[4]

한편 남원 월산리고분군과 두락리고분군의 경우는 순장석곽이 없는 단실분이지만 제1유형인 함안식의 벽감시설이 전혀 없고 석실축조 방법이나 개석구조 및 평면형태가 지산동 35호분과 같은 세장형 단실구조이다. 또 부장유물의 대부분이 대가야양식 토기이다. 따라서 이러한 단실분도 제2유형의 순장곽 없는 대가야식 석실분에 속한다.

제3유형은 하나의 봉토 안에 1기의 석실과 1~3기의 석곽이 추가로 결합되는 결합식 다곽분 구조로 5세기 후반 고성지역에 축조되는 소가야식 묘제이다. 이 3유형은 묘곽의 평면구성만 보면 대가야식 묘제와 비슷하나 축조방법에서 차이가 난다. 즉 대가야식 묘제는 생토를 파고 주실과 석곽을 동시에 축조하며 주실은 지하에 위치한다. 따라서 주실과 석곽의 피장자는 주인공과 순장자의 관계가 분명하다. 그러나 소가야식 묘제는 표토를 정지하고 그 위에 흙을 다져 쌓아 올려 봉토를 어느 정도 만든 다음 봉토의 한 부분을 다시 파내고 그 안에 묘곽을 축조하는 방법이다. 그리고 대개는 석실과 석곽의 축조도 동시가 아닐 수도 있어

---

4   金世基, 2000, 「古墳資料로 본 大加耶」, 啓明大學校大學院 博士學位論文, pp.73~117.

피장자의 관계도 확실하지 않다. 고성 율대리2호분이 대표적인 고분이며[5] 송학동고분군도 횡구식과 횡혈식석실분이 후에 추가된 연접고분이지만 기본은 3유형의 수혈식 석실분이다.[6]

그러나 이글에서는 이러한 수혈식석실 고총분의 묘제 중 대가야의 특징을 대표하는 고령지역의 대표적 고분을 살펴본다.

(1) 지산동 33호분

고령의 주산에서 남쪽으로 뻗은 주능선 정상부 대형분이 소재하고, 그 능선이 급경사로 내려와 길게 설상대지를 이루는 구릉 정상부에 32~35호분의 봉토분 4기가 위치한다. 이 봉토분 4기는 1,000㎡(300여평)의 면적안에 서로 2~3m 간격을 두고 모여 있는데 34, 35호는 봉분이 연결되어 있는 쌍분(표형분)이며, 32, 33호분 사이도 아주 가까이 있어 4기의 고분이 친연관계가 있는 것으로 보인다.

이들 4기는 모두 봉토직경 10~15m의 중형분이며, 일대에는 소형분과 석관묘들이 다수 분포되고 있었는데, 32~35호분 묘역에서도 15기가 같이 발굴되었다. 소형 석곽묘 15기는 이들 중형분이 축조되기 이전에 존재하고 있었던 것도 있고 그 이후에 축조된 것도 있었다.

33호분은 주능선 방향에서 약간 옆으로 비낀 지점 즉 32호분의 바로 서쪽 약간 낮은 경사면에 입지한 중형봉토분으로, 민묘의 축조시 서남쪽 봉토가 깎여 장경 9.6m, 단경 8.6m의 타원형을 이루고 있었다. 묘역 중앙에 장축방향을 남북(N-10°-E)으로 둔 수혈식석실 1기만 설치하고 호석을 두른 단실분이다. 축조재료나 축조방법은 납작한 할석을 벽돌 쌓듯이 네귀를 물려가며 정밀하게 쌓았다.[7]

석실은 길이 4.5m, 너비 0.86m, 깊이 1.4m로 장폭비 5.2 : 1의 세장형이다. 개

5   김정완, 권상열, 임학종, 1990,『固城 栗岱里 2號墳』, 국립진주박물관.
6   東亞大學校博物館, 2001,「固城 松鶴洞古墳群 發掘調査」『嶺南考古學』29, pp.109~112.
7   金鍾徹, 1981,『高靈池山洞古墳群』, 啓明大學校博物館.

석은 장대한 판상석 13매를 잇대어 덮었다. 부장품은 장경호와 기대, 단경호, 유개고배, 개배 등의 토기류와 곡옥, 유리구슬, 마노, 수정 등의 옥류, 환두칼자루, 철촉, 도끼 등의 무기류, 등자, 교구 등의 마구류가 출토되었다. 피장자의 침향은 옥류가 집중 출토된 것으로 보아 북침으로 추측되며, 도굴로 인하여 유물원상을 알 수 없고 확실한 증거는 없으나 옥의 종류가 많고 섬세하며, 갑주와 무구가 거의 없고, 순장곽이 없는 점, 토기양상이 지산동 35호분과 유사한 점 등으로 보아 여성의 무덤일 가능성이 높다. 금동관이 출토된 32호분의 부인묘로 추정된다.

(2) 지산동 32호분

32호분은 구릉 대지의 가장 남쪽(주능선방향)에 장축을 동북-서남(N-34°-E)에 두고, 묘역 중앙에 석실 1기와 순장석곽 1기를 나란히 배치한 다곽분으로 주위에 장경 11.2m의 타원형 호석을 돌리고 있다. 봉토는 장경 13.1m, 단경 12.6m, 높이는 개석 상면으로부터 1.5m이며, 봉토의 축조는 장축의 양단에 안쪽으로 향하여 판축식으로 쌓았다.

석실은 길이 5.64m, 너비 0.86m, 깊이 1.2m로 장폭비가 6.1 : 1인 세장방형으로 두껍고 납작한 장방형의 할석으로 4귀를 엇물려 쌓았다. 개석은 판석상의 장대한 할석 10매를 덮었다. 순장석곽은 장축방향을 석실과 나란히 두고 할석으로 4벽을 축조한 후 판상석 5매로 개석을 덮었다.

부장품은 유개장경호와 발형기대, 유개고배, 단경호, 모자합, 유개양이부호 등 토기류와 광배형 금동관, 갑옷과 투구일습, 환두대도 등의 무기, 등자, 말방울 등이 출토되었다.

이 고분의 주인공은 석실중앙에 동북침으로 안치되어 있었으며, 부장품의 성격으로 보아 남성으로 생각된다. 주피장자의 발치쪽 부장품속에 또 한사람의 피장자가 있었는데 이는 순장자로 판단된다. 순장자는 석실에 1인, 순장석곽에 1인 등 2인인 셈이다.

(3) 지산동 30호분

지산동 30호분은 지산동고분군의 가장 낮은 능선의 융기부에 위치한다. 지산동 32~35호분이 위치한 능선의 주류는 계속 남쪽으로 내려가고 또 하나의 작은 갈래는 동쪽으로 방향을 틀어 나가는데 약간씩 돌출하면서 평지에 이른다. 이 분지능선이 평지에 이르기 전 돌출부에 30호분이 위치하는데, 위의 32~35호분에서 100여m 떨어진 능선 아래쪽이다.

이 고분은 약간 볼록하게 솟은 구릉의 정상부를 이용하여 장경 18m, 단경 15m의 타원형 봉토 중앙에 주석실을 배치하고 주석실의 남단벽에 직교하게 1기의 부실을 배치하였다. 따라서 주실과 부실의 평면 배치가 T자 형태를 이루고 있다. 그리고 북단벽과 직교되는 방향에 2기와 주석실의 좌우에 각 1기씩의 순장곽을 배치하였다. 또한 순장곽은 주석실의 바닥에도 1기를 배치하여 순장곽은 모두 5기이다.[8]

주석실은 암반을 깊게 파고 4벽을 서로 엇물려 면을 고르게 쌓았으며, 길이 6.45m, 너비 1.26m, 깊이 1.7m의 규모이다. 장폭비는 5.1:1의 세장형 석실이다. 출토유물은 발형기대와 장경호, 유개고배 등의 토기류와 금동관, 금동제 호록과 등자, 행엽, 교구 등의 마구류 및 철정이 출토되었다.

(4) 지산동 75호분

지산동 75호분은 지산동 주능선에서 읍내방향으로 뻗어 내린 나지막한 세 구릉이 있는데, 이중에서 중간구릉의 말단부에 제73호분과 제74호분이 위치하고, 75호분은 동편구릉 말단부에 위치한다. 두 구릉의 설상대지 말단부에 각기 자리를 잡은 제73호분과 제75호분은 2007년과 그 이듬해 대동문화재연구원에서 발굴조사 하였다. 제73호분과 75호분은 지산동 봉토분 가운데 이른 시기(5세기 초)

---

8   朴升圭, 1996, 「高靈 池山洞古墳群 發掘調査 槪要-池山洞 30號墳을 中心으로-」『4·5세기 한일고고학』, pp. 195~210.; 嶺南埋藏文化財研究院, 1998, 『高靈池山洞30號墳』.

에 조영된 대가야의 최상위급 대형봉토분이다.

고분의 축조는 넓고 깊은 묘광을 파고 주석실과 부곽을 T자형으로 분리배치하되 주석실과 부곽을 약간 떨어지게 다른 구덩이를 파고 설치하였다. 앞에 설명한 다른 고분에는 없는 토제상 성토기법이 적용되었는데, 제73호분과 같이 묘광을 파낸 흙을 활용하여 묘광 주변에 먼저 흙을 쌓아 토제를 만든 다음 주체공간을 설치하였고, 그 다음에 호석을 다중으로 배치하였다. 이 토제는 경사 지형에 맞추어 높은 범위에는 1차로, 낮은 범위는 2차 작업으로 진행하여 최종적으로는 상단의 높이를 동일하게 맞추었다.

봉분안의 순장곽은 3기였으나 2기는 부곽 상부 위에 설치되었는데 부곽 개석이 깨지면서 함몰하여 함께 무너져 내린 상태였다. 한편, 순장곽과 같은 높이에서 비교적 너른 위석공간이 확인되었는데, 그곳은 소나 말을 묻은 동물순장의 공간으로 추정된다.

이 고분에서 가장 주목되는 것은 주석실의 묘광 안에 축조된 7기의 순장곽이다. 순장곽 5기는 묘광 안쪽에 3면은 석축하고, 나머지 한면은 묘광의 벽면을 그대로 이용한 구조이다. 상면은 묘광 벽에 해당하는 높이를 'L'자형으로 파낸 다음 거기에 나무뚜껑을 걸치도록 만들었는데, 판상석으로 덮은 1기를 제외하면 모두 동일한 목개구조이다. 그리고 2기는 바닥에 판석만 깔고 목관을 안치한 것으로 파악된다. 따라서 이 고분의 순장곽은 봉토 속에 3기, 주석실 묘광 안에 7기로 모두 10기이다. 그러므로 추정 순장인 수는 주실에 1인, 부곽에 1인, 묘광 순장곽에 7인, 봉토 순장곽에 3인으로 모두 12인이다.

봉토 직경 25m×22m인 대형 원분 안에 'T'자형으로 배치된 주·부 수혈식석실의 묘광은 완전 지하식이다. 능선 방향과 직교한 주실 묘광은 길이 9.7m, 너비 5.5m, 깊이 2.5m이고, 부실 묘광은 길이 6.0m, 너비 2.5m, 깊이 2.1m 규모로 주실 보다 작고 얕다. 축조방법은 방사상 구획축조방식과 대량의 흙주머니土囊

그림 4 | 고령 지산동75호분

가 사용되었다.[9]〈그림 4〉

(5) 지산동 44호분과 45호분

고령의 주산 남쪽으로 뻗은 주능선 등마루에 고령 최대의 봉토분 5기가 자리 잡고 있는데 그 능선은 방향을 동쪽으로 틀면서 경사져 내려온다. 이렇게 방향을 틀어 내려오는 주방향 완만한 경사면에 45호분이 자리 잡고, 그 아래 광장처럼 넓게 퍼져 평평한 부분에 44호분이 위치한다. 이 두 고분은 직경 20m 이상의 대형분으로 주능선 정상부에 위치한 5기보다는 작지만 현재까지 정식 발굴 조사된 대가야 고분 중에서는 최대의 고분이다. 이 두 고분은 1977년 경북대학교

9　曹永鉉, 2011,「大加耶 墓制의 연구현황과 과제」『대가야사 연구의 현황과 과제』, 계명대학교한국학연구원, pp.95~121.; 曹永鉉, 2013,『高靈 池山洞 第73~75號墳』高靈郡 大加耶博物館・(財)大東文化財研究院.

박물관(44호분)과 계명대학교 박물관(45호분)에서 발굴조사 하였다.

44호분은 현재까지 조사된 우리나라의 순장고분 중에서 순장곽과 순장자 수가 가장 많은 대가야 왕릉이다. 묘역 중앙에 주석실과 부장석실 2기의 대형석실을 축조하고, 주위에 소형석곽 32기를 순장곽으로 배치한 다음 타원형 호석으로 이들 모두를 둘러싼 다곽분이다.

고분의 규모는 호석을 기준으로 장경 27m, 단경 25m이며, 봉토는 파괴 유실이 심하나 개석 상면에서 3.6m 높이이다. 주석실은 묘역 정중앙에, 주실 보다 약간 작은 2기의 부장품용 석실 중 남석실은 주실과 나란히 배치하고, 서석실은 주실과 직교되게 배치하였다. 32기의 순장곽들은 주석실을 중심으로 원주상과 부채살 모양으로 배치되어 있다. 부장품은 복발형 투구를 비롯한 철제무구류, 방울달린 검신형행엽, 금제귀걸이 등 장신구류 및 금동합, 일본산 야광패제 국자 등과 많은 대가야 토기가 출토되었다.[10]〈그림 1〉

45호분은 남북으로 경사진 묘역의 중앙에 장축방향을 동북-서남으로 둔 주실과 부실을 나란히 설치하고, 그 주변에 11기의 순장석곽을 원주상으로 배치한 다곽분이다. 부장품은 금동제관식, 금제귀걸이, 곡옥이 달린 유리구슬 목걸이 등의 장신구류, 말안장, 재갈, 등자, 금동은장행엽 등의 마구류, 은장환두대도 손잡이, 철모, 철촉 등과 함께 찰갑편, 청동거울조각이 출토되었다. 부실에서는 대형 장경호 등 대가야 토기 10개체가 집중적으로 출토되었다.

(5) 지산동 518호분

518호분은 주산 정상부에서 남동쪽으로 뻗은 주 능선상에 위치하며, 입지적으로 볼 때 자연적으로 완만하게 솟은 지형을 이용하여 고분을 거대화시켰으며 고분의 북동쪽은 비교적 가파르게 떨어져 곡부로 이어진다. 고분의 규모는 호석

10　尹容鎭・金鍾徹, 1979, 『大伽耶古墳發掘調査報告書』, 高靈郡,

의 장경 17.8m, 단경 15.5m의 중형분으로 묘역 중앙에 지산동 45호분과 같이 주실과 부실을 나란히 축조하였다. 주실은 길이 7.1m, 너비 1.2m, 깊이 1.6m로 매우 세장한 지산동고분의 특징을 그대로 가지고 있다. 주실과 부실에 순장자가 있었을 가능성이 있으나 도굴과 파괴가 심하여 순장양상을 추정하기 어렵고, 호석안 쪽에 6기의 순장곽이 배치된 것으로 파악된다.

2) 목곽묘(지산동 73호분)의 묘제

2007년 지산동 73호분이 발굴조사 되기 전에는 지산동고분군에는 목곽묘가 전혀 조영되지 않은 것으로 인식하고 있었다. 고령지역에서 목곽묘가 보이는 것은 반운리 유적이[11] 유일한 것으로 파악하여 지산동고분군이 대가야의 중심고분군으로 자리잡는 것은 중심지를 이동하여 온 새로운 지배층의 등장에 의한 것으로 이해하였다. 즉, 고령지역 이외의 다른 진·변한지역의 지배층묘제는 대부분 목곽묘가 주류를 이루다가 점차 수혈식석실분으로 변화하는 것이 일반적이지만,[12] 고령 지산동고분군에서는 목곽묘가 없이 처음부터 수혈식석곽분만 축조되고, 이것이 점차 고총으로 확대되는 것이 지산동고분군의 가장 큰 특징으로 이해하고 있었다.[13]

그러나 1995년 쾌빈리 1호분이 발굴조사 되면서 목곽묘의 확실한 존재를 인식하게 되었고, 이를 계기로 그전에 알려졌던 이른 시기 반운리 목곽묘로부터 지산동고분군에서 목곽묘에 대한 인식을 다시 생각하게 되었다. 이번에 대형고총분인 지산동73호분의 조사로 주곽과 부곽이 완전한 목곽묘의 존재가 확실하게 되었다. 지산동에서는 유일하지만 완전한 목곽묘의 등장으로 대가야묘제 연

11   洪鎭根, 1992,「高靈 盤雲里 瓦質土器遺蹟」『嶺南考古學』10, 嶺南考古學會.
12   崔秉鉉, 1992《新羅古墳研究》一志社.
13   金世基, 1995,「大伽耶 墓制의 變遷」『加耶史研究 -대가야의 政治와 文化-』, 慶尙北道, pp.301~364.

구의 새로운 과제를 제시하게 되었다.

제73호분은 지산동 주능선에서 읍내방향으로 뻗어 내린 나지막한 세 구릉 중 중간구릉의 말단부에 위치한다. 내부주체공간의 구조가 목곽인데도 불구하고 호석과 대형봉토를 갖추고 있어 대가야는 물론 남부지역에서 처음 확인된 것이다. 목곽의 구조특징은 넓고 깊은 하나의 묘광 안 깊숙이 주곽과 부장곽을 이격 상태로 구성하되 평면 T자형으로 배치한 다음 그 주위와 양 곽 사이에 할석만으로 채워쌓아 보강한 점이 특이하다. 특히 목곽 벽재 뒷면의 충전보강석 상태는 상당범위에서 마치 석벽을 쌓은 듯 비교적 정연한 상태를 보여 석실로 착각할 정도이다. 그리고 묘광내 충전보강석에서 3기의 순장곽이 확인되었다. 주곽의 양쪽 장변 보강적석 내부에 1기씩, 부장곽의 서장변 보강적석 내부에서도 순장곽 1기가 축조되어 있다.

봉분안에는 묘광 굴착토를 활용하여 묘광 주위에 올려쌓아 둑을 설치한 이른 바 토제기법을 사용하였다. 외기저부의 조성상태는 고분의 크기로 설정한 범위를 따라 1차 호석을 돌린 뒤 수평 성토하면서 그 안으로 다시 2차, 3차 호석을 돌려 성토상태가 잘 유지되도록 배려되어 있다. 토제와 이러한 호석의 축조에는 그 다음에 본격적으로 성토할 상부 봉분의 조성과 함께 일련의 구획분담작업으로 이루어졌음이 확인되었다. 확실시되는 구획의 수는 모두 22개소이며, 구획의 표시 중에는 구획 석열과 구획 표시석 및 이색점토가 관찰되었다. 또한 토제범위의 내측, 즉 목곽 상부와 토제 높이까지는 다량의 흙주머니(토낭)을 이용하여 쌓았다.

한편, 봉토 중에도 제2단 호석을 축조하면서 순장곽 1기를 주체목곽의 주축과 같은 방향으로 배치하였다. 따라서 이 고분에는 묘광 충전보강석 속의 3기와 봉토 순장곽 1기로 모두4기의 순장곽이 축조되었다.[14]〈그림 5〉

14　曹永鉉, 2013,『高靈 池山洞 第73~75號墳』, 大加耶博物館 · (財)·大東文化財研究院.

그림 5 | 지산동 73호분 전경(좌)과 순장곽(우)

3. 대가야 묘제의 검토

1) 목곽묘의 해석

목곽묘는 기본적으로 목관묘의 목관을 보호하는 시설로 판자나 각재 혹은 통나무로 곽을 짜서 목관을 덧씌운 형태의 묘제이다. 그런데 이렇게 목관묘에서 목곽묘로의 확대발전이 단순히 목관을 보호하는 장치가 하나 늘어나는 것에 그치는 것이 아니라 정치사회적인 복합적인 의미가 내포되어 있기 때문에 가야 묘제로서 목곽묘는 가야사회 변화에 지대한 영향을 미친 매우 중요한 요소의 하나이다. 특히 원삼국시대 영남지방에서 시작된 목관묘에서 목곽묘로의 변화 과정은 가야뿐만 아니라 초기신라의 발전에도 중요한 발판의 하나로 작용하고 있다고 할 수 있다.

가야지역의 목곽묘가 보편화되는 것은 대체로 2세기 후반부터 3세기에 들어서라고 생각되는데, 이때부터 여러 가지 변화가 나타나게 된다. 즉, 분묘의 입지가 평지에서 구릉으로 옮겨가고 주위의 다른 고분보다 규모가 큰 대형분은 구릉의 정상부에 자리잡고 부장유물도 토기가 다량으로 늘어날 뿐 아니라 철제 무구류가 부장 되어 구릉사면에 입지하는 소형분과 차별화된다.

이러한 변화가 시작되는 대표적인 목곽묘가 김해 양동리 162호분인데, 묘광의 길이 494㎝, 너비 344㎝, 깊이 123㎝로 비교적 얕은 묘광에 평면 방형의 형태

이다.[15] 이와 같이 묘광의 길이가 5m로 대형화 될 뿐 아니라 부장유물도 내행화
문경 등의 한경, 철복, 재갈, 다량의 판상철부, 유리구슬 목걸이 등이 출토되어
권력의 집중화가 이룩된 수장묘의 모습을 보여주고 있다. 이러한 방형 평면의
대형 목곽묘는 부산 노포동, 울산 하대나 경주 조양동유적에서 공통적으로 보이
고 있고, 또 묘광 길이 3~4m의 소형목곽묘는 이외에도 가야지역의 창원 도계동,
함안 도항리, 고령 반운리, 합천 저포리 유적과 대구나 경산지역에도 분포되어
있어 이 시기 목곽묘는 영남지역의 공통된 묘제라고 생각된다.[16]

그러나 장폭비 1:1의 방형목곽묘는 3세기 후반부터는 가야지역은 김해를 중
심으로 장폭비 2:1의 장방형 목곽묘로 변화하게 되는데 대체로 2가지 유형으로
나누어진다.

제1유형은 평면장방형으로 묘광이 깊어지면서 대형화되고 후장과 순장이 이
루어지는 단곽목곽묘이다. 김해지역에서 시작되는 이 유형은 대성동29호분이
대표적인 것으로 묘광의 길이 960㎝, 너비 560㎝의 대형화되고 순장이 행해지는
등 전시기와 비교할 수 없을 정도의 급격한 변화가 일어나 최고수장묘가 된다.[17]
김해지역 이외 다른 지역에서는 함안 도항리[18]에 일부 이 유형의 대형목곽묘가
축조되고 있으나 늦은 시기이며 그 지역에서 최고지배층의 묘제가 되지 못하고
고총고분은 수혈식 석실분으로 변하게 된다.

제2유형은 제1유형인 단곽목곽묘에 부곽이 추가되어 평면형태가 일자형日字
形을 이루는 주부곽식 목곽묘이다. 이것은 예안리 160호분에서 보이는 것처럼 4
세기에 이르러 평면형태가 장방형으로 정형화되면서 묘광도 더 깊어지고 부곽

---

15   林孝澤, 郭東哲, 2000, 『金海良洞里古墳文化』, 東義大學校博物館.

16   金世基, 2003, 「墓制로 본 伽倻社會」『가야고고학의 새로운 조명』, 부산대학교 한국민족문화
     연구소, pp. 603~652.

17   申敬澈, 金宰佑, 2000, 『金海大成洞古墳群Ⅰ』, 慶星大學校博物館.; 申敬澈, 金宰佑, 2000,
     『金海大成洞古墳群Ⅱ』, 慶星大學校博物館.

18   洪性彬, 李柱憲, 1993, 「咸安 말갑옷(馬甲)出土 古墳 發掘調査槪報」『文化財』 26,
     pp. 116~164.

이 발생하게 된다.[19] 이러한 형태의 목곽묘를 김해식(금관가야식) 목곽묘로 부르기도 하는데[20], 대형 주부곽식 목곽묘는 김해지역의 최고 지배층 묘제로 5세기까지 계속되지만 다른 지역에서는 축조되지 않는다. 다만 합천 옥전고분군의 경우는 제1유형 목곽묘에서 제2유형 목곽묘로 발전하여 대형목곽묘가 최고지배층의 묘제로 축조되어 고총고분이 되지만[21] 이것도 5세기후반 이후는 대가야식 수혈식 석실분으로 변화하고 있다.[22]

한편 고령지역에서의 목곽묘는 지표채집으로 알려진 반운리 목곽묘[23]에서 시작한다. 이후 시굴조사로 드러난 반운리 목곽묘는 묘광은 반지하식에 가까운 세장방형의 중형급 및 장방형 소형급이라는 점 외에는 구조상의 구체적인 내용은 아직 밝혀지지 않았다. 채집된 토기와 철기로 보아 3세기 늦어도 4세기 이전의 목곽묘로 크게 주목받지 못하였다. 그러다가 쾌빈리 12호분을 통하여 대가야 목곽묘가 본격적으로 등장하게 되었다. 쾌빈리 12호분은 위에서 살펴본 제1유형인 장방형 단곽목곽묘이다. 대형의 대성동 29분은 김해지역에서는 수장묘로 사용되었지만, 쾌빈리 12호분은 4세기 말에서 5세기초로 시기도 늦을 뿐 아니라 규모와 출토유물에서도 지산동 고총에 미치지 못하여 대가야의 최고지배층 묘제로서의 기능은 하지 못 하였다.

그러나 지산동 73호분은 제2유형인 주부곽 T자형 목곽묘로 최고왕릉급 묘제에 채용되었다는데 커다란 의미가 있다. 이는 앞서의 합천 옥전고분군의 목곽묘와 비슷한 양상을 보인다. 다만 지산동 73호분의 목곽보강석의 축조방법과 봉분

19 申敬澈, 1992, 앞의 논문.

20 申敬澈, 2000, 「금관가야의 성립과 연맹의 형성」 『가야각국사의 재구성』, 부산대학교 한국
    민족문화연구소, pp. 27~62.

21 합천 옥전고분군 중 필자가 대형목곽묘로 판단하고 있는 옥전M1, M2, M3호분에 대하여 발
    굴보고서에서는 수혈식 석실분으로 기술하고 있다.; 趙榮濟, 朴升圭, 1990, 『陜川玉田古墳群
    Ⅱ』, 慶尙大學校博物館.; 趙榮濟 외, 1992, 『陜川玉田古墳群 Ⅲ』, 慶尙大學校博物館.

22 17) 金世基, 2000, 「古墳資料로 본 大加耶」, 啓明大學校大學院 博士學位論文, pp. 94~98.

23 洪鎭根, 1992, 「高靈 盤雲里 瓦質土器遺蹟」 『嶺南考古學』10, 嶺南考古學會.

축조방법이 지산동 수혈식석실분 축조방법의 독특한 방법을 계승하고 있어 대가야묘제의 전통이 이어지고 있다고 하겠다.

즉, 고총 봉분, 목곽 벽체와 묘광 사이를 주로 할석으로 빼곡하게 채워 쌓은 형태는 전형적인 목곽묘에서 볼 수 없는 새로운 방식이다. 또한 묘곽충전석 속에 정연한 석곽형태로 순장곽을 배치한 구조는 지산동 석실축조의 전통기법과 목곽구조가 결합한 축조형태라고 할 수 있다. 더구나 고총분에서 볼 수 있는 둑모양(제상堤狀)성토기법이나 흙주머니(토낭土囊) 사용은 종래 목곽묘에서는 볼 수 없었던 축조기법이다. 따라서 목곽묘이면서 고총 단계의 여러 성토요소들이 적용된 제73호분의 목곽봉토분은 목곽묘 말기와 수혈식석실 초기 사이에 걸친 특수한 묘제라고 하겠다.[24]

2) 다곽분의 해석

5세기가 되면 지산동 주능선 등줄기에 고총고분을 축조하면서 묘제도 석곽묘에서 석실분으로 확대 발전된다. 종래까지는 이 시기의 같은 봉토분인 지산동32호분과 34호분에서는 주석실 옆에 순장곽 1기를 배치하는 다곽분이 축조되기 시작하는 것으로 이해하였다. 그리고 32호분 석실에서 금동관, 철판갑옷과 투구 등의 위세품과 다량의 고령양식(대가야양식) 토기류와 무기가 출토되어, 이렇게 위세품류가 부장된 주석실과 순장곽 1기를 배치하는 단곽순장 석실분은 각 지역의 지배층 묘제로 확립되었고, 순장곽 없는 일반 석실분과 함께 점진적으로 합천, 거창, 함양, 산청, 남원 월산리, 두락리 등 여러 지역으로 확산되어 대가야의 영역이 확대되는 것으로 해석하였다. 그리고 단곽순장고분은 고령 지산동고분군에서만 점차 주실 옆에 T자형이나 11자형으로 부장곽을 배치하고 순장곽도 여러기 축조하는 다곽분으로 발전하는 것으로 인식하고 있었다.

---

24 曺永鉉, 2011,「大加耶 墓制의 연구현황과 과제」『대가야사 연구의 현황과 과제』계명대학교 한국학연구원, pp.95~121.

그러나 지산동 75호분에서 32호분 보다 빠른 시기에 이미 순장곽 10기를 가진 다곽순장고분이 나타나고, 더구나 75호분 보다 바른 시기에 조영된 73호분에서 주체부가 석실이 아닌 주부곽이 대형목곽으로 이루어지고 순장곽도 4기가 설치된 묘제가 나타남으로써 대가야묘제의 새로운 해석이 필요하게 되었다. 이와 같은 다곽순장 주부실석실분은 현재까지는 고령 지산동고분군에만 존재하고 있다. 지산동44호분이 축조되는 5세기 후반에 대가야는 중국 남제南齊에 사신을 파견하여 보국장군본국왕輔國將軍本國王이라는 작위를 받았다. 이렇게 국제적으로 공인을 받게 되자 가라국은 대가야로 발전하게 되었고, 이러한 정치적 위상이 높아지면서 묘제도 5세기 후엽의 44호분에서는 주실 외에 부실이 2기, 순장곽이 32기라는 우리나라 최대의 다곽순장묘가 축조되었다. 또 지산동고분군에는 봉토직경 20m이상의 대형봉토분이 능선 정상부를 따라 줄지어 입지하고 있어 묘제상으로도 정치적 위상이 가야제국 가운데 가장 높았던 것으로 볼 수 있다.

3) 분묘 축조 기술자집단의 존재

고총고분의 축조기술이나 축조순서 등에 대한 논의는 지산동 32~35호분 발굴조사에서 약간 언급되었으나 별로 큰 주목을 받지 못하였다. 그러다가 창녕 송현동 고분발굴에서 뚜렷한 구분, 구획축조의 흔적이 조사되어 점차 축조기술과 순서 등에 본격적으로 논의되는 결과를 가져왔다. 더구나 지산동 73~75호분의 계획 발굴로 종래에 볼 수 없었거나 간과되었던 축조방식과 구조에 관한 다양한 내용들이 새로이 밝혀져 축조방식 연구시대가 활짝 열리게 되었다. 이것은 발굴 책임자의 관심과 꾸준한 연구결과로 얻어진 매우 귀중한 결과로 평가된다.

근래 새롭게 확인되는 지산동고분군 묘제의 축조기법과 관련된 사항은 지산동식 연접분의 구성형태와 연접 성토용으로 설치된 호석, 목곽 주체의 고총봉분을 지닌 고총목곽구조, 고분묘역 바닥의 점토 바름, 깊고 너른 묘광 안의 완전지하식 목곽 설치와 축석상 충전적석, 묘광 충전부에 순장곽을 다수 배치, 묘광벽을 이용한 순장곽 장벽면 활용, 봉분내 대형 동물의 순장으로 추정되는 대형 위석수혈, 봉분내 구획구간 안의 순장곽 설치 등이다.

그리고 종래보다 자세하고 구체적으로 밝혀진 내용은 대형분의 내부공간 배치구도, 기층 성토층의 제상성토방식과 보완, 대량의 흙주머니(토낭) 사용, 구획축성방식 및 각종 구획요소의 내용, 외호석렬과 봉분 범위, 호석열과 구획석렬의 배석상태, 당시의 제사지 위치 등을 들 수 있다.[25]

이러한 축조기법 관련 사항은 고령 지산동고분군 뿐 아니라 최근 발굴조사 되는 각 지역 고총고분에서 공통적으로 나타나고 있어 매우 흥미롭다. 특히 봉분 구획선에 의한 구분 쌓기나 토낭(토괴)의 사용은 일반적인 현상처럼 보인다. 즉, 의성 대리리 2, 3호분, 창녕 송현동 6, 7호분과 교동 7호분, 지산동 518호분[26] 등에서 거의 똑같은 형태로 축조되었음이 확인되었다. 특히 의성 윤암리고분군에서는 대형 봉토분은 물론 소형봉토분에서도 봉분과 석곽의 구획축조가 뚜렷하게 확인되었다.[27] 이러한 축조의 지역별 동일 현상은 당시 고분축조 기술자 장인집단이 존재하여 각 소국이나 지역별 고총고분을 구획하고 축조하는 역할을 담당 하였다는 것을 의미하는 것이다. 이는 신라의 황룡사9층탑 건립에 백제 기술자를 초빙하거나, 불국사 석가탑을 쌓을 때 백제지역 출신 장인 아사달을 초빙

그림 6 | 고총고분 축조기술의 동일성(지산동75호분(좌), 달성 성하리1호분)

25　曺永鉉, 2011,「大加耶 墓制의 연구현황과 과제」『대가야사 연구의 현황과 과제』계명대학교한국학연구원, pp. 95~121.

26　국립가야문화재연구소, 2016, 『고령지산동고분군 518호분 발굴조사보고서』.

27　동아세아문화재연구원, 2013,「고속국도 제30호선 상주-안동간 건설공사 구간내 유적 전문가검토회의」자료. ; 東亞細亞文化財研究院, 2017, 『義城 尹岩里古墳群』.

하여 완성하는 것과 같은 현상이라고 할 수 있다.〈그림 6〉

3. 고분문화의 확산과 대가야문화권 형성

1) 대가야 고분의 부장품

(1) 대가야양식 토기

토기는 고분에서 출토되는 유물 중에서 수량이 가장 많을 뿐만 아니라 시기변화를 가장 예민하게 반영하고, 또 지역적 특성도 가장 잘 반영하고 있는 것이 바로 토기이다. 따라서 이 토기의 분포상이나 제작수법 등을 통해 지역색을 비롯한 편년 등 다양한 연구가 활발히 이루어지고 있다. 그 중에서도 고령을 중심으로 제작되었던 일련의 토기들은 이른바 대가야식 토기라고 일컬어져 오면서 토기의 편년 문제와 함께 그 분포 범위와 확산의 정치적 의미 해석 등 여러 가지 논의가 진행되고 있다.

대가야양식 토기는 대가야왕릉인 고령 지산동 44호, 45호분과 32~35호분 및 주변석곽묘군에서 출토된 토기 중에서 토기의 기형과 조합상을 보고 그것이 다른 지역과 구별되는 고령지역의 특징을 가지고 있는 토기를 일컫게 된 것이다. 이러한 대가야양식 토기의 조합상은 일정하지는 않으나 대체로 유개장경호와 발형기대, 무개장경호, 유개고배, 무개고배, 단경호, 개배, 대부파수부소호, 우각형파수부발, 통형기대, 와 단추형 꼭지 뚜껑 등이 몇 종류씩 조합을 이루고 있다. 이들 중에서 출토 빈도가 가장 높고 다른 지역에서도 고령양식 토기로 많이 출토되는 대표적 기종을 대가야양식 토기라고 한다.[28]〈그림 7〉

이들 가운데 가장 주류를 이루는 것은 장경호와 유개고배이다. 둥근공 모양의 몸체에 긴 목이 달린 장경호는 목 부분에 특징이 잘 나타난다. 긴 목부분은 옆으로 1~2줄의 돌대를 돌려 구분하고 그 안에 정밀한 밀집파상문대를 돌리고 있는

---

28   김세기, 1998, 「고령양식토기의 확산과 대가야문화권의 형성」『加耶文化遺蹟調査 및 整備計劃』, 慶尙北道·加耶大學校, pp.83~121.

그림 7 | 대가야양식 토기(고령 지산동고분군)

데, 그 중간부분이 부드럽게 잘록한 형태를 하고 있다. 목부분과 몸체사이에도 1줄의 돌대가 돌아가고 있으나 목부분의 곡선이 꺾이지 않고 그대로 둥근 몸체에 S자형 곡선을 이루며 이어지고 있어, 전체적으로 부드러운 곡선미와 함께 풍만감을 주고 있다.

다음 유개고배는 장경호와 함께 대가야 토기의 특색을 대표할만한 기종인데, 뚜껑과 배신부가 납작하며, 대각이 나팔처럼 크게 곡선을 이루며 벌어져 전체적으로 안정감을 준다. 납작한 뚜껑 중앙에는 납작하면서 가운데가 약간 볼록한 볼록단추형과 그대로 납작한 납작단추형 꼭지가 붙어 있고, 이들 중심으로 방사상 점열문대가 2~3줄 돌려 있다. 이 뚜껑은 장경호의 뚜껑도 공통된다. 대각에는 방형 투공이 상하 일치되게 2단으로 배치되고 있다.

기대는 발형기대, 원통형기대, 족쇄형기대 등 여러 종류가 있으나 특징적인 것은 장경호를 올려놓는 발형기대이다. 이 기대는 배부가 깊숙하고 위로 넓게 벌어지면서 끝은 짧게 외반하고 있고, 표면에는 2~3줄의 밀집파상문과 소나무 잎과 같은 침엽문을 배치하고 있다. 또 팔八자형으로 벌어진 긴 대각은 3~4단의 돌대로 구분하고 여기에 3각형 투공을 상하 일치되게 배치하고 있다.

(2) 대가야식 장신구

다음 토기 이외의 유물로서 대가야의 특징을 보이는 것으로는 피장자가 지배층 신분임을 나타내는 위세품Prestige Goods으로 금동관(금관) 등의 관모류, 갑주류, 구슬목걸이, 금제귀걸이, 환두대도 등이 있다. 이러한 금속유물은 다른 지역과 대체로 유사하나 보주가 달린 초화형 혹은 광배형(보주형) 관식이나, 금립과 중공의 소구가 장식된 금제귀걸이 등은 대가야의 특징을 잘 나타내고 있다.

가야의 관모는 현재 고령을 중심으로 한 대가야 지역에서만 출토되었는데, 고령 출토로 전해지는 순금제 가야금관은 꽃봉오리나 나뭇가지 형태를 한 초화형草花形이고 고령 지산동 45호분에서 나온 금동관식도 비슷한 형태이다. 그리고 지산동 32호분 출토의 금동관은 불상 광배형 몸체에 보주형 가지가 달린 독특한 형식인데, 일본의 금동관에 이와 비슷한 형태가 있어 가야 관모가 일본에 영향을 준 것으로 생각된다. 한편 신라의 관모는 왕이나 왕족이 썼던 것으로 생각되는 금관은 신라 적석목곽분에서는 금관총, 금령총, 서봉총, 천마총, 황남대총 북분 등에서 출토되었는데 출토된 금관이 모두 출자형出字形 장식을 달고 있다. 이와 같은 출자형 관모는 금관 이외에 금동관, 은관도 같은 형식이며, 경주 이외의 의성, 안동, 대구, 경산 등의 신라지역에서도 출토되고 있어 출자형 관모가 신라

그림 8 | 대가야 관모(좌로부터 삼성 리움미술관, 지산동45호, 지산동32호)

식 문화의 특성임을 분명히 하고 있다.[29] 〈그림 8〉

　가야 여러 지역에서 공통적으로 출토되는 가야식 귀걸이는 대부분 가는고리
식인데, 가는 고리에 풀의 열매모양 장식을 매단 모양이다. 특히 장식 끝에 좁쌀
만 한 금 알갱이를 1~3개 장식하는 것은 대가야의 독특한 양식이라 할 수 있다.[30]

　2) 대가야 고분문화의 확산과 대가야문화권

　지산동44호분이 축조되는 5세기 후반에 대가야는 중국 남제에 사신을 파견하
여 보국장군본국왕輔國將軍本國王이라는 작위를 받았다. 이렇게 국제적으로 공인
을 받게 되자 가라국은 대가야로 발전하게 되었고, 이러한 정치적 위상이 높아
지면서 묘제도 5세기 후엽의 44호분에서는 주실 외에 부실이 2기, 순장곽이 32
기라는 우리나라 최대의 다곽순장묘가 축조되었다.

　대가야양식 토기는 4세기 중엽에 성립되기 시작하여 대가야의 정치, 사회의
성장과 함께 주변지역으로 확산되기 시작하였다. 대가야양식 토기의 확산과 분
포는 일정한 범위를 갖게 되고 시간의 경과에 따라 변화하는 양상을 갖게 되었
다. 대가야토기의 확산은 묘제의 확산과 불가분의 관계를 가지나 묘제의 변화
이전에 토기가 먼저 퍼진 다음 점차 묘제와 장신구와 같은 위세품의 변화로 이
어지는 것이 일반적이다.

　대가야양식 토기의 고령이외 지역으로의 확산 즉, 대가야문화권 형성의 시작
은 5세기 초엽, 고령의 바로 남쪽에 붙어 있는 옥전 지역부터이다. 이곳에서 대
가야양식 토기는 빠른 시기 목곽묘인 옥전 23호분, 28호분 단계에서 일부가 출
토되다가 점차 대가야양식 토기 일색으로 되기도 한다. 옥전고분군의 대가야양
식 토기는 유개장경호와 발형기대, 통형기대, 유개고배, 무개고배, 개배 등의 거

29　金元龍, 1971,「傳 高靈出土 金冠에 對하여」『美術資料』15, 國立中央博物館, pp. 1~6.
30　이한상, 2004,「대가야의 장신구」『대가야의 유적과 유물』, 대가야박물관.

의 고령양식 토기 여러 기종을 망라하고 있다.[31]

　그리고 5세기 중엽에는 운봉고원의 월산리고분군 세력의 수장층 분묘인 M1-A에 대가야양식 토기가 주류로 나타나고 있다.[32] 고령에서 묘산을 거쳐 황강의 상류인 거창 말흘리고분에 대가야양식 토기가 나타나는 것은 5세기 전반이었다. 이것은 고령세력이 서쪽으로의 통로 개척에 일찍부터 힘을 기울여 5세기 중엽에 월산리에 일단 자기 세력권을 확보하면서 5세기 후엽에는 황강의 상류인 반계제 수장층을 지배하에 두는데 성공하였음을 의미하는 것이다. 반계제 가 A호분, 다A호분이 보이는 단곽순장 석실분의 묘제 완전한 대가야양식 유개장경호와 발형기대, 수장층의 상징인 의례용 원통형기대는 이 시기 반계제 세력의 수장층이 고령의 지배하에 들어갔음을 말하는 것이다.[33]

　이어 5세기 말엽에는 함양 백천리1호분에 묘제와 토기가 완전한 대가야식으로 변하였고[34] 앞서 5세기 후엽에 옥전 고유의 수장층 묘제인 보강목곽묘인 M3호분에 대가야토기 일색으로 만들더니 이시기에 와서는 M4호분처럼 묘제도 대가야식인 수혈식석실분으로 바뀌고 유물 또한 대가야식으로 채워져 급격한 변화를 가져온다. 이처럼 5세기 후엽에서 말엽에 이르는 시기의 커다란 변화는 산청 생초리 고분군에도 그대로 이어지고 있다.[35] 〈그림 9〉

　이렇게 황강수계와 운봉고원지역을 확보한 고령의 대가야는 계속 서남진하여 남강상류 지역으로 영향력을 확대하였고, 남강하류 지역으로 세력을 확장하였다. 이러한 정치적 영향이 토기 문화에 반영되어 6세기 초엽에 진주 수정봉의 횡혈식고분에 대가야양식 고배, 장경호와 함께 수장층 제의의 상징인 원통형기대까지 부장하게 되는 것이며, 나아가 고성의 율대리, 연당리 고분에까지 대가

31　李熙濬, 1994, 「고령양식 토기 출토 고분의 편년」 『嶺南考古學』 15, pp.89~113.
32　全榮來, 1983, 『南原 月山里古墳群發掘調査報告』. 圓光大學校 馬韓·百濟文化研究所.
33　李熙濬, 1995, 「토기로 본 大伽耶의 圈域과 그 변천」 『加耶史研究』, 慶尙北道, pp.365~444.
34　釜山大學校博物館, 1986, 『咸陽白川里1號墳』.
35　조영제 외, 2009, 『山淸 生草 M12·M13號墳』, 慶尙大學校博物館.

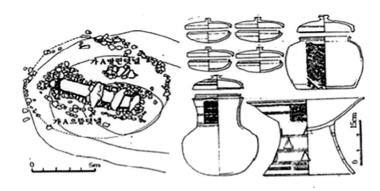

①합천 반계제 가A호분의 묘형과 토기

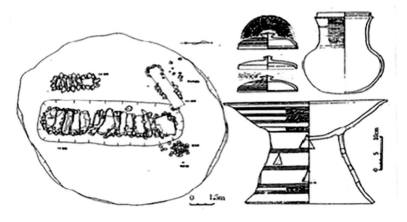

②함양 백천리 1호분의 묘형과 토기

그림 9 | 대가야 묘제의 확산(합천, 함양지역)

야양식 토기가 부장되는 것이다.

　5세기 후엽부터 6세기 초엽까지 이룩된 대가야 고분문화의 확산은 대가야의 정치적 위력이 부수적으로 주변 지역에도 사회적·문화적 영향을 미쳐 창원, 마산지역에까지 대가야양식 토기가 부장되는 상태로 발전하게 된다. 결국 대가야 문화권의 영향력은 상승효과를 가져와 각 지역의 고총 고분뿐만 아니라 소형 석곽묘까지도 대가야양식 토기 일색으로 만들게 되었는데 산청의 묵곡리나 옥산리 유적의 경우가 이를 잘 반영하고 있다고 하겠다.

한편 이 기간에는 소백산맥을 넘어 전남 동부의 순천 운평리고분군, 전북 동부의 장수, 진안, 임실 지역까지 묘제는 물론 유물에서도 대가야양식 토기 일색이 되는데, 이것은 정치 상태를 반영하는 것 일 수도 있고, 교역에 의한 것 일수도 있지만 적어도 대가야문화권의 형성을 말해 주는 것이라고 생각된다.

4. 대가야 고분문화의 변화

1) 횡혈식 석실분의 수용

횡혈식고분은 고구려의 석실봉토분에서 시작하여 그것이 백제를 거쳐 6세기에 들어와 가야지역에 전해진 것으로 가야지역 고분에 횡혈식이 수용된 양상은 크게 두 가지 유형으로 나타난다. 제1유형은 재지의 세장방형 수혈식석실 축조구도에 연도부의 형식만 채용한 횡혈식 석실로서 서부 경남의 진주 수정봉 2호분과 3호분에 나타난다. 진주지역 정치체의 최고 지배층의 분묘로 보이는 이 고분은 대가야 수도인 고령지역 보다 먼저 횡혈식석실을 수용하고 있는 것으로 이는 백제의 가야지역에 대한 본격적 진출이 이 지역부터 시작되는 것으로 볼 수 있다. 그러나 부장품은 대가야양식 토기가 주류이며 특히 대가야식 제사토기의 상징이라 할 수 있는 원통형기대가 출토되고 있어 대가야의 정치적 영향하에 있는 것으로 판단된다.[36]

제2유형은 주로 대가야의 도읍지인 고령지역과 수혈식 석실분 중에서 대가야식인 다곽석실분을 축조하던 지역 즉 대가야지역에 나타나는 세장방형 보다 너비가 약간 넓은 장방형으로 축조된 횡혈식석실이다. 이 석실들은 공주지역에서 각지로 파급된 송산리형 또는 공주형 횡혈식 석실이며 고령지역은 그 분포권의 하나로 보인다. 이 유형 중에서 대표적인 것이 고령 고아동 벽화고분이다. 이 고

---

36 朝鮮總督府, 1915, 『朝鮮古蹟圖譜』 제3책, pp. 277~292.

그림 10 | 고령 고아동 벽화고분(횡혈식 고분의 수용)

분은 무령왕릉과 같은 구조인 터널형 석실분이지만 축조재료가 벽돌이 아니라 길쭉한 할석이라는 점이 다르다. 따라서 할석으로 천장을 완전한 아치형을 만들기 어려우므로 양 단벽은 곧게 세우고 장벽은 곧게 쌓다가 서서히 안으로 내밀어 쌓아 공간을 좁힌 다음 맨 꼭대기에 판석으로 천정을 덮어 터널형으로 만든 구조이다.[37]

할석으로 쌓은 석실이므로 벽돌구조인 무령왕릉처럼 정제되지 못하므로 안에 회를 바르고 천정과 벽면에 벽화를 그려 넣어 최고의 화려함과 엄숙함을 다한 것이다. 그러므로 이 벽화고분은 무령왕릉의 영향을 받아 축조한 횡혈식 석실분으로 가야지역의 다른 석실분과는 달리 대가야왕릉으로 판단된다. 그리고 합천 저포리의 D-I-1호분과 같이 송산리형 횡혈식석실의 축조요소들이 복합되어 축조된 것이 있는데, 이는 대가야왕릉의 영향을 받은 지방의 하급지배자가 축조한 것으로 생각된다.〈그림 10〉

---

37   啓明大學校博物館, 1984, 『高靈古衙洞壁畵古墳實測調査報告』.

2) 대가야 멸망 후 지산동고분군의 변화

대가야가 632년 신라에게 멸망한 이후 고분의 묘제와 출토유물의 변화를 보여주는 유구가 2000년 경상북도문화재연구원에서 발굴조사한 대가야역사관부지(현재 대가야박물관부지) 고분군이다. 이 고분군은 지산동고분군의 주능선으로부터 동남쪽으로 뻗어 내리는 지맥사이에 자리 잡은 계곡지대이다. 발굴조사 결과 삼국시대 고분은 모두 117기가 확인되었는데 대형분은 발견되지 않았다. 종류별로 보면 수혈식석곽이 81기로 가장 많고 고령지역에서 지금까지 확인되지 않았던 횡구식석실을 포함한 횡혈식 석실분 34기가 조사되었다.

수혈식석곽묘 중에는 아주 이른 시기의 석곽묘도 있지만, 대가야멸망 이후의 현상을 보여주는 유물이 출토되고 있다. 즉 세장방형 수혈식석곽으로 대가야의 전형적 묘제의 석곽이지만, 대가야양식 토기와 신라양식 토기가 함께 들어 있는 것이 있고, 대가야 멸망 후 유행하는 묘제인 횡구식석실분에는 단각고배 등 신라양식 토기만 부장되고 있다.[38]

석곽묘 44호분은 판석을 세워 축조한 수혈식석곽으로 길이 260㎝, 너비 55㎝, 깊이 47㎝ 규모의 일반적인 대가야묘제의 고분이다. 그런데 유물은 장경호 2점과 유개고배 2점인데 장경호는 구연부가 나팔처럼 벌어지고 목에서 몸통으로 이어지는 선이 S자형 곡선이며, 목에는 잔잔한 물결무늬가 그려진 전형적인 대가야양식 토기이다. 한편 유개고배는 대각의 투창이 상하 엇갈려 뚫려있는 전형적인 신라양식 토기이다.

또 47호분은 길이 360㎝, 너비 75㎝, 남은깊이 40㎝ 규모의 할석으로 쌓은 평범한 대가야식 석곽인데, 뒤에 이 석곽을 그대로 이용하여 추가장을 한 고분이다. 원래의 바닥에는 생토바닥에 목곽을 사용한 것으로 보이는 목곽흔이 나타나고 있고, 유물도 서북단벽 쪽 생토바닥에 대가야양식 장경호 편, 유개고배 편과

---

38 慶尙北道文化財硏究院, 2000, 『大伽耶 歷史館 新築敷地內 高靈池山洞古墳群』.

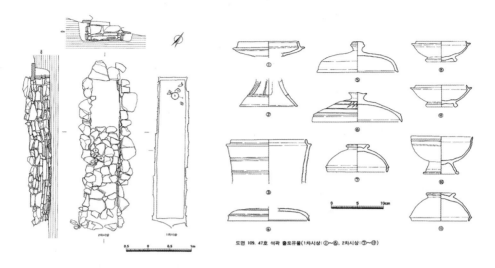

도면 109. 47호 석곽 출토유물(1차시상: ①~⑥, 2차시상: ⑦~⑪)

그림 11 | 대가야고분 문화의 변화(역사관부지 47호분)

개배 2점이 배치되어 있다. 2차 사용흔적은 생토바닥의 서북단벽 부분 1차 유물
부분 을 제외한 전면에 길이 20~40㎝의 편평한 할석을 깔아 시상으로 사용하
고, 동남단벽 쪽 시상위에 뚜껑 2점, 고배 4점, 대부완 1점 등 신라양식 토기를
부장하였다.〈그림 11〉

　이러한 토기문화의 변화는 수혈식석곽의 재사용, 횡구식, 횡혈식석실분의 급
속한 채용과 함께 대가야가 멸망한 이후 매우 빠른 속도로 신라문화가 확산되었
음을 말해 주는 현상이다.

Ⅳ. 맺음말

　가야의 묘제는 대체로 초기에는 목곽묘가 주류를 이루다가 김해지역을 제외
하고 다른 가야지역은 수혈식 석실분으로 바뀌게 되었다. 수혈식 석실분은 평면

형태가 장폭비 5:1의 세장한 형태로 정형화되어 가야지역 고총고분의 대부분을 차지하고 있으며, 지역적으로도 가야전지역을 망라하고 있어 가야지역 지배층 묘제의 핵심이라고 할 수 있다. 수혈식 석실분도 내부구조에 따라 세 가지 유형으로 나누어진다.

제1유형은 단실구조로 한 봉토 안에 매우 세장한 수혈식 석실 1기만 축조하는 유형으로 함안 도항리고분군과 말산리고분군 등 주로 함안지역에 분포하며 아라가야식 묘제이다. 제2유형은 호석으로 둘러진 한 봉토 안에 주석실과 소형 순장석곽으로 이루어진 다곽석실분 구조로 대가야식 묘제이다. 이 묘형에서 주실에는 물론 묘의 주인공이 묻히며 석곽에는 순장자가 묻히는 고분이다. 제3유형은 하나의 봉토 안에 1기의 석실과 1~3기의 석곽이 추가로 결합되는 결합식 다곽분 구조로 5세기 후반 고성지역에 축조되는 소가야식 묘제이다.

한편 횡혈식석실분은 고구려, 백제의 주묘제로 사용되던 묘제로 후기에는 신라에서도 왕릉으로 사용되지만 가야지역은 대가야와 일부 지역을 제외하고는 주묘제로 사용하기 전에 멸망하였다.

대가야의 주묘제는 수혈식석실분이었고 특히 지산동고분군은 목곽묘가 없이 수혈식석실분의 고총으로 축조된 것으로 알려져 왔으나 지산동 73호분이 발굴조사 됨으로써 목곽고총봉토분의 존재가 확인되어 새로운 과제로 등장하였다. 그러나 73호분의 목곽축조는 목곽충전석의 축조와 순장곽의 설치가 기존의 대가야 전통을 이어가며 목곽을 결합한 새로운 묘제로 등장하였다.

한편 가야지역 순장묘는 김해지역과 신라지역의 주부곽순장과 함안지역의 주곽순장, 고령을 비롯한 대가야지역의 다곽순장 석실분이다. 특히 주부실 석실과 순장곽을 여러기 배치한 다곽순장은 고령 지산동고분군에만 존재하는 묘제로 대가야묘제의 가장 큰 특징이다. 새로 발굴조사된 목곽묘인 73호분도 순장에서는 기존의 다곽순장을 하고 있어 대가야의 전통을 가지고 있다.

최근 새롭게 밝혀지고 있는 고분축조 기법인 구획성토, 토제, 토낭 사용 등의 기술은 대가야뿐만 아니라 의성, 현풍 등 여러 지역에서 공통적으로 나타나고 있어 당시 고총고분 축조 기술장인 집단이 존재하여 여러곳을 다니며 축조한 것으로 보인다.

　대가야 순장의 인원수는 2인에서 36인까지 매우 다양하게 나타나고 있다. 특히 주인공인 안치된 주실(주곽)안의 순장자는 매장 위치의 근접성, 장신구의 패용, 중국의 예로 보아 왕의 후궁(첩)으로 보이고, 다음 순장인은 근신과 호위무사, 창고지기, 농업생산인, 직조인, 마부와 같은 직능을 가지고 있었다. 이들의 순장은 가문이나 혈연집단의 영광과 영예를 위한 강제적 사회적 압력에 의해 숙명적으로 받아들여졌던 것으로 이해할 수 있다.

4_ 고령 대가야고분군의 세계유산적 가치

I. 머리말

경상북도와 고령군에서는 2011년 9월부터 가야문화의 세계유산적 가치규명 학술회의를 개최하고, 많은 연구를 통하여 고령 지산동고분군을 세계유산 등재 대상으로 결정하였다. 그리고 문화재청에 세계유산 지정신청서를 제출하였고, 문화재청에서는 '고령 지산동 대가야 고분군'을 2013년 12월 12일 세계유산 잠정 목록에 등재하였다.

그리고 2015년 3월, 잠정목록에 등재된 경상남도의 김해 대성동고분군과 함안 말이산고분군과 공동추진을 전제로 우선등재 목록에 선정하였다. 2015년 3월 10일 문화재청에서는 가야지역의 대표적 고분군인 김해 대성동고분군과 함안 말이산 고분군, 고령 지산동고분군을 세계유산 '우선 등재' 대상으로 선정하였다. 이는 경상남도와 경상북도에서 각각 신청한 가야고분군에 대하여 '공동 등재'를 전제로 관련 기관 간 양해각서를 체결하는 것을 조건으로 하였다. 우선 등재의 결정근거는 ①동북아시아 문화권의 여러 국가들이 고대국가로 발전하는 단계에 축조된 것으로 소멸된 가야문명의 존재를 보여주는 실증적 증거와 ②중국, 한국, 일본을 포함한 동북아시아 문화권의 역사발전 단계의 사례로 인류사에 특별한 가치를 보유하는 고분군으로 그 가치를 인정한 것이다.

문화재청은 2020년 8월, 경상남도의 김해 대성동고분군, 함안 말이산고분군,

합천 옥전고분군, 창녕 교동·송현동고분군과 경상북도의 고령 지산동고분군, 전라북도의 두락리·유곡리고분군 등 7개 가야고분군을 세계유산 등재신청목록으로 결정하였다.

이제부터 이러한 고령 대가야고분군의 세계유산적 가치를 살펴보려고 한다.

요즘은 넓은 우회도로가 생겨 금산재를 터널로 지나가지만, 원래의 26번 국도를 따라 대구에서 고령으로 가려면 고령의 관문인 금산재를 지나야 한다. 금산재는 표고 286m 밖에 안 되는 높지 않은 산이지만, 고령읍내의 낮은 평지인 회천교 부근 논의 표고가 30m정도이므로 비고 250m로 여기서 올려다보면 매우 높고 가파르게 보이는 고개이다.

경사진 도로를 굽이굽이 휘돌아 고갯마루에 올라서는 순간, 서쪽아래에 펼쳐지는 대가천 넘어 고령읍과 그 뒤를 병풍처럼 우뚝 솟은 주산이 마주한다. 그 주산에서 뻗어 내린 높은 산줄기의 정상부에 봉우리처럼 일렬로 늘어선 고총들의 경관은 자신도 모르게 아! 하는 감탄이 절로 나오게 한다. 이것이 바로 고령 지산동고분군이다. 여기서 마주 대하는 주산은 가야산에서 남동주하는 능선들이 미숭산(733m)을 거쳐 동쪽으로 용틀임하여 불당산(459m)을 지난 다음, 고령읍의 바로 뒤에서 급하게 멈추어 우뚝한 산이다. 주산의 줄기는 더 이상 동쪽으로 나가지 않고, 약간 낮아진 채 서서히 남북으로 뻗어 대가야의 도읍인 고령읍을 병풍처럼 감싸고 있다. 동쪽의 금산과 서쪽의 주산이 높이를 달리하여 막아주고, 그 사이를 대가천이 남북으로 흘러 충적대지를 이루고 있는 고령읍을 아늑하고 포근하게 감싸고 있다.

이러한 경관을 더욱 경탄스럽게 만들어주는 것이 바로 고령의 지산동고분군이 것이다. 지산동고분군은 외부경관만이 아름다운 것이 아니라, 발굴조사와 연구 결과를 보면, 그 내부구조와 축조기법, 토목기술, 순장과 같은 장묘제도의 입장에서도 탁월한 보편적 가치를 충분히 지니고 있다고 생각된다. 이제부터 이러한 지산동고분군의 세계유산적 가치를 추구해 보려고 한다. 그에 앞서 경북지역에는 고령 이외에도 가야의 고지로 알려진 지역과 그에 따른 삼국시대 고분도 존재하고 있어 먼저 그 성격부터 간단히 살펴보고, 지산동고분군의 특징을 살펴보도록 하겠다.

Ⅱ. 대가야와 고령 지산동고분군

1. 지산동고분군 분포상황

대가야의 중심고분군인 지산동고분군은 경상북도 고령군 고령읍 지산동 마을 뒤편(서쪽)의 능선 정상부를 따라 산봉우리처럼 줄지어 솟아 있는 고분군이다. 대가천과 안림천이 남북으로 감싸 안은 서쪽 끝에 가야산에서 동주해온 산줄기가 우뚝 솟아 고령의 진산인 주산이 되었다.

지산동고분군은 이 주산에서 남쪽으로 뻗어 내린 주능선 등마루를 따라 직경 20m 이상의 거대한 봉토분이 산봉우리처럼 열을 지어 서 있고 이 주능선과 가지능선 사면에는 중소형 봉토분 700여기가 군집해 있는 가야 최대의 고분군이다. 고령읍내를 병풍처럼 둘러 친 것 같은 지산동고분군의 남쪽 능선은 다시 동쪽으로 방향을 바꾸어 고아리로 뻗어 있는데, 이 고아리에도 대형분들이 이어져 이것까지를 지산동고분군에 포함한다. 이 고아리 능선의 말단부에 가야고분 중 유일한 벽화고분도 자리하고 있다. 〈그림 1〉

앞서의 주산정상에는 대가야 산성이 포곡형과 퇴뫼식의 2중산성으로 자리잡고 있으며 여기에서는 고령읍이 한눈에 내려다보이고, 남동쪽으로 낙동강과 회천이 합류하는 낙동강 통로와 북쪽으로는 성주(성산가야)의 경계인 의봉산성이, 동쪽으로는 대구로 통하는 관문인 망산산성이 보이는 등 조망이 좋은 곳으로 대가야 방어의 최대산성이며 요충지라 할 수 있다.

이곳 주산에서 동쪽으로 급한 경사면이 하단으로 내려오면서 완만해져 말단에서는 돌을막고 평평한 대지상을 이루고 있는데 이곳이 바로 대가야 궁성지

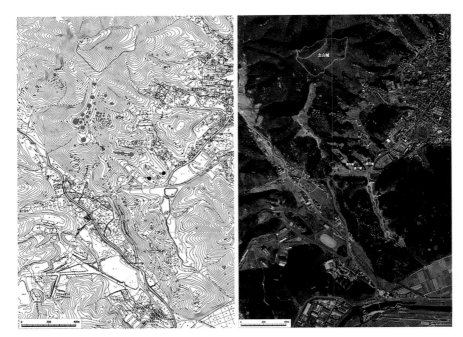

그림 1 | 고령 지산동고분군 분포도

로 알려진 곳이다. 연조리 궁성지로 알려진 이곳은 전체모양이 주걱형으로 주변
보다 높아 자연토성처럼 되어 있다. 이 궁성지 뒤로는 앞서 말한 완만한 경사로
주산성에 이어지고 앞으로는 대가천이 퇴적시킨 고령평야가 남북으로 길게 펼
쳐져 있다.

　이러한 지산동고분군의 특징을 보면, 첫째로 대형봉토분들은 뒤에 국읍과 마
을을 지켜주는 산성을 배경으로 국읍지와 평야가 내려다보이는 능선의 산마루
와 주능선이 뻗어 내리는 경사면의 돌출부에 자리를 잡는다. 이렇게 능선의 산
마루나 돌출 경사면에 봉분을 쌓음으로써 봉분의 규모가 훨씬 커 보이고, 높은
봉분이 산봉우리처럼 보여 최대의 권력과 권위를 상징하는 것으로 생각된다.

　둘째로 대형봉토분이 그 지역의 가장 중심부 능선의 좋은 위치에 자리 잡고,
중형봉토분은 그 능선에서 나누어진 가지능선 등줄기의 돌출부에 군집하여 자

리 잡고 있다. 이때 봉토분자리에 선축된 소형분은 파괴시키거나 무시하고 축조한다. 이 지산동고분군 중 대표적 고분은 다음과 같다.

1) 지산동 44, 45호분[1]

고령의 주산 남쪽으로 뻗은 주능선 등마루에 고령 최대의 봉토분 5기가 자리 잡고 있는데 그 능선은 방향을 동쪽으로 틀면서 경사져 내려온다. 이렇게 방향을 틀어 내려오는 주방향 완만한 경사면에 45호분이 자리 잡고, 그 아래 광장처럼 넓게 퍼져 평평한 부분에 44호분이 위치한다. 이 두 고분은 직경 20m 이상의 대형분으로 주능선 정상부에 위치한 5기보다는 작지만 현재까지 정식 발굴 조사된 대가야 고분 중에서는 최대의 고분이다.

44호분은 묘역 중앙에 주석실과 부장석실 2기의 대형석실을 축조하고, 주위에 소형석곽 32기를 순장곽으로 배치한 다음 타원형 호석으로 이들 모두를 둘러싼 다곽분이다. 32기의 순장곽들은 3기의 주·부석실을 중심으로 원주상과 부채살 모양으로 배치되어 있다.

45호분은 남북으로 경사진 묘역의 중앙에 장축방향을 동북-서남으로 둔 주실과 부실을 나란히 설치하고, 그 주변에 11기의 순장석곽을 원주상으로 배치한 다곽분이다.

2) 지산동 32~35호분[2]

지산동 32~35호분은 능선 정상부의 대형분이 소재하는 주능선이 급경사로 내려와 길게 대지상을 이루는 비교적 낮은 구릉에 위치한다. 34, 35호는 봉분이 연결되어 있는 쌍분(표형분)이다. 이들 4기는 모두 봉토 직경 10~15m의 중형분이다.

1　尹容鎭·金鍾徹, 1979, 『大伽耶古墳發掘調査報告書』, 高靈郡.
2　金鍾徹, 1981, 『高靈池山洞古墳群』, 啓明大學校博物館.

3) 지산동 73~75호분[3]

대가야박물관 동편에 바로 붙어 있는 능선의 말단부와 그 옆의 가지능선에 위치하고 있는 봉토분인데, 73호와 75호분은 호석의 직경이 25m 이상 되는 대형분으로 최근에 발굴조사되어 새로운 묘제와 구조가 밝혀져 많은 주목을 받은 고분이다.

4) 고아리 벽화고분[4]

고아리 벽화고분은 가야의 유일한 벽화고분이며 대가야왕릉으로 가야의 횡혈식 석실분을 대표한다. 정밀실측조사와 벽화 모사도를 작성한 다음 입구를 폐쇄하여 보존하고 있는 고분이다.[5] 벽화는 현실과 연도전체에 그렸던 것으로 보이나 현재는 천정석에만 남아 있는 상태다. 천정에는 얇게 회칠을 하고 분홍색, 녹색, 흑색, 갈색으로 내외 2중의 8판연화문을 그렸다.[6]

2. 지산동고분군의 성격

1) 묘제의 성격

지산동고분군의 입지와 외형, 내부구조를 통해 묘제의 성격은 다음과 같다.

첫째, 대형 봉토분들은 뒤에 국읍과 읍락을 지켜주는 산성을 배경으로 국읍(읍락)과 평야가 내려다보이는 능선의 산마루와 주능선이 뻗어 내리는 등줄기의 돌출부에 자리를 잡는다. 이렇게 능선의 산마루나 돌출부에 봉분을 쌓으므로써 봉분의 규모가 훨씬 커 보이고, 고대한 봉분 자체가 산봉우리처럼 보여 최대의 권력과 권위를 상징하는 것으로 생각된다.

---

3 조영현, 2012,『高靈池山洞 제73~75號墳』大東文化財研究院.
4 金元龍·金正基, 1967,「高靈壁畵古墳調査報告」『韓國考古』2, pp. 1~20. ; 啓明大學校博物館, 1984,『高靈古衙洞壁畵古墳實測調査報告』.
5 啓明大學校博物館, 1984,『高靈古衙洞壁畵古墳實測調査報告』.
6 啓明大學校博物館, 1984,『高靈古衙洞壁畵古墳實測調査報告』.

둘째, 대형 봉토분이 그 지역의 가장 중심부 능선의 우월한 지점에 자리잡고, 중형 봉토분은 그 능선에서 나누어진 가지능선 등줄기의 돌출부에 군집하여 자리잡고 있다.

셋째, 소형 봉토분과 봉토 없는 소형분들은 중대형 고분의 주위나 경사면 적당한 곳에 등고선 방향에 따라 불규칙하게 자리잡고 있다. 그러나 불규칙하다고는 하지만 군집된 중대형고분의 주위에 배치됨으로써 능선별로 혹은 사면별로 일정한 군집군으로 존재하고 있다.

넷째, 정해진 묘역 중앙에 매장 주체부인 주실을 지하에 설치하고, 주실 옆에 부곽이나 순장곽을 설치한 다음, 묘역을 둘러싸는 원형 혹은 타원형의 호석을 쌓는다.[7] 경우에 따라서는 순장곽 없이 석실만 단독으로 설치한 것도 있다.

다섯째. 매장부의 축조는 지하에 광을 파고, 할석, 판석, 자연석을[8] 이용하여 4벽이 서로 엇물리게 쌓는데, 평면 형태가 길이 대 너비의 비율(장폭비)이 대개 5:1 이상이 되어 세장방형을 이룬다. 이 평면 세장방형 석실구조가 대가야묘제의 가장 큰 특징이라 할 수 있다.

2)출토유물의 성격

지산동고분군의 성격을 규정하는 요소는 위에서 말한 묘제의 성격과 함께 고분의 부장품도 중요한 요소 중의 하나이다. 지산동고분군의 출토유물은 대가야 양식 토기와 주인공의 신분을 나타내는 위세품이 있다. 피장자가 지배층 신분임을 나타내는 위세품-Prestige Goods으로 금동관(금관) 등의 관모류, 갑주류, 구슬목걸이, 금은제이식, 환두대도 등이 있다. 이러한 금속유물은 다른 지역과 대체로 유사하나 보주가 달린 초화형 혹은 광배형(보주형) 관식이나, 금립과 중공의 소

---

7   金世基, 2001, 「三國時代 封土墳의 護石에 대하여」『古文化』57, 韓國大學博物館協會, pp. 41~75.
8   김세기, 2003, 『고분 자료로 본 대가야 연구』학연문화사, pp. 103~157.

구가 장식된 금제세환이식 등은 대가야의 특징을 잘 나타내고 있다. 이와 같이 고령 지산동고분군은 대가야의 대표적 고분군으로 탁월성을 가지고 있다.

Ⅲ. 고령 대가야고분군의 세계유산적 가치

1. 세계유산 등재기준
1) 탁월한 보편적 가치Outstanding Universal Value, OUV[9]
세계문화유산에 등재되기 위한 중요한 기준으로 탁월한 보편적 가치가 있는 문화유산으로 다음의 기준을 충족해야 한다.

> ⅰ) 인류의 창조적인 천재성이 만들어 낸 걸작임을 보여주는 대표적인 것
> →경주 석굴암, 불국사,
> ⅱ) 인류의 가치가 교류된 중요한 것임을 보여주는 건축이나 기술, 기념비적 예술, 도시계획이나 조경설계의 발전과 관계가 있는 것으로서, 오랜 시간에 걸쳐 일어났거나 세계의 특정 문화권에서 일어난 것
> →서울 창덕궁, 수원화성, 경주 역사유적지구
> ⅲ) 문화적 전통, 또는 현존하거나 소멸된 문명과 관계되면서 독보적이거나 적어도 특출한 증거를 지니고 있는 것
> → 서울 창덕궁 주합루일대, 수원화성, 경주 역사유적지구, 고창 화순 강화 고인돌, 조선왕릉, 경주 양동마을

---

9 이상해, 2011, 「세계유산제도의 이해」『가야문화의 세계유산적 가치』 계명대학교 한국학학연구원, pp. 17~35.

iv) 인류역사의 중요한 단계(들)를 보여주는 탁월한 사례가 될 수 있는 특정 유형의 건조물, 건축적 또는 기술적 총체, 또는 경관

→ 서울 종묘, 합천 해인사 장경판전, 경주 불국사, 서울 창덕궁, 안동 하회마을 병산서원, 경주 양동마을 독락당

v) 문화(또는 여러 문화), 또는 돌이킬 수 없는 충격으로 인하여 변화할 가능성이 큰 환경과 인간과의 상호작용을 대표적으로 보여주는 전통적인 인간 정주지, 토지의 이용 또는 해양의 이용과 관계되는 탁월한 사례에 속하는 것

→필리핀 계단식 경작지

vi) 탁월한 보편적 의의를 지닌 사건 또는 살아 있는 전통, 사상, 신앙, 예술·문학 작품과 직접적으로 또는 가시적으로 연계된 유산 등

→합천 해인사 장경판전

2) 가야고분군의 진정성과 완전성 평가요건[10]

세계문화유산으로 등재되기 위해서는

(1) 위에 열거한 탁월한 보편적 가치 등재기준(i ~vi)중 하나(또는 여러 가지) 이상을 충족하고,

(2) 진정성Authenticity이 있어야 하고,

(3) 완전성Integrity이 있어야 하고,

(4) 국내외 유사 유산에 대한 비교연구를 통해 대표성이 입증되어야 하고,

(5) 보존 및 관리계획이 수립되어 있어야 한다.

특히 세계유산으로 신청하는 유산의 탁월한 보편적 가치를 인정받기 위해서

---

10   허권, 2011, 「세계유산 개념의 적용 : 가야고분군」 『가야문화의 세계유산적 가치』 계명대학교 한국학연구원, pp. 37~48.

는 진정성의 요건을 충족해야 하는데, 진정성은 예술적, 창조적 우수성에 관한 것이다. 그러므로 진정성은 진실과 진짜를 강조한다.

진정성의 요건은 유산의 문화적 가치가 형태와 디자인, 소재와 재료, 용도와 기능, 전통기법, 관리체계, 위치와 환경, 언어와 무형적 자산, 기풍과 저서 및 기타 내외부 요인 등과 같은 다양한 속성을 통해 부합하는지 여부를 판단한다. 이와 같은 요건이 진실되고 신뢰성 있게 표현된 경우에 한하여 진성성의 요건을 충족한다.

가야고분군의 진정성 평가에 있어서는 개별고분들의 진정성을 어디에서 찾아야 할 것인가를 우선 검토해야 한다. 가야시대 장묘문화와 이에 따른 고분건축, 각 시기별 고분형식의 차별성과 정체성, 자연환경에 대한 고려와 (풍수적) 특징, 고분 구성요소 등이 중요하다고 한다.[11]

2. 고령 지산동고분군의 특징
1) 세계유산 등재기준으로 보는 특징
(1) 대가야 왕릉의 경관Landscapes

대구에서 고령으로 가는 관문인 금산재를 오르는 경사진 도로를 굽이굽이 휘돌아 고갯마루에 올라서는 순간, 서쪽아래에 펼쳐지는 대가천 넘어 고령읍과 그 뒤를 병풍처럼 우뚝 솟은 주산(310m)이 마주한다. 그 주산에서 뻗어 내린 높은 산줄기의 정상부에 봉우리처럼 일렬로 늘어선 고총들의 경관은 자신도 모르게 아! 하는 감탄이 절로 나오게 한다. 이것이 바로 고령 지산동고분군이다. 여기서 마주 대하는 주산은 가야산에서 남동주하는 능선들이 미숭산(733m)을 거쳐 동쪽으로 용틀임하여 불당산(459m)을 지난 다음, 고령읍의 바로 뒤에서 급하게 멈추어 우뚝한 산이다. 주산의 줄기는 더 이상 동쪽으로 나가지 않고, 약간 낮아진

11　허권, 2012, 「세계유산 '고분'의 등재현황과 선정기준」『가야유적의 역사적 위상과 세계유산 가치 연구』경남발전연구원 역사문화센터, pp. 7~19.

채 서서히 남북으로 뻗어 대가야의 도읍인 고령읍을 병풍처럼 감싸고 있다. 동쪽의 금산과 서쪽의 주산이 높이를 달리하여 막아주고, 그 사이를 대가천이 남북으로 흘러 충적대지를 이루고 있는 고령읍을 아늑하고 포근하게 감싸고 있다. 이 아늑한 분지가 1600년전 대가야의 국읍이면서, 대가야 왕릉을 축조한 사람들과 그 이후의 후손들이 대를 이어 살고 있는 고령의 아름답고 의미 있는 장소이다. 그리고 이러한 경관을 더욱 경탄스럽게 만들어주는 것이 바로 고령의 지산동고분군이 것이다. 〈그림 2〉

　지산동고분군의 경관을 더욱 의미 있게 하는 것이 최근에 발굴 조사되어 대가야산성으로 밝혀진 주산성이다. 주산성은 고령읍의 서편에 병풍처럼 감싸고 있는 해발 310m 높이의 정상에서 서남편 능선과 북동편 능선을 따라 내려오다가 해발 170~180m 높이 부근에서 고령읍 방향의 남사면을 가로지르며 형성되어 있는 석축성이다. 그리고 이와 같은 높이의 남쪽 능선 정상부를 따라 지산동고분군에서 직경 30m 이상의 초대형 봉토분들이 열을 지어 분포하고 있다. 고령읍내의 낮은 평지인 회천교 부근 논의 표고가 30m정도이므로 주산의 비고가 약 280m가 되므로 아주 높게 느껴진다.

　주산성의 형태는 동.서.북쪽은 완만하게 내려오는 능선을 이용하고 남쪽은 경사면을 절개하여 수평으로 축조한 내성과 외성의 이중성으로 이루어졌다. 내성은 둘레 711m로 낮은 석토루를 쌓았고, 외성은 둘레 내성의 북.서벽과 잇대어

그림 2 | 고령 지산동고분군 경관

그림 3 | 고령 주산성 위치 및 성벽

축조되었으며, 전체둘레는 1,419m, 총 면적은 약 104,494㎡ 정도이다. 내부에는 추정건물지 2군데와 연못지 1개소 그리고 치雉지 8개소가 있는 것으로 보고되어 있다.[12] 〈그림 3〉

　고령지역에는 주산성과 지산동고분군과 같이 경관적 세트관계를 이루고 있는 유적이 대가야의 읍락(현재의 면단위)마다 비슷한 양상을 보여주고 있어 더욱 의미가 있다. 즉, 본관리산성과 본관·쾌빈리 고분군, 망산산성과 장기리고분군, 운라산성과 월산리고분군, 무계리 산성과 박곡리고분군, 도진리산성과 도진리고분군 등이 규모는 작지만 지역별로 분포되어 있다. 이렇게 대가야 산성과 봉토고분군이 세트를 이루고 있는 것은 당시 대가야 사람들에게 주산성과 지산동고분군을 정점으로 산성과 고분군을 조성하는 관념이 뿌리박혀 있었다는 것을 의미하는 것이라고 생각된다.

　이와 같이 지산동고분군의 경관은 당시 대가야 사람들의 사후세계와 현실세계에 대한 인식의 단면을 보여주는 중요한 단서 중의 하나라고 생각된다. 특히 대가야 왕릉급 고분의 입지와 분포는 대가야 사람들이 추구했던 사상을 잘 표현하고 있는바, 대가야 도읍의 높은 곳에 국가를 지키는 보루로서 주산성이 위치

12　大東文化財研究院, 2014, 『고령 主山城 Ⅰ』 ; 大東文化財研究院, 2014, 『고령 主山城 Ⅱ』.

하고, 거기에서 뻗어내린 능선의 솟아 있는 정점에 대형봉토분을 축조하여 독특하고 웅장한 경관을 보여주고 있다. 이것은 자신이 통치하던 국가가 번영되기를 바라는 마음이 반영된 것이며, 살아 있는 왕이나 백성들도 돌아가신 조상이 자기들을 보살펴주기를 기대하는 사상이 표출된 기념물Monuments로써, 이것이 하나의 관습이나 전통으로 이어지게 된 것이다.

따라서 지산동고분군의 분포와 입지는 경관적 측면과 기념물로서의 가치로 인식할 때 등재기준의 ⅱ)번, ⅲ)번, ⅳ)번을 충족시킬 수 있는 특징이다.

⑵고분축조의 다양성과 토목기술의 반영

가야고분의 봉토분 중 최고인 왕릉급의 대형분(직경20m이상)은 주능선의 정상부 혹은 융기부의 우월한 위치에 거대한 봉분의 다곽구조로 설치하고, 신분적 차이에 따라 중형분(10~15m), 소형분(직경 10m)은 가지능선에 위치한다. 그리고 봉토분의 사이와 주변에 봉토가 없는 소형분이 분포하여 묘제의 계층성과 다양성을 보여주고 있다. 이러한 계층성과 다양성은 다음과 같이 정리할 수 있다.

Ⅰ등급→ 봉분직경 20m이상, 주실+부장실+순장곽 10기 이상(최고의 위세품, 관모류)

Ⅱ등급→ 봉분직경 15-20m, 주실+순장곽 1~5기(위세품, 관모류)

Ⅲ등급→ 봉분직경 10m이내, 석곽, (위세품)

또한 고분축조의 기술적 측면에서 보면, 묘역중앙에 깊은 구덩이를 파고 막돌과 깬돌을 축조 용도와 위치에 맞게 짜맞추어 네벽을 쌓아 길이10여m, 너비2m, 깊이 2m 정도의 석실을 구축한다. 이때 석실벽면의 축조 방법이 주산성의 성벽 축조 방벽과 동일한 방법을 사용하고 있다. 또, 봉분의 수평 다져쌓기와 구분쌓기, 외연에 호석을 쌓아 봉토의 유실방지와 묘역의 구분하고 있는 등 당시의 토목기술이 그대로 반영되어 있어, 대가야 고분의 진정성을 반영하고 있는 특징이다. 고

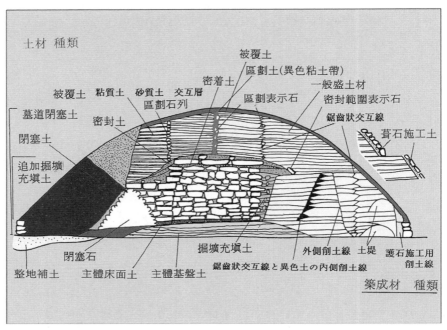

土材 種類

被覆土　粘質土　砂質土　交互層　密着土　區劃土(異色粘土帶)
區劃石列　　　　　　　　區劃表示石　　一般盛土材
墓道閉塞土　密封土　　　　　　　　　密封範圍表示石
被覆土　　　　　　　　　　　　　　　鋸齒狀交互線
閉塞土　　　　　　　　　　　　　　　　葺石施工土
追加掘壙
充塡土
整地補土　閉塞石　主體床面土　主體基盤土　掘壙充塡土　鋸齒狀交互線と異色土の內側削土線　外側削土線　土堤　護石施工用削土線

築成材　種類

그림 4 | 봉토분의 축조 기법 개념도[13]

분축조의 기술적 측면은 등재기준의 iv)번에 해당된다고 생각한다. 〈그림 4〉

(3) 대가야 순장의 다양성과 독특

순장이란 왕이나 높은 신분의 죽은 사람(주인공)을 위해 살아 있는 사람이나 동물을 죽여 함께 매장하는 장의해위로 고대에는 세계 여러 나라에서 보편적으로 행해진 장의 풍속이다. 가야는 문헌기록에는 나오지 않지만, 가야고분에서는 다양한 순장고분이 확인되고 있어 당시 사회를 이해하는 중요한 단서를 제공하

13 　조영현, 2011, 「대가야묘제에 대한 연구현황과 과제」『대가야사 연구의 현황과 과제』발표 ppt 자료.

고 있다.[14] 5세기 후엽의 44호분에서는 주실 외에 부실이 2기, 순장곽이 32기의 순장곽에 40여명을 순장한 가야 최대의 순장묘가 축조되었다. 73호분은 주실과 부실은 목곽으로 구축하고 순장곽은 4기가 배치되었고, 75호분은 주실과 부실을 T자형으로 배치하고, 10기의 순장곽을 다양하게 배치하고 있으며, 특히 말과 같은 동물을 순장한 것으로 판단된다. 〈그림 5〉

이러한 순장 묘곽과 순장인 수의 다양성과 득특한 성격은 대가야고분이 순장 제도라고 하는 세계사의 보편성 속에서 극동의 지역적, 역사적 특수성을 대변하

그림 5 | 고령 지산동 73호분 순장 양상[15]

---

14   金世基, 1997, 「加耶의 殉葬과 王權」『加耶諸國의 王權』, 仁濟大 加耶文化研究所編, 신서원, pp. 97~122.

15   조영현, 2011, 「대가야묘제에 대한 연구현황과 과제」『대가야사 연구의 현황과 과제』발표 ppt 자료.

고 있다고 할 수 있다. 즉, 인류역사의 중요한 단계를 보여주는 탁월한 사례가
될 수 있는 특정 유형의 건조물임이 확실하므로 등재기준 iii)번과 iv)번을 충족
하는 특징이다.

(4) 출토유물의 독특성

지산동고분군에서는 그 시대와 대가야를 대표하는 독특하고도 다양한 유물
과, 해외의 다른 지역과의 교역에 의한 물품도 다수 출토되어 당시 사람들의 생
활상과 현재의 생활상을 비교할 수 있는 자료를 제공하고 있다. 이러한 유물의
특성은 선정기준 vi)번을 충족할 수 있다.

① 위세품(관모와 장신구)

가야고분에서는 왕이나 왕족이 썼던 것으로 생각되는 금관은 정식발굴에서
는 출토되지 않았으나 지금까지 알려진 가야금관은 고분에서 출토된 것으로 보
는 것이 일반적이다. 가야의 관모는 꽃봉오리나 나뭇가지 형태를 한 초화형인
데, 고령 지산동 45호분에서 나온 금동관식태이다. 그리고 지산동 32호분 출토
의 금동관은 불상 광배형 몸체에 보주형 가지가 달린 독특한 형식도 있다.

지산동 고분에서는 대단히 많은 금제, 은제, 금동제 귀걸이가 출토되었다. 귀
걸이는 귓불에 끼는 큰 고리와, 거기에 매달리는 중간 장식, 다시 그 밑에 붙는
끝 장식의 3부분으로 구성되는 것이 기본형이다. 대가야식 귀걸이는 거의 다 가
는고리식인데, 가는 고리에 풀의 열매모양 장식을 매단 모양이다. 특히 장식 끝
에 좁쌀만한 금 알갱이를 1~3개 장식하는 것은 가야의 독특한 양식이라 할 수
있는데, 가야의 특징이 잘 나타나고 있다.[16]

---

16   이한상, 2004, 「대가야의 장신구」『대가야의 유적과 유물』, 대가야박물관.

② 대가야양식 토기

가야고분 출토유물 중에서도 토기는 가장 많이 출토되어 수적으로도 많을 뿐만 아니라 시기변화를 가장 예민하게 반영하고 또 지역적 특성도 가장 잘 반영하고 있다. 일반생활과 가장 밀접한 관계를 가지고 있는 토기는 개인인 장인에 의해서 제작된 것이지만, 오랜 기간 동안 한 지역에서 만들다 보면 그 지역의 기후, 토질 등 풍토와 생활습관 등이 함유되어 하나의 습관처럼 고착화 된다. 이것이 세대를 지나 하나의 양식으로 굳어지면 지역 토기양식 혹은 형식으로 되어 중요한 문화요소가 된다. 지산동고분군 출토 토기 종류의 다양성과 장식성의 요소가 대가야 양식 토기로 규정되어, 다른 지역 토기와 비교, 분포상, 제작수법 등을 통해 지역색을 비롯한 편년 등 다양한 연구가 활발히 이루어져 왔다.

③ 고분의 매장의례와 음식물 자료

죽은 사람을 영원한 안식처인 분묘에 매장하면서 이루어지는 매장의례埋葬儀禮는 분묘의 입지 선택과 묘곽건축, 시신의 매장행위의 과정에서 죽은 사람과 영원한 이별을 고하는 동시에 살아 있는 사람들에게 사자와의 관계를 확인시켜 주는 매우 중요한 정신적 습속이다. 이와 같은 매장의례는 분묘 내부에 매납하는 부장품과 함께 이루어지기도 하지만 대개 분묘 밖의 공간에서 이루어지고 있다.

이러한 매장의례는 제사의 형태로 이루어지고, 제물의 형태로 토기 속에 넣어두었는데, 가야고분에서는 출토 토기 속에 여러 가지 음식물이 썩지 않고 남아 있어 당시의 상황을 알 수 있게 된다. 음식물은 대구와 같은 바다생선, 바닷게, 두두럭고둥 등의 바닷조개가 있다. 또 닭 1마리분, 반 마리분이 들어 있었고, 닭뼈보다 가느다란 조류의 뼈와 곡물인 볍씨와 기장도 출토되었다. 이들 중 당시의 어로와 식생활을 보여주는 중요한 것은 민물어류인 '누치'가 가장 많이 출토되는 것이다. 낙동강과 그 지류에 오늘날도 많이 살고 있는 누치는 잉어과에 속하는 민물고기로 잉어와 비슷하나 잉어 보다 머리가 둥글고 큰 것이 특징이다. 누치는 현재도 고령주민들이 하천에서 그물이나 낚시로 잡아 식용으로 많이 사용하고 있어 생활문화의 연속성을 잘 보여주는 좋은 자료이다.

④ 교역물품

지산동고분에서 출토된 교역물품들은 은장삼엽문 환두도나 금동합과 같은 한반도 내의 신라, 백제와의 교역품과 원거리 국제 교역품으로 일본의 오끼나와 산으로 알려진 야광패제 국자 등 있다. 또한 5세기 이후 대가야에서 일본에 들어 간 것으로 확인되는 대가야 제품들은 금관을 비롯하여 금동제 장신구와 마구, 철제 갑옷, 투구 등은 기술력이나 국력으로 보아 고령지역에서 간 것으로 보인 다. 현재 지산동고분에서 중국제 유물이 출토된 예는 확실하지 않지만 중국 남 제에 사신을 파견하고, 본국왕의 작호를 받는 행위로 보아 중국과의 교역품도 있었다고 생각된다. 특히 대가야 영역인 남원 월산리 M5호분에서 중국 남조산 으로 확인되는 청자계수호가 출토되었다고[17] 하니, 당시의 국제교류의 실상을 알 수 있는 자료로도 중요한 유물들이다.

2) 진정성Authenticity과 완전성Integrity

고령 지산동고분군에 대한 진정성을 확보하기 위한 작업은 이미 1977년부터 시작되었다고 할 수 있다. 즉, 대가야고분뿐 아니라 가야사연구의 획기적 전기를 마련한 44호, 45호분의 발굴조사는 사실 지산동고분군에 대한 봉토 복원정비와 환경을 정비하기 위한 일환으로 시작된 것 이었다. 이때부터 고분을 정비하기 위 해서는 정확한 학술조사를 토대로 짐작이나 허위가 아닌 확실한 정비를 위해서 발굴조사를 실시하여, 고분의 정확한 규모와 형태를 정확한 자료에 의해 복원을 추진한 것은 진실성을 강조한 것이다. 이후에 계속된 발굴조사에서도 이러한 진 정성에 기초한 연구조사가 이루어졌을 뿐만 아니라 도굴이나 태풍 등 훼손된 봉

---

17   박천수, 2012, 「고령지역 유적 유물을 통해 본 대가야의 발전과 역사적 의의」『경북지역 가 야유적의 세계유산 가치 검토』경북대학교 인문과학연구소, pp. 25~48.

토분들에 대해서도 지속적인 봉토복원 작업을 진행하고 있으며, 이를 위해서 고분전문가의 도움을 받아 봉토의 기저부를 확인 후 봉토를 복원하고 있다.

또한 고령군 당국에서는 체계적인 고분군의 원형 보존관리를 위해 마스터플랜을 기획하였고[18], 이 계획 실천의 기본 작업으로 많은 예산을 투입하여 전문기관에 의뢰하여 고분군 전체에 대한 봉토분 분포조사를 정확히 실시하여 자료화하고 있다.[19]

완전성은 문화유산이 지닌 탁월한 보편적 가치를 표현하는 특성의 전체와 원래모습을 가늠하는 척도가 된다. 또 완정성은 해당유산이 탁월한 보편적 가치를 지니는데 필요한 요소 일체를 어느 정도 포함하고 있는지, 해당유산의 중요성을 부여하는 특징 및 과정을 대표하는데 충분한 크기인지, 유산의 보호에 부정적 영향을 끼치고 있는 피해는 어느 정도인지 등에 대해 판단하는 기준이 된다.

지산동고분군에는 발굴조사에 의해 내부구조의 다양성, 특히 44호분의 대규모 순장고분의 실상을 보존하고 이를 확실히 주민들에게 보여주기 위해 실제의 고분과 동일한 매장시설과 순장곽을 비롯한 순장모습을 실제와 똑같이 재현한

그림 6 | 고령 지산동 왕릉전시관(44호) 내부 및 관람객

18   배성혁, 2012,「高靈地域 三國時代 古墳群의 現況」『경북지역 가야유적의 세계유산 가치 검토』경북대학교 인문과학연구소, pp. 149~195.
19   曺永鉉 外, 2010,『고령지산동고분군 종합정비계획수립을 위한 정밀지표조사 결과보고서』, (재)대동문화재연구원.

왕릉전시관을 설치하여 완전성을 추구하고, 바로 옆에는 실제의 30호분을 봉토 복원하여 사실성과 완전성을 보여 주고 있다. 또한 전시관과 바로 옆에 인접하여 대가야박물관을 건립하여 이와 관련된 유물을 전시하여 고분자료와 박물관을 연계하여 이해할 수 있도록 하고 있다. 〈그림 6〉

그리고 매년 대가야박물과 주변의 대가야역사 테마파크에서 대가야축제를 열어 매년 30만명이 넘는 내외국인 관람객이 찾음으로써 국내외에 대가야의 역사와 문화를 널리 알리는 효과를 거두고 있다. 또한 도로로 끊겼던 고분군이 분포하는 능선의 맥 잇기 사업을 통하여 주산성→ 지산동 왕릉군→왕릉전시관→ 대가야박물관→대가야역사 테마파크를 잇는 대가야역사 체험프로그램을 완성하여 부정적 요소를 해소하고 있다.

3) 보존관리 계획과 차세대 계승

지산동고분군은 일찍이 국가사적 79호로 지정되어 관리되어 왔으며, 주산성 또한 국가사적 61호로 지정되어 관리되어 왔다. 위에서 살펴본 바와 같이 고령군 당국에서는 체계적인 고분군의 원형 보존관리를 위해 마스터플랜을 기획하였고, 이 계획 실천의 기본 작업으로 많은 예산을 투입하여 전문기관에 의뢰하여 고분군 전체에 대한 봉토분 분포조사를 정확히 실시하여 자료화 하고 있다. 또한 보존관리의 효율성을 높이기 위해 격년제로 대가야 학술대회를 개최하여 2011년 8회 대회를 마쳤으며 이는 계속적으로 이어져, 대가야 역사와 문화를 보존하고 연구하는 큰 바탕이 될 것이다.

또한 고령의 주민들이 중심이 되어 대가야향토사연구회가 조직되어 지산동고분군을 비롯한 대가야 역사와 문화를 연구하고 보존하는데 힘을 기울이고 있다. 이들의 노력이 혹시 부정적 시각을 가질 수 있는 주민들의 마음을 조화롭게 조정할 수 있는 힘이 될 것이라 생각된다. 이러한 바탕위에 진행되는 고령군 당국의 지산동고분군 보존관리 실적은 우리나라에서 이미 모범적인 사례로 평가

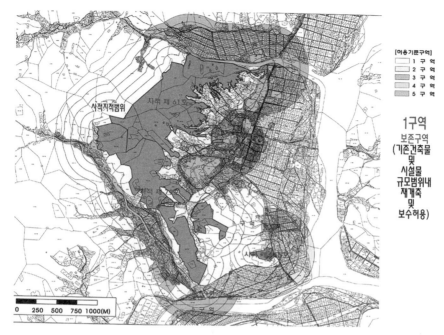

그림 7 | 고령 지산동고분군의 보존 구역

받고 있다고 하니,[20] 더욱 지속적으로 대가야 문화유산 전체로 확대해 나가면 매우 효과적일 것이다. 〈그림 7〉

이러한 보존관리와 함께 대가야문화를 다음 세대에 계승 발전시키기 위한 노력도 필요한데 이것 또한 교육당국과 협조하여 초등학생들에게 가야토기의 제작체험과 가야금 연주체험 프로그램을 시행하고 있어 좋은 호응과 실적을 올리고 있으므로 대가야 고분군과 주산성을 비롯한 대가야 역사문화가 잘 보존되고 계승되리라 확신한다.

---

20   배성혁, 2012, 「高靈地域 三國時代 古墳群의 現況」『경북지역 가야유적의 세계유산 가치 검토』경북대학교 인문과학연구소, pp. 149~195.

Ⅳ. 맺음말

이상에서 고령 대가야 가야고분군의 탁월한 보편적 가치에 대해 살펴보았다. 그 내용을 요약하면 다음과 같다.

첫째, 고령 지산동고분군은 가야를 대표하는 고분군으로서 높은 산정상부의 능선에 입지한 위치나 산봉우리 같은 경관, 사후세계와 현실세계를 공유하는 사상과 인식을 고대에서 현재에 이르는 계승 등으로 세계인들이 공유할만한 가치가 있다.

둘째, 구체적으로 고령 지산동고분군의 탁월한 보편적 가치가 있는 등재기준에 해당하는 요소는 ①대가야왕릉의 경관이 등재기준 ⅱ), ⅲ), ⅳ)번에 해당되고, ②고분축조의 다양성과 토목기술의 반영이 등재기준 ⅳ)번에 해당된다. ③대가야 순장의 다양성과 독특성은 등재기준 ⅲ), ⅳ)번에 해당한다. ④출토유물의 독특성은 등재기준 ⅵ)번을 충족한다.

셋째, 진정성Authenticity과 완전성Integrity은 고분을 정비하기 위해서는 정확한 학술조사를 토대로 짐작이나 허위가 아닌 확실한 정비를 위해서 발굴조사를 실시하여, 고분의 정확한 규모와 형태를 정확한 자료에 의해 복원을 추진한 것은 진실성을 강조한 것이다. 또한 체계적인 고분군의 원형 보존관리를 위해 마스터플랜을 기획하여 실천하고 있다. 그리고 대규모 순장고분의 실상을 보존하고 이를 확실히 주민들에게 보여주기 위해 실제의 고분과 동일한 매장시설과 순장곽을 비롯한 순장모습을 실제와 똑같이 재현한 왕릉전시관을 설치하여 완전성을 추구하고 있다. 그리고 매년 대가야박물과 주변의 대가야역사 테마파크에서 대가야축제를 열어 매년 20만명이 넘는 내외국인 관람객이 찾음으로써 국내외에 대가야의 역사와 문화를 널리 알리는 효과를 거두고 있다. 또한 도로로 끊겼던 고분군이 분포하는 능선의 맥 잇기 사업을 통하여 주산성→ 지산동 왕릉군→왕릉전시관→대가야박물관→대가야역사 테마파크를 잇는 대가야역사 체험프로그램을 완성하여 부정적 요소를 해소하고 있다.

넷째, 고령군 당국의 지산동고분군 보존관리 실적은 우리나라에서 이미 모범적인 사례로 평가 받고 있으며, 보존관리와 함께 대가야문화를 다음 세대에 계승 발전시키기 위한 노력도 계속하고 있다.

5_ 대가야 고대국가론

Ⅰ. 머리말

가야 혹은 대가야에 대한 연구는 사료 자체가 워낙 영성하여 문헌사료만으로는 소기의 목적을 이루기 어려운 것이 현실이며, 또한 그렇다고 해서 고고자료만 가지고 이를 해결할 수 있는 사정도 아니었다. 그리하여 1990년대 이후 이러한 어려움을 해결하기 위한 방편의 하나로 고고학전공자들과 문헌사학자들이 공동연구를 통해 이를 해결하려는 노력이 계속되어 왔다. 이러한 연구경향은 주로 대가야의 정치적 성격에 대한 논의가 주류를 이루게 되었는데, 자연히 '후기가야 연맹' 혹은 '대가야연맹'으로 대표되는 "연맹체론"과 부체제국가, 혹은 영역국가 내지 고대국가로 대표되는 "고대국가론"으로 모아지고 있다고 하겠다.

오랜 전통을 가진 연맹체설은 『삼국유사』 5가야조 등 주로 문헌자료에 입각하여 가야 여러 나라의 수준을 연맹왕국 단계로 보는 것에서부터 시작하였다. 그러나 연맹체설도 연구의 진전에 따라 전기가야연맹, 후기가야연맹, 대가야연맹, 지역연맹체론 등으로 분화되고 있다.

이에 비해 고대국가론은 주로 고고자료를 중심으로 주장하는 것으로, 대가야 고총고분의 위계와 고분 출토유물로 볼 때 대가야는 고대국가단계까지 발전하였다고 보는 설과, 문헌연구를 통해 부체제의 실시와 중앙과 지방의 개념이 존재한 것으로 보아, 연맹왕국을 넘어 고대국가 단계로 발전한 것으로 보기도 한다.

따라서 이 글에서는 지금까지 연구된 고고자료와 문헌자료를 종합하여 5세기 중반이후의 대가야의 변화상을 분석하고, 그것을 바탕으로 대가야 국가론을 전개해 보기로 하겠다. 그것은 대가야연맹론을 극복하고 고대국가 대가야를 살펴보는 것이 될 것이다.[1]

Ⅱ. 가야 연맹체론과 고대국가론

1. 대가야 정치체의 연구동향

대가야 고고학 연구의 시작은 1977년의 대가야고분군 정화사업에 의한 고령 지산동44호분과 45호분 발굴 작업이었다. 경북대학교 박물관이 44호분을, 계명대학교 박물관이 45호분을 담당한 이 발굴조사에서는 다량의 유물과 함께 순장묘殉葬墓의 확인이라는 새로운 고분연구 자료가 확인됨으로써 본격적인 대가야 고분 인식전환 뿐만 아니라 가야전체에 대한 연구의 기폭제가 되었다.[2]

이어 1978년에 계명대학교 박물관에 의해 지산동32~35호분과 주변의 석곽묘들이 발굴되었는데, 중형 봉토분에서도 순장묘가 재확인되었고 32호분에서 대가야식 금동관과 철판갑옷 및 투구가 출토되어 고령의 토기자료와 함께 대가야 고분 연구의 기초 자료가 되었다.

그러나 대가야고고학을 본격적으로 연구한 것은 고령 지산동고분군의 발굴 성과를 중점적으로 연구한 김종철金鍾徹의「대가야묘제大加耶墓制의 편년연구編年研究」였다.[3] 그 연구에서는 고령 지산동 고총고분의 수혈식 석곽이 일반 소형석곽과는 규모와 유물이 질적 수준에서 상당히 다른 점에 착안하여 매장 공간이 체적 5㎥ 이상이고 상당한 규모의 봉토를 가진 석곽은 석실로 분류하는 새로운 방

---

1 이 글은 제11회 대가야학술회의 "쟁점 대가야사 -대가야의 국가발전 단계-(고령군주최 한성백제박물관)"에서 발표한 내용을『韓國古代史硏究』체제에 맞춰 수정 보완한 것이다.

2 尹容鎭, 金鍾徹, 1979,『大伽倻古墳發掘調査報告書』, 高靈郡.

3 金鍾徹, 1982,「大加耶墓制의 編年研究」『韓國學論集』9, 啓明大學校韓國學研究所, pp. 131~160.

안을 제시하였다. 그러나 많은 연구자들은 횡구식, 횡혈식묘제만을 석실로 보는 견해를 지지하는 것으로 보인다.[4]

한편 문헌사학에서는 가야사에 대한 국내 사료로는 『삼국유사三國遺事』 가락국기駕洛國記가 거의 유일한 반면, 『일본서기日本書紀』에는 비교적 많은 자료가 기록되어 있으나, 이를 인용할 경우 임나일본부설과 관련하여 오해를 받을 우려가 있으므로 한동안 가야사 연구를 기피하는 경향이 있었다. 그러다가 고령지산동 44, 45호분의 발굴과 같은 해인 1977년에 천관우千寬宇가 『일본서기』에 보이는 한국고대사 관련 기사 가운데 상당 부분이 원래는 백제사료였지만 『일본서기』 편찬과정에서 그 주체가 의도적으로 일본으로 교체되었으므로, 그 주어를 백제로 바꾼다면 역사복원이 가능하다는 학설을 발표함으로써[5] 『일본서기』를 한국사 연구에 적극적으로 이용할 수 있는 단초가 마련되었다. '주체교체론主體交替論'이라고 할 천관우의 이런 주장은 『일본서기』를 사료로서 본격적으로 이용할 수 있는 길을 트이게 함으로써 이후 가야사연구를 매우 활발하게 하는[6] 계기가 되었다.[7]

그리하여 1980년대 중반이후 10년 가까운 기간 동안 가야사연구가 성황을 이루게 되었고, 대가야를 비롯한 개별 가야에 대한 연구도 진전을 보게 되었다. 이러한 기반 위에서 나온 성과는 주보돈朱甫暾의 연구를[8] 시작으로 해서 김태식金泰植의 일련의 연구 성과들로 이어졌다. 특히 김태식은 『일본서기』를 분석하고, 고고자료를 적절하게 인용하여 가야사 연구를 집대성한 『가야연맹사加耶聯盟史』를[9]

---

4 이 글에서는 수혈식 묘제라도 체적 5㎥ 이상의 매장부와 봉토를 가진 고분은 석실로 부르기로 한다(金世基, 1985, 「竪穴式墓制의 硏究」 『韓國考古學報』17,18合集 참조).

5 千寬宇, 1977, 「復元加耶史 上・中・下」 『文學과 知性』 여름・가을호 ; 千寬宇, 1991, 『加耶史硏究』, 一潮閣.

6 朱甫暾, 1995, 「序說 -加耶史의 새로운 定立을 위하여-」 『加耶史硏究 -대가야의 政治와 文化-』, 慶尙北道, pp. 10~11.

7 그러나 엄격한 사료비판 없이 이용할 경우 백제의 가야지배사가 복원될 뿐이라는 견해도 있다(이영식교수의 조언).

8 朱甫暾, 1982, 「加耶滅亡問題에 대한 一考察 -新羅의 膨脹과 關聯하여-」 『慶北史學』4.

9 金泰植, 1993, 『加耶聯盟史』, 一潮閣.

내놓았다. 여기서는 가야사를 전기가야연맹(금관가야중심)과 후기가야연맹(대가야중심)으로 논하였다. 한편 다나카 도시아끼田中俊明도 가야금과 관련된 우륵12곡을 중심으로 대가야연맹大加耶聯盟를 주장하는 연구저서를[10] 내놓았다.

그러나 가야 혹은 대가야에 대한 사료 자체가 워낙 영성零星하여 문헌사료만으로는 소기의 목적을 이루기 어려운 것이 현실이며, 또한 그렇다고 해서 고고학자료만 가지고 이를 해결할 수 있는 사정도 아니었다. 그리하여 1990년대에 들어와서는 이러한 어려움을 해결하기 위한 방편의 하나로 고고학전공자들과 문헌사학자들이 공동연구를 통해 이를 해결하려는 경향이 나타나기 시작하였다. 그러한 경향의 첫 시도가 대구의 문헌사학자와 고고학전공자들이 한국고대사연구회를 중심으로 시작한 대가야에 대한 공동연구였고, 그 결과가 『가야사연구加耶史研究 -대가야의 정치政治와 문화文化-』로 출판되어[11] 학계의 주목을 받게 되었다.[12]

이러한 가운데에서 대가야 국가 발전에 대한 고고학적 연구도 본격적으로 진행되어 이희준李熙濬은 고령양식 토기 확산의 정형성이 대가야의 정치적 지배영역과 일정한 관련을 갖는 것으로 보아 연맹체설을 비판하였다.[13] 그리고 그는 최근의 저서에서 그간 연구를 종합하여 고대국가론을 강하게 주장하고 있다.[14] 한편 김세기金世基는 고령 지산동고분군의 묘제분석을 통하여 대가야 연맹론을 비판하고, 대가야는 연맹왕국 단계를 넘어 고대국가 단계까지 발전하였다고 보았고,[15] 이어서 가야지역 순장의 유형과 순장자의 다소를 분석하여 대가야왕권이

---

10   田中俊明, 1992, 『大加耶連盟の 興亡と「任那」』, 吉川弘文館.

11   慶尙北道, 1995, 『加耶史硏究 -대가야의 政治와 文化-』.

12   白承忠, 1996, 「書評 : 加耶史硏究 -대가야의 政治와 文化-」 『지역과 역사』, 부산경남역사연구소, pp. 276~292.

13   李熙濬, 1995, 「토기로 본 大伽耶의 圈域과 그 변천」 『加耶史硏究 -대가야의 政治와 文化-』, 慶尙北道, pp. 365~444.

14   이희준, 2017, 『대가야고고학연구』, 사회평론(서울), pp. 189~224.

15   金世基, 1995, 「大加耶 墓制의 變遷」 『加耶史硏究 -가야의 政治와 文化-』, 慶尙北道.

다른 지역 가야왕권보다 월등하기 때문에 대가야를 연맹체제로 보는 것은 옳지 않다고 주장하였다.[16] 또 고령양식 토기의 확산으로 대가야문화권이 성립하였고, 그 문화권은 정치적 지배관계를 반영한다고 주장하였다.[17] 그리고 박천수朴天秀도 가야지역 정치체의 상호관계에 보이는 고분의 위계와 정치체의 위상으로 볼 때 대가야는 고대국가단계까지 발전하였다고 보고[18] 대가야고대 국가 형성을 주장하였다.[19]

그런가 하면 문헌사학에서도 일찍이 이영식李永植은 가야제국의 전쟁기사 분석을 통하여 연맹체설을 강하게 비판하였고[20], 이어 노중국盧重國이 대가야의 정치사회가 부체제部體制 단계까지 발전하였다고[21] 주장하였고, 동시에 주보돈도 대가야는 부체제의 실시와 중앙과 지방의 개념이 존재한 것으로 보았다.[22] 이어 김현숙金賢淑과[23] 이형기李炯基도[24] 대가야의 내부구조를 부체제 단계까지 간 것으로 보면서도 대가야의 국가성격에서는 연맹체로 부르고 있다. 또 백승충白承忠은 대가야의 2부체제를 상정하면서도 이를 지역연맹체地域聯盟體로 규정하고 있다.[25] 이는 역시 여러 문헌사료와 고고자료들로 볼 때 대가야는 부체제가 실시되어 연

16   金世基, 1995,「加耶의 殉葬과 王權」『加耶諸國의 王權』, 仁濟大加耶文化硏究所 ; 1997,『加耶諸國의 王權』, 신서원, pp.97~122.

17   김세기, 1998,「고령양식 토기의 확산과 대가야문화권의 형성」『加耶文化遺蹟調査 및 整備計劃』, 경상북도, pp.83~121.

18   朴天秀, 1995,「政治體의 相互關係로 본 大伽耶王權」『加耶諸國의 王權』, 인제대학교 가야문화연구소 ; 1997,『加耶諸國의 王權』, 신서원, pp.179~212.

19   朴天秀, 1996,「大伽耶의 古代國家 形成」『碩晤尹容鎭教授停年退任紀念論叢』, pp.377~402.

20   李永植, 1985,「가야제국의 국가형성 문제-가야연맹설의 재검토와 전쟁기사 분석을 중심으로」『白山學報』, 32.

21   盧重國, 1995,「大伽耶의 政治·社會構造」『加耶史硏究 -대가야의 政治와 文化-』, 慶尙北道, pp.151~192.

22   朱甫暾, 1995 앞의 논문, pp.5~54.

23   김현숙, 1998,「대가야(大伽耶)의 정치발전과 영역지배 방식」『加耶文化遺蹟 調査 및 整備計劃』, 경상북도, pp.49~81.

24   李炯基, 2000,「大加耶의 聯盟構造에 대한 試論」『韓國古代史硏究』18, pp.5~35.

25   白承忠, 1995,「加耶의 地域聯盟史 硏究」, 釜山大學校大學院 博士學位 論文.

맹체를 초월하는 것으로 보이지만, 『일본서기』에 멸망할 당시 10국의 독립된 나라 명칭이 나타나는 것에 대한 다른 표현이라고 하겠다. 그러나 백승옥白承玉은 일본서기에 나오는 '제현諸縣'이라는 표현을 통해 대가야는 군현제와 비슷한 지방제도를 실시한 것으로 보면서[26] 연맹체설을 강하게 비판하였다. 그러나 이렇게 보면 대가야 고대국가론이 대세인 것처럼 보이지만, 연맹체론도 계속 주장되거나 변형 연맹체론[27]으로 이어지고 있다.

2. 대가야 연맹체론의 근거와 실체
1) 연맹체론의 근거

A. 五伽耶〔가락국기의 찬을 살펴보면 자주색 끈 한 가닥이 (하늘에서) 내려와 여섯 개의 둥근 알을 내려주었는데, 다섯 개는 각 읍으로 돌아가고, 한 개는 이 성에 있어서, 이 한 개가 首露王이 되고, 나머지 다섯 개가 저마다 오가야의 主(王)가 되었다 했으니 金官이 다섯의 수에 들어가지 않은 것은 당연하다. 그런데도 本朝史略에는 금관까지 그 수에 넣고 창녕을 더 기록했으니 잘못이다.〕

오가야는 阿羅〔羅는 耶로도 쓴다〕伽耶〔지금의 함안〕古寧伽耶,〔지금의 함녕〕大伽耶,〔지금의 고령〕星山伽耶,〔지금의 京山이니 碧珍이라고도 한다〕小伽耶〔지금의 고성〕이다. 또 본조사략에 일렀으되 「太祖 天福 5년 庚子(940년)에 오가야의 이름을 고치니 一은 金官〔金海府가 되었다〕이요, 二는 古寧〔加利縣이 되었다〕이요, 三은 非火〔지금의 창녕이라는 것은 아마 고령의 잘못인 것 같다〕요, 나머지 둘은 阿羅와 星山〔앞의 주해와 같이 성산은 벽진가야라고도 한다〕」라고 하였다. 〈『三國遺事』오가야조〉

---

26   白承玉, 1999, 「加羅 擬制縣의 存在와 그 政治的 性格」『伽倻文化』12, pp.87~127.
27   金泰植, 2000, 「加耶聯盟의 性格 再論」『韓國古代史論叢』10, pp.189~190.

B. 欽明 23년(서기 562년) 봄 정월, 신라가 任那官家를 쳐서 멸망시켰다.[一本에는 21년에 任那가 멸망했다고 한다. 모두 합해서 任那라고 말하고, 따로 말해 加羅國, 安羅國, 斯二岐國, 多羅國, 卒麻國, 古嵯國, 子他國, 散半下國, 乞飡國, 稔禮國이며 합하여 10국이다.]〈『日本書紀권』19, 흠명기 23년조〉

C. 加耶琴… 신라고기[羅古記]에서는 다음과 같이 기록하였다. 「加耶國 嘉實王이 당나라의 악기 쟁을 보고 만들었다. 왕은 "여러 나라의 방언이 각기 다르니 음악이 어찌 한결같을 수 있으랴?"하고는 樂師 省熱縣 사람 于勒에게 명하여 12곡을 짓게 하였다. 후에 우륵은 그 나라가 장차 어지러워질 것이라고 생각하여 악기를 지니고 신라 진흥왕에게 투항하였다. 왕은 그를 받아 국원에 안치하고, 대나마 주지·계고와 대사 만덕을 보내 그 업을 전수받게 하였다. …(중략)… 우륵이 지은 12곡은 첫째는 下加羅都, 둘째는 上加羅都, 셋째는 寶伎, 넷째는 達已, 다섯째는 思勿, 여섯째는 勿慧, 일곱째는 下奇物, 여덟째는 師子伎, 아홉째는 居烈, 열째는 沙八兮, 열한째는 爾赦, 열두째는 上奇物이었다.」〈『三國史記』권32 樂志 가야금조〉

위 사료A, B, C는 가야연맹체설의 근거가 되는 것들로 5가야, 임나 10국, 우륵 12곡의 곡명들이다. 대체로 이 사료들을 근거로 연맹체설이 주장되고 있는데, 아래에서 그 실체를 파악해 보겠다.

2) 대가야 연맹체론의 실체

대가야연맹체설은 잘 알다시피 위의 사료A에서 보듯이 『삼국유사』 5가야조에서 비롯한 5가야나 6가야로부터 시작되었다. 그 후 이 연맹체설은 연구의 진전에 따라 사회발전 단계를 표현하기도 하고, 정치형태나 국가형태를 표현하는 용어로 혼합되어 사용되어 왔다.

그리고 요즘에는 대개 가야의 국가형태를 지칭하는 용어로 쓰이고 있다. 특히 1990년대 이후에는 전기에는 김해의 구야국이 중심이 된 전기가야연맹, 후기에는 고령의 대가야가 중심이 된 후기가야연맹이라는 것으로 전·후기 가야 연맹설로 정리되어 정설화 되어 있다.[28] 그리고 여기에 더 나아가 후기가야연맹을 대가야연맹으로 발전시킨 이론이 대두되어 있다. 이 대가야연맹론은 일정한 영역을 가지는 대가야국이 중심이 되고 남강 이북의 여러 가야세력이 합해서 이루어진 것이라는 것이며, 우륵12곡의 이름이 연맹에 가입한 국명이라는 것이 대가야연맹설의 실체이다.[29] 이러한 단일 연맹설을 비판하는 측면에서 제기된 것이 지역연맹체론이다.[30] 지역연맹체론은 금관가야나 대가야가 가야세력을 대표할 만한 세력이었음은 인정하지만 가야지역 전체를 포괄하지는 못하였다고 보고, 특히 함안의 아라가야 세력과 같이 소지역별로 각 정치세력의 특성을 강조하여 설정한 설이다.

그러나 대가야는 여러 가지 정황으로 보아 고대국가 체제가 보이는 데도 불구하고 영역 안에 일정기간 독립된 국가명이 존재하는 이유로 후기가야연맹이나 대가야연맹의 연맹왕국으로 부르는 것은 불합리한 논리이다.

3. 고대국가의 개념

한국고대사에서 고대국가 성립의 지표가 무엇인지 확실하게 규정되어 있지는 않지만 대개 고구려, 백제, 신라를 고대국가로 이해하는 것에는 이의가 없는 듯하다. 우리학계에서 고대국가의 발전단계를 성읍(읍락)국가→연맹왕국→고대

---

28   金泰植, 1993, 앞의 책.
29   田中俊明, 1992, 앞의 책.
30   白承忠, 1995, 앞의 논문.

(귀족)국가로 보는 것이 일반적인데[31] 특히 연맹왕국에서 고대국가로의 성립요
건은 대체로 왕권의 세습과 전제화, 부족세력의 해체와 이에 따른 통치조직으로
서의 부체제 성립, 관료제의 실시와 중앙집권화, 군사력의 강화와 영역의 확장,
신화체계의 정비 등을 들고 있다.[32] 여기에 더하여 완전한 고대국가가 되기 위해
서는 율령의 시행과 불교의 공인 지방통치제도의 시행 등을 들고 있지만 고구려
의 경우도 율령이 시행되는 것은 4세기, 신라의 경우는 6세기나 되어야 하지만
고구려는 1세기, 신라는 4세기에 고대국가 체제를 이룩한 것으로 보는 것이 일
반적인 인식이다.

그러나 근래에는 고구려와 신라의 국가발전 단계를 동일하게 논의하기 어려
우므로 이를 부체제 단계 혹은 초기 고대국가 체제라고 하면서 영역의 확보와
중앙집권체제를 중요한 지표로 보는 경향이 짙어졌다.[33] 그리고 신라의 마립간
기를 고대국가라고 할 수 없으니 대가야도 고대국가로 부르는 것은 맞지 않고
초기국가로 불러야한다는 주장도 제기되었다.[34] 그러나 초기국가라는 용어는 부
체제 단계의 정치발전 단계를『삼국지』위서 동이전에 나오는 '(소)국'의 단계와
혼동할 수 있어 적절하지 않다고 판단된다. 굳이 구분하려면 '초기고대국가'로
부르는 것이 바람직하다.

한편 고고학에서는 국가형성 과정을 고분의 위계화나 등급의 개념을 통해 접
근하고 있다. 또 관모나 귀걸이, 장식대도 등 위세품의 차별성을 통해 집권력을

---

31 이에 대하여 윤선태는 사회진화론적 관점의 고대국가 발전론은 서구중심의 역사관으로 비
    판적 재검토가 필요하다는 의견을 제시하고 있다. (윤선태, 2017,「대가야 고대국가론에 대
    한 토론문」,『대가야의 국가발전단계』, 제11회 대가야사 학술회의 발표자료집, 고령군대가
    야박물관)

32 盧泰敦, 1981,「國家의 成立과 發展」『韓國史硏究入門』, 知識産業社, pp.114~122.; 盧重國
    外, 1990,『한국 고대국가의 형성』, 民音社.

33 노태돈, 2000,「초기 고대국가의 국가구조와 정치운영-부체제를 중심으로-」『韓國古代史硏
    究』17, pp.6~9,

34 이성주, 2001,「4-5세기 가야사회에 대한 고고학 연구」『4-5세기 한국고대사와 고고학의 만
    남』, 제3회 한국고대사학회 하계세미나, p.126.

추론하여 고대국가로의 개념을 정리하기도 한다. 그러나 수장층의 고총이나 위세품이 모두 같은 시기가 아니라는 점이 약점이라는 지적도 있다.[35]

III. 고고학으로 본 대가야의 위상

1. 대가야의 발전과 묘제의 확산

1) 대가야 고분의 구조적 특징

대가야의 국가위상을 대표적으로 보여주는 고고자료는 역시 고총고분이다. 고령 지산동고분군을 통해 대가야고분을 보면, 입지의 특성으로 산성을 배후에 두고 앞에 취락의 평야와 강이 내려다보이는 능선의 정상부에 축조하여 봉토 직경이 대형분은 20m이상, 중형분은 10-15m에 달한다. 정해진 묘역 중앙에 주인공 묘실을 설치하고, 주석실 옆에 부곽이나 순장곽을 배치한 다음, 묘역을 둘러싸는 원형 혹은 타원형의 호석을 쌓는다. 그리고 묘곽의 평면 형태가 길이 대 너비의 비율(장폭비)이 대개 5:1 이상이 되어 세장방형을 이룬다. 이러한 구조의 묘제에 대가야식 토기와 대가야 위세품이 부장된 고분이 대가야고분이다.[36] 대가야고분은 규모와 출토유물의 위상에 따라 다음과 같이 3등급으로 나눌 수 있다.

① Ⅰ등급→ 봉분직경 20m이상, 주실+부장실+순장곽 10기 이상(최고의 위세품, 관모류)
② Ⅱ등급→ 봉분직경 15-20m, 주실+순장곽 1~5기(위세품, 관모류)
③ Ⅲ등급→ 봉분직경 10m이내, 석곽, (위세품)[37]

---

35   이희준, 2017, 『대가야고고학연구』, pp. 196~197.
36   김세기, 2003, 『고분 자료로 본 대가야 연구』 학연문화사, pp. 103~157.
37   金世基, 1995 앞의 논문.

2) 순장고분의 지역 확산

『삼국지』동이전의 소국인 반로국半路國으로 시작하여 가라국으로 발전한 대가야는 5세기가 되면 순장곽을 가진 고총고분기에 들어가게 된다. 대표적인 고분이 지산동 73호분이다. 5세기 초에 축조된 이 고분은 내부주체가 목곽인데도 호석과 대형봉토를 갖추고 있어 지산동고분군 중에서 가장 이른 시기의 Ⅰ등급 봉토분이다. 호석직경 23m의 묘역 중앙에 주곽과 부장곽을 평면 T자형으로 배치한 다음 그 주위와 양 곽 사이를 할석만으로 채워쌓아 마치 석벽을 쌓은 듯 정연한 상태를 보여 석실로 착각할 정도이다. 그리고 충전보강석 사이에 3기의 순장곽을 설치하였고, 봉토 중간에도 순장곽 1기를 축조하여 모두 4기의 순장곽을 가진 다곽순장 고분이다. 또 지산동 75호분에 10기, 30호분에 5기, 44호분 32기, 45호분 11기, 518호분 6기의 순장곽을 가지고 있다. 이들 다곽순장고분은 고령 지산동고분군에만 존재하는데, 모두 Ⅰ등급 고분으로 금동관모, 금제 장신구, 금동제마구, 금동제그릇 등 최고의 위세품을 가지고 있어 왕릉급으로 추정된다.

한편, 이 시기의 Ⅱ등급 봉토분인 지산동 32호분과 34호분에서는 주석실 옆에 순장곽을 1기 설치하는 단곽순장 석실분이 축조된다. 이렇게 주석실과 순장곽 1기만 배치하는 단곽순장 석실분은 고령지산동에서 시작하여 점진적으로 경남 합천, 거창, 함양, 산청, 전북 남원, 장수, 전남 순천 등 여러 지역으로 확산된다.[38] 이러한 대가야묘제의 지역 확산은 대가야 지배영역의 확대를 의미하는 것이다.

이상의 대가야묘제 확산과정을 정리하면 아래와 같다.

---

38 郭長根, 2000, 「小白山脈 以西地域의 石槨墓 變遷過程과 그 性格」『韓國古代史研究』18, pp. 127~169.

① 5세기초엽: 1/4분기

　고령 지산동 73호분→ 지산동 75호분〈Ⅰ급묘형〉

　고령 지산동 35호〈Ⅱ급묘형〉

② 5세기중엽: 2/4분기

　고령 지산동 33호분, 32호분→ 지산동 34호분→ 지산동 30호분〈Ⅱ급묘형〉

　남원 월산리 M1-A호분〈Ⅱ급묘형〉

③ 5세기후엽: 3/4분기

　(합천 옥전 M3: 묘제 재지식, 토기 대가야토기)→ 합천 반계제 가A호분, 다A호분〈Ⅱ급묘형〉

④ 5세기말엽: 4/4분기

　고령 지산동 44호분〈Ⅰ급묘형〉→ 고령 지산동 45호분〈Ⅰ급묘형〉

　함양 백천리 1호분〈Ⅱ급묘형〉

2. 대가야 토기의 분포 확산과 영역

1) 대가야양식 토기

대가야양식 토기는 고령지역의 중심고분군인 지산동고분군 출토의 토기 중에서 고령의 지역색을 가장 특징적으로 반영하면서도 시간이 흘러도 변치 않으며, 다른 지역의 동일 기종 토기에는 보이지 않는 고유한 특성을 가지고 있는 토기를 말한다. 대가야양식 토기의 대표적 기종은 유개장경호와 발형기대, 무개장경호, 유개고배, 무개고배, 단경호, 개배, 통형기대, 단추형꼭지 뚜껑 등이다.

2) 대가야 토기의 확산 과정과 영역의 성립

대가야 토기는 4세기 초엽에 성립되기 시작하여 5세기 초엽에 완성을 보고 대가야의 정치, 사회의 성장과 함께 주변지역으로 확산되기 시작하였다. 대가야 토기의 확산과 분포는 일정한 범위를 갖게 되고 시간의 경과에 따라 변화하는 양상을 갖게 되었다.[39] 대가야 토기의 확산은 묘제의 확산과 불가분의 관계를 가지나, 묘제의 변화 이전에 토기가 먼저 퍼진 다음 점차 묘제와 장신구와 같은 위세품의 변화로 이어지는 것이 일반적이다.[40]

대가야 토기의 고령이외 지역으로의 확산 즉, 대가야문화권 형성의 시작은 5세기 초엽, 고령의 바로 남쪽에 붙어 있는 옥전 지역부터이다.[41] 그리고 5세기 중엽에는 운봉고원의 월산리고분군 세력의 수장층 분묘인 M1-A에 대가야 토기가 주류로 나타나고 있다. 고령에서 묘산을 거쳐 황강의 상류인 거창 말흘리고분에 대가야양식 토기가 나타나는 것은 5세기 전반이었다. 이것은 고령세력이 서쪽으로의 통로 개척에 일찍부터 힘을 기울여 5세기 중엽에 월산리에 일단 자기 세력권을 확보하면서 5세기 후엽에는 황강의 상류인 반계제 수장층을 지배하에 두는데 성공하였음을 의미하는 것이다. 반계제 가A호분, 다A호분이 보이는 완전한 대가야양식 유개장경호와 발형기대, 수장층의 상징인 의례용 원통형기대는 이 시기 반계제 세력의 수장층이 고령의 지배하에 들어갔음을 말하는 것이다.

5세기 후엽부터 6세기 초엽까지 대가야 토기문화의 확산은 대가야의 정치적 위력이 부수적으로 주변 지역에도 영향을 미쳐 창원, 마산지역에까지 대가야양식 토기가 부장되는 상태로 발전하게 된다. 결국 대가야문화권의 영향력은 상승효과를 가져와 각 지역의 고총고분뿐만 아니라 소형 석곽묘까지도 대가야 토기 일색으로 변하게 되었다.

한편 이 기간에는 소백산맥을 넘어 호남동부지역인 순천, 장수, 진안, 임실 지역까지 대가야묘제와 토기 일색이 되는데, 이것은 교역에 의한 경제권의 형성을 의미할 수도 있고, 문화권의 존재를 반영하는 것 일 수도 있다. 그리고 더 나아가 이러한 문화적, 경제적 관계를 기반으로 정치권의 존재를 의미하는 것일 수

---

39   李熙濬, 1995, 앞의 논문
40   김세기, 1998, 앞의 논문.
41   李熙濬, 1995, 앞의 논문.

도 있다. 그러나 대가야 토기의 확산은 묘제 채용과 위세품의 부장 양상 등을 종합적으로 검토해 볼 때 단순히 문화권의 확산에 그치는 것이 아니라 대가야 영역의 확보로 보는 것이 자연스런 일이라고 생각된다.[42]

즉 대가야는 낙동강을 통한 교역로가 신라의 압박으로 막히게 되자 일찍부터 내륙을 거쳐 섬진강하류로 통하는 루트를 개척하였었다. 거창, 함양, 아영, 운봉을 거쳐 섬진강, 하동으로 이어지는 이른바 반월형루트가 바로 이것이다.[43] 이러한 과정에서 섬진강 상류지역인 남원과 금강 상류지역인 장수, 진안은 물론 섬진강을 넘어 광양, 순천 등 전남 동부지역까지 영역을 확장한 것으로 확인되었다.[44]

Ⅳ. 대가야 고대국가론

1.대가야 고대국가론의 근거
1) 사료로 본 고대국가론
(1) 국제무대의 진출과 지위획득

D. 加羅國은 三韓의 한 種族이다. 建元 원년(서기 479년) 국왕 荷知가 사신을 보내와 방물을 바쳤다. 이에 조서를 내려 말하기를 "도량 넓은 이가 비로소 등극하니 멀리 있는 오랑캐가 교화되는도다. 加羅王 荷知는 먼 동쪽 바다 밖에서 폐백을 받들고 관문을 두드렸으니, 輔國將軍本國王의

---

42   李熙濬, 2008, 「대가야 토기 양식 확산 재론」『嶺南學』13, 경북대학교 영남문화연구원, pp. 111~164.

43   朴天秀, 1995 앞의 논문, p. 186.

44   이동희, 2008,「5세기후반 백제와 가야의 국경선」『한국 고대 사국의 국경선』, 서경문화사
이동희, 2014,「전남동부지역 가야문화」『가야문화권 실체규명을 위한 학술연구』,가야문화권 지역발전 시장·군수협의회.

벼슬을 제수한다."〈『南齊書』東南夷列傳 加羅國條〉

여기서 가라국왕 하지荷知에 대하여는 약간의 논란이 있었지만 근래에는 고령의 대가야왕으로 보는 것이 정설이다.[45] 고령의 가라왕 하지는 독자적으로 중국에 진출하여 '보국장군본국왕'이라는 중국 남제의 관계官階 제3품에 해당하는 품계를 받음으로써 국제적으로 당당한 하나의 국가로 인정을 받고 공식적으로 '왕王'을 칭하게 되었다. 여기서 가라국이 남제로부터 제수 받은 작호의 명칭을 음미해 볼 필요가 있다. 남제南齊로부터 받은 작호가 '諸加羅△△, △△聯盟王'이 아니라 '輔國將軍本國王' 즉 가라국왕이라는 것이다.[46] 이것은 가라국의 국가형태와 관련하여 국제적으로 인정받은 가라국의 왕이 분명하다. 이것은 단순히 자체적으로 왕이라고 칭하였다거나, 『일본서기』신공황후神功皇后 섭정기攝政紀 62년年(서기382년)조의 '가라왕加羅王 기본한기己本旱岐' 칭호와는 근본적으로 다른 한 단계 진전된 사회임을 나타내는[47] 동시에 국제사회에서 당당한 국가로 등장하게 된 것을 의미하는 것이다.

이렇게 '가라국왕'이라는 공식명칭을 사용하면서부터는 고대국가의 체제를 갖추고 국호를 '대가야'로 부르기 시작하였다고 생각된다.

(2) 대가야의 국가명칭

E. 高靈郡은 본래 大加耶國이었는데, 시조 伊珍阿豉王〈또는 內珍朱智라고도 하였다〉으로부터 道設智王까지 모두 16世 520년이었다. 眞興大王이 침공하여 멸망시키고 그 땅을 大加耶郡으로 삼았다. 경덕왕이 이름

---

45   金泰植, 1993 앞의 책, p.106.; 白承忠, 1995 앞의 논문, pp.157~158.
46   이영식, 1997,「대가야의 영역과 국제관계」『가야문화』10, (재)가야문화연구원.
47   白承忠, 1995 앞의 논문, p.159.

을 고쳤다. 지금도 그대로 쓴다.(『三國史記』잡지3 지리1 康州條)

　이것은 고령이 대가야국이었다는 명백한 증거이다. 즉 남제로부터 가라국왕으로 인정받은 가라국은 국가 명칭을 '대가야'로 표방하였고, 신라도 그 사실을 인정하여 대가야를 멸망시킨 후 그곳을 대가야군으로 삼았던 것이다. 이는 신라 법흥왕이 김해의 금관국이 항복하자 그 곳을 금관군으로 편제한 것으로도 뒷받침된다.[48] 이 기록이 후대의 인식이 투영된 것일 수 있어도, 5세기 후반, 즉 가라왕 하지가 남제로부터 본국왕이라는 인정을 받고 주변의 여러 정치세력들을 통합한 후, 그 자신감에서 나온 것으로 보아야 하며, 대가야라는 국호를 사용하여 고대국가 체제를 이룩한 것이었다.

　이는 신라가 원래 경주를 중심으로 사로斯盧 혹은 사라斯羅라고 하다가 주변의 정치세력을 복속시킨 후 사로 뿐만 아니라 그에 예속된 다양한 정치세력을 포괄하는 보다 넓은 의미의 뜻을 가진 신라로 명칭을 바꾸는[49] 것과 마찬가지라 하겠다. 즉 가라는 원래의 고령지역을 의미하고 이제 대가야는 고령지역을 포함하여 복속된 지역전체를 포괄하는 의미의 국가명칭인 것이다.

(3) 독자적 건국신화와 예악

　　F. 본래 大伽倻國이다.〈자세한 것은 김해부의 산천 편을 보라〉시조 伊珍阿豉王〈內珍朱智라고도 한다〉으로부터 道設智王까지 대략 16세 5백20년이다. 〈최치원의 釋利貞傳을 보면, 가야산신 正見母主는 곧 天神 夷毗訶之에 應感한 바 되어, 대가야의 왕 惱窒朱日과 금관국의 왕 惱窒靑裔

48　『三國史記』職官志 金海小京條.
49　朱甫暾, 1994,「新羅 國號의 確定과 民意識의 成長」『九谷黃鍾東敎授停年紀念史學論叢』, pp. 245~277.

두 사람을 낳았는데, 뇌질주일은 이진아시왕의 별칭이고, 청예는 首露王의 별칭이라 하였으나, 가락국 옛기록의 여섯 알의 전설과 더불어 모두허황한 것으로서 믿을 수 없다. 또 釋順應傳에는 대가야국의 月光太子는正見의 10세손이요, 그의 아버지는 異惱王인데, 신라에게 구혼하여 이찬比枝輩의 딸을 맞아 태자를 낳았으니, 이뇌왕은 뇌질주일의 8세손이라하였으나, 그것도 참고할 것이 못된다〉 신라의 진흥왕이 멸망시키고 그땅을 大伽倻郡으로 하였고, 경덕왕이 지금의 이름으로 고치었다.〈『新增東國輿地勝覽』권29, 고령현 건치연혁조〉

이것은 대가야 중심의 건국신화이다. 영역국가로 확대된 시각에서 지신의 모태를 영산인 가야산신으로 하고, 여기에 역시 천신을 결합시켜 왕계의 출자를가야산신 정견모주의 장자인 뇌질주일惱窒朱日의 후손으로 만들었다. 그러므로대가야왕계는 절대적 신성성을 띤 세습체계를 확보하였고, 거기에다가 김해의가락국왕을 시조형제의 동생으로 만들어 대가야의 우위를 과시하고 있다. 이는『삼국유사』의 김수로왕 중심의 구지봉 설화와 대비되는 것으로 대가야의 국가위상을 보여주는 신화이다.

이와 함께 위의 사료C에서 보는 것처럼 대가야 가실왕嘉實王은 중국의 악기를보고 가야금을 만들고, 국가통치의 방편으로 성열현省熱縣 출신 악사 우륵于勒에게 명하여 12곡을 짓게 하였다. 곡을 만든 목적은 제국의 방언이 다르기 때문에이를 통합하기 위한 것이다. 고대국가에서 악樂은 단순히 여흥을 즐기기 위한 것이 아니라 국가예악으로서 치국을 위한 방편이었다.[50] 그러므로 이 곡을 만들도록 한 왕이 하지왕이거나 그 아들이거나 중국의 남제로부터 작호를 받아 국가체제를 새롭게 하는 예악을 갖추기 위한 것으로 보아야 한다. 즉 가야 여러 나라를

---

50   白承忠, 1995,「加耶의 地域聯盟史 研究」, 釜山大學校大學院 博士學位 論文, p. 213.

통합하여 고대국가를 이룩하고 이를 통치하기 위한 국가 예악으로 만든 것이다.

따라서 우륵 12곡도 대가야의 통치와 관련되는 음악인 것이다. 즉 가야금을 만들 때, 위가 둥근 것은 하늘을 상징하고, 아래가 평평한 것은 땅을 상징한다.[51] 12줄은 1년 12달을 상징하여 4계절을 의미하는 것처럼, 이 악기 속에 대가야의 우주관과 통치이념을 함께 형상화하고 의미를 부여하여 만든 것이다. 중국의 경우 예악의 대부분이 의례와 관계된 것이거나, 역대 왕과 그 치세에 대한 찬양이 많다고 하며, 노래를 만드는 것은 국가의례에 대한 절차 및 규범과 왕실역사에 대한 깊은 이해가 있어야 가능하다고 한다.[52] 바로 고대국가의 예악이 정치적인 효용성을 띤 통치수단의 하나라는 것을 보여주는 것이다.

이러한 왕의 뜻을 받아 우륵은 12곡을 만들었는데, 그 내용은 대가야연맹에 참여한 12국을 의미하는 것이[53] 아니라 대가야 왕의 치세 중 영역에 편입된 지역이거나, 대외 진출에 중요한 거점지역, 불교행사나 하늘이나 시조신에 대한 국가제사와 같은 국가 의례상 주요행사 등을 1년 12달(4계절)에 맞추어 상징화한 국가예악이라고 생각된다. 예를 들면 상가라도上加羅都와 하가라도下加羅都는 지배영역을 상부와 하부의 2부체제에서 상부의 중심지인 왕경을 노래하는 곡이 상가라도이고, 하부의 중심지를 노래하는 곡이 하가라도인 것이다. 그리고 보기寶伎는 국왕이 주관하는 하늘과 조상신에 대한 제의행사에 연주하는 곡명이고, 사자기師子伎는 국왕이 참례하는 불교 법회 때 연주하는 곡명이다.[54] 그 밖의 다른 곡명들도 각기 그 특징과 의미를 가지고 있을 것이지만 우륵 12곡의 전체적인 의미는 국왕의 치세와 국가통치이념을 노래한 국가 예악이라는 관점에서 접근해야 될 것이다.

---

51 『三國史記』권32, 樂志 加耶琴條.

52 權珠賢, 2000, 「于勒을 통해 본 大加耶의 문화」『韓國古代史研究』18, p.86.

53 田中俊明, 1992, 『大加耶連盟の興亡と「任那」』, 吉川弘文館, pp.101~116.

54 金福順, 1995, 「大伽耶의 佛教」『加耶史研究-대가야의 政治와 文化-』, 慶尙北道, pp.409~420.

(4) 관직의 분화와 부체제

G. 欽明 2년(서기 541년) 4월, 安羅의 次旱岐 夷呑奚・大不孫・久取柔
利, 加羅의 上首位 古展奚, 卒麻의 旱岐, 散半奚의 旱岐兒, 多羅의 下旱岐
夷他, 斯二岐의 旱岐兒, 子他의 旱岐 등은 任那日本府인 吉備臣과 함께
백제로 가서 왜왕의 뜻을 듣고 현안을 논의하였다. (『日本書紀』권19, 흠명기
2년조)

H. 欽明 5년(서기 544년) 11월, 日本吉備臣, 安羅의 下旱岐 大不孫・久取
柔利, 加羅 上首位 古展奚, 卒麻君, 斯二岐君, 散半奚君兒, 多羅 二首位 訖
乾智, 子他旱岐, 久嗟旱岐들이 백제로 갔다. (『日本書紀』권19, 흠명기 5년조)

위의 사료는 541년과 544년에 안라安羅, 가라加羅, 졸마卒麻, 산반해散半奚, 다라多
羅, 사이기斯二岐, 자타子他의 대표들이 백제에서 제1, 2차 임나부흥회의를 할 때
참석한 인물들의 지위를 보여주는 기사이다. 이와 같은 『일본서기』의 임나부흥
회의에 참가하는 사람들의 관직명을 통해 대가야 관직의 분화를 추론해 볼 수
있다.[55] 임나부흥회의에 참가하는 각 국 대표의 직명이 한기旱岐, 차한기次旱岐, 하
한기下旱岐(한기아旱岐兒 포함) 등의 한기계열과 상수위上首位, 이수위二首位(삼수위三
首位) 등의 수위계열 관직이 보인다.[56] 여기서 한기계열(군君, 군아君兒 포함)의 관직
은 고구려의 경우처럼 족장계열의 관직으로서 한기-차한기(하한기)의 분화는 가
계층加階層이 대가-소가로 분화되는 것과 마찬가지이며, 수위계열의 관직은 왕의

---

55   윤선태는 주)29의 학술대회 종합토론에서 사료 I의 541년 자료는 소국의 이름이 많이 나오
     는 자료이므로 대 가야의 고대국가와 관직분화 주장은 논리적 이율배반이라고 지적한 바
     있다.
56   이에 대한 상세한 내용은 李鎔賢, 2000, 「加羅(大加耶)를 둘러싼 국제적 환경과 그 대외교
     섭」『韓國古代史 研究』18, pp.38~60에 잘 정리되어 있다.

직속관직으로서 원래 수장의 아래에 두어진 관직이었으나 왕권이 강화되면서 중앙관직으로 재편된 것이다.[57]

이렇게 관직을 정비한 뒤에는 관제의 제정에 맞는 복식제服飾制도 제정하여 관등에 따라 복식을 구분하였을 것으로 생각되나 그 구체적인 내용은 알 수 없다. 그러나 고분에서는 묘형의 급수에 따라 부장품의 질과 양에 차등이 나타나고 있어[58] 이를 어느 정도 증명하고 있다. 중앙관등체계를 정비한 후에는 지배영역을 상부와 하부 등 부체제로 편제하여 중앙과 지방을 구분하였다. 이와 관련한 고고자료가 뒤에서 살펴 볼 토기에 새겨진 하부사리리下部思利利란 명문이다.[59]

2) 고고자료로 본 고대국가론

(1) 대가야 금관과 대왕명 토기

한편 대가야 왕은 최고의 위세품으로 금관을 쓴 것이 분명하다. 가야지역에서는 유일하게 고령지역에서만 금관이 출토되었는데, 전 고령 출토로 되어 있는 금관은 그 양식이 대가야만의 독특한 초화보주형草花寶珠形 대관帶冠 형식을 하고 있다.[60] 또 이러한 형식은 고령출토품으로 알려진 동경국립박물관 소장 오구라 수집 금관이나 지산동 45호분, 32호분, 30호분에서 출토되는 보주형 금동관과 전체적 이미지와 모티브가 동일하여 대가야금관의 특징을 잘 보여주고 있다.[61] 그러므로 이 금관은 대가야왕이 썼던 금관임이 틀림없다.

이후 대가야는 이제까지의 왕보다 한 단계 더 높은 대왕의 칭호를 사용하게 되었다. 그것을 증명해 주는 것이 충남대학교박물관 소장의 '대왕大王'이 새겨진

57　盧重國, 1995,「大伽耶의 政治·社會構造」『加耶史研究 -대가야의 政治와 文化』, 慶尙北道,, pp. 180~183.

58　朴天秀, 1996,「大伽耶의 古代國家 形成」『碩晤尹容鎭教授停年退任紀念論叢』, pp. 391~394.

59　釜山大學校博物館, 1987,『陜川苧浦里E地區遺蹟』.

60　金元龍, 1971,「傳 高靈出土 金冠에 對하여」『美術資料』15, 國立中央博物館, pp. 1~6.; 함순섭, 2002「신라와 가야의 관에 대한 서설」,『대가야와 주변제국』고령군·한국상고사학회.

61　함순섭, 1997「小昌Collection 금제대관의 제작기법과 그 계통」,『고대연구』5, 고대연구회.

그림 1 | 대가야의 관모 (좌로부터 삼성 리움미술관, 지산동45, 32호분)

대가야식 장경호이다.[62]〈그림 2의 좌〉

고령에서 출토된 것으로 알려진 이 토기는 높이 16.8cm, 뚜껑직경 10.8cm의 소형의 유개장경호이다. 글자는 뚜껑과 몸통의 가운데에 송곳 같은 뾰족한 도구로 썼는데, 필법과 글씨체는 고졸하지만 대가야가 대왕이란 칭호를 썼던 증거가 분명하다. 신라는 불교를 공인하고 율령을 반포하여 왕이 군국정사를 전제하는 정치체제를 확립한 법흥왕 때부터 대왕칭호를 사용하였다.[63]〈그림 1〉

(2) 하부사리리下部舍利利 명문토기

이 명문 토기는 합천댐 수몰지구의 저포리 E지구 4-1호분에서 출토된 대가야 양식 편구호이다. E지구 4호분은 이 지구 전체에서 가장 먼저 축조된 고분으로 4-1호 횡구식석곽묘를 먼저 축조하고 그 분구 범위 내에 다시 2기의 횡구식석곽묘(4-2호, 4-3호)를 추가로 설치한 고분이다. 이 토기는 출토위치로 보아 4-1호분의 축조 시에 거행된 제사에 관련된 유물로서 4-1호분의 주인공과 직접관련이 있음에 틀림없다.[64] 〈그림 2의 우〉

---

62   부산광역시립박물관, 1997,『유물에 새겨진 古代文字』〈특별전도록〉, p.34.

63   김영하, 2016, 「古代王權의 전개와 전환 -신라왕권의 추이를 중심으로-」『韓國古代史硏究』 83, pp.5~41.

64   이희준, 2017,『대가야고고학연구』, 사회평론(서울), pp.205~206.

그림 2 | 대왕명 토기(좌), 하부사리리 명문토기(우)(합천 저포리 출토)

이 토기의 구연부에 새겨진 하부사리리에 대하여 하부를 백제의 것으로 보는 견해도 일부 있으나[65] 발굴 보고자를 비롯한 대부분의 연구자들은 대가야 하부 (부명)의 사리리(인명)로 해석하여,[66] 대가야에 부가 존재한 것으로 보는 것이 일반적이다. 이에 대하여 백제와의 관련을 고려하여 5부 체제를 상정하는 설[67]과, 토기에 나오는 하부와 우륵 12곡의 상가라도, 하가라도를 근거로 상부와 하부의 2부 체제를 상정하는 설[68]이 있는데, 상하 2부로 보는 것이 자연스러우나[69] 상중 하의 3부제도 생각해 볼만 하다고 생각된다. 그러나 어찌되었건 대가야에 부가 존재했던 것은 분명한 것으로 보인다.

---

65 金泰植, 1990,「加耶의 社會發展段階」『한국 고대국가의 형성』, 民音社, p.101.

66 釜山大學校博物館, 1987,『陜川苧浦里E地區遺蹟』, pp.220~224.; 蔡尙植, 1989,「陜川 苧浦 4號墳 出土 土器의 銘文」『伽耶』2, 伽耶文化社, p.28.

67 蔡尙植, 1989,「陜川 苧浦 4號墳 出土 土器의 銘文」『伽耶』2, 伽耶文化社, p.28.; 盧重國, 1995,「大伽耶의 政治·社會構造」『加耶史研究 -대가야의 政治와 文化』, 慶尙北道, 168~171.

68 白承忠, 1995,「加耶의 地域聯盟史 研究」, 釜山大學校大學院 博士學位 論文, pp.178~180.

69 김세기, 2003, 고분자료로 본 대가야 연구 학연문화사, pp.273~275.

(3) 벽화고분과 대가야 불교

고령 고아리 벽화고분은 가야지역에서 유일한 벽화고분이며 대가야왕릉으로 여기 벽화에 연화문이 그려져 있어 대가야에 불교가 들어와 있었던 것을 말해주고 있다. 이 벽화고분은 백제의 무령왕릉과 같은 구조인 터널형 석실분이지만 축조재료가 벽돌이 아니라 길쭉한 할석이라는 점이 다르다. 벽화는 현실과 연도 전체에 그렸던 것으로 보이나 현재는 연도천정과 현실 천정에만 연화문이 남아 있는 상태다.

천정에는 얇게 회칠을 하고 분홍색, 녹색, 흑색, 갈색으로 내외 2중의 8판연화문을 그렸다. 연화문이 묘제와 벽화가 공주 송산리고분 영향을 받은 것으로 보아 백제불교와 관련된 것으로 보인다.〈그림 3〉

그리고 대가야의 사찰로서 가야산에 거덕사據德寺와 월광사月光寺가 전해지고 있어 대가야 불교를 말해 주고 있다. 이밖에 우륵이 작곡한 가야금 12곡 중 사자기獅子伎 또한 불교와 관련된 무용음악이므로 대가야에는 기록은 없지만 불교가 공인되어 왕실은 물론 일반 백성들에게도 상당히 깊은 영향을 미치고 있었던 것으로 보인다.[70]

그림 3 | 고아동벽화고분 석실과 천정의 연화문

---

70   金福順, 1995, 앞의 논문.

2. 고대국가로서의 대가야

1) 고대국가로의 발전과정

앞에서 보았던 여러 자료들을 자세히 분석해 보면 대가야의 고대국가로의 발전과정을 추론할 수 있다. 즉 서기 369년(『일본서기』 신공 49년조)에 가라 7국명이 나오는 등 4세기에 소국명이 나타나지만, 5세기에 들어서 특히 479년 가라국왕 하지가 남제로부터 '보국장군본국왕'이라는 작호를 받은 이후는 서기 541년(『일본서기』 흠명 2년조) 제1차 임나부흥회의 때까지 소국 이름은 잘 보이지 않는다. 즉, 대가야 영역권 안에는 5세기 후반부터 6세기 중반(541년)까지 60여 년 동안 소국이름이 등장하지 않는다. 그 이유는 바로 이시기에 대가야가 이들 지역을 완전히 복속시켜 고대국가를 이룩했기 때문인 것이다. 그러나 530년 이후 백제와 신라의 틈바구니에서 다시 분열되어 멸망당시에는 10국으로 기록된 것으로 볼 수 있다.

479년 이후 『삼국사기』 신라본기에 나오는 가야 관계 기사는 거의가 대가야를 지칭하는 것으로 보이며, 김해의 경우는 대개 금관국으로 표기되어 나온다. 남제로부터 가라국왕으로 인정을 받은 대가야는 481년에는 백제와 나란히 신라에 구원병을 파병하기도 하고, 496년에는 꼬리가 다섯 자 되는 상서로운 꿩을 신라에 보내기도 한다. 이시기 대가야 왕은 '대왕'의 칭호를 사용하며 금관을 쓰고 중앙관제와 영역을 상(중)하의 부체제로 편제하여 국가예악과 불교를 통해 통치하였다. 대가야는 이 기간 동안 고대국가로서 신라, 백제와 대등한 관계를 유지하고 있었다.[71]

2) 고대국가로서의 국제교류

대가야의 국제교류는 주로 중국과 일본과 이루어졌다. 중국과의 교류관계는

---

71   白承忠, 1995, 앞의 논문, p. 183.

기록에는 남제서 외에 거의 없지만, 5세기후반의 대가야고분인 남원 두락리 32호분에서 중국제 수대경獸帶鏡과 월산리 M5호분에서 청자 계수호鷄首壺가 출토되어 중국과의 교류가 있었던 것으로 볼 수 있다.[72] 이 유물들은 백제와 관련된 것으로 보는 경향이 있으나 묘제가 대가야식이며, 공반된 금제이식과 토기, 철기가 대부분 대가야유물이었다.[73] 이것은 대가야가 중국남조와 직접외교를 수행하면서 가져온 위세품을 대외 교통로의 중심거점인 운봉고원의 지방세력에게 사여賜與한 것으로 해석된다.

한편 일본과의 교류는 비교우위에서 매우 빈번하게 이루어진 것으로 보인다. 대가야와 일본과의 교류는 대체적으로 토기, 관장식과 귀걸이 등 장신구, 갑옷, 투구나 화살통과 같은 무구, 마구 등이다.[74] 그런가 하면 대가야고분에서도 일본 제품이 출토되어 일본열도 세력과의 교류를 보여주고 있는데, 특히 고령 지산동 44호분에서 출토된 오키나와산 야광패로 만든 국자가 대표적인 예이다. 이는 대가야가 큐슈지방이나 긴키지방을 통해 고급제품을 들여옴으로서 고대국가로서의 위상을 보인 것으로 생각된다.

72   전북문화재연구원, 2011「백제와 돈독한 관계를 가졌던 대가야 세력자의 무덤, 남원 월산리 유적」『2010 한국고고학저널』국립문화재연구소, pp.160~161.; 전북대학교박물관, 「남원 두락리 · 유곡리 고분발굴조사」(자문위원회 및 현장설명회 자료, 2013. 8. 12)
73   이한상, 2012, 「경북지역 가야고분군 출토 유물의 성격과 의미」『경상북도지역 가야고분군의 세계유산적 가치규명을 위한 학술대회』계명대학교 한국학연구원, pp.35~52.
74   朴天秀, 2006, 「3~6世紀 韓半島와 日本列島의 交涉」『한일신시대의 고고학』, 영남고고학회 · 구주고고학회, pp.137~153.

Ⅴ. 맺음말

지금까지 고고자료를 중심으로 문헌사료를 보완하면서 대가야 고대국가론에 대하여 살펴보았다. 우리학계에서 고대국가의 발전단계를 대체로 왕권의 세습과 전제화, 부족세력의 해체와 이에 따른 통치조직으로서의 부체제의 성립, 관료제의 성립과 중앙집권화, 군사력의 강화와 영역의 확장, 신화체계의 정비 등을 들고 있다. 여기에 더하여 완전한 고대국가가 되기 위해서는 율령의 시행과 불교의 공인 지방통치제도의 시행 등을 들고 있지만 고구려의 경우도 율령이 시행되는 것은 4세기, 신라의 경우는 6세기나 되어야 이러한 체제를 완성하게 된다. 그러나 고구려는 1세기, 신라는 4세기에 고대국가 체제를 이룩한 것으로 보는 것이 일반적인 인식이다.

따라서 대가야의 경우도 대체로 5세기 중후반에는 고대국가 체제를 이룩한 것으로 보아도 좋다고 생각된다. 즉, 왕권의 세습이 인정되고, 부체제를 통한 지방조직의 성립, 수위제에 보이는 중앙관제, 낙동강 이서에서 지리산과 섬진강, 남강 이북에 이루는 영역의 확보, 신라와 백제에 군사를 파견할 정도의 군사력, 당시 국제사회에서의 확실한 지위인 남제로부터의 작위수여 등의 사실과 고고자료에 보이는 금관의 사용, 대왕명토기, 고아동 벽화고분 연화가 상징하는 불교의 수용 등으로 볼 때 비록 50, 60년의 짧은 기간이지만 실체가 모호한 연맹왕국이 아니라 확실한 고대국가를 이룩하였다. 그리고 연맹체론에서 말하는 강력한 연맹체 사회는 일시적으로, 또는 외형적으로 영역국가와 같은 행동을 할 수도 있고, 단일한 맹주국 중심의 강력한 연맹체가 적어도 2~3세대 정도 지속되고 나서 그 결과 부部가 나타나고 대외적 교섭권을 독점하는 등의 증거가 나타나야만 확인할 수 있는 것은 아니다. 지금까지 논의한 바와 같이 대가야는 고구려나 신라와 같은 단계적 발전과정을 거쳐 고대국가를 이룩하였다.

제 3 장

대가야사람들의 생활과 문화

1_ 다시 보는 대가야왕릉(지산동 44, 45호분) 발굴

Ⅰ.고분 발굴 첫 참가

내가 고령 지산리 뒷산 능선에 자리 잡고 있는 대가야 왕릉 발굴에 처음 참가한 것은 1977년 12월 3일이었다. 발굴이 11월 26일에 시작되었으니 꼭 1주일만이었다. 학부 3학년생이었던 나는 학기가 막 끝나고 정리하기 위해 도서관에서 자료를 찾고 있었는데, 김종철 교수님의 조교로 45호분 발굴을 돕고 있었던 한규만군이 와서 고령에서 발굴조사가 시작되었고, 학생이 몇 명 필요하다고 하여 그대로 버스를 타고 고령으로 가게 되었다. 사실 그 때까지 고령이 어딘지, 대구

그림 1 | 대가야 왕릉 발굴 30년 학술포럼 포스터

에서 얼마나 떨어져 있는지도 모르고 있었고, 발굴에 대해서도 모르고 있었다. 그래도 3학년 1학기 때 고고학개론 강의를 들어 고고학에 대해 막연한 동경 같은 것은 가지고 있었지만 실제 유적에 대한 조사나 관련된 자료를 접하지는 못한 터였다. 〈그림 1〉

대구 서부정류장에서 시외버스를 타고 2시간 이상 걸려 고령에 도착, 모산골 마을을 거쳐 가파른 산비탈을 올라 발굴현장에 올라가게 되었다. 지산동고분군 주능선의 봉토분은 정비가 되어 있었고, 그 아래 경사면에 있으나 봉분이 무너져 있는 45호분과 44호분에 줄을 치고 봉토를 파내는 작업을 하고 있었다. 그러나 고분에 대한 지식이 전혀 없었던 내가 보기에 산흙과 돌이 섞여 있는 봉토와 생토가 구분되지 않았고, 정말 저 안에 유물이 있을까 하는 호기심만 가득 하였다. 주변의 나무들은 지금처럼 울창하지 않았고, 산 위에서 내려다보는 고령읍내도 아주 소박하다고 생각하였다.

현장에는 44호분 북쪽 평지에 얇은 베니어판으로 세운 현장막사가 지어져 있었는데 여기서 경북대학교 학생과 계명대학교 학생이 매일 교대로 숙직하면서 현장도 지키고 조사도 진 행하였다. 12월 산위에서 부는 바람은 매섭게 차가웠고, 눈이라도 내리는 날에는 베니어판 이음새를 타고 눈발이 막사 안으로 사정없이 들어왔다. 연탄난로 1개로 난방을 하고 바닥에는 라면박스를 깐 위에 군용모포 몇 장을 이불로 덮고 잤다. 아침에 일어나면 자리끼로 떠 놓은 물대접이 꽝꽝 얼어있는 것이 다반사였다.

식사는 현장막사 앞에 솥을 걸고 모산골 김씨댁 아주머니가 매일 아침 올라와 아침, 점심, 저녁을 현장에서 해서 먹었다. 근처는 산꼭대기라 물이 없었으므로 인부 아저씨들이 매일 아침 출근 할 때 바지게에 한말들이 플라스틱 통에 물을 지고 올라와 커다란 물통에 붓는 것으로 일과를 시작하였다. 이렇게 가져온 물로 밥도 하고 국도 끓이고, 숙직한 조사원학생들의 세숫물도 충당하였다. 요즘의 발굴현장은 현대화 되어 삽이나, 괭이 등의 연장도 현장에서 공급하므로 인부들도 자가용을 타고 출퇴근하지만 당시에는 바지게는 필수였고, 삽, 괭이, 호미 등의 연장과 도시락은 각자가 지참하는 것이 상례였다. 또한 흙을 파거나 옮기는 일 등 웬만한 일은 포크레인과 같은 현대장비를 사용하지만 그 때는 모든 것을 인력으로 파고 지게로 운반하였다.

조사원 학생들의 복장도 지금은 멋있는 파카나 등산복을 입고, 가볍고 튼튼하고 맵시 있는 등산화나 운동화도 많지만 그 때는 우선 대구 서문시장에 가서 중고품 군화를 사고, 허름하고 질긴 물들인 군복류나 점퍼를 구입하여 입었다. 중고품 군화는 대개 높은 뒷굽이 반쯤 달아 있어 경사진 비탈길을 올라가다가 넘어지는 경우가 다반사였다.

2기의 발굴고분 중 규모가 조금 더 큰 44호분은 경북대학교박물관(관장 윤용진 교수)이 담당하였고, 45호분은 계명대학교박물관(관장 김종철교수)이 담당하였는데, 발굴 장비가 매우 열악하여 발굴에서 가장 기본이 되는 레벨기도 없어 투명한 비닐호스에 물을 담아 그것으로 수평을 잡아 토층이나 유구의 실측 실을 띄웠다. 그야말로 수준水準으로 수평을 잡았고, 그래도 계명대학교에는 '핸드레벨'이라는 작은 간이 레벨측정기가 있었지만 사용법이 숙달되지도 못하고 눈높이에 따라 각도가 달라지므로 매우 부정확하여 역시 물 호스를 주로 사용하였다. 봉분조사를 위한 발굴 둑이나 트렌치는 봉분위에 평판을 올려놓고 실을 띄워 구획하였다.〈그림 2〉

발굴기간이 경과 하면서 점차 발굴과정과 기술을 익혀나갔다. 봉분토층을 그

 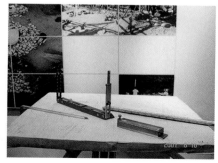

그림 2 | 1977년 왕릉발굴 당시 발굴도구(좌-물호수, 꽃삽 등, 우-평판측량 도구)

리면서 판축된 토층과 생토층을 구분하고, 봉토 아래에 노출되는 석실의 개석과 석곽을 이해하게 되었다. 그리고 벌어진 개석의 틈사이로 보이는 석곽의 토기를 보고 마음이 벅차오르며 유구나 유물에 대한 감동을 느낄 즈음, 지나가던 집의 돌담장의 석축을 보며 어떻게 실측할까를 생각하고, 숙소의 천장무늬를 실측하는 꿈도 자주 꾸게 되었다. 이렇게 바쁘게 일과를 진행하는 가운데 고분의 실체가 점차 들어나게 되면서 교수님들이 대화에서 이 44, 45호 고분이 지금까지 알려지지 않은 다곽분의 구조를 가지고 있고 그것은 순장묘라는 것을 알게 되었다.

그즈음 김원룡, 김철준 교수 등 당대 우리나라 최고의 고고학, 역사학자들이 현장을 방문하였는데 가까이 가지는 못하고 먼발치에서 나마 대가들의 풍모를 보며 흠모의 정을 느끼기도 하였다.

II. 한국일보 1면 톱기사 보도

발굴 조사를 시작한 지 20여일이 지났을 무렵, 이번에 발굴하는 고분이 중앙에 주인공을 위한 주실과 부장실이 있고 그 주위를 호위하듯이 순장곽이 설치된 고분이라는 것을 알았지만 조사원 학생들은 그 중요성을 실감하지 못하고 추위속에서 매일 반복되는 고된 작업에 조금씩 지쳐가고 있었다. 발굴에 참여한 후 어느 정도의 시간이 지나면 일반적으로 찾아오는 권태, 일상에 대한 짜증과 다른 사람에 대한 이유 없는 적대감 등이 발굴 분위기를 더욱 무겁게 하고 있었다. 이러한 상태를 발굴현장에서는 흔히 발굴병이라고 한다.

12월 22일인지 23일인지 서울에서 말쑥한 차림에 핸섬하게 생긴 기자가 현장을 찾아 왔다. 그리고 고분 뒤편 양지 바른 잔디에 앉아 교수님들과 인터뷰를 하고 돌아갔다. 그리고 1977년 12월 24일자 한국일보 1면 톱에 「고령에서 20여명 순장 가야고분 발굴」이라는 제목으로 크게 보도 되었다. 우리는 그날 오전 당시 고령군청의 공보실장이 깜짝 놀라 가지고 온 신문을 보고 이 고분이 대가야의 왕릉급 고분이며 얼마나 중요한 것인지를 알았다. 당시 이것을 특종으로 보도한 한국일보 문화부 차장이었던 강대형 기자는 그전에 공주 무령왕릉 발굴이나 경주 천마총 발굴 등에서도 여러 번 특종을 한 민완기자였다.

이렇게 한국일보에 1면 머리기사로 보도된 이후 경향 각지의 신문, 방송 등 언론기자들이 들끓기 시작하고, 각계에서 지대한 관심을 보이기 시작하자 지쳐있던 조사원들도 덩달아 신이 나고 기운이 솟았다. 공연히 큰일이나 한 것 같고 대단한 자부심에 잘 조사해야 하겠다는 사명감에 불타게 되었다. 특히 중앙의 문화재관리국의 담당관 등이 현장을 찾아 격려와 지원을 약속하였고, 당시 봉기수 고령군수님을 비롯한 관계공무원들은 더욱 적극적으로 관심과 지원을 아끼지 않았다. 또한 대학에서도 여러 경로를 통하여 위문품과 격려가 답지하였다. 보

그림 3 | 한국일보 1면 머리기사 보도(1977.12.24.일자)

도 당시에는 44호분이 발굴 뚝을 완전히 제거하지 않아 주변 순장곽이 20여기만 노출되어 그렇게 보도되었지만 나중에 순장곽은 32개로 밝혀지고 45호분은 순장곽이 11개로 밝혀지게 되었다.〈그림 3〉

III. 지산동 44, 45호분의 성격

대가야고분에 대한 발굴조사는 일제시대인 1918년 고령 지산동고분군의 구 1, 2, 3호분이 조사됨으로써 시작되었다고 할 수 있다. 이 3기의 고분은 수혈식 소형 석곽묘와 석관묘로 그 위치와 내용을 상세하게 알 수 없다. 그 후 계속하여 봉토분이라고 생각되는 지산동 갑호분, 병호분과 고령에서 최대 규모 고총고분인 구39호분이 조사되었다. 이 봉토분의 조사도 유물을 꺼내기 위한 발굴로 상세한 묘제나 위치 성격 등이 밝혀지지 않았다.

또한 횡혈식석실분으로 알려진 '절상천정총'도 이 시기에 발굴되었으나 유구의 도면만 남아 있을 뿐 그 위치나 유물 등이 잘 알려져 있지 않은 상태이다. 이와 같이 조선총독부 고적조사회에 의하여 실시된 이 시기의 고분발굴조사는 발굴 기술면에서도 매우 치졸한 보물찾기식 이었고, 목적도 다분히 정치적인 것이었기 때문에 고분을 통한 본격적인 학술연구라고 보기는 어려운 것이었다. 비슷한 시기에 함안 말이산 고분이나 진주 수정봉·옥봉고분, 성주 성산동고분 등도 발굴 조사되었으나 사정은 마찬가지였다.

따라서 대가야 왕릉인 지산동 44, 45호분이 발굴되기 전까지는 고령 대가야고분의 대형봉토분들도 막연하게 함안, 성주, 진주, 선산, 창녕, 대구 등의 다른 지역과 마찬가지로 횡구식이거나 횡혈식 석실분으로 생각되었고, 이러한 묘제와에 대한 무지와 오해는 일본서기의 임나일본부설과 맞물려 가야고분 연구는 물론 가야사 전체 연구를 답보상태로 만들어 놓았다.

그러나 지산동 44, 45호분이 정식 학술발굴에 의해 고령 지산동고분군의 대형 봉토분의 묘제가 수혈식석실분이 중심이고 주변에 순장곽을 가진 다곽분임이 밝혀지고, 거기서 출토되는 유물들이 가야를 대표하는 토기와 위세품임이 밝혀지면서 가야고분의 명확한 성격이 밝혀지기 시작하였고 이와 같은 사실은 점점 주변의 다른 가야지역 고분발굴로 확인되게 되었다. 즉 고령지산동 44, 45호분은 5세기 후엽에서 말엽에 이르는 시기에 축조된 고분으로 대가야가 중국에 사신을 파견하여 '보국장군본국왕'이라는 작호를 받아 고대국가로 발전하는 시기의 대가야왕릉임 분명해진 것이다.

IV. 대가야 왕릉(44, 45호분)의 특징

1. 묘제
1) 44호분

44호분은 비교적 넓고 평평하나 능선이 경사져 내리는 끝부분에 걸쳐 있어 더욱 우뚝해 보이는 위치에 자리 잡고 있다. 고분의 아래쪽은 급경사로 아래가 훤히 내려다보이고, 위쪽으로 비교적 넓은 평지가 되어 완만한 경사로 45호분에 연결된다.

고분의 구조는 묘역 중앙에 주석실과 부장석실 2기의 대형석실을 구축하고, 주위 소형석곽 32기를 빙둘러 배치한 다음 타원형 호석으로 이들 모두를 둘러싼 다곽분이다. 지반이 비교적 평탄한 지형이지만 그래도 경사진 부분에는 높은 곳은 삭평하고, 낮은 곳은 보토하여 평면을 만들고 있다.

고분의 규모는 호석을 기준으로 장경 27m, 단경 25m이며, 봉토는 파괴 유실이 심하나 개석 상면에서 3.6m 높이의 대형봉토분이다. 주석실은 묘역 정중앙에 장축방향長軸方向을 서북-동남(N-64°-W)으로 두고 있으며, 길이 9.4m, 너비 1.75m, 깊이 2.1m, 장폭비 5.4 : 1의 세장형 평면을 보이고 있다. 주실보다 약간

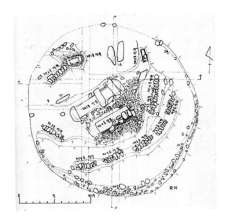

그림 4 | 지산동 44호분(좌)과 45호분(우) 평면실측도

작은 2기의 부장품용 석실 중 남석실은 주실과 나란히 배치하고, 서석실은 주실과 직교되게 배치하였다. 32기의 순장곽들은 3기의 주·부석실을 중심으로 원주상과 부채살 모양으로 배치되어 있으며, 판석으로 짠 석관묘와 할석으로 짠 석곽묘 및 판석과 할석을 혼용한 것이 섞여 있다.

부장품은 대부분 도굴되어 매장원상을 확실히 파악할 수 없으나 남아 있는 유물은 장경호, 유개고배, 개배, 기대 등의 토기류가 많은데, 특히 부장실인 남석실에서는 대형기대 18개체분이 집중적으로 나왔다. 이밖에 발형투구를 비롯한 철제무구류, 소형방울이 달린 검신형행엽, 금제귀걸이 등 장신구류 및 청동합이 주석실에서 출토되었다.〈그림 4의 좌〉

2) 45호분

45호분은 44호분에서 산위로 100m 떨어진 곳, 즉 초대형 고분이 자리 잡은 주산의 남주능선이 급경사를 이루며 내리뻗기 시작하는 돌출부에 위치한다. 남북으로 경사진 묘역의 중앙에 장축방향을 동북-서남으로 둔 주실과 부실 2기의 석실을 나란히 설치하고, 그 주변에 11기의 순장석곽을 원주상으로 배치한 다곽분이다.

호석은 이들 석실과 석곽을 둘러싸고 장경 23m, 단경 22m의 원형으로 돌렸는데 경사가 급한 곳에는 암반을 깎아 계단식으로 2~3단 쌓은 곳도 있다. 봉토는 묘역의 낮은 곳으로부터 모래가 섞인 산흙과 고운점토를 다져 판축식으로 쌓았다. 봉토의 규모는 장경 28.2m, 단경 25.7m, 개석상면에서 높이가 2.8m이다.

주실은 암반을 깊게 파고 4벽을 큼직한 할석으로 면을 고르게 쌓았으며, 길이 7.15m, 너비 1.57~1.64m, 깊이 1.67~1.85m로 장폭비는 4.5 : 1의 세장형이다.

부장품은 상당수 도굴당했음에도 불구하고 주실에서 고배 등 각종 토기류를 비롯하여 금동관식, 금제이식, 곡옥이 달린 유리구슬 목걸이 등의 장신구류, 안장, 재갈, 목심등자, 금동은장행엽 등의 마구류, 은장환두대도 손잡이, 철모, 철촉 등과 함께 찰갑편 소량과 청동거치문 거울조각이 출토되었다. 부실에서는 대형토기 10개체가 집중적으로 출토되었다.〈그림 4의 우〉

이와 같이 대가야 왕릉(지산동 44, 45호분)과 그 다음해인 1978년 계명대학교 박물관에서 발굴조사한 지산동 32~35호분의 묘제처럼 석실이나 석곽이 길이 : 너비의 비율이 5 : 1의 긴장방형의 형태를 띠고, 대형 봉분 안에 주인공의 방과 순장자의 방이 따로 만들어진 묘제를 대가야묘제라고 하게 되었다. 즉 대가야 왕릉과 같이 순장곽이 2기 이상인 고분을 다곽순장묘라고 하고, 32호분이나 34호분처럼 주실1기에 순장곽 1기인 고분를 단곽순장묘라고 한다. 다곽순장묘는 현재까지는 지산동30호분, 44호분, 45호분 73~75호분 등 고령지산동고분군에만 존재하고, 단곽순장묘는 고령 본관동 고분군을 비롯하여 합천 반계제 고분군, 함양 백천리고분군, 산청 생초리고분군에 나타나고 있어 대가야양식 토기의 분포와 함께 대가야영역을 설정하는 중요한 지표로 연구되고 있다.

2) 순장

순장이란 죽은 사람(높은 신분의 주인공)을 위해 살아 있는 사람이나 동물을 죽여 함께 매장하는 장의행위를 말한다. 세계적으로 순장이 시행된 지역은 이집트와 근동지방·스키타이 등이 유명하며 중국에서도 순장사실이 널리 알려져 있다. 그리고 우리나라에서도『삼국지』위서 동이전 부여조에 많을 경우 100여명을 순장했다는 기록이 있고,『삼국사기』에는 신라에서는 왕이 죽으면 남녀 각 5인씩을 순장하던 것을 지증왕 때에 이를 금지했다는 순장금지에 관한 기사가 등장하고 있다. 그러나 지산동44, 45호분을 발굴하기 전까지는 확실한 순장고분을 확인하지 못하고 있었다.

고분에서 순장개념은 1묘실(곽) 안에 2명 이상의 유골이 남아 있거나 그러한 매장흔적이 있는 경우, 그리고 한 봉분 안에 2개 이상의 매장곽이 있을 경우로부터 시작한다. 그러나 이러한 고분이 순장고분으로 규정되기 위해서는 다음의 조건이 충족되어야 한다.

첫째로, 2명 이상 매장된 고분이 동시에 축조되어야 한다. 한 봉토 안에 여러 개의 묘곽이 있다 하더라도 추가장에 의한 것은 순장이 될 수 없음은 물론이다. 고분에서 동시축조는 봉토층위의 교란여부 및 전체 묘곽 구성의 계획성 등으로 판단할 수 있다.

둘째로 앞서 본 바와 같은 강제성이 있어야 한다. 이 경우 고분에서 강제성 매장의 증거를 찾기는 쉽지 않으나 부곽에 매장된 사람의 시신이 부장품 한 쪽에 몸이 비틀려 있다든지, 순장곽에 매장된 두개골에 예리한 둔기에 의한 구멍이 뚫려 있다든지 하는 것은 극약을 먹여 죽였거나 도끼 같은 둔기로 죽인 것으로 생각되어 강제성이 어느 정도 인정된다고 할 수 있다.

셋째로, 고분 피장자 사이에 신분적 격차가 있어야 한다. 이른바 주인공에 대한 순장자의 종속성이 인정되어야 한다는 것이다. 이 종속성의 증거는 다곽고분의 경우 주인공 묘곽의 위치와 크기에 확실한 차이가 있다. 같은 묘실 안에 있는 피장자 사이에도 묘실에서의 위치와 매장의 정중도에서 격차가 있고, 부장품에서도 눈에 띄게 차이가 나는 경우이다.

위에서 본 바와 같이 지산동44호분은 넓은 묘역 중앙에 대형 수혈식 석실을 주인공을 위한 주실을 배치하고 부장실은 주실과 나란히 1개, 주실의 단벽 쪽에 직교하여 1개, 모두 2개를 배치하였다. 그리고는 이 석실을 둘러싸며 부채살 모양과 원주형으로 32개의 순장곽을 설치하고 있다. 순장자는 32개의 석곽에서 인골이 남아 있는 것이 18기에서 22명인데 이는 1석곽에 성인남녀가 머리를 서로 반대방향으로 합장된 것도 있고 10세 정도의 여아만 합장한 것, 성인과 여아를 합장한 것도 있기 때문이다. 결국 주위의 순장곽에서 모두 32명이 순장된 것이다. 그리고 주실과 부실에서는 주인공 이외에 또 다른 인골이 검출되었으나 도굴이 심하여 몇 명인지 확실한 정황을 알 수 없다.

그렇지만 44호와 비슷한 45호분 주실과 부실의 경우를 생각하여 주실 안의 주인공의 머리맡과 발치에 각각 1명씩 2명과 부실에 각각 1명씩 2명으로 석실 안에 4명이 순장된 셈이다. 따라서 44호분에는 석실에 4명과 순장곽에 32명, 합하여 36명의 순장이 이루어진 셈이다.

또한 45호분의 경우는 주실 이외에 주실과 나란히 하여 부실이 1기이며 주위의 순장곽은 주·부실을 원형으로 둘러싸면서 11기가 배치되어 있다. 여기에서는 주실에 2명, 부실에 1명 11기의 순장곽에 9명이 순장되어 있어 도합 12명이 순장된 셈이다.

그리고 이들 순장자들의 부장유물에 질적 차이가 나타나고 있어 이들의 사회적 계층이나 성격을 이해하는데 있어 하나의 단서를 제공하고 있다. 즉 주실의 주인공 머리맡이나 발치에 순장된 사람은 금제귀걸이와 유리구슬 목걸이를 착장하고 있는데 이러한 부장품은 제3등급 순장묘의 주인공이 착장한 위세품과

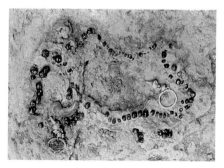

그림 5 | 순장자의 흔적(45호분 주실-좌)과 착장한 귀걸이

같은 수준의 것이다. 그러나 이들의 신분이 높다고 볼 수는 없을 것이고 아마도 주인공이 왕이라면 그 옆에서 시종하는 몸종이나 내시와 같은 근신으로 생각된다. 이들은 신분은 비록 낮지만 몸치장은 화려하게 하고 왕을 시종하였다는 것을 알 수 있다. 〈그림 5〉

　또 순장곽의 순장자도 기본적인 토기 이외에는 부장유물이 각기 다른데 예를 들면 칼, 창과 같은 무기를 가진 사람, 낫이나 낫, 도끼 같은 농공구를 가진 사람, 마구를 가진 사람, 직조기구인 방추차를 가진 사람 등이다. 이것은 순장자의 성별이나 연령층이 6~7세의 어린이, 20대의 여성, 40대의 장년남성 등으로 다양한 것과 함께 각기 호위무사, 농업생산인, 수송인, 직조인과 같은 직능적 성격을 가진 낮은 신분의 소유자라고 생각된다. 그러나 이에 대한 자료가 많지 않아 순장자의 신분이나 범위, 직능 등 사회적 의미의 연구는 아직까지 깊이 있게 이루어지지 못하고 있다.

3) 대가야 토기

　일반적으로 유적에서 출토되는 유물 중에서 수량이 가장 많을 뿐만 아니라 시기변화를 가장 예민하게 반영하고, 또 지역적 특성도 가장 잘 반영하고 있는 것이 바로 토기이다. 따라서 이 토기의 분포상이나 제작수법 등을 통해 지역색을 비롯한 편년 등 다양한 연구가 활발히 이루어지고 있다. 그 중에서도 고령을 중심으로 제작되었던 일련의 토기군들은 이른바 대가야식 토기라고 일컬어져 오면서 토기의 편년 문제와 함께 그 분포 범위와 확산의 정치적 의미 해석 등 여러 가지 논의가 진행되고 있다. 그런데 묘제도 마찬가지 이지만 대가야식 토기의 개념을 설정할 수 있었던 것도 바로 이 대가야왕릉(44, 45호분) 출토 토기로부터 시작되었다. 즉 대가야양식 토기는 대가야왕릉인 지산동 44호, 45호분과 32~35호분 및 주변석곽묘군에서 출토된 토기 중에서 토기의 기형과 조합상을 보고 그것이 다른 지역과 구별되는 고령지역의 특징을 가지고 있는 토기를 일컫게 된 것이다.

이러한 대가야양식 토기의 조합상은 일정하지는 않으나 대체로 유개장경호와 발형기대, 무개장경호, 유개고배, 무개고배, 단경호, 개배, 대부파수부소호, 우각형파수부발, 통형기대, 와 단추형 꼭지 뚜껑 등이 몇 종류씩 조합을 이루고 있다. 이들 중에서 출토 빈도가 가장 높고 다른 지역에서도 고령양식 토기로 많이 출토되는 대표적 기종을 대가야양식 토기라고 한다.

이들 가운데 가장 주류를 이루는 것은 장경호와 유개고배이다. 둥근공 모양의 몸체에 긴 목이 달린 장경호는 목 부분에 특징이 잘 나타난다. 긴 목부분은 옆으로 1~2줄의 돌대를 돌려 구분하고 그 안에 정밀한 밀집파상문대를 돌리고 있는데, 그 중간부분이 부드럽게 잘록한 형태를 하고 있다. 목부분과 몸체사이에도 1줄의 돌대가 돌아가고 있으나 목부분의 곡선이 꺾이지 않고 그대로 둥근 몸체에 S자형 곡선을 이루며 이어지고 있어, 전체적으로 부드러운 곡선미와 함께 풍만감을 주고 있다. 이러한 장경호는 구연부가 내반된 유개식과 나팔처럼 밖으로 벌어진 무개식의 두 종류가 있으나 위의 요소는 똑같이 나타나고 있다.

다음 유개고배는 장경호와 함께 대가야 토기의 특색을 대표할만한 기종인데, 뚜껑과 배신부가 납작하며, 대각이 나팔처럼 크게 곡선을 이루며 벌어져 전체적으로 안정감을 준다. 납작한 뚜껑 중앙에는 납작하면서 가운데가 약간 볼록한 볼록단추형과 그대로 납작한 납작단추형꼭지가 붙어 있고, 이들 중심으로 방사상 점열문대가 2~3줄 돌려 있다. 이 뚜껑은 장경호의 뚜껑도 공통된다. 대각에는 방형 투공이 상하 일치되게 2단으로 배치되고 있다. 개배는 뚜껑과 배부가 다 함께 납작한 것으로, 특히 뚜껑은 표면이 거의 수평을 이루다시피 편평하며, 뚜껑복판에는 유두형꼭지가 붙어 있다. 배부는 뚜껑을 뒤집어 놓은 것과 같은 형태이다.

기대는 발형기대, 원통형기대, 족쇄형기대 등 여러 종류가 있으나 특징적인 것은 장경호를 올려놓는 발형기대이다. 이 기대는 배부가 깊숙하고 위로 넓게 벌어지면 끝은 짧게 외반하고 있고, 표면에는 2~3조의 밀집파상문과 소나무잎과 같은 침엽문을 배치하고 있다. 또 팔(八)자형으로 벌어진 긴 대각은 3~4단의 돌대로 구분하고 여기에 3각형 투공을 상하 일치되게 배치하고 있다. 이외에 제사용 혹은 의례용 토기라고 생각되는 원동형기대는 출토품은 많지 않으나 발형기대를 엎어 놓은 듯이 넓게 퍼진 대각부 위에 아래위가 비슷한 원통형의 몸체를 세우고 그 위에 소형 호를 얹어 놓은 듯하다. 맨 꼭대기의 그릇 받치는 부분은 납작하며 넓게 외반하는 광구부로 되어 있다. 그리고 몸통과 대각부에 삼각형, 사각형의 투창을 촘촘히 뚫고 투창사이에 밀집파상문, 침엽문 등을 시문하고 있다. 특히 몸통부 어깨에서 대각부까지에는 뱀을 형상화한 긴 조각을 세로로 붙이고 있어 전체적으로는 매우 화려하고 신비로운 느낌을 주고 있다.

V. 대가야 왕릉의 출토유물

1. 위세품

대가야의 특징을 보이는 것으로는 피장자가 지배층 신분임을 나타내는 위세품Prestige Goods으로 금동관 등의 관모류, 유리구슬목걸이, 금은제이식, 말안장 등 마구류, 환두대도 등이 있다. 이러한 금속유물은 다른 지역과 대체로 유사하나 보주가 달린 초화형 관식이나 금립과 중공의 소구가 장식된 금제세환이식 등은 대가야의 특징을 잘 나타내고 있다.

1) 관모류

관장식은 지산동45호분에서 금동제 입식이 출토되었는데, 전체모양이 나뭇가지 혹은 꽃봉오리를 상징하는 것과 같은 초화형이다. 가야지역의 고분 중에서 왕을 비롯한 최고수장을 상징하는 관모류가 출토된 지역은 대가야지역 고분뿐이다. 특히 신라지역에서도 경주의 왕릉급 고분에서만 출토되는 금관이 출토된 것도 유일하게 고령의 대가야뿐이다. 발굴조사에서 출토된 것은 아니지만 고령 출토가 분명한 호암미술관 소장의 대가야금관은 길이 67.1㎝, 너비 3.6㎝의 얇

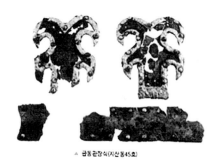

▲ 금동관장식(지산동45호)

그림 6 | 금동제 관모(45호분 주석실-좌)와 금제귀걸이(44호분 주석실-우)

은 금판의 대륜에 높이 8.5㎝의 초화형 입식 4개를 세웠고, 그 끝은 보주형을 하고 있다. 45호분 출토품도 이와 비슷하므로 대가야 관모의 형식은 초화형이고, 신라의 출자형과는 분명히 다르다는 것을 알 수 있다. 〈그림 6의 좌〉

또 초화형 입식의 관모 형식과 함께 대가야의 독특한 형식이 지산동32호분에서 출토된 광배형 금동관이다. 이 금동관은 너비 2.7㎝의 대륜 위에 광배 모양 같은 손바닥 크기의 판판한 입식판을 세운 형태로 입식판에는 대칭으로 L자형의 가지를 붙여 장식하였다. 대륜 위 부분에 6개의 작은 못으로 고정시킨 입식판은 맨 위가 큼직한 보주형으로 되어 있고, 밑으로 내려올수록 광배형을 이룬다.

2) 귀걸이

지산동 44, 45호분에서는 장신구로 금제귀걸이가 출토되었다. 귀걸이는 귓볼에 끼는 큰 고리와, 거기에 매달리는 중간장식, 다시 그 밑에 붙는 끝 장식의 3부분으로 구성되는 것이 기본형식인데, 귀에 거는 큰 고리가 아주 가는 것을 가는 고리식(세환이식)이라 하고 고리가 굵은 것을 굵은고리식(태환이식)이라 한다.

대가야 왕릉에서 출토된 귀걸이는 모두 가는 고리식인데, 가는 고리에 풀의 열매모양 장식을 매단 모양이다. 특히 장식 끝에 좁쌀 만한 금 알갱이를 1~3개 장식하는 것은 대가야의 독특한 양식이라 할 수 있다. 가야 여러 지역에서 공통적으로 출토되는 가야식 귀걸이는 거의 다 가는고리식인데, 신라식 귀걸이는 대부분이 굵은고리식이며, 특히 하트형 끝장식과 금실을 누비듯 붙여 장식한 누금장식 태환이식은 신라귀걸이의 가장 큰 특징이다.〈그림 6의 우〉

3) 야광패제 국자

일본의 오키나와 원산의 야광패로 만든 국자형 조개제품은 원형이 깨어져 있으나 비슷한 것이 일본에서 출토되고 있어 아마도 대가야가 일본의 기내지역과 교역하면서 일본에서 가져온 호화로운 용기라고 생각된다. 대가야의 국제성을 엿볼 수 있는 중요한 유물이다. 이와 함께 백제계로 보이는 등잔, 신라계의 은장 손잡이 칼등도 대가야 왕릉의 위세를 보여주는 유물들이다.〈그림 7〉

그림 7 | 오키나와 산 야광패 국자(우-44호분 주석실 출토품)

2. 대가야 왕릉 출토 음식물 자료

지산동 44호분에서는 모두 22개의 토기 속에 음식물이 들어 있었는데 그 중 15개가 어류였으며 조류가 1개, 조개류 2개, 종류 미상이 4종이었다. 이 밖에 남석실에서는 곡물인 기장이 출토되었다. 이들 중 어종을 확실히 알 수 있는 것은 낙동강과 그 지류에 오늘날도 많이 살고 있는 '누치'라는 피라미 종류였다. 누치는 잉어과에 속하는 민물고기로 잉어와 비슷하나 잉어 보다 머리가 둥글고 큰 것이 특징이다. 한편 조개류는 2매 조개로써 바닷조개로 생각된다.

지산동 45호분에서는 7개의 토기 속에 음식물이 들어 있었는데 평저단경호

그림 8 | 45호분 출토 음식물자료(바다생선(좌)과 닭 한마리 분(우)

속에 닭뼈 1마리분이 들어 있는 것을 비롯하여 닭 반마리분이 2개 있고, 바다생선 1마리분이 들어 있는데 어종을 구분하기 어려우나 잔가시가 많은 것으로 보아 청어류라고 생각된다. 또 어골 반마리분과 또 다른 어골 2개는 부식이 심하여 어종을 구분하기 어려우나 모두 바다생선이었다. 그리고 지산동 35호연결석곽에는 소형 고배속에 바다 조개류인 두두럭고둥이 가득 담겨담겨져 있고, 34SE-3석곽에는 대구 한 토막과 바다 게가 역시 고배에 담겨져 있었다. 그리고 한 곳에는 가느다란 새뼈 종류가 들어 있는데 종류를 확실히 알 수 없으나 닭 뼈 보다 가늘어 혹시 꿩 뼈가 아닌가 추측된다. 〈그림 8〉

신라 지역에서는 대구 불로동 2호분에서 상어뼈가 출토되었고, 칠곡 인동1호분에서도 어골이 출토되었다. 그리고 경산 임당동 고분에서는 역시 닭뼈, 생선뼈, 상어뼈 외에 감씨와 복숭아씨 등의 과일 씨도 여러 점 출토되었다.

이들 음식물들은 대개 사자를 위한 제사음식으로 토기에 담아 뚜껑을 덮어 그대로 매장하여 자연 밀봉이 되어 썩지 않고 남아 있는 것으로 당시 사람들의 식생활의 일면을 알 수 있는 동시에 제사 의식의 일단을 엿볼 수 있는 자료들이다.

VI. 대가야왕릉의 발굴사적 위치와 과제

대가야왕릉인 고령 지산동 44, 45호분의 발굴은 그 때까지의 고분 발굴과 달리 가야고분연구에서 발굴사적으로 획기적 전기를 마련한 발굴이었다. 위에서 살펴 본 바와 같이 44, 45호분 발굴이전에는 고령의 대형봉토분들이 내부구조가 명확하게 밝혀지지 않고 막연하게 성주나 대구, 함안의 봉토분들과 같이 횡구식 혹은 횡혈식 석실분으로 파악되고 있었고, 그것은 일본서기의 임나일본부설과 맞물려 가야고분의 연구를 기피하는 현상을 가져오고 있었다. 그러나 지산동 대가야왕릉(44, 45호분) 발굴 조사되고 그 묘제와 출토유물이 확인됨으로써 대가야의 묘제가 수혈식석실과 순장곽으로 이루어진 다곽분이며, 출토된 토기 또한 대가야양식으로 명명할 만큼 독특한 특징을 가지고 있으며, 다음해인 1978년에 조사된 지산동 32~35호분의 발굴에서 확인된 양상으로 이러한 대가야고분의 성격이 더욱 명확해졌다. 그뿐만 아니라 금동관모나 귀걸이와 같은 장신구나 갑옷과 투구, 은상감대도와 같은 위세품도 대가야 양식으로 이름짓게 되었다. 그리고 나아가 고령출토품으로만 알려졌던 금관도 양식과 제작기법에서 대가야양식임이 분명해지게 되었다. 이러한 묘제와 출토품은 인근의 주변지역인 합천, 거창 함양, 산청, 하동, 남원 등의 지역에서도 같은 양상으로 나타나나 고령지산동 왕릉보다 못하다는 것이 밝혀져 대가야가 점차 영역을 확장하면서 고대국가로 발전하였다는 연구의 진전을 가져오는 기반이 되었다.

또한 이 대가야왕릉의 발굴과 비슷한 시기에 문헌을 연구한 천관우선생에 의해『일본서기』의 가야관계 기사는 백제가 한 사실을 왜가 한 것처럼 왜곡하여 기록한 것이므로 그 주체를 백제로 바꾸어 해석하면 바르게 된다는 새로운 연구결과가 발표됨으로써 가야사연구에 일본서기를 이용할 수 있는 계기를 마련하게 되었다. 이러한 문헌사학의 가야사연구 성과는 대가야 왕릉 발굴 성과와 맞물려 이후 가야사연구의 한 획을 긋게 되는 결과를 가져왔다.

이제 앞으로의 과제는 아직도 잘 밝혀지지 않은 대형봉토분의 축조순서와 혈연관계의 연구, 순장자의 신분이나 주인공과의 관계나 가계 혹은 혈연집단의 연구 등의 진전이 이루어져야 할 것이다. 또한 고고학과 문헌사학이 함께하여 대가야의 국가발전 단계에 좀 더 설득력있는 연구가 이루어져야 할 것이다. 그리고 다른 지역에는 잘 나타나나 지산동지역에는 보이지 않는 3~4세기대의 대형목곽묘의 존재의 확인 등이 있어야 대가야사 연구의 진전을 가져오게 될 것이다. 그런 면에서 지금 발굴조사를 진행하고 있는 2기의 봉토분조사는 이러한 과제의 하나를 해결할 수 있는 매우 중요한 발굴이라고 생각된다. 사실 지금까지 지산동 능선의 상단에 해당하는 44, 45호분의 조사가 있었고, 중단의 중형고분군인 32~35호분과 조금 하단의 30호분이 조사되어 분포상의 성격파악이 어느 정도 이루어졌으나 최하단에 존재하는 대형봉토분이 조사되지 않아 종합적 이해에 한계가 있었다고 생각되기 때문이다.

2_ 대가야 사람들의 생활문화

I. 머리말

대가야가 성립하고 발전한 기반이 되는 고령지역은 태백산맥과 소백산맥이 만들어 놓은 영남지방의 중앙을 남북으로 관통하여 흐르는 낙동강을 끼고 펼쳐진 대유역 분지 안에 자리잡고 있다. 고령의 대체적인 지형은 서부와 남서부는 소백산맥의 지맥이 뻗어내려 비교적 높은 산맥이 형성되어 있고, 중앙부는 회천과 그 지류들이 합류되면서 형성된 분지상의 평지로 이루어져 있으며, 동부지역은 해발 300m 이하의 구릉들이 이어지다가 차츰 낮아져 낙동강의 범람원이 이룩한 낮은 충적지가 형성되어 있다.

영남의 대하천인 낙동강은 성주를 거쳐 고령군의 동쪽 경계를 이루며 금호강이 합치는 다산면부터 심하게 곡류하여 성산면, 개진면, 우곡면을 지나 합천을 거쳐 남으로 흘러가는데, 궁자리字형상으로 흐르면서 이들 지역에는 넓은 충적평야가 형성되어 있다. 그리고 충적평야가 없는 구릉 쪽은 공격사면이 형성됨으로써 급경사와 단애부로 이루어진 천애의 절벽을 이루어 외부의 적을 방어하기에 매우 좋은 지형을 이루고 있다.

하천변의 구릉지대를 중심으로 구석기유적이 확인되기도 하였지만 주로 사람들이 모여살기 시작한 것은 신석기시대부터이지만 본격적인 취락이 형성된 것은 청동기시대에 이르러서이다. 청동기시대 취락들은 중심지 취락과 주변 취락으로 구별되어 몇 개의 권역으로 나뉘어 있었다. 그리고 교통의 요충지나 비옥한 평지에 자리 잡은 중심지 취락을 위주로 자연스런 통합과정을 거쳐 점차 인구가 늘어난 것으로 생각된다. 그 중심지 취락의 역할은 회천유역권의 반운리 와 대가천 유역권의 봉평리 지역이었다. 그 후 초기철기 시대와 원삼국 시대를 거쳐 대가야시대까지 발전하게 되었다.

이렇게 고령지역에는 낙동강과 그 지류인 회천, 그리고 회천의 지류인 대가천 과 안림천 등의 하천이 흐르고 그 하천 변에는 충적평야와 구릉이 잘 발달되고 있어 이 지역적 터전에서 생활문화, 정신문화, 그리고 고분문화와 공예기술 문 화 등 생활문화를 형성하고 발전시켜 왔다.

Ⅱ.주거생활

대가야인들은 어떤 모양의 집을 짓고 살았을까? 구석기시대 사람들은 대개 동굴이나 바위그늘과 같은 자연적인 시설에서 살다가 신석기시대부터는 점차 구덩이를 파고 간단한 기둥과 풀로 지붕을 덮는 수혈주거지 즉 움집에서 사는 것이 일반적이었다. 움집 안에는 화덕을 만들어 불을 피워 난방도 하고 조리도 하였다. 이러한 움집 생활은 청동기시대를 거쳐 원삼국시대와 삼국시대까지 오 랜 기간 이어져 왔다. 그러나 점차 사람들은 기둥을 여러 개 박고, 기둥위에 마 루를 놓아 생활하는 고상가옥에서 생활하다가 오늘날과 같은 주택을 짓고 살게 되었다.

대가야인들도 일반적으로 움집에서 살다가 점차 지상가옥에서 살았던 것으 로 생각된다. 대가야의 주거지 발굴이 많지 않아 상세히는 알 수 없지만 합천 대 야리에서 움집터가 여러 채 발굴조사 되었고, 최근에는 대가야박물관 남쪽의 평 지에서도 여러 채 조사된바 있다. 대가야의 움집은 대개 길이 550㎝ 내외, 폭 340~400㎝, 깊이 30㎝ 정도의 규모이며, 평면 형태는 타원형과 장방형으로 시설과 구조가 청동기시대의 움집과 별다른 차이가 없는 상태이다. 즉 움집의 안 바닥에는 기둥구멍이 같은 간격으로 나 있고, 구멍은 비스듬하지 않고 수직으로 파져 있다. 이러한 기둥구멍을 보면 기둥을 수직으로 세운 다음 나무를 수평으로 엮어 들보를 걸고 지붕을 얹었던 것으로 생각된다. 지붕은 갈대나 짚으로 엮고 벽체는 나무판자를 세우거나 진흙을 개어 발라 만들었다. 움집 안에는 화덕에 불을 피워 음식을 조리하고, 가끔 부뚜막 시설과 연도도 있는 것으로 보아 간단한 형태의 온돌도 있었던 것으로 확인된다. 또한 움집 밖에는 작은 창고와 저장구덩이 시설도 발견된다.

그리고 고상가옥 형태는 대가야지역에서 발굴된 유적은 없으나 진해, 창원 등 다른 가야지역에서 조사되고 있어 대가야에서도 고상가옥은 있었을 것으로 추정된다. 고상가옥은 아래에 기둥으로 된 하부구조를 가진 것으로 상부구조는 벽체시설과 지붕 등 일반 가옥의 형태와 크게 다르지 않다. 오늘날 한옥의 대청마루나 원두막과 같은 형태가 고상가옥의 모습이다. 고상가옥은 땅에서 올라오는 습기와 뱀과 같은 동물의 피해를 막을 수 있는 구조물로 주거지와 일부는 창고로도 이용되었다.

가야토기에는 이러한 고상가옥과 지상가옥이 실물모양으로 남아 있는데 출토지는 확실하지 않지만 대가야 토기로 보아도 큰 무리는 없을 것이다. 당시의 집 모양을 사실적으로 보여주는 이 집모양토기는 하부구조가 기둥받침으로만 이루어진 고상식高床式, 벽체시설이 지상까지 내려와 있으나 집의 출입문이 사다리를 타고 올라가도록 되어 있는 반고상식半高床式, 출입문이 지상에 설치된 지상식地上式으로 구분된다. 실제 대가야의 집 모양도 이와 다르지 않았을 것으로 판단된다. 그리고 집 모양 토기에는 대부분 큰 굴뚝이 부착되어 있다. 이것은 어떤 형태로든 조리와 난방을 위한 불 피우는 시설이 있었음을 말해주는 것이다. 지붕의 형태는 대부분 오늘날과 비슷한 맞배지붕이며, 움집과 마찬가지로 갈대나 짚으로 이은 초가지붕이 일반적이었음을 알 수 있다.

대가야인들이 살던 마을은 앞에 시내와 농경지가 펼쳐지고 뒤에는 높지 않은 산줄기가 뻗어 있는 골짜기에 옹기종기 모여서 살았던 것으로 보인다. 대가야 마을이 발굴조사 된 예가 많지 않아 정확히는 알 수 없지만 대가야 고분군이 현재 마을의 뒷산 능선에 주로 분포하고, 앞에는 논밭이 펼쳐져 있는 것을 보면 오늘날 사람이 사는 마을이 대가야시대에도 사람들이 살던 마을이었을 가능성이 크다고 하겠다.

일반인들의 가옥이 이렇게 초가를 이은 움집이나 간단한 지상가옥이었던 것에 비해 왕족을 비롯한 귀족들은 바닥에 전塼을 깔은 기와집에 살았다. 즉 대가야의 왕궁이 있었던 것으로 추정되는 고령 연조리 왕궁지에서 기와와 전이 출토되었고, 일부 주초석과 기단으로 볼 수 있는 돌들도 남아 있다. 그러므로 궁궐은 초석을 갖춘 대형 기와지붕 건물과 바닥에는 전을 깔았던 것을 알 수 있다. 또한 기와는 대가야의 수도를 방어하는 주산성에서도 많이 출토되고 있어 왕궁과 국가의 중요시설에는 벽돌과 기와를 사용한 것이 틀림없다.

또 『삼국사기』 신라본기 진흥왕 23년조와 열전 사다함조에 나오는 것처럼 신라가 대가야를 공격할 때 전단량栴檀梁(가야에서는 문을 량이라 했다고 함)이란 성문을 공격했다는 기록도 이를 뒷받침해 주고 있다. 이것은 현재에도 연조리 궁성지 동쪽 계단이 연조문지延詔門址와 대가야성 문루門樓자리로 전해져 오는 것과, 모서리 지점이 대가야 구신정지九臣停址로 전해지는 것과도 일치하고 있다.

Ⅲ. 생산과 식생활

대가야는 많은 산줄기들이 이어지는 사이로 좁은 골짜기가 형성된 지형으로 되어 있지만 대가천과 안림천은 연중 끊이지 않는 풍부한 수량이 흐르는 하천으로 비교적 많은 평지가 형성되어 있다. 대가야 사람들은 하천과 골짜기의 물을 이용한 벼농사가 주된 생업이었고, 골짜기에 형성된 밭에서는 기장, 수수, 조와 같은 잡곡을 생산했을 것으로 추측된다. 또 큰 하천과 이에 이어지는 작은 시냇물을 이용한 고기잡이도 주요한 생산 활동이었다. 당시 사람들이 먹던 음식물들은 고령 지산동고분군에서 출토된 토기 속에 남아 있는 유물로 확인할 수 있는

그림 1 | 고분출토 누치와 현재 회천의 누치(상). 고분출토 어망추, 고대 그물 복원품(중). 현대의 투망, 고령시장의 누치 거래모습(하) (사진; 안상호 매일신문 사진부장)

데, 특히 고령 지산동44호분의 석실과 석곽에서 모두 22개의 토기 속에 음식물이 들어 있었다. 그 중 15개가 어류이었으며 닭 뼈 1개, 조개류 2개, 미상이 4개였다. 그리고 남석실에서는 기장이 출토되었다.

15개의 생선뼈 중 어종을 확실히 알 수 있는 것은 3개로 모두 낙동강과 그 지류에 오늘날도 살고 있는 누치라는 피라미 종류였다. 또 어종을 확실히 알 수 없는 어류들도 대개 이 누치라고 생각된다. 누치는 잉어과에 속하는 민물고기로 잉어와 비슷하나 잉어보다 머리가 둥글고 큰 것이 특징이다. 이 고기는 중국의 흑룡강 등 큰 강에 분포하며 우리나라에서는 낙동강 수계에서 남서해로 유입되는 하천에 많이 분포한다. 크기는 1년에 6~8㎝, 2년에 11~13㎝ 완전 성어는 50㎝까지 자라는 어종이다. 현재에도 회천과 낙동강에서는 투망으로 이 누치와 잉어를 잡아 고령시장에서 팔고 있다. 〈그림 1〉

한편 조개류는 종류를 확실히 알 수 없으나 바닷조개로 생각된다고 한다.

또한 지산동45호분에서는 7개의 토기 속에 음식물이 들어 있는데 단경호 속에 닭 뼈 1마리 분이 들어 있는 것을 비롯해 닭 반 마리 분이 2개 있고, 바다생선 1마리 분이 고배 안에 들어 있는데 어종을 구분하기 어려우나 잔가시가 많은 것으로 보아 청어류라고 생각된다. 또 어골 반 마리분 및 또 다른 어골 2개는 부식이 심하여 어종을 구분하기 어려우나 모두 바다생선이라고 한다.

그리고 지산동35호 연결석곽에서는 소형어류와 바다 조개류인 두두럭 고둥이 고배 가득히 담겨 있었다. 지산동34-SE-3 석곽에는 3개의 고배속에 음식물이 남아 있는데 바다생선인 대구 한 토막으로 밝혀졌다. 다른 고배에는 게가 들어있고, 한곳에는 가느다란 새 뼈가 들어 있는데 종류를 알 수 없으나 닭 뼈 보다 가늘어 꿩 뼈로 추측된다. 지산동35NW-2 석곽에는 바다 조개류인 소라가 들어 있었다. 그리고 횡혈식 석실분인 고아2동 고분에서는 참굴 껍질 무더기가 출토되었고, 벽화고분 벽면을 바른 회벽 속에도 굴 껍질이 많이 섞여있었다. 〈그림 2〉

이러한 음식물을 통해 대가야 사람들의 식생활을 살펴보면 주식으로 쌀과 보리 및 기장, 콩 등으로 밥을 지어 먹었고, 고분의 제사 토기에 시루가 출토되는

그림 2 | 45호분 출토 음식물자료(바다생선(좌)과 닭 한마리 분(우)

것으로 보아 떡도 해먹었던 것으로 보인다. 농가에서는 가축을 길렀는데 소와 돼지뼈는 출토되지 않았으나 신라의 영일냉수리비에 소를 잡는다는 기록이 있는 것을 보면 대가야에도 소, 돼지는 길렀을 것으로 생각된다. 그리고 지산동44호분과 75호분 봉토 속에 말머리 뼈가 출토되고, 소, 말 등의 대가축 순장곽도 있는 것으로 보아 소와 말도 키웠던 것으로 보인다. 고분출토 음식물에는 닭 뼈가 많이 나오는데 닭은 기르기도 편하고 조리하기도 간편하여 많이 기르고 백숙을 해 먹은 것으로 보인다. 닭 뼈의 굵기나 길이 등을 계측한 결과 오늘날의 토종닭과 비슷한 크기였다. 닭 이외에 지산동34-SE-3 고분의 꿩 뼈처럼 야생의 꿩도 많이 잡아먹었을 것이다. 꿩 중에서 흰 꿩은 매우 상서로운 것으로 생각하여 『삼국사기』신라본기에 보면 소지왕18년 가야에서 흰 꿩을 보냈는데 꼬리가 5척이었다고 한다.

생선은 주변의 하천에서 잉어나 누치, 피라미 등 민물고기를 주로 잡아먹었다. 고분에서 어망추가 출토되는 것으로 보아 오늘날과 같이 투망과 같은 그물로 잡아 올렸을 것이다. 그리고 대가야에서 생산된 벼와 잡곡 등 곡물류와 야로에서 생산된 철을 김해지역과 같은 해안지역에 가지고 가서 대구, 상어, 고둥, 소라 등 바다생선과 생활필수품으로 요긴한 소금을 교역하여 생활하였다.

물론 남아있는 유물이 매우 제한적이고 또 무덤 속의 제사 음식물이기 때문에 일상음식이라고 하기 어려울지 모르나, 오늘날도 제사에 사용하는 음식물이 일상생활에서 귀한 것, 좋은 것이란 점으로 미루어 당시에도 같았을 것이라 생각된다.

고령지산동고분군에서 출토되는 생활도구 중에는 소형 공구류가 많은데 그중 낫이 15점으로 가장 많다. 낫의 모양은 좁다란 철판 아래쪽에 날을 세우고 좁아진 끝은 약간 휘면서 현대의 낫 모양을 하고 있다. 자루부분은 철판을 좁게 ㄱ자로 꺾어 나무에 끼우도록 되어 있는 형태이다. 이렇게 낫이 많이 출토되는 사실은 대가야에서 곡물이 주요한 생산품이었음을 말해 주는 것이다.

다음 도끼는 반드시 농기구로만 볼 수 없는 것이지만 오늘날의 도끼처럼 앞에 자루 구멍이 있는 것과 위에 자루구멍이 있는 것이 있는데, 대체로 나무를 자르거나 공작용 혹은 무기로도 사용되었을 가능성도 있다. 숫돌은 현대 농가에서 쓰는 숫돌과 같은 석질이며 농구가 아니라 요패에 달려 있는 것도 있다.

IV. 직조와 복식생활

옷감을 짜는 직조관계 유물은 실을 뽑거나 감는 도구인 가락바퀴 뿐이지만 작은 석곽에도 흔히 있는 것으로 보아 각 가정에서 간단한 직조를 한 것으로 보인다. 그밖에 44호 석실의 철제품에 녹에 엉켜 남아 있는 직물 흔적이 있고, 45호분 석실의 철판에는 비교적 발이 고운 평직의 마포가 붙어 있는데 이들은 질이 비교적 좋은 것으로 비단과 같은 고급직물로 보인다.

그러나 대가야의 의복이 어떠하였는지는 문헌기록과 고고자료에 구체적으로 나와 있는 것이 없다. 고구려의 경우는 고분벽화에 여러 가지 의복과 복식에 관한 그림이 잘 남아 있고, 백제의 경우도 『양직공도』에 백제 사신의 그림이 나와 있지만, 신라와 가야의 경우 그림으로 남아 있는 것이 없다. 그러나 『일본서기』에 보면 대가야 왕이 신라의 왕녀를 맞아 혼인하는 기록이 있는데, 이때 신라왕

그림 3 | 대가야 복식 종류 (대가야 박물관)

녀가 백명의 시종을 거느리고 왔는데 이들이 신라의관을 입고 왔다고 하였다. 결국은 이 '신라의관' 문제로 해서 신라와 사이가 나빠지는 계기가 되지만 대가야에도 복식의 규정이 있었던 것으로 생각된다.〈그림 3〉

V. 대가야의 공예 기술

1. 금관과 금동관

가야의 관모는 현재 고령을 중심으로 한 대가야 지역에서만 출토되었는데, 고령 출토로 전해지는 순금제 가야금관은 꽃봉오리나 나뭇가지 형태를 한 초화형草花形이고 고령 지산동45호분에서 나온 금동관식도 비슷한 형태이다. 그리고 지산동32호분 출토의 금동관은 불상 광배형 몸체에 보주형 가지가 달린 독특한 형

그림 4 | 대가야 금관(좌:리움미술관소장)과 금동관(우:고령지산동32호분)

식인데 일본의 금동관에 이와 비슷한 형태가 있어 가야 관모가 일본에 영향을
준 것으로 생각된다.

한편 신라의 관모는 왕이나 왕족이 썼던 것으로 생각되는데, 금관은 경주 금
관총, 금령총, 서봉총, 천마총, 황남대총 북분 등 적석목곽분에서 출토되었다. 출
토된 금관이 모두 출자형出字形 장식을 달고 있다. 이와 같은 출자형 관모는 금관
이외에 금동관, 은관도 같은 형식이며, 경주 이외의 의성, 안동, 대구, 경산 등의
신라지역과 일찍이 신라에 복속된 가야지역에서도 출토되고 있어 출자형 관모
가 신라식 문화의 특성임을 분명히 하고 있다. 〈그림 4〉

2. 귀걸이

신라, 가야의 고분에서는 대단히 많은 금제, 은제, 금동제 귀걸이가 출토되었
다. 귀걸이는 귓불에 끼는 큰 고리와, 거기에 매달리는 중간장식, 다시 그 밑에
붙는 끝 장식의 3부분으로 구성되는 것이 기본형식인데, 귀에 거는 큰 고리가 아
주 굵은 것을 굵은고리식(태환이식)이라하고 고리가 가는 것을 가는고리식(세환
이식)이라 한다.

가야 여러 지역에서 공통적으로 출토되는 가야식 귀걸이는 거의 다 가는고리
식인데, 가는 고리에 풀의 열매모양 장식을 매단 모양이다. 특히 대가야식 귀걸
이는 장식 끝에 좁쌀 만 한 금 알갱이를 1~3개 장식하는 것은 가야의 독특한 양

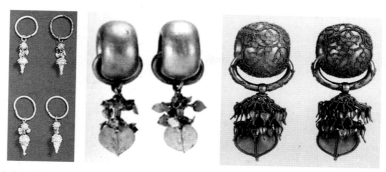

그림 5 | 가야 귀걸이(좌), 신라 귀걸이(중), 신라 누금귀걸이(우)

식이라 할 수 있다. 신라식 귀걸이는 대부분이 굵은고리식이며, 특히 하트형 끝 장식과 금실을 누비듯 붙여 장식한 누금장식 태환이식은 신라귀걸이의 가장 큰 특징이다. 〈그림 5〉

3. 유려한 곡선의 대가야 토기

가야고분 출토유물 중에서도 토기는 가장 많이 출토되어 수적으로도 많을 뿐만 아니라 시기변화를 가장 예민하게 반영하고, 또 지역적 특성도 가장 잘 반영하고 있다. 일반생활과 가장 밀접한 관계를 가지고 있는 토기는 개인인 장인에 의해서 제작된 것이지만, 오랜 기간 동안 한 지역에서 만들다 보면 그 지역의 기후, 토질 등 풍토와 생활습관 등이 함유되어 하나의 습관처럼 고착화 된다. 이것이 세대를 지나 하나의 양식으로 굳어지면 지역 토기양식 혹은 형식으로 되어 중요한 문화요소가 된다.

그러므로 대가야양식 토기는 고령지역의 중심고분군인 지산동고분군 출토의 토기와 송림리 대가야 토기가마 출토 기종 중에서 고령의 지역색을 가장 특징적으로 반영하면서도 시간이 흘러도 변치 않으며 다른 지역의 동일 기종 토기에는 보이지 않는 고유한 특성을 가지고 있는 토기를 말한다. 대가야 토기로 설정할 수 있는 주요 기종으로는 유개장경호와 발형기대, 유개고배, 개배, 단경호 등이 있다.

그림 6 | 가야토기 유개고배(좌)와 유개장경호(우)

대가야양식 토기 중에서도 가장 고령적인 특징이 강한 토기가 유개장경호이다. 구형몸체에 긴 목이 달린 이 유개장경호는 특히 목부분에 특징이 잘 나타나는데, 긴 목은 가운데를 조른 듯이 중간부분이 부드럽게 잘록한 형태를 하고 있다. 목과 몸통의 연결도 S자형 곡선을 이루며 부드럽게 이어지고, 바닥도 둥글어 전체적으로 곡선미와 함께 풍만한 안정감을 느끼게 한다. 밑이 둥근 장경호를 올려놓는 발형기대는 유개장경호와 세트를 이루는 대가야양식 토기의 대표적 기종이다. 또 유개고배는 배신이 전체적으로 납작한 형태이고 대각은 무개고배나 발형기대의 대각과 같이 팔자형八字形으로 벌어지나 가운데가 졸린 듯 하며 균형 있게 내려온다. 대각에는 방형이나 장방형 투창이 상하단 일치되게 뚫려 있어 범 가야적인 양식이나 세부적인 면에서는 배신이 납작하고 균형 잡힌 모습 등 대가야적인 특징을 가지고 있다.〈그림 6〉

4. 가야토기와 신라토기 구분법

가야토기와 신라토기는 양식상 낙동강에 의해 구분되는데 대체로 낙동강 동쪽 지역은 신라토기로, 낙동강 서쪽 지역은 가야토기로 구분된다. 이를 지역 별로 보면, 경주, 영천, 경산, 대구, 의성, 양산, 울산, 부산, 창녕, 성주지역은 신라토기 문화권이고 고령, 합천, 거창, 함양, 진주, 고성, 사천, 함안, 김해, 멀리 전라도의 남원과 장수, 진안의 일부지역도 가야토기 문화권이다. 여기서 지역적으로 성주는 낙동강 서안지역이고 일반적으로 가야로 알려져 있지만 완전한 신라토기 문화권이다.

  신라, 가야토기의 특징을 한마디로 정의하기는 어려우나 대체적으로 크게 본다면, 우선 신라토기는 전체적 형태가 직선적이고 질박한 느낌이고, 가야토기는 곡선적이고 세심한 느낌이다. 신라토기가 동적 이미지라면 가야토기는 정적 이미지를 준다고 하겠다. 신라와 가야토기를 구분하는 가장 간단한 방법은 고배나 기대 받침대에 뚫려 있는 구멍(투창)의 배열로 구분하는 방법이다. 가야토기는 2

그림 7 | 가야토기(좌)와 신라토기(우)

가야토기와 신라토기의 구분방법

(1) 가야토기 - 고배, 장경호, 발형기대, 통형기대
　　　　　　　낙동강서쪽
　가. 곡선적, 세련된 형태(예술성)
　나. 투창 - 상하 일치
　다. 무늬 - 물결무늬
　라. 형태 - 八字로벌어짐
　　　　　　S자형곡선(S라인)

(2) 신라토기 - 고배, 대부장경호
　　　　　　　낙동강 동쪽
　가. 직선적, 투박한 느낌(실용성강조)
　나. 투창 - 상하 엇갈림(뚜껑에도 투창)
　다. 무늬 - 직선무늬, 원점무늬
　라. 형태 - 몸통에 각이 짐, 직선, 뚜껑에 투창

그림 8 | 가야토기와 신라토기의 특징

단 투창고배의 경우 상하 투창이 일치되게 배열되고 신라토기는 상하 투창이 서로 엇갈리게 뚫려 있는 있다. 한편 목긴항아리(장경호)의 경우 신라식 장경호는 목이 직선적이고 몸통으로 이어지는 부분에 각이 있어 목과 몸통의 구분이 확실한데 비하여 가야식 장경호는 목선도 약간 오므라드는 느낌이 들고, 목과 몸통으로 이어지는 부분이 부드러운 S자형 곡선을 이루는 것이 특징이다.〈그림 7〉 이를 이해하기 쉽게 표로 정리하면 아래와 같다.〈그림 8 〉

VI. 맺음말

지금까지 대가야사람들의 주거와 식생활, 직조와 복식생활과 공예기술 등 생활문화에 대하여 살펴보았다. 그 결과를 요약하면 다음과 같다.

첫째, 대가야사람들은 일반적으로 움집에서 살다가 점차 지상가옥에서 살았던 것으로 생각된다. 땅에 구덩이를 파고 간단한 기둥과 풀로 지붕을 덮는 수혈주거지 즉 움집생활은 대가야뿐만 아니라 선사시대로부터 고대까지 오랫동안 살았던 주거지였다. 움집 안에는 화덕을 만들어 불을 피워 난방도 하고 조리도 하였다. 또한 유적에서는 움집 밖에 작은 창고와 저장구덩이 시설도 발견된다. 그러다가 대가야에서도 고상가옥에서 살았던 것으로 추정된다. 고상가옥은 아래에 기둥으로 된 하부구조를 가진 것으로 상부구조는 벽체시설과 지붕 등 일반가옥의 형태와 크게 다르지 않다.

왕족을 비롯한 귀족들은 바닥에 전塼을 깔은 기와집에 살았다. 연조리 왕궁터에서 대가야시대의 기와와 전돌이 출토된 것으로 보아 왕궁과 국가의 중요시설에는 벽돌과 기와를 사용한 것으로 보인다.

둘째, 대가야사람들이 먹던 음식물들은 고령 지산동고분군에서 출토된 토기속에 남아 있는 유물로 확인할 수 있는데, 특히 고령 지산동 44호분에서 모두 22개의 토기 속에 음식물이 들어 있었다. 그 중 15개가 어류이었으며, 어류의 대부분은 누치라는 물고기였다. 오늘날도 낙동강 수계에 많이 분포하며, 고령의 시장에서 많이 거래 되고 있는 어종이다. 이러한 생선은 주변의 하천에서 투망과 같은 그물로 잡아 올렸을 것이다. 가야고분에서 어망추가 자주 출토되고 있어 이러한 사실을 잘 보여주고 있다.

고분에서 출토되는 음식물을 통해 대가야 사람들의 식생활을 살펴보면 주식으로 쌀과 보리 및 기장, 콩 등으로 밥을 지어 먹었고, 고분의 제사 토기에 시루가 출토되는 것으로 보아 떡도 해먹었던 것 같다. 농가에서는 가축을 길렀는데 소, 말과 같은 대가축은 물론 닭도 많이 길렀던 것으로 보인다. 또 고분에서는 대구나 고둥 등 바다생선도 많이 출토되는 것으로 보아 해안지역과 교역도 이루어졌던 것을 알 수 있다.

셋째, 가야의 위세품인 관모는 현재 고령을 중심으로 한 대가야 지역에서만 출토되었는데, 고령 출토로 전해지는 순금제 가야금관은 꽃봉오리나 나뭇가지 형태를 한 초화형草花形이고 고령 지산동 45호분에서 나온 금동관식도 비슷한 형태이다. 그리고 지산동 32호분 출토의 금동관은 불상 광배형 몸체에 보주형 가지가 달린 독특한 형식이고, 대가야 귀걸이는 가는고리로 사슬로 엮어 달개를 매달은 형태로 대가야만의 특징을 가지고 있다.

또 대가야 토기는 형태가 곡선적으로 아름답고 세련된 특징이 있어 직선적 느낌이 강한 신라 토기와 구분된다. 이로보아 대가야의 공예기술 수준은 매우 높았던 것으로 보인다.

3_ 대가야 사람들의 정신문화

Ⅰ. 머리말

대가야 사람들은 고고자료로 보면 구석기시대부터 고령을 비롯한 주변지역에서 살기 시작하였다. 그러나 현재까지 고령지역에서 조사된 유적 중 가장 이른 시기의 것은 신석기시대 유적이다. 그리고 지석묘, 암각화, 입석과 무문토기나 마제석기 등의 청동기시대의 유적들이다. 그러나 고령지역에는 낙동강과 그 지류인 회천, 그리고 회천의 지류인 대가천과 안림천 등의 하천이 흐르고 그 하천 변에는 충적평야와 구릉이 잘 발달되어 있어 이 지역적 터전에서 생활하면서 대가야 고대국가를 이루어 왔다. 거기에는 선사시대부터 이룩한 생활문화, 정신문화, 그리고 고분문화와 공예기술 문화를 형성하고 발전시켜 왔다. 특히 정신문화에서 중요한 시작은 아마도 장기리 알터 암각화라고 생각된다.

장기리 암각화는 회천의 북쪽 기슭에 자리한 알터마을 뒤 남향한 암벽에 그려져 있다. 현재는 회천으로부터 수백 미터 떨어져 있으나 제방을 쌓기 전에는 암각화가 새겨진 바위 가까이로 물길이 흘렀다고 한다. 1971년에 처음 발견된 이 암각화는 높이 3m, 길이 6m의 수직의 자연 암벽에 동심원과, 사다리꼴의 4각도형안에 원형의 홈을 새기고 사방으로 뻗치는 수염 같은 선을 그어 사람 얼굴 모양 도형 등 29개의 그림을 쪼기 수법으로 그리고 있다. 그림 중 동심원은 태양을 상징하는 것으로 해석되고, 인면도형은 신면으로 보아 동심원의 태양신(천신)과 대응되는 산신(지신)으로 해석 한다.

이 암각화의 해석은 다양하지만 '알터'라는 지명과 함께 청동기시대나 초기 철기시대의 신앙 제의나 풍요와 다산을 기원하는 농경 제의가 행해지는 성스러운 장소로 보는 것이 일반적이다. 여기서부터 대가야의 건국신화가 시작된다고 생각되므로 대가야 문화의 시작을 알터암각화로 보는 것이다.

이러한 삶의 터전에서 생활하면서 대가야 사람들은 그들의 문화를 형성하게 되었고, 오늘날까지 대가야 문화의 전통은 면면히 이어오게 되고 앞으로도 계승 발전하게 될 것이라고 믿는다. 따라서 여기서는 대가야사람들의 마음속에 새겨진 정신문화에 대하여 살펴보기로 한다.

Ⅱ. 대가야인의 내세관과 고분

우리 인간들은 선사시대로부터 우주의 만물이 모두 영혼을 지니고 있다는 애니미즘의 신앙을 가지고 있었다. 물론, 인간도 영혼을 지니고 있으며, 그 영혼은 죽어도 멸하지 않는다는 영혼불멸의 사상을 믿었던 것이다. 그러므로 사람이 죽으면 영혼을 보호하기 위해 시신을 처리하는 일에 매우 신중하고도 엄숙한 절차를 거치게 되었고, 죽은 시신을 보내는 일은 살아 있는 사람에게도 매우 중요한 일이었다.

대가야에서는 사람이 죽으면 매장하는 관습이 보편적이었다. 그리고 시신은 매장됨으로서 그 영혼이 지하의 안식처에서 현세와 똑같은 생활을 영위할 수 있다고 생각하였다. 이와 같이 사후에도 저 세상에서 현세와 똑같은 생활을 이어간다고 믿는 사상을 계세사상이라고 한다. 인간의 삶이 죽음으로서 끝나는 것이 아니라 사후에도 무덤 속에서 생을 이어간다는 이 계세사상은 대가야 뿐 아니라 고대사회에서는 세계적인 보편적 관습이었다. 사람이 죽은 후에도 생을 계속해

그림 1 | 고령 지산동의 대가야왕릉(좌)과 고분 발굴(우)[1]

야하므로 시신을 훼손하거나, 매장하지 않고 버려두는 행위는 가장 참혹한 죄악으로 생각하였다.

따라서 매장하는 장소, 즉 고분은 사후세계의 주택이며 안식처이므로 아주 중요하게 생각하였고, 살아 있는 사람들은 고분축조에 모든 정성을 다 쏟았다. 특히 왕과 같은 높은 신분의 사람들은 고분을 크게 만들고 호화로운 물건을 많이 넣어 권력을 과시하려고 하였다.

대가야 왕의 무덤은 산성을 배경으로 하고 자기가 다스렸던 국읍國邑과 읍락론
落의 산천을 한눈에 내려다 볼 수 있는 높은 곳에 산봉우리처럼 크게 만들어 사후세계에서도 현세를 내려다 볼 수 있도록 하였다. 무덤은 능선의 꼭대기에 구덩이를 파고 돌로 네벽을 쌓아 방을 만들고 시신을 매장한 다음 돌로 뚜껑을 덮고 봉분을 쌓아 올렸다. 고령의 지산동고분군은 가장 대표적인 예이며 그 밖의 읍락 고분군들도 마찬가지이다. 대가야외에 아라가야의 함안 말이산고분군, 비화가야의 창녕 교동고분군이 다른 가야의 왕릉들이고, 그밖에 합천의 반계제고분군, 함양의 백천리고분군, 산청의 생초리고분군 등이 대가야 지방 지배자들의 고분들이다. 이와 같이 자기가 살던 읍락과 들판, 하천이 내려다보이는 높은 곳

---

1 이글에 실린 사진은 필자가 찍은 것과 안상호(매일신문 사진부장)가 촬영한 것이다.

에 묘지를 선정하는 것이 대가야인들 만의 독특한 내세관이라 하겠다.〈그림 1〉

그리고 죽은 후에도 살아 있을 때와 똑같이 물질생활도 계속한다는 계세사상의 내세관을 가지고 있었으므로 금관이나 금귀걸이와 같이 신분을 나타내는 위세품이나 무기, 마구, 의복 등 일용품은 물론 음식물을 그대로 부장시키고, 또 별도로 창고인 부곽까지 만들어 많은 물건을 함께 묻었던 것이다.

그뿐 아니라 왕이나 아주 높은 신분의 사람이 죽었을 때는 현세에서 그를 위해 시중들던 노비 혹은 시종들을 죽여서 같이 묻었다. 이렇게 사람을 죽여 함께 묻는 것을 순장이라고 한다. 순장을 당하는 사람도 현세에서의 생활이 사후에도 계속된다는 인식이 관습화 되었으므로 사회가 분화되고 사상이 발달하기 전까지는 저항 없이 그 운명을 받아들였다고 생각된다. 가야의 순장은 주실과 부실은 물론 주실 옆에 배치된 독립된 순장곽에 순장하는 것이다. 우리나라에서 가장 많은 순장자를 가지고 있는 고령 지산동 44호분의 경우는 순장곽 32기에 순장자가 40여명에 달하고 있다. 그러므로 지배자의 입장에서는 분묘를 크게 하고 많은 부장품과 순장자를 매장하는 것은 곧 그 정치세력의 권력을 과시하는 것이 되므로 다른 정치세력을 압도하고 국가의 위력을 크게 하기 위하여 다투어 고분을 크게 하는데 힘을 기울였던 것이다.

Ⅲ. 대가야의 건국신화

1. 대가야 중심의 정견모주正見母主 신화

『신증동국여지승람』에 "최치원의『석이정전釋利貞傳』을 보면, 가야 산신 정견모주正見母主는 곧 천신 이비가夷毗訶에 감응應感한 바 되어, 대가야의 왕 뇌질주일惱窒朱日과 금관국金官國의 왕 뇌질청예惱窒靑裔 두 사람을 낳았는데, 뇌질주일은 대가야의 시조 이진아시왕伊珍阿鼓王의 별칭이고, 청예는 수로왕首露王의 별칭이라 하였다."

이것은 대가야 중심의 건국신화이다. 영역국가로 확대된 시각에서 지신의 모태를 영산인 가야산 산신으로 하고, 여기에 역시 천신을 결합시켜 왕계의 출자를 가야산신 정견모주의 장자인 뇌질주일의 후손으로 만들었다. 현재 가야산 능선 꼭대기에는 정견모주가 천신 이비가지와 혼인할 때 탔다고 하는 가마바위가 전해지고 있다.〈그림 2〉이 건국신화는 원래 읍락국가 시절 양전리 암각화에 기반을 둔 천신과 지신의 결합체를 기본으로 이루어진 것으로 보인다. 그러므로 대가야왕계는 금관가야가 만형으로 되어 있는 김수로왕 중심의 건국신화를 극복하고 절대적 신성성을 띤 세습체계를 확보하였고, 거기에다가 김해의 가락국왕을 시조형제의 동생으로 만들어 대가야의 우위를 과시하고 있다. 이는 아래에서 보는 『삼국유사』의 김수로왕 중심의 구지봉 설화와 대비되는 것으로 대가야의 국가위상을 보여주는 신화이다.

2. 금관가야 중심의 김수로왕金首露王 신화

가야라고 하면 대개 김해지역에 있었던 금관가야를 바로 머리에 떠올린다. 이처럼 가야사에서 금관가야를 중시하는 태도는 어떤 의미로 왜곡된 역사가 낳은 잘못된 인식의 결과라 할 수 있다. 그런 인식을 낳은 요인은 가야 각국이 전체적

그림 2 | 정견모주신화가 어린 가야산의 가마바위(좌)와 정견모주 초상(우)

으로 제대로 된 자신의 역사 기록을 남기지 못하고 멸망한 가운데 금관가야의 마지막 왕 김구해(구형왕)의 후예인 김유신이 삼국 통일 과정에서 이룬 공적 등으로 신라시대에 이른바 금관가야계 신김씨의 기원 역사가 과도하게 현창된 점을 꼽을 수 있겠다. 사실『삼국유사』의 가락국기에도 금관가야가 마치 가야의 중심인 듯이 서술한 건국설화가 실려 있어서 그런 사정을 반영하고 있다.

중국의 역사서인『삼국지』위서 동이전에 의하면 1-3세기경 한반도 중남부에는 마한, 진한, 변한의 삼한이 있었는데 마한 54국은 한강 이남의 경기, 충청을 중심으로 호남지방에 걸쳐 있었고 진한 12국과 변한 12국은 소백산맥 이남의 영남일원에 섞여 있으나 대체로 낙동강 동쪽에는 진한 12국이, 서쪽지역에는 변한 12국이 자리 잡고 있었다.

이렇게 낙동강 주변과 서쪽지역에 자리 잡고 있었던 변한소국들이 점차 발전하여 3세기 이후부터는「가야」로 불리게 되었던 것이다. 그런데『삼국유사』에는 낙동강을 중심으로 그 주변에 5가야 혹은 6가야가 자리 잡고 있었다고 기록되어 있는데 바로 이 6가야들이 앞에 말한 변한 12국과 일치되거나 비슷한 명칭들이 많아 삼국시대 가야는 변한의 소국들이 발전한 것으로 이해하고 있다. 또한 이 가야는 일본의 역사서인『일본서기』에는 임나 7국 혹은 가라 10국으로 표현되어 있고 우리의『삼국사기』에는 가야, 가라 등으로 기록되고 있다.

『삼국유사』가락국기에는 금관가야의 시조설화가 다음과 같이 기록되어 있다. 즉〈후한의 세조 광무제 건무 18년 임인년(서기 42) 3월 계욕일禊浴日(음력 첫 사일巳日에 물가에서 몸을 씻고 모여서 술을 마시는 날)에 그들이 살고 있는 북쪽 구지봉에서 무엇을 부르는 이상한 소리가 났다. 백성 2, 3백 명이 여기에 모였는데 사람의 소리 같기는 하지만 그 모양을 숨기고 소리만 내서 말한다. "여기에 사람이 있느냐?" 구간 등이 말한다. "우리들이 있습니다." 그러자 또 말한다. "내가 있는 곳이 어디냐." "구지입니다." 또 말한다. "하늘이 나에게 명하기를 이곳에 나라를 새로 세우고 임금이 되라고 하였으므로 일부러 여기에 내려온 것이니, 너희들은 모름지기 산봉우리 꼭대기의 흙을 파면서 노래를 부르되 '거북아 거북아,

머리를 내밀어라. 만일 내밀지 않으면 구워먹겠다' 하고, 뛰면서 춤을 추어라. 그러면 곧 대왕을 맞이하여 기뻐 뛰놀게 될 것이다."

구간九千들은 이 말을 쫓아 모두 기뻐하면서 노래하고 춤추다가 얼마 안 되어 우러러 쳐다보니 다만 자주색 줄이 하늘에서 드리워져서 땅에 닿아 있었다. 그 줄의 끝을 찾아보니 붉은 보자기에 금으로 만든 상자가 싸여 있으므로 열어보니 해처럼 둥근 황금 알 여섯 개가 있었다. 여러 사람들은 모두 놀라고 기뻐하여 함께 백번 절하고 얼마 있다가 다시 싸안고 아도간의 집으로 돌아와 책상 위에 놓아두고 여러 사람은 각기 흩어졌다. 이런 지 12시간이 지나, 그 이튿날 아침에 여러 사람들이 다시 모여서 그 합을 여니 여섯 알은 화해서 어린아이가 되어 있는데 용모가 매우 훤칠했다.

이들을 평상 위에 앉히고 여러 사람들이 절하고 하례하면서 극진히 공경했다. 이들은 나날이 자라서 10여 일이 지나니 키는 9척으로 은나라 천을과 같고 얼굴은 용과 같아 한나라 고조와 같다. 눈썹이 팔자로 채색이 나는 것은 당나라 고조와 같고, 눈동자가 겹으로 된 것은 우나라 순임금과 같았다. 그 달 보름에 왕위에 오르니 세상에 처음 나타났다고 해서 이름을 수로라고 했다.

나라 이름을 대가락이라 하고 또 가야국이라고도 하니 이는 곧 여섯 가야 중의 하나다. 나머지 다섯 사람도 각각 가서 다섯 가야의 임금이 되니 동쪽은 황산강, 서남쪽은 창해, 서북쪽은 지리산, 동북쪽은 가야산이며 남쪽은 나라의 끝이었다.〉

3. 『삼국유사』의 5가야조와 대가야

오가야는 아라阿羅[라羅는 야耶로도 쓴다]가야伽耶[지금의 함안], 고령가야古寧伽耶[지금의 함녕], 대가야大伽耶[지금의 고령, 성산가야星山伽耶[지금의 경산京山이니 벽진碧珍이라고도 한다], 소가야小伽耶[지금의 고성]이다. 또 본조사략本朝史略에 일렀으되 '태조 천복 5년 경자(서기 940)에 오가야의 이름을 고치니 일一은 금관[김해부가 되었다]이요, 이二는 고령[가리현이 되었다]이요, 삼三은 비화非火[지금의 창녕이라는 것은 아마 고령의 잘못인 것 같다[요, 나머지 둘은 아라와 성산[앞의 주해와 같이 성산은 벽진가야라고도 한다]'라고 하였다.

그러나 고고학의 발굴과 연구에 따라 중요한 역사적 사실들이 밝혀지게 되었다. 즉 5세기 이후 가야의 권역이 가야산 이남의 낙동강 이서 지방이었다는 사실이다. 이는 가야의 권역 혹은 분포를 전하는 『삼국유사』의 두 가지 기록 가운데 5가야조 보다는 가락국기를 뒷받침하는 셈이다. 5가야조에 대해서는 문헌사 연구의 사료 비판으로 나말여초에 형성된 인식으로 밝혀졌지만 고고학 발굴 결과 또한 그 점을 거의 그대로 뒷받침하고 있다. 물론 그 사료 비판 자체는 고고학의 발굴 결과와 연구 성과를 상당 부분 참조한 데서 출발한 것이었다.

그리고 고총분포와 묘제, 유물 등으로 보아 대가야의 권역이 영남뿐만 아니라 호남 동부 일부 지역까지를 포괄하였다는 사실이다. 이제 서쪽의 백제와 뚜렷이 구분되는 가야의 독특한 무덤 형태로서 높이 솟은 봉분을 가지고 안에 수혈식석곽묘가 든 고총이 소백산맥 이서의 금강 상류역인 전북 장수군이라든지 남강 상류역인 전북 남원 동부 운봉고원 지역에 무리를 이루고 조영된 사실이 밝혀졌다. 또 섬진강 하구의 하동은 물론 그에 가까운 전남 동부의 순천 지역에서도 그런 사실이 확인되었다. 더욱이 그 고총들 가운데 일부를 발굴하였더니 묘제양식도 고령과 같고, 그 안에서 대가야양식 토기들이 다량 출토됨으로써 이 지역들이 5세기의 어느 시점 이후 적어도 6세기 초까지(운봉 지역은 아마도 6세기 중엽까지) 대가야 권역에 속했음은 명백해졌다.

Ⅳ. 대가야의 예악(禮樂)과 가야금(加耶琴)

『삼국사기』권 제32 잡지 제1 - 악/신라 음악 가야금加耶琴조에 다음과 같이 기록되어 있다.

가야금加耶琴은 중국 악부의 쟁箏을 본받아 만들었다. 풍속통風俗通에 "쟁은 진秦 나라 음악이다."라고 하였고, 석명釋名에 "쟁은 줄을 높이 매어 소리가 쟁쟁하며, 병주幷州·양주梁州의 두 주의 쟁은 모습이 슬瑟과 같다."고 하였다. 부현傅玄이 말하였다. "위가 둥근 것은 하늘을 상징하고 아래가 평평한 것은 땅을 상징하며, 가운데가 빈 것은 천지와 사방[육합六合]을 본받고 줄과 기둥은 열두 달에 비겼으니, 이는 곧 인仁과 지智의 악기이다."

완우阮瑀가 말하였다. "쟁은 길이가 여섯 자이니 음률의 수에 응한 것이다. 줄이 열 두 개가 있는 것은 사계절[사시四時]을 상징하고, 기둥의 높이가 세 치인 것은 하늘·땅·사람[삼재三才]을 상징한다." 가야금은 비록 쟁과 제도가 조금 다르지만 대개 그와 비슷하였다. 이러한 가야금의 제작원리는 고대사회의 전통과학사상을 잘 보여주는 것이다.

그리고 신라고기[羅古記]에서는 다음과 같이 기록하였다.

"가야국加耶國 가실왕嘉實王이 당나라의 악기를 보고 만들었다. 왕은 '여러 나라의 방언이 각기 다르니 음악이 어찌 한결같을 수 있으랴?' 하고는 악사 성열현省熱縣 사람 우륵于勒에게 명하여 12곡을 짓게 하였다. 후에 우륵은 그 나라가 장차 어지러워질 것이라고 생각하여 악기를 지니고 신라 진흥왕에게 투항하였다. 왕은 그를 받아 국원國原에 안치하고, 대나마 주지注知·계고階古와 대사 만덕萬德을 보내 그 업을 전수받게 하였다.

세 사람이 이미 12곡을 전수받고 서로 말하기를 '이것은 번잡하고 음란하니, 우아하고 바른 것이라고 할 수 없다.' 하고는 드디어 축약하여 다섯 곡으로 만들었다. 우륵이 처음에 [그 말을] 듣고 노하였으나, 그 다섯 가지의 음곡을 듣고 나서는 눈물을 흘리고 탄식하면서 말하였다.

'즐거우면서도 무절제하지 않고 슬프면서도 비통하지 않으니, 바르다고 할 만하다[樂而不流 哀而不悲 可謂正也]. 너희는 그것을 왕의 앞에서 연주하라.'

왕이 이를 듣고 크게 기뻐하였는데, 간언하는 신하[諫臣]가 의논하여 아뢰었다.

'가야에서 나라를 망친 음악이니, [이는] 취할 것이 못 됩니다.'

왕이 말하였다.

'가야 왕이 음란하여 스스로 멸망한 것이지 음악이야 무슨 죄가 있겠는가. 대개 성인聖人이 음악을 제정함은 인정에 연유하여 법도를 따르도록 한 것이니, 나라의 다스려짐과 어지러움은 음악 곡조로 말미암은 것이 아니다.'

드디어 그를 행하게 하여 대악大樂으로 삼았다."

가야금에는 두 조調가 있으니, 첫째는 하림조河臨調, 둘째는 눈죽조嫩竹調로서, 모두 185곡이었다.

우륵이 지은 12곡은, 첫째는 하가라도下加羅都, 둘째는 상가라도上加羅都, 셋째는 보기寶伎, 넷째는 달이達已, 다섯째는 사물思勿, 여섯째는 물혜勿慧, 일곱째는 하기물下奇物, 여덟째는 사자기師子伎, 아홉째는 거열居烈, 열째는 사팔혜沙八兮, 열한째는 이사爾赦 사赦자는 알 수 없다. 열두째는 상기물上奇物이었다. 이문泥文이 지은 세 곡은, 첫째는 오烏, 둘째는 서鼠, 셋째는 순鶉이었다.

이처럼 가야금은 대가야국 가실왕嘉實王이 중국의 악기를 보고 만든 것이며, 우륵12곡이 여러 나라의 방언이 달라 이것을 통합한다는 것은 중국 남제로부터 작위를 받은 하지왕이 주변의 여러 가야세력을 복속하여 통합하고 이를 효과적으로 통치하고 화합하기 위하여 대가야의 성열현省熱縣 출신 악사 우륵于勒에게 명하여 12곡을 짓게 한 것이다. 우선 가야금의 제작과 작곡시기에 대하여는 가실왕을 『남제서』에 나오는 하지왕荷知王으로 보는 설과 하지왕의 다음 왕 즉 하지의 아들 이뇌왕異惱王으로 보는 설이 있는데 어느 설로 보아도 그 시기는 대개 5세기말에서 6세기초에 해당한다고 보아도 큰 무리는 없다. 그리고 곡을 만든 목적은 복속시킨 여러 나라의 방언이 다르기 때문에 이를 통합하기 위한 것이다.

고대국가에서 악樂은 단순히 여흥을 즐기기 위한 것이 아니라 예악으로서 치국을 위한 방편이었다고 한다. 그러므로 이 곡을 만들도록 한 왕이 하지왕이거나 그 아들이거나 중국의 남제로부터 작호를 받아 국가체제를 새롭게 하는 예악을 갖추기 위한 것으로 보아야 한다. 즉 가야 여러 나라를 통합하여 고대국가를

그림 3 | 가야금의 위아래(좌)와 가야금 연주(우)

이룩하고 이를 통치하기 위한 국가 예악인 것이다.

따라서 우륵 12곡도 단순히 대가야연맹을 기념하기 위한 연맹각국의 악곡이 아니라 대가야의 통치와 관련되는 음악인 것이다. 즉 가야금을 만들 때, 위가 둥근 것은 하늘을 상징하고, 아래가 평평한 것은 땅을 상징한다. 12줄은 1년 12달을 상징하여 4계절을 의미하는 것처럼, 이 악기 속에 대가야의 우주관과 통치이념을 함께 형상화하고 의미를 부여하여 만든 것이다. 중국의 경우 악곡 내용의 대부분이 의례와 관계된 것이거나, 역대 왕과 그 치세에 대한 찬양이 많다고 하며, 노래를 만드는 것은 국가의례에 대한 절차 및 규범과 왕실역사에 대한 깊은 이해가 있어야 가능하다고 한다. 바로 고대국가의 예악이 정치적인 효용성을 띤 통치수단의 하나라는 것을 보여주는 것이다.〈그림 3〉

이러한 대가야왕의 뜻을 받아 우륵은 위에 나오는 12곡을 만들었는데, 내용은 대가야 왕의 치세 중 영역에 편입된 지역이거나, 대외 진출에 중요한 거점지역을 의미한다. 또 불교행사나 하늘이나 시조신에 대한 국가제사와 같은 국가 의례상 주요행사 등을 1년 12달(4계절)에 맞추어 상징화한 국가예악인 것이다. 예를 들면 상가라도와 하가라도는 지배영역을 상부와 하부의 2부 체제에서 상부의 중심지인 왕경(고령)을 노래하는 곡이 상가라도이고, 하부의 중심지를 노래하는 곡이 하가라도인 것이다. 그리고 보기는 국왕이 주관하는 하늘과 조상신에 대한 제의행사에서 연주하는 곡명이고, 사자기는 국왕이 참례하는 불교 법회 때 연주하는 곡명이다. 그 밖의 다른 곡명들도 각기 그 특징과 의미를 가지고 있을 것이지만 우륵 12곡의 전체적인 의미는 '대가야찬가'이며 국왕의 치세와 국가통치이념을 노래한 국가 예악이라는 점에서 대가야의 높은 문화 수준과 국가성격을 의미하는 것이다.

V. 대가야의 불교문화

1. 고분벽화의 연화문

고령 고아리 벽화고분은 가야지역에서 유일한 벽화고분이며 대가야왕릉으로 여기 벽화에 연화문이 그려져 있어 대가야에 불교가 들어와 있었던 것을 말해주고 있다. 고아리벽화고분은 백제의 무령왕릉과 같은 구조인 터널형 석실분이지만 축조재료가 벽돌이 아니라 길쭉한 할석이라는 점이 다르다. 따라서 할석으로 천장을 완전한 아치형을 만들기 어려우므로 양 단벽은 곧게 세우고 장벽은 곧게 쌓다가 서서히 안으로 내밀어 쌓아 공간을 좁힌 다음 맨 꼭대기에 판석으로 천정을 덮어 터널형으로 만든 구조이다.

벽화는 현실과 연도전체에 그렸던 것으로 보이나 현재는 연도천정과 현실 천정에만 남아 있는 상태다. 천정에는 얇게 회칠을 하고 분홍색, 녹색, 흑색, 갈색으로 내외 2중의 8판연화문을 그렸다. 할석으로 쌓은 벽면에는 전면에 굴껍질이 섞인 회를 두껍게 이겨 바르고 반들거리게 문지른 다음 그 위에 그림을 그리고

그림 4 | 고령 고아리벽화고분 연화문(좌)과 월광사 삼층석탑(우)

있다.〈그림 4의 좌〉

2. 월광태자와 월광사

대가야의 불교를 구체적으로 알 수 있는 내용은 남아 있는 것이 없지만 위에서 본 고분벽화의 연화문은 불교의 흔적이 분명하다고 생각된다. 그리고 대가야의 사찰로서 거덕사據德寺와 월광사月光寺가 전해지고 있어 대가야 불교를 말해 주고 있다.〈그림 4의 우〉

거덕사는 해인사 서쪽 5리에 있었던 가야산 소리암으로 비정된다고 하고, 월광사는 대가야가 신라 진흥왕 때 멸망할 당시 대가야 태자였던 월광태자月光太子가 창건한 사찰이라고 『신증동국여지승람』에 기록되어 있다. 현재 합천군 야로면 월광리에 위치하는데, 현재 사찰 경내에 보물 제129호인 동·서3층석탑이 남아 있다. 월광태자는 신라 법흥왕 9년(522년) 대가야의 이뇌왕과 신라의 왕녀(이찬 비조부比助夫의 딸이라고도 함) 사이에 태어난 대가야의 왕자인데, 529년 신라와 대가야의 결혼동맹이 '변복사건'으로 결렬되었고, 10세미만의 월광태자와 그 어머니는 매우 곤란한 지경에 빠지게 되었다. 그 후 그들의 관계가 어떻게 되었는지는 알려지지 않았지만, 이러한 환경에서 562년 대가야가 멸망하자 월광태자가 출가한 것으로 생각된다. 이는 신라가 명망하자 마의태자가 출가한 것과 같은 맥락인 것이다.

이밖에 우륵이 작곡한 가야금 12곡 중 사자기師子伎나 보기寶伎 또한 불교와 관련된 무용음악이므로 대가야에는 불교가 왕실은 물론 일반 백성들에게도 상당히 깊은 영향을 미치고 있었던 것으로 보인다.

VI. 맺음말

지금까지 대가야사람들의 정신생활과 문화에 대하여 살펴보았다. 그 결과를 요약하면 다음과 같다.

첫째, 대가야사람들은 사후에도 저 세상에서 현세와 똑같은 생활을 이어간다고 믿는 계세사상을 가지고 있었다. 인간의 삶이 죽음으로서 끝나는 것이 아니라 사후에도 무덤 속에서 생을 이어간다는 이 계세사상은 대가야 뿐 아니라 고대사회에서는 세계적인 보편적 관습이었다. 사람이 죽은 후에도 생을 계속해야 하므로 시신을 훼손하거나, 매장하지 않고 버려두는 행위는 가장 참혹한 죄악으로 생각하였다. 따라서 가야고분의 특징 중 하나는 순장이 보편적으로 이루고지고 있었다는 점이다. 당시의 세계적 사회현상으로 주인공이 죽으면 시종이나 신분이 낮은 사람을 죽여서 함께 매장하는 장의 제도이다. 대가야의 순장은 주실과 부실은 물론 주실 옆에 배치된 독립된 순장곽에 순장하는 것이다. 우리나라에서 가장 많은 순장자를 가지고 있는 고령 지산동 44호분의 경우는 순장곽 32기에 순장자가 40여명에 달하고 있다.

둘째, 가야 산신 정견모주正見母主는 곧 천신 이비가夷毗訶에 감응感應한 바 되어, 대가야의 왕 뇌질주일惱窒朱日과 금관국金官國의 왕 뇌질청예惱窒青裔 두 사람을 낳았는데, 뇌질주일은 대가야의 시조 이진아시왕伊珍阿豉王의 별칭이고, 청예는 수로왕首露王의 별칭이라는 대가야중심 건국신화를 창조하였다. 이 건국신화는 원래 읍락국가 시절 양전리 암각화에 기반을 둔 천신과 지신의 결합체를 기본으로 이루어진 것으로 보인다. 이 신화는 김해의 금관가야 중심의 김수로왕 신화를 극복하는 대가야의 자신감에서 수로왕을 동생으로 하는 건국신화를 만들어낸 것이다.

셋째, 대가야를 대표하는 가야금은 고대의 전통과학 사상이 배어 있고 신라를 거쳐 오늘날까지 계승되고 있는 대표적인 악기이다. 즉 가야금을 만들 때, 위가 둥근 것은 하늘을 상징하고, 아래가 평평한 것은 땅을 상징한다. 12줄은 1년 12달을 상징하여 4계절을 의미하는 것처럼, 이 악기 속에 대가야의 우주관과 통치이념을 함께 형상화하고 의미를 부여하여 만든 것이라고 한 것은 예악을 통하여 국가의 통치체제를 확립한고 일반 백성들의 생활에 속에서도 즐거움과 예의를 생활화하는 대가야사람들의 정신문화를 잘 반영하고 있는 현상이다.

넷째, 대가야에서는 왕실은 물론 일반사람들도 불교사상을 받아들였던 것으로 보인다. 그것은 고령 고아리벽화고분 벽화에 화려한 연화문이 그려져 있고, 대가야의 마지막 태자인 월광태자가 대가야멸망 후 월광사를 창건한 것으로 이해할 수 있다.

4_ 대가야순장의 인문학적 이해

I. 머리말

문화유산이란 인류가 살아오면서 인위적으로 형성시킨 삶의 흔적이거나 자연적으로 형성되었으나 국가적, 민족적, 세계적으로 가치가 있어 보호해야 하는 유산을 말한다. 유네스코는 유산遺産, heritage을 '과거로부터 물려받은 것으로서 현재 우리가 더불어 살아가고 미래 세대에게 물려주어야 할 것'이라고 정의하고 있다. 이러한 유산은 자연유산과 문화유산 모두 다른 것으로 대체 할 수 없다. 전세계에 분포한 유산의 형태는 다양하지만 이 유산들이 특정 소재지와 상관없이 모든 인류에게 속하는 보편적 가치가치를 지닌 유산으로 세계적 관심에서 보호해야 할 필요가 있는 유산을 의미한다. 즉, 유네스코의 탁월한 보편적 가치를 지닌 세계유산과 그 제도는 문화정체성의 고양, 문화 및 종 다양성의 보호, 창조성의 근원, 지속가능한 발전의 토대, 평화와 문명 간 이해증진 등의 상징적 가치가 있다.

문화재청은 2020년 8월, 경상남도의 김해 대성동고분군, 함안 말이산고분군, 합천 옥전고분군, 창녕 교동·송현동고분군과 경상북도의 고령 지산동고분군, 전라북도의 두락리·유곡리고분군 등 7개 가야고분군을 세계유산 등재신청목록으로 결정하였다. 여기에 포함된 고령 지산동고분군은 입지와 경관 등 세계유산에 해당하는 탁월한 보편적 가치를 많이 지니고 있지만, 그 중에서도 고분순장은 우리나라 순장의 대표적 사례로 대가야사 뿐만 아니라 고대 사람들의 생각과 문화를 인문학적으로 이해할 수 있는 좋은 자료가 된다.

따라서 이 글에서는 지산동 순장묘를 중심으로 대가야 순장묘의 유형과 순장 자의 지위나 신분 등을 추론하고, 다른 지역의 순장묘와도 비교하여 대가야 순장의 특성을 인문학적으로 살펴보도록 한다.

Ⅱ. 대가야의 계세사상과 순장고분

1. 대가야의 영역과 순장고분

고령을 중심으로 하는 대가야 영역은 고령군 전 지역은 물론 합천, 거창, 함양, 산청, 의령, 진주, 하동지역과 지리산의 서북쪽인 남원의 운봉지역까지 포함하였다. 그러므로 영남의 젖줄인 낙동강을 비롯하여 그 지류인 황강과 남강, 섬진강이 빚어놓은 수로와 소백산맥의 지맥들이 만나 이루어 놓은 분지에 자리 잡은 넓은 영역을 지배하였다. 대가야는 변한의 소국인 반로국으로 시작하여 가라국을 거쳐 가야로서는 유일하게 중국의 남제와 외교관계를 수립하고 대가야라는 고대국가로 발전하였다. 이러한 대가야의 발전과정은 고고학 자료인 고분에 그대로 반영되어 있어 대가야 연구에 가장 많이 이용되고 있다.

대가야의 주 고분군인 고령 지산동고분군에는 대형 고총 고분이 높은 산줄기에 산봉우리처럼 열을 지어 장관을 이루고 있다. 사실 고분이란 사후 세계에 대한 당시 사람들의 인식체계를 반영하는 동시에 고대사회 특히 고구려, 백제, 신라, 가야시대에는 정치성향을 강하게 띠고 있기 때문에 고분과 이에 따르는 장의풍습 및 부장유물은 고대인들의 사후세계에 대한 인식과 역사를 이해하는데 있어 매우 중요한 요소 중의 하나이다. 특히 고령 지산동고분군에서의 순장은 고대문화와 사회를 이해하는 중요한 요소로 순장은 대가야고분의 가장 큰 특징이라 할 수 있다.

순장殉葬이란 왕이나 수장 등 높은 신분의 사람이 죽으면 무덤에 살아 있는 낮은 신분의 사람이나 동물을 죽여 함께 매장하는 장의행위葬儀行爲를 말한다. 세계적으로 순장이 시행된 지역은 이집트와 근동지방, 스키타이 등이 유명하며 중국, 일본에서도 순장이 행해진 사실이 널리 알려져 있다. 그리고 우리나라에서도 『삼국사기三國史記』에 신라의 순장금지에 관한 기사가 등장하고 있고, 또한 문헌기록에는 나타나지 않지만 가야지역의 고분발굴에서는 많은 순장고분이 확인되고 있어 고대사회에서 순장이 보편적으로 행해진 것을 알 수 있다.

그 중에서도 대가야의 순장 고분은 다른 어느 지역보다 수량도 많고 규모도 다양하여 가야사의 이해에 좋은 자료가 되고 있다. 대가야의 순장은 1977년 지산동 44호분과 45호분이 발굴되면서 알려지기 시작하였다. 이것을 계기로 다른 가야지역의 고분과 신라지역 고분에서도 순장이 확인되었고, 이전에 발굴조사한 고분에서 출토된 인골에 대해서도 순장의 논의가 이루어지게 되었다. 그러므로 한국의 순장이라고 하면 대가야 지산동고분군을 떠올릴 정도로 한국 순장고분의 기본처럼 유명해졌다.

2. 고대인의 사후세계 인식과 계세사상繼世思想

우리나라 고대에 있어서는 사람이 죽으면 매장하는 관습이 보편적이었다. 그리고 시신은 매장됨으로써 영원한 안주를 누릴 수 있다고 생각하였다. 또한 사후에도 현세와 똑같은 생활을 계속한다고 하는 계세사상이 관습화되고 있었다. 대가야사람들도 물론 계세사상을 가지고 있었다.

인간의 죽음이 죽음으로써 끝나는 것이 아니라 사후에도 무덤 속에서 생을 이어간다는 이 계세사상은 우리나라뿐만 아니라 고대 그리스·로마에도 있었다고 한다. 죽은 후에도 생을 계속해야하므로 시신을 훼손하거나, 매장하지 않고 버려두는 행위는 가장 참혹한 죄악으로 생각하였고 고대 그리스에서 가장 큰 형벌은 매장불허의 형벌이었다. 이와 같은 매장불허의 형벌은 우리나라 고대에도 있어 부여에서는 "부인이 투기하면 죽여서 그 시체를 남산꼭대기에서 썩게 하는데 만약 여자의 집에서 가져가려면 우마를 바쳐야 내어준다〈삼국지 부여조〉."라고 하여 역시 매장불허가 최대의 형벌이었다. 시신이 매장되지 못하면 사후에 생을 계속할 수 없고 영혼은 떠돌아다니는 악령, 원혼이 되는 것이므로 매장을 중요시 하였던 것이다.

이렇게 시신은 매장되어야 그곳에서 영원한 안주를 누릴 수 있고 지하세계에서 현세와 같은 생활을 영위할 수 있다는 계세사상은 한국 고대에는 고구려, 백제, 신라, 가야에 모두 존재하였던 관습이었다. 그러므로 매장하는 장소 즉 분묘는 사후세계의 주택이며 안식처이므로 분묘의 축조는 사자의 영주를 보장하는 안식처를 만드는 것이다. 따라서 묘지의 선정과 분묘의 축조는 자손보다도 죽은 사람 자신에 더 큰 의미가 있는 것이라 할 수 있다.

그런 관점에서 가야인(지배층)의 고분입지를 생각해보면 산성을 배경으로 하고 자기가 거주하며 다스렸던 국읍國邑과 읍락邑落의 산천을 한눈에 내려다 볼 수 있는 높은 산에 위치시킴으로써 사후세계에서도 현세를 내려다 볼 수 있도록 한 것이라 할 수 있다. 고령의 지산동고분군은 가장 대표적인 예이며 그 밖의 읍락 고분군들도 마찬가지이다. 대가야 외에 성산가야의 성주 성산동고분군, 아라가야의 함안 도항리고분군, 비화가야의 창녕 교동고분군이 대표적이며 그밖에 합천의 옥전고분군, 거창의 개봉리고분군 등이 읍락 조망 위치에 분포하고 있는 것들이다. 이와 같이 자기가 살던 읍락과 들판, 하천이 내려다보이는 높은 곳에 묘지를 선정하는 것이 대가야인들 만의 독특한 내세관이다

현실생활과 똑같이 물질생활도 계속한다는 내세관을 가지고 있었으므로 부장품에 있어서도 음식물(식량), 의복, 일용품, 장신구 등을 그대로 부장시키고 또 별도로 창고인 부장곽까지 만들어 이를 부장하였던 것이다. 금동관이나 금제장신구와 같은 위세품이나 귀중품도 그러한 사상이 아니었다면 고대사회에서 대단히 귀하고 중요하게 여겼던 이러한 물품들을 그대로 부장할 수 없었을 것이다.

이와 똑같은 의미로 현세에서 권력과 재부를 가지고 있던 최고지배층이나 왕

이 죽었을 때는 현세에서 그를 위해 시중하던 노비 혹은 시종자들이 사후에도 그를 시중하도록 사람을 순장시킨 것이다. 순장을 당하는 사람도 현세에서의 생활이 사후에도 계속된다는 인식이 관습화 되었으므로 사회가 분화되고 사상이 발달하기 전까지는 저항 없이 그 운명을 받아들였다고 생각된다. 그러므로 지배자의 입장에서는 분묘를 크게 하고 많은 부장품과 순장자를 매장하는 것은 곧 그 정치세력의 권력을 과시하는 것이 된다. 따라서 다른 정치세력을 압도하고 국가의 위력을 크게 하기 위하여 다투어 분묘를 크게 하고 그 안에 위세품도 많이 부장하였던 것이다.

3. 기록에 나타나는 순장기록

우리나라 순장의 문헌기록은 먼저『삼국지』위서 동이전 부여조의 다음 기록이 가장 오랜 기록이다.

여름에 사람이 죽으면 모두 얼음을 넣어 장사지내며, 사람을 죽여서 순장을 하는데 많을 때는 백 명 가량이나 된다. 장사를 후하게 지내는데, 곽은 사용하나 관은 사용하지 않는다.

이와 같이 부여에서는 많을 경우, 백 명을 순장했다고 하여 우리나라의 순장 가운데 가장 많은 수의 순장 기록이 보이는데 현재까지는 부여 고분의 발굴증거는 없다.

고구려의 경우는 순장사실을 전해 주는 기록은 없으나 동천왕이 죽었을 때 그 묘 앞에서 스스로 목숨을 끊어 자순自殉한 사람이 많았다는 기록으로 보아 고구려에도 순장풍속은 존재했던 것으로 볼 수 있을 것이다.『삼국사기』고구려 본기 동천왕조에 이런 기록이 보인다.

22년(서기248년) 가을 9월에 왕이 죽었다. 시원(柴原)에 장사지내고 왕호를 동천왕이라고 하였다. 나라 사람들이 그 은덕을 생각하며 슬퍼하지 않는 자가 없었으며, 가까운 신하 중에 자살하여 따라 죽으려고 하는 자가 많았으나, 새 왕은 예의가 아니라고 여기고 그것을 금하였다. 장례일이 되어 묘에 와서 스스로 죽는 자가 매우 많았다. 나라 사람들이 땔나무를 베어 그 시체를 덮었으므로, 마침내 그 땅을 시원이라고 이름 하였다.

한편 신라의 경우에는 6세기 초에 순장을 금지하였다는 기사가 『삼국사기』 신라본기 지증왕조에 다음과 같이 나온다.

3년(서기502년) 봄 2월에 영令을 내려 순장을 금하였다. 전에는 국왕이 죽으면 남녀 각 다섯 명씩을 순장했는데, 이때 이르러 금한 것이다.

이 기록을 보면 신라에서는 6세기 이전에는 순장이 공식적으로 이루어지고 있었던 것을 알 수 있다. 그리고 경주의 왕릉으로 판단되는 5세기대의 대형 적석목곽분(황남동98호)에서 순장사실이 확인되고 있고, 경주 이외의 신라지역인 영덕 괴시리고분이나 의성 대리의 적석목곽분에서 순장이 확인되고 있으며 경산 임당동에서도 확인된 바 있다.

그러나 가야에서는 순장기록이 보이지 않는다. 이는 물론 가야에 대한 다른 기록도 없으므로, 기록으로 가야의 순장을 논할 수는 없을 것이다. 그럼에도 불구하고 고고학적으로 가장 많은 순장고분이 조사되었고, 우리나라의 순장고분은 대부분이 가야고분이라고 할 정도로 다양하다.

Ⅲ. 지산동고분군의 순장유형

1. 지산동고분군의 입지와 묘제

고령군 고령읍 뒤편(서쪽)에 표고 321m의 주산主山이 고령의 진산鎭山으로 우뚝 솟아 병풍을 둘러놓은 것처럼 남북으로 읍내를 감싸고 있다. 앞쪽인 남서쪽으로는 가야산의 북사면에서 발원하여 내려온 대가천과 가야산의 남사면에서 발원하여 내려온 안림천이 읍내를 멀리서 감싸며 개진면 알터 앞에서 합류하여 회천이 되어 동남쪽으로 돌아 낙동강으로 흘러 들어간다. 이 대가천과 안림천 양안에 길게 평야가 형성되어 고령평야를 이루고 있다.

앞서 본 주산에서는 고령읍내와 고령평야, 회천이 한눈에 내려다보이는데, 이 주산은 가야산 줄기가 동쪽으로 뻗어 고령에 와 닿은 것이며 산정에는 대가야 산성이 자리 잡고 있다. 그리고 주산에서 남쪽으로 뻗은 주능선의 등마루를 따라 거대한 봉토분이 산봉우리처럼 열을 지어 서 있다. 그러나 평지에 가까운 해발 40~60m 사이의 능선 하단부에도 고아동벽화고분을 비롯한 대형분이 2~3기 가량 있고, 봉분이 없는 소형 석곽분은 능선의 높이에 관계없이 대형분의 주위와 능선사면을 가리지 않고 광범위하게 분포하고 있다.

그리고 고령 지산동 대가야 고분 묘제의 구조적 특징은 산성을 배후에 두고 앞에 취락의 평야와 강이 내려다보이는 능선의 정상부에 위치한다. 능선의 정상부 혹은 융기부에 거대한 봉토를 쌓아 높고 크게 보이는 효과가 있어 봉토 직경이 중형분은 10~15m, 대형분은 20m이상 달하는데 지산동고분군에 모두 704기의 봉토분이 존재하고 있다. 고분의 축조는 정해진 묘역 중앙에 매장 주체부인 수혈식석실을 지하에 설치하고, 주실 옆에 부곽副槨이나 순장곽殉葬槨을 설치한 다음, 묘역을 둘러싸는 원형 혹은 타원형의 호석護石을 쌓는다. 경우에 따라서는 순장곽 없이 석실만 단독으로 설치한 것도 있다. 보통 수혈식묘제는 석곽으로 부르기도 하지만 수혈식 중 체적이 5㎡이상 되는 대형은 석실로 부르기도 한다.

당시 대가야 사람들은 항상 이 무덤들의 존재를 의식하면서 살았을 것이다.

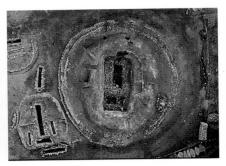

그림 1 | 지산동고분군의 경관과 순장고분(73(우), 74호분)

또 고대 한국의 내세관이 이승과 저승이 둘이 아닌 하나라는 계세사상을 근간으로 한다는 점을 고려하면 당시 산 사람들은 단순히 이런 무덤의 존재를 의식하면서 사는데 그치지 않고, 그 속에서 죽은 사람들이 말하자면 '살고 있다'고 여겼을 뿐만 아니라 또한 그 망자들이 자신들을 항상 보호해준다고 생각하였을 것으로 추정할 수 있다. 다시 말해 고령 지산동고분군은 대가야 왕과 귀족들의 내세공간의 의미를 가지고 있다.〈그림 1〉

2. 고령 지산동의 순장고분

1) 순장고분의 개념

우선 순장의 사전적 의미는 고대사회에서 왕이나 귀족이 죽었을 때 신하나 노비 등 추종하던 사람, 혹은 동물을 죽여 함께 묻는 제도이다. 그런데 거기에는 흠모하고 존경하는 마음에서 스스로 목숨을 끊는 자순自殉과 자신의 의사와 관계없이 타의에 의해 강제적으로 죽음을 당하는 타순他殉이 모두 포함되어 있다. 그러나 여기서 순장의 개념은 타의에 의해 강제적으로 죽음을 당해 무덤에 같이 묻힌 강제적 순장을 의미한다.

고분에서 순장개념은 1묘실(곽) 안에 2명 이상의 유골이 남아 있거나 그러한 매장흔적이 있는 경우, 그리고 한 봉분 안에 2개 이상의 매장곽이 있을 경우로부터 시작한다. 그러나 이러한 고분이 순장고분으로 규정되기 위해서는 다음의 조건이 충족되어야 한다.

첫째로, 2명 이상 매장된 고분이 동시에 축조되어야 한다. 한 봉토 안에 여러 개의 묘곽이 있다 하더라도 추가장에 의한 것은 순장이 될 수 없음은 물론이다.

둘째로, 순장당한 사람이 본인의 의사와 상관없이 강제로 죽었다는 증거가 있어야 한다.

셋째로, 동시 축조된 한 고분 안에 2인 이상의 피장자가 있을 경우 피장자 사이에 신분적 격차가 있어야 한다. 이른바 주인공에 대한 순장자의 종속성이 인정되어야 한다는 것이다.

2) 발굴 조사된 순장고분

(1) 지산동 32호분

32호분은 구릉 대지의 가장 남쪽(주능선방향)에 장축을 동북-서남(N-34°-E)에 두고, 묘역 중앙에 석실 1기와 순장석곽 1기를 나란히 배치한 다곽분으로 주위에 장경 11.2m의 타원형 호석을 돌리고 있다. 봉토는 장경 13.1m, 단경 12.6m, 높이는 개석 상면으로부터 1.5m이며, 봉토의 축조는 장축의 양단에 안쪽으로 향하여 판축식으로 쌓았다.

석실은 길이 5.64m, 너비 0.86m, 깊이 1.2m로 장폭비가 6.1:1인 세장방형으로 두껍고 납작한 장방형의 할석으로 4귀를 엇물려 쌓았다. 개석은 판석상의 장대한 할석 10매를 덮었다. 순장석곽은 장축방향을 석실과 나란히 두고 할석으로 4벽을 축조한 후 판상석 5매로 개석을 덮었다.

부장품은 유개장경호와 발형기대, 유개고배, 단경호, 모자합, 유개양이부호 등 토기류와 광배형 금동관, 갑옷과 투구일습, 환두대도 등의 무기, 등자, 말방울 등이 출토되었다.

이 고분의 주인공은 석실중앙에 동북침으로 안치되어 있었으며, 부장품의 성격으로 보아 남성으로 생각된다. 주피장자의 발치 쪽 부장품속에 또 한 사람의 피장자가 있었는데 이는 순장자로 판단된다. 순장자는 석실에 1명, 순장석곽에

1명, 모두 2명인 셈이다.

(2) 지산동 34호분

34호분은 32~36호분의 5기가 열을 지어 있는 대지상 구릉의 가운데 35호분과 쌍분을 이루고 있는 남분으로 35호분보다 뒤에 축조된 것으로 밝혀졌다. 봉분의 크기는 장경 15m, 단경 12m, 개석으로부터의 높이 1.6m의 중형분이며, 주석실과 순장석곽 1기를 가지고 있는 다곽분이다. 석실은 장축방향을 동북-서남(N-42°·E)으로 두고 납작한 할석과 한 면이 고른 산돌을 혼용하여 4벽을 쌓았으며, 규모는 길이 6.33m, 너비 1.12~1.14m, 깊이 1.53m로 평면의 장폭비가 5.6:1의 세장형 석실이다. 개석은 장대한 판상석 9매를 덮었다. 석실과 나란히 설치된 순장석곽은 길이 3.12m, 너비 0.47~0.55m, 깊이 0.57m의 규모이다.

부장품은 석실의 경우 깨끗이 도굴당하여 개배와 뚜껑, 발형기대 편뿐이며, 석곽에서 장경호와 기대, 개배 등이 출토되었다.

(3) 지산동 30호분

30호분은 지산동고분군의 가장 낮은 능선의 융기부에 위치한다. 지산동 32~35호분이 위치한 능선의 주류는 계속 남쪽으로 내려가고 또 하나의 작은 갈래는 동쪽으로 방향을 틀어 나가는데 약간씩 돌출하면서 평지에 이른다. 이 분지능선이 평지에 이르기 전 돌출부에 30호분이 위치하는데, 위의 32~35호분에서 100여m 떨어진 능선 아래쪽이다.

이 고분은 약간 볼록하게 솟은 구릉의 정상부를 이용하여 장경 18m, 단경 15m의 타원형 봉토 중앙에 주석실을 배치하고 주석실의 남단벽에 직교하게 1기의 부실을 배치하였다. 따라서 주실과 부실의 평면 배치가 T자 형태를 이루고 있다. 그리고 북단벽과 직교되는 방향에 2기와 주석실의 좌우에 각 1기씩의 순장곽을 배치하였다. 또한 주석실의 바닥에도 1기를 배치하여 순장곽은 모두 5기이다.

주석실은 암반을 깊게 파고 4벽을 서로 엇물려 면을 고르게 쌓았으며, 길이 6.45m, 너비 1.26m, 깊이 1.7m의 규모이다. 장폭비는 5.1:1의 세장형 석실이다. 출토유물은 발형기대와 장경호, 유개고배 등의 토기류와 금동관, 금동제 호록과 등자, 행엽, 교구 등의 마구 및 철정이 출토되었다. 남순장곽에서는 소형 금동관을 착장한 15세 미만의 인골이 출토되었다.

⑷ 지산동 73호분

73호분은 지산동 주능선에서 읍내방향으로 뻗어 내린 나지막한 세 구릉 중 중간구릉의 말단부에 위치하는 보강석 목곽분이다. 봉분 기저부 호석은 장경 23m, 단경 21m이며, 주곽의 규모는 길이 5.01m, 너비 2.15m이다. 내부주체의 구조가 목곽인데도 불구하고 호석과 대형봉토를 갖추고 있는 대가야 지역에서 처음 확인된 특별한 묘제이다. 목곽의 구조특징은 넓고 깊은 하나의 묘광 안 깊숙이 주곽과 부장곽을 평면 T자형으로 배치한 다음 그 주위와 양 곽 사이에 할석만으로 채워쌓아 보강한 점이다. 특히 목곽 벽재 뒷면의 충전보강석 상태는 상당범위에서 마치 석벽을 쌓은 듯 비교적 정연한 상태를 보여 석실로 착각할 정도이다. 그리고 묘광내 충전보강석에서 3기의 순장곽이 확인되었다. 순장곽은 주곽의 양쪽 장변 보강적석 내부에 1기씩, 부곽 서장변 보강적석 내부에 1기, 봉토 안에 1기로 모두 4기가 배치되어 있다. 순장은 주곽 안의 주인공 발치에 3인, 부곽에 2인, 주곽 장벽에 설치된 순장곽에는 남녀가 머리를 반대로 2인씩 배치되어 모두 11인이 된다.

⑸ 지산동 74호분

74호분은 73호분의 북쪽에 바로 붙어 있는 연접분이다. 고분은 완만하게 내려가는 능선의 평평한 곳에 동서향의 수혈식석실과 부곽을 T자형으로 배치하고, 주석실과 부곽 쪽에 치우친 남, 북에 1기씩의 순장곽을 축조한 구조이다. 동서로 긴 타원형의 호석은 장경 10m, 단경 9.8m이며, 주실의 규모는 길이 5.87m,

너비 1.25m, 깊이 1.78m이다. 순장은 주실과 부곽에 1인씩과 순장곽에 1인씩 4인이다.

(6) 지산동 75호분

75호분은 지산동 주능선에서 읍내방향으로 뻗어 내린 나지막한 세 능선이 있는데, 이 중에서 중간능선의 말단부에 73호분과 74호분이 위치하고, 75호분은 동편구릉 말단부에 위치한다. 고분의 축조는 넓고 깊은 묘광을 파고 주석실과 부곽을 T자형으로 분리배치 하되 주석실과 부곽을 약간 떨어지게 다른 구덩이를 파고 설치하였다. 앞에 설명한 다른 고분에는 없는 토제상 성토기법이 적용되었는데, 73호분과 같이 묘광을 파낸 흙을 활용하여 묘광 주변에 먼저 흙을 쌓아 토제를 만든 다음 주체공간을 설치하였고, 그 다음에 호석을 다중으로 배치하였다. 봉토 장경 25m, 단경 22m인 대형 원분 안에 T자형으로 배치된 주·부 수혈식석실의 묘광은 완전 지하식이다. 능선 방향과 직교한 주실 묘광은 길이 9.7m, 너비 5.5m, 깊이 2.5m이고, 부실 묘광은 길이 6.0m, 너비 2.5m, 깊이 2.1m 규모로 주실 보다 작고 얕다. 축조방법은 방사상 구획축조방식과 대량의 흙주머니가 사용되었다.

순장곽은 봉토 속에 3기, 주석실 묘광 안에 7기로 모두 10기이다. 주석실의 묘광 안에 축조된 7기의 순장곽 중 5기는 묘광 안쪽에 축조하였는데, 3면은 석축하고 나머지 한 면은 묘광의 벽면을 그대로 이용한 구조이다. 묘광 벽에 해당하는 높이를 'L'자형으로 파낸 다음 거기에 나무뚜껑을 걸치도록 만들었는데, 판상석으로 덮은 1기를 제외하면 모두 같은 구조이다. 그리고 2기는 바닥에 판석만 깔고 목관을 안치한 것으로 파악된다. 한편, 순장곽과 같은 높이에서 비교적 너른 위석공간이 확인되었는데, 그곳은 소나 말을 묻은 동물순장의 공간으로 추정된다. 그러므로 순장인 수는 주실에 1인, 부곽에 1인, 묘광 순장곽에 7인, 봉토 순장곽에 3인으로 모두 12인이다.

(7) 지산동 44호분

　고령의 주산 남쪽으로 뻗은 주능선 등마루에 고령 최대의 봉토분 5기가 자리
잡고 있는데 그 능선은 방향을 동쪽으로 틀면서 경사져 내려온다. 이렇게 방향
을 틀어 내려오는 주방향 완만한 경사면에 45호분이 자리 잡고, 그 아래 광장처
럼 넓게 퍼져 평평한 부분에 44호분이 위치한다. 이 두 고분은 직경 20m 이상의
대형분으로 주능선 정상부에 위치한 5기보다는 작지만 현재까지 정식 발굴 조
사된 대가야 고분 중에서는 최대의 고분이다.

　44호분은 현재까지 조사된 우리나라의 순장고분 중에서 순장곽과 순장자 수
가 가장 많은 대가야 왕릉이다. 묘역 중앙에 주석실과 부장석실 2기의 대형석실
을 축조하고, 주위에 소형석곽 32기를 순장곽으로 배치한 다음 타원형 호석으로
이들 모두를 둘러싼 다곽분이다.

　고분의 규모는 호석을 기준으로 장경 27m, 단경 25m이며, 봉토는 파괴 유실
이 심하나 개석 상면에서 3.6m 높이이다. 주석실은 묘역 정중앙에, 주실 보다 약
간 작은 2기의 부장품용 석실 중 남부장실은 주실과 나란히 배치하고, 서부장실
은 주실과 직교되게 T자형으로 배치하였다. 32기의 순장곽들은 주석실을 중심
으로 원주상과 부채살 모양으로 배치되어 있다. 부장품은 복발형 투구를 비롯한
철제무구류, 방울달린 검신형행엽, 금제귀걸이 등 장신구류 및 금동합, 일본산

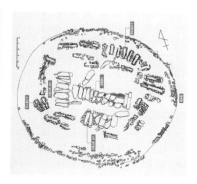

그림 2 | 지산동 44호분(발굴모습과 순장곽 배치도)

야광패제 국자 등과 많은 대가야 토기가 출토되었다. 순장은 주·부실의 도굴이 심하여 확실히 알 수 없지만, 45호분의 예를 적용하면 주실에 2인, 부실에 2인, 순장곽에 32인으로 모두 36인 이상이다.〈그림 2〉

(8) 지산동 45호분

45호분은 남북으로 경사진 묘역의 중앙에 장축방향을 동북-서남으로 둔 주실과 부실을 나란히 설치하고, 그 주변에 11기의 순장석곽을 원주상으로 배치한 다곽분이다. 주실은 암반을 깊게 파고 4벽을 큼직한 할석으로 고르게 쌓았으며, 길이 7.15m, 너비 1.64m, 깊이 1.85m 이다. 부장품은 금동제관식, 금제귀걸이, 곡옥이 달린 유리구슬 목걸이 등의 장신구류, 말안장, 재갈, 등자, 금동은장행엽 등의 마구류, 은장환두대도 손잡이, 철모, 철촉 등과 함께 찰갑편, 청동거울조각이 출토되었다. 부실에서는 대형 장경호 등 대가야 토기 10개체가 집중적으로 출토되었다. 순장자는 주실의 주인공 머리맡과 발치에 1인씩과 부장실에 1인, 순장곽에 각 1인씩으로 14인이다.

(9) 지산동 518호분

518호분은 주산 정상부에서 남동쪽으로 뻗은 주 능선상에 위치하며, 입지적으로 볼 때 자연적으로 완만하게 솟은 지형을 이용하여 고분을 거대화시켰으며 고분의 북동쪽은 비교적 가파르게 떨어져 곡부로 이어진다. 고분의 규모는 호석의 장경 17.8m, 단경 15.5m의 중형분으로 묘역 중앙에 지산동 45호분과 같이 주실과 부실을 나란히 축조하였다. 주실은 길이 7.1m, 너비 1.2m, 깊이 1.6m로 매우 세장한 지산동고분의 특징을 그대로 가지고 있다. 주실과 부실에 순장자가 있었을 가능성이 있으나 도굴과 파괴가 심하여 순장양상을 추정하기 어렵고, 호석안 쪽에 6기의 순장곽이 배치된 것으로 파악된다.

3. 고령 지산동 순장고분의 유형

1) 단곽순장 고분

고령 지산동고분군의 순장유형은 다른 가야지역이나 신라지역의 순장과 달리 독특한 유형의 순장형태를 가지고 있다. 즉 다른 지역의 순장유형은 주곽과 부곽에 순장하는 주부곽순장, 주곽에만 순장하는 주곽(실)순장이 대부분인데 비하여 지산동고분군의 순장은 순장자를 위한 별도의 순장곽을 축조하여 순장하는 순장곽 순장이다. 즉 주곽(실)의 옆이나 주위에 배치된 독립된 순장곽에 순장하는 것이다. 이때 주실과 부실(혹은 부곽)에도 물론 순장자를 매장하고 있어 다른 지역의 주부곽순장이나 주실순장에서 보이는 것은 모두 갖추고, 또 별도의 순장곽에 순장하는 것이 다른 점이다. 그러므로 다른 순장 방법보다 순장자의 수도 훨씬 많게 되고 묘장의 형태도 매우 복잡한 양상을 띠게 된다.

순장곽순장 고분은 고령을 중심으로 합천, 함양, 산청 등 대가야지역의 순장 방법으로, 주인공을 위한 주실 외에 순장곽을 1기만 가진 단곽순장묘와 순장곽을 2기 이상 가진 다곽순장묘로 구분된다. 그리고 다곽순장묘도 순장곽을 5~6기 가진 중대형분과 10기 이상 가진 대형분으로도 세분된다. 뿐만 아니라 단곽순장의 주인공과 다곽순장의 주인공은 부장품 양과 위세품의 질 차이가 분명히 나타나고, 지역적으로도 대가야의 왕도인 지산동고분군과 합천, 함양 및 고령의 본관동고분군 등 하위 고분군과도 차이가 나타나고 있다.

단곽순장은 고령 지산동32호분, 34호분과 본관동 34호분, 35호분, 36호분, 합천 반계제 가A호분, 나A호분, 다A호분, 다B호분, 봉계리대형분, 옥전M6호분과 함양 백천리 1호분에 보이는 순장이다. 단곽순장의 대표적 사례인 고령 지산동 32호분은 구릉 대지의 가장 남쪽(주능선방향)에 장축을 동북-서남(N-34°-E)에 두고, 묘역 중앙에 주인공의 매장시설인 석실 1기와 순장석곽 1기를 나란히 배치한 구조로 주위에 장경 11.2m의 타원형 호석을 돌리고 있다. 봉토는 장경 13.1m, 단경 12.6m, 높이는 개석 상면으로부터 1.5m이며, 봉토의 축조는 장축의 양끝에서 안쪽으로 향하여 판축식으로 쌓았다.

석실은 길이 5.64m, 너비 0.86m, 깊이 1.2m로 장폭비가 6.1:1인 세장방형으로 두껍고 납작한 장방형의 할석으로 4귀를 엇물려 쌓았다. 개석은 판석상의 장대한 할석 10매를 덮었다. 순장석곽은 장축방향을 석실과 나란히 두고 할석으로 4벽을 축조한 후 판상석 5매로 개석을 덮었다.

부장품은 주인공이 묻힌 석실에서 유개장경호와 발형기대, 유개고배, 단경호, 모자합, 유개양이부호 등 토기류와 광배형 금동관, 갑옷과 투구일습, 환두대도 등의 무기, 등자, 말방울 등이 출토되었다.

이 고분의 주인공은 석실중앙에 동북침으로 안치되어 있었으며, 부장품의 성격으로 보아 남성으로 생각된다. 주피장자의 발치쪽 부장품 속에 또 한 사람의 피장자가 있었는데 이는 순장자로 판단된다. 순장자는 석실에 1인, 순장석곽에 1인 모두 2인인 셈이다.〈그림 3의 좌〉

2) 다곽순장 고분

다곽순장 고분은 주인공을 매장공간인 석실(목곽)의 주실(곽) 이외에 부장품을 넣기 위한 부실(곽)을 만들고 이 주·부실을 둘러싸며 여러 개의 소형석곽을 배치한 순장형태이다. 이 때 순장자는 순장곽에만 있는 것이 아니라 주실(곽) 안에 주인공의 머리맡과 발치에도 있고, 부장실(곽)에도 순장시키는 것이 보통이다. 따라서 다곽순장묘는 중앙에 주실(곽)을 중심으로 많은 순장곽을 설치하고 호석을 두른 다음, 이를 모두 한 봉토로 쌓기 때문에 묘역도 그 고분군 가운데 우세하고 봉분의 크기도 최대를 이루고 있다. 현재까지 이와 같은 다곽순장묘는 고령 지산동 44, 45, 30, 73, 75, 518호분 등 고령 지산동고분군에만 보이고 있다.

대표적 다곽순장 고분인 지산동 44호분은 넓은 묘역 중앙에 대형 수혈식석실을 축조하고 부장실은 주실과 나란히 1기, 주실의 단벽 쪽에 직교하여 1기, 모두 2기의 부장실을 설치하였다. 그리고는 이 석실을 둘러싸며 부채살 모양과 원주형으로 32개의 순장곽을 배치하고 있다.   한편 지산동 73호분은 주체부가 목곽인데도 목곽 벽재 뒷면의 충전보강석 상태는 상당범위에서 마치 석벽을 쌓은 듯

그림 3 | 단곽순장(지산동 32호분 좌)과 다곽순장 고분(지산동 75호분 우)

비교적 정연한 상태를 보여 석실로 착각할 정도이다. 그리고 묘광내 충전보강석에서 3기의 순장곽이 확인되었다. 주곽의 양쪽 장변 보강적석 내부에 1기씩과, 부장곽의 서장변 보강적석 내부에서도 순장곽 1기가 축조되어 있다. 봉토 중에 있는 순장곽 1기를 포함 4기의 순장곽이 축조된 것이다. 그리고 73호분은 주석실과 부광석실 외에 순장곽은 봉토 중에 3기, 주석실 묘광 안에 7기 등 모두 10기가 축조되어 있다.〈그림 3의 우〉

IV. 대가야 순장의 인문학적 이해

1. 대가야 순장의 다양성과 특징

1) 순장양상

지산동고분군에서 순장이 처음으로 확인된 지산동 44호분은 넓은 묘역 중앙에 대형 수혈식 석실을 주인공을 위한 주실로 배치하고 부장실은 주실과 나란히 1개, 주실의 단벽 쪽에 직교하여 1개, 모두 2기를 배치하였다. 그리고는 이 석실을 둘러싸며 부채살 모양과 원주형으로 32기의 순장곽을 설치하고 있다. 이들 석곽 중 부채살 모양으로 배치된 석곽을 배장곽으로 보는 견해도 있지만(김용성, 2013), 호석 안에 같은 레벨로 설치된 석곽을 방향에 따라 원주상으로 배치된 것은 순장곽이고 주실과 교행 배치된 것은 배장곽으로 보는 것은 쉽게 납득하기 어렵고 무리라고 생각된다. 따라서 이들 호석 안에 설치된 소형 석곽은 모두 순장곽으로 보는 것이 타당할 것이다.

32기의 순장석곽에서 인골이 남아 있는 것이 18기이고, 순장자는 22명인데 이는 하나의 석곽에 성인남녀가 머리를 서로 반대방향으로 합장된 것도 있고, 10세 정도의 여아만 합장한 것, 성인과 여아를 합장한 것도 있기 때문이다. 그러나 그 밖의 석곽에서도 매장흔적이 전혀 없는 허장곽(12, 17호)과 매장 공간 없이 부장품만 가득 차 있는 순수부곽의 성격(14, 16호)을 빼고는 14기가 모두 매장곽이므로 결국 주위의 순장곽에서 모두 32명이 순장된 것이다. 그리고 주실과 부실에서는 주인공 이외에 또 다른 인골이 검출되었으나 도굴이 심하여 몇 명인지 확실한 정황을 알 수 없다.

그리고 주실 안의 주인공의 머리맡과 발치에 각각 1명씩 2명과, 2기의 부장실에 각각 1명씩 2명으로 석실 안에 4명이 순장된 셈이다. 따라서 44호분에는 석실에 4명과 순장곽에 32명, 합하여 36명의 순장이 이루어진 셈이다. 아마 도굴 등의 피해가 없었다면 순장자 수는 더 늘어날 수도 있었을 것으로 추측된다. 이러한 순장양상은 순장곽이 1기뿐인 단곽 순장에서부터 순장곽이 2기 이상인 다곽순장 고분까지 다양하다. 순장곽이 1기뿐인 32호분의 주실에도 주인공의 발치, 많은 유물군 밑의 바닥에 1인을 순장하였다.

다곽순장분인 지산동 30호분은 남북 장축의 주실 남단벽 쪽에 동서 장축의 부실을 1기 축조하여 주·부실의 평면배치가 T자형을 이루고 있다. 순장곽은 주실의 동서 장벽과 나란한 방향으로 각각 1기씩과 북쪽 단벽 쪽에 2기를 배치하여 4기가 석실을 ㄷ자형으로 감싸고 있고, 1기는 특이하게 주실의 바닥에 배치하여 모두 5기의 순장곽을 설치하였다. 순장곽 1기에는 소형 금동관을 착장한 순장자도 있다. 한편, 73호분은 주실과 부실은 목곽으로 구축하고 순장곽은 4기가 배치되었고, 74호분은 주석실과 부석실을 T자형으로 배치하고, 순장곽은 2기를 설치하였다. 75호분은 주실과 부실을 역시 T자형으로 배치하고, 10기의 순장곽을 다

그림 4 | 지산동 73호분의 순장곽(좌)과 순장 양상(우)

양하게 배치하고 있으며, 특히 말과 같은 동물도 순장한 것으로 판단된다.

이와 같이 가야의 순장은 매우 다양한데, 순장자의 수를 보면 1명(지산동 34호분), 2명(지산동 32분), 4명(지산동 74호분), 6명(지산동 30호분), 11명(지산동 73호분), 12명(지산동 75호분), 14명(지산동 45호분), 36명(지산동 44호분) 등이다. 이러한 순장 묘곽, 순장인 수의 다양성과 독특한 성격은 고령 지산동 대가야고분군이 순장제도라고 하는 세계사의 보편성 속에서 극동의 지역적, 역사적 특수성을 대변하고 있다고 할 수 있다.〈그림 4〉

2) 순장자의 신분과 직능

순장자들의 신분과 직능에 대한 확실한 기록이나 증거를 고분에서 찾을 수는 없다. 그러나 순장자들의 부장유물에 질적 차이가 나타나 이들의 사회적 계층이나 성격을 이해하는데 있어 하나의 단서를 제공하고 있다. 즉 주실의 주인공 머리맡이나 발치에 순장된 사람은 금제귀걸이와 유리구슬 목걸이를 착장하고 있는데, 이러한 부장품은 소형고분 주인공이 착장한 위세품과 같은 수준의 것이다.

따라서 주실 안에 순장된 사람은 주피장자의 가장 가까이에서 모시던 근신이나 왕의 후궁(처첩), 혹은 궁인宮人이라고 생각된다. 지산동 45호분 주실의 머리맡과 발치에 순장된 두 사람이 좋은 예로 모두 곡옥이 달린 유리구슬 목걸이와 금제 이식을 착용하고 있다. 또 73호분에는 주인공의 발치에 여인3인이 순장되어 있는데, 모두 곡옥이 달린 유리구슬 목걸이를 착장하고 있어 이들 또한 마찬가지이다. 한편 지산동 30호분의 경우는 주실에 순장흔적이 보이지 않고, 남순장곽 순장자가 소형금동관을 착장하고 있는데, 성별이 확인되지 않았지만 15세(6-11세)미만의 어린 후궁이었을 가능성이 높다. 이는 경주 황남대총 남분의 16세 여성이 후궁이었을 가능성과 같은 것이다. 고대사회에서 처첩은 남자의 부속물로서 중국의 경우 왕을 가장 가까이에서 모셨던 후궁들이 순장의 일 순위가 된다는 사실도 이를 뒷받침한다.

이러한 후궁순장의 예는 후대 15세기의 기록이지만『조선왕조실록』세종 6년 10월 17일의 기록에 나오는 중국 명나라 영락제 사후 후궁 30여명을 순장하는 것에서 찾아볼 수 있다. 이것을 대가야 순장에 그대로 적용하기는 어렵지만 후궁이 순장자가 된다는 것을 알 수 있는 자료이다. 조선 세종 때, 문신 한확의 누이 한씨는 공녀로 차출되어 영락제의 총애하는 후궁이 되었는데, 영락제가 죽자 다른 후궁 30여명과 함께 1순위 순장대상자가 되었다. "황제가 죽자 궁인으로 순장殉葬된 자가 30여 인이었다. 죽는 날 모두 뜰에서 음식을 먹이고, 음식이 끝난 다음 함께 마루에 끌어 올리니, 곡성이 전각을 진동시켰다. 마루 위에 나무로 만든 작은 평상을 놓아 그 위에 서게 하고, 그 위에 올가미를 만들어 머리를 그 속에 넣게 하고 평상을 치워 버리니, 모두 목이 매어져 죽게 되었다."

다음 순위는 아마도 역시 근신 중의 하나인 호위무사가 된다. 지산동 44호분의 11호 순장곽에는 환두대도와 화살촉 일괄이 출토되고 있어 호위무사로 판단된다. 45호분의 1호 순장곽 역시 주석실 보다 3m 높은 위치에 배치되었고, 석곽의 구조도 할석의 석곽 안에 판석조 석관을 넣은 2중곽으로 축조되어 중요성을 짐작케 하는데 주인공은 물론 고분전체를 지키는 호위무사로 생각된다. 다만 출토유물에 대도와 같은 무기는 없고 화살촉 한 다발이 있을 뿐이다.

이 밖에 지산동 44호, 45호분의 경우로 보면, 순장곽의 순장자도 기본적인 토기 이외에는 부장유물이 각기 다른데 예를 들면 낫이나 도끼 같은 농공구를 가진 사람, 마구를 가진 사람, 직조기구인 방추차를 가진 사람 등이다. 이들은 순장자의 성별이나 연령층이 6~7세의 어린이, 20대의 여성, 40대의 장년남성 등으로 다양한 것과 함께 각기 농업생산인, 수송인, 직조인과 같은 직능을 가진 낮은 신분의 소유자라고 생각된다. 또, 지산동 44호분 순장곽 배치를 몇 개의 구역으로 나누고, 출토된 인골의 남녀구분과 부장유물로 순장자의 신분과 상하 위계를 나눠 보기도 하지만, 확실한 신분과 직능을 알 수 있는 자료는 없는 실정이다. 이들 순장 대상자들은 순장을 어떻게 받아들였을까? 아마도 당시의 사회분위기로 보아 살아서 모셨거나, 혹은 충성을 다하던 왕이 죽으면 스스로 목숨을 끊지는 않더라도 자발적 대상이 되었을 가능성이 높다고 생각된다. 그것은 왕을 위해 목숨을 바쳐 순장을 당하면 그 가족이나 가문은 대단한 영광을 누리는 사회적 조장내지 숙명적 수용이 있었기 때문이다.

따라서 죽기는 싫지만 가족의 풍요로운 삶이나 가문의 영광을 위해 순장을 받아들였을 것이다. 명나라 영락제 사후 후궁 등 30여명의 순장기록이나 조선시대 가문의 영광을 위해 젊은 목숨을 끊는 여성의 삶과 비슷하였다. 남편을 위해 목숨까지 바쳐 봉사를 하는 것이 여인의 도리이며 충효를 실천하는 유교적 사회규범 속에서 이루어진 행위의 하나이다. 국가권력은 이를 실천한 여인의 가문에 정려문이나 열녀문을 세워 통치수단으로 삼고, 가문의 종족들은 반사적 공동 이익을 얻는 사회적 강요가 작용했던 것이다. 현대에까지 이어지는 인도 여성의 사티sati나 일본의 할복도 같은 맥락에서 이루어지는 것이다. 사회적 강요나 집단적 열풍이 고대사회를 유지시키는 메커니즘mechanism으로 작용한 것으로 해석된다. 경우는 약간 다르지만 멕시코 마야문명에서 비의 신을 위해 산사람을 죽여 제물로 바치는데, 자신이 신의 제물로 바쳐지는 것을 인간 최대의 영광으로 생각하는 사회적 관념도 작용하고 있다. 그리하여 신의 제물이 되기 위한 경기를 하여 승리 팀 주장을 제물로 바치는 것이 제도로 정착된 것이다.

2. 묘제의 변화와 순장의 소멸

대가야가 632년 신라에게 멸망한 이후 고분의 묘제와 출토유물의 변화를 보여주는 고분군이 대가야역사관부지(현재 대가야박물관부지) 고분군이다. 이 고분군은 지산동고분군의 주능선으로부터 동남쪽으로 뻗어 내리는 지맥 사이에 자리 잡은 계곡지대에 위치한다. 발굴조사 결과 삼국시대 고분은 모두 117기가 확인되었는데 대형분은 발견되지 않았다. 종류별로 보면 수혈식석곽이 81기로 가장 많고 고령지역에서 지금까지 확인되지 않았던 횡구식석실을 포함한 횡혈식석실분 34기가 조사되었다. 물론 소형 석곽묘는 순장과는 전혀 관계없는 고분이지만 횡구식석실분 34기에서도 순장은 확인되지 않았다. 이것은 지금까지 발굴조사 된 대형봉토분 이외에서는 순장이 이루어지지 않은 것을 의미하는 것이다. 즉 대가야 멸망 이후에는 묘제도 횡구식이나 횡혈식석실분으로 변화되었고, 무엇보다 순장이 더 이상 이루어지지 않고 소멸되었다. 횡혈식석실분 묘제로 대가야의 왕릉인 고아동 벽화고분의 경우 도굴로 인해 순장의 유무를 정확히 확인할 수는 없지만 현실의 넓은 면적에 높이 9cm의 낮은 관대가 현실 전면을 차지하고 있어 양산 부부총과 같은 순장은 없었을 것으로 판단된다. 따라서 고령 지산동 고분군으로 보면 대가야도 신라와 같이 6세기 중반에는 순장이 소멸되었을 것으로 볼 수 있을 것이다.

그러나 신라보다 늦게까지 순장이 지속된 것으로 보이는 대가야의 순장이 언제 어떻게 없어졌는지는 확실히 알 수 없다. 신라는 지증왕2년(502) 왕명으로 순장을 금지시킨 기록이 있어 공식적으로 순장제도를 없앴다. 그러나 국왕이 명령을 내렸어도 관습이기 때문에 한동안은 이어졌을 것이라 생각되지만 공식적으로는 6세기 초에 순장이 금지 되었다. 신라의 6세기는 우산국을 복속, 국호의 확정, 우경과 시장의 개시, 관도의 정비 등 바야흐로 국가의 비약적 발전이 이루어지는 시기였다. 이런 시기에 순장을 금지시켜 인력을 영토의 확장이나 생산력 증대에 활용하기 위한 것이라 생각된다. 그리고 불교의 성행과 유학사상의 수용에 따른 인간 생명에 대한 새로운 인식의 대두 등도 순장폐지에 중요하게 작용하였을 것이다. 이러한 인근 신라의 조치는 아마도 대가야에도 깊은 영향을 주어 순장이 없어지게 되었을 것이라 판단된다.

순장제도가 소멸된 후의 관습은 어떻게 변하였는지는 확실히 알 수 없지만, 일본의 경우 순장상황과 순장금지 후 변화가 『일본서기』수인기垂仁記에 기록되어 있다. 이에 따르면 사람 대신 흙으로 사람이나 동물모양의 하니와埴輪를 만들어 무덤주위에 세우는 것으로 변화하였고, 이러한 변화는 신라고분에서도 많이 출토되는 인물형 토용土俑으로 보아 산 사람을 순장시키지 않고 토용 등으로 대신 하다가 그것도 점차 없어진 것으로 생각된다. 그러나 지산동고분군에서 토용이나 동물형 토기는 출토되지 않는다. 이로보아 대가야는 후기까지 순장이 지속되다가 562년 신라에게 멸망 후 신라 묘제인 횡구식, 횡혈식 묘제로 바뀌면서 대체물과 같은 과도기 없이 지산동고분군에서 소멸된 것으로 보인다.

V. 맺음말

지금까지 고령 지산동고분군을 중심으로 대가야고분의 분포와 발굴 조사된 고분을 통하여 대가야 고분에서 보이는 사후세계의 인식과 순장에 대한 인문학적 이해를 전제로 살펴보았다. 대가야시대 고총고분은 곧 그것을 만들었던 사람들이 그들이 다스리고 살았던 마을과 그 주변의 강과 평야 등 자연환경이 잘 내려다보이는 산 능선의 꼭대기에 열을 지어 축조하였다. 즉 지산동고분군은 대가야 사람들의 삶을 지켜주는 내세공간으로서의 의미를 가지고 있다. 그리고 고대사회에 보편적으로 인식되었던 계세사상이 대가야사람들에게도 내세관으로 자리 잡아 죽은 후에도 현세와 같은 생활을 영위하게 된다고 생각하였고, 이것이 순장으로 나타났던 것이다.

가야지역 순장묘는 금관가야 중심고분인 김해 대성동고분군의 주부곽순장과 아라가야의 중심고분인 함안 말이산고분군의 주곽순장, 대가야의 중심고분인 고령지산동고분군의 순장곽순장 석실분이다. 특히 주부실 석실과 순장곽을 여러 기 배치한 다곽순장은 고령 지산동고분군에만 존재하는 묘제로 대가야묘제의 가장 큰 특징이다.

대가야순장의 인원수는 2명에서 40여명까지 매우 다양하게 나타나고 있다. 대가야의 왕릉인 고령 지산동 44호분의 경우는 순장곽 32기에 순장자가 36명 이상에 달하고 있다. 특히 주인공이 안치된 주실 안의 순장자는 매장 위치의 근접성, 장신구의 패용, 중국의 예로 보아 왕의 후궁(첩)으로 보이고, 다음 순장인은 근신과 호위무사, 창고지기, 농업생산인, 직조인, 마부와 같은 직능을 가지고 있었다. 이들의 순장은 가문이나 혈연집단의 영광과 영예를 위한 강제적, 사회적 압력에 의해 숙명적으로 받아들여졌던 것으로 이해할 수 있다. 이러한 대가야고분군 순장양상의 다양성과 독특성은 순장제도라고 하는 세계사의 보편성 속에서 극동의 지역적, 역사적 특수성을 대변하고 있다고 할 수 있다.

5_ 대가야문화재의 활용과 계승방향

I. 머리말

문화재란 인류가 살아오면서 인위적으로 형성시킨 삶의 흔적이거나 자연적으로 형성되었으나 국가적, 민족적, 세계적으로 가치가 있어 보호해야 하는 유산을 말한다. 그러나 대규모 개발이 본격적으로 시작되었던 1970년대에서 1990년대까지는 공업단지조성이나 아파트 공사 등에 의해 문화재가 훼손되는 사례가 많았다. 특히 각 지방자치 단체마다 지역경제 활성화를 위해 공단을 유치하거나 개발 사업을 전개해야 하는데 문화재로 인해 개발이 늦어지거나 문화재의 보존을 위해 사업을 포기해야 하는 경우도 생기게 되었다. 그러므로 지방자치 단체나 지역주민들에게 문화재는 개인의 재산권을 제약하는 귀찮은 존재, 개발의 발목을 잡는 걸림돌이라는 부정적 인식이 팽배하게 되었다.

그러나 2000년대 이후 관광산업이 굴뚝 없는 산업으로 각광을 받게 되면서 세계적으로 문화재를 관광자원으로 이용하려는 움직임이 일어나게 되었다. 따라서 문화재에 대한 인식도 바뀌게 되었다. 유네스코세계유산 제도도 이런 인식의 변화에 커다란 역할을 하고 있다. 안동 하회마을이나 경주 양동마을이 유네스코 세계역사지구로 지정된 이후 관광객이 기하급수적으로 늘어나는 것이 대표적인 사례라고 하겠다. 지역의 문화재 자원을 효과적으로 활용하여 관광객을 유치하고 이들을 통해 경제적 효과도 거두고, 문화재의 보호와 주민들의 삶의 질을 높이는데도 기여할 수 있는지에 관심을 쏟게 된 것이다.

고령군에는 지산동고분군을 비롯한 대가야 문화재를 많이 보유하고 있고, 10여 년 전부터 대가야왕릉도 정비하고 대가야박물관을 중심으로 체험도 할 수 있는 시설과 프로그램도 운영하여 지역주민의 참여와 관광객 유치에 소기의 성과를 올리고 있다. 대가야문화재는 사실 대가야사람들이 생활하면서 남긴 것들이고, 당시 사람들의 사상과 생각, 생업, 의식주들이 그대로 녹아있는 유형무형의 물질문화와 정신문화의 총체이며, 현재는 물론 미래세대에 이어줄 문화자산이다.

따라서 고령을 대표하는 대가야문화재를 활용하여 더 많은 관광객을 유치하고 많은 경제적 효과를 얻기 위해서는 문화재와 어울리는 콘텐츠를 더 개발하고 스토리텔링을 통하여 지역축제와 연계하는 등 문화재를 이용한 지역관광 활성화 방안이 절실히 필요한 시점이라고 생각된다. 더 나아가 외국의 성공한 사례도 참고로 할 필요가 있다.

이글에서는 대가야의 문화재가 많이 남아 있는 고령지역의 문화재활용 실태를 고찰하고, 지방공업단지를 조성하려다가 중요한 유구가 발굴되어 공단을 포기하고 역사공원으로 복원하여 세계적 관광자원으로 성공한 일본의 요시노가리 역사공원의 성공사례를 비교하려고 한다. 그럼으로써 대가야문화재를 관광자원으로 활용한 지역관광 활성화 방안을 제시하려 한다.

그렇게 하면 문화재가 주민의 재산권을 제한하는 혐오스러운 것, 경제개발의 걸림돌이 아니라 주민의 소득을 높여주고 자라나는 세대들에게 문화적 자긍심을 높여 줄 수 있는 아주 친근하고 사랑스러운 것임을 인식시킬 수 있을 것이다.

Ⅱ. 대가야 문화재의 현황과 특징

1. 대가야 기념물 - 왕릉

1) 왕릉의 경관

대구에서 고령으로 가는 관문인 금산재를 오르는 경사진 도로를 굽이굽이 휘돌아 고갯마루에 올라서면, 서쪽아래에 펼쳐지는 대가천 넘어 고령읍과 그 뒤를 병풍처럼 우뚝 솟은 주산(310m)이 마주한다. 그 주산에서 뻗어 내린 높은 산줄기의 정상부에 산봉우리처럼 일렬로 늘어선 고총의 봉분들이 장관을 이루고 있다. 이것이 바로 고령 지산동고분군이다. 고분군에서 보면, 동쪽의 금산과 서쪽의 주산이 높이를 달리하여 막아주고, 그 사이를 대가천이 남북으로 흘러 충적대지를 이루고 있는 고령읍을 아늑하고 포근하게 감싸고 있다. 이 아늑한 분지가 1600년전 대가야의 도읍이면서, 대가야 왕릉을 축조한 사람들과 그 이후의 후손들이 대를 이어 살고 있는 고령이다. 〈그림1의 좌〉

이와 같이 지산동고분군의 경관은 당시 대가야 사람들의 사후세계와 현실세계에 대한 인식의 단면을 보여주는 중요한 단서 중의 하나라고 생각된다. 특히 대가야 왕릉급 고분의 입지와 분포는 대가야 사람들이 추구했던 사상을 잘 표현하고 있는바, 대가야 도읍의 높은 곳에 국가를 지키는 보루로서 주산성이 위치하고, 거기에서 뻗어내린 능선의 솟아 있는 정점에 대형봉토분을 축조하여 독특하고 웅장한 경관을 보여주고 있다. 이것은 자신이 통치하던 국가가 번영되기를 바라는 마음이 반영된 것이며, 살아 있는 왕이나 백성들도 돌아가신 조상이 자기들을 보살펴주기를 기대하는 사상이 표출된 기념물Monuments로써, 이것이 하나의 관습과 전통으로 오늘날까지 이어진 대가야사람들의 삶의 흔적이다. 〈그림 1의 우〉

그림 1 | 대가야읍(좌)과 대가야왕릉의 경관(우)

3) 주요 발굴조사 고분

(1) 고아리 벽화고분

고아리벽화고분은 가야지역에서 유일한 벽화고분이며 대가야왕릉으로 가야의 횡혈식 석실분을 대표한다. 사적165호이며, 이 고분은 1963년 도굴로 발견되어 기초 조사를 한바 있다. 그 후 봉분을 더 쌓고 시멘블록으로 묘도를 만들고 출입문을 달아 일반에게 공개하였으나 습기와 이슬로 인해 벽화보존에 문제가 제기되어 1985년에 정밀실측조사와 벽화 모사도를 작성한 다음 입구를 폐쇄하여 영구적으로 보존하고 있는 고분이다. 현재 실물과 똑같은 크기와 모습으로 모형관을 만들고 있다.〈그림2〉

그림 2 | 고아동 벽화고분 내부 및 현실천정벽화

(2) 지산동 44, 45호분

고령의 주산 남쪽으로 뻗은 주능선 등마루에 고령 최대의 봉토분 5기가 자리 잡고 있는데 그 능선은 방향을 동쪽으로 틀면서 경사져 내려온다. 이렇게 방향을 틀어 내려오는 주방향 완만한 경사면에 45호분이 자리 잡고, 그 아래 광장처럼 넓게 퍼져 평평한 부분에 44호분이 위치한다. 이 두 고분은 직경 20m 이상의 대형분으로 주능선 정상부에 위치한 5기보다는 작지만 현재까지 정식 발굴 조사된 대가야 고분 중에서는 최대의 고분이다.〈그림 3〉

(3) 지산동 32~35호분

지산동 32~35호분은 능선 정상부의 대형분이 소재하는 주능선이 급경사로 내려와 길게 대지상을 이루는 비교적 낮은 구릉에 위치한다. 34, 35호는 봉분이 연

그림 3 | 지산동 발굴고분의 위치와 경관

결되어 있는 쌍분(표형분)이다. 이들 4기는 모두 봉토 직경 10~15m의 중형분이며, 이들 중 대표적인 것은 32호분은 묘역 중앙에 석실 1기와 순장곽 1기를 나란히 배치한 순장묘이다. 부장품은 광배형 금동관, 갑옷과 투구 일습, 환두대도 등의 무기, 등자, 말방울 등이 출토되었다.

(4) 지산동 30호분

지산동 30호분은 지산동고분군의 가장 낮은 능선의 융기부에 위치한다. 1994년 왕릉전시관 부지에 대한 조사의 일환으로 발굴조사 하였다. 이 고분은 약간 볼록하게 솟은 구릉의 정상부를 이용하여 쌓은 장경 18m, 단경 15m의 타원형 봉분 중앙에 주석실을 배치하고 주석실의 남단벽에 T자형으로 한 개의 부실을 배치하였다. 그리고 북단벽과 직교되는 방향에 2기와 주석실의 좌우에 각 1기씩의 순장곽을 배치하였다. 또한 순장곽은 주석실의 바닥에도 1기를 배치하여 순장곽은 모두 5기이다.

(5) 지산동 73~75호분

대가야박물관 동편에 바로 붙어 있는 능선의 말단부와 그 옆의 가지능선에 위치하고 있는 봉토분인데, 73호와 75호분은 호석의 직경이 25m 이상 되는 대형분이다. 73호분은 매장 주체부를 나무로 축조한 목곽이었고, 주곽의 가장자리 목곽보강석 속에 순장곽을 배치하는 구조였다. 직경 23m×21m인 봉분 안에 길이10m, 너비5m, 깊이3.3m 규모의 완전 지하식 구덩이를 파고 그 안에 주·부목곽을 'T'자형으로 배치한 대형 목곽봉토분이다.

(6) 지산동 518호분

518호분은 주산 정상부에서 남동쪽으로 뻗은 주 능선상에 위치하며, 입지적으로 볼 때 자연적으로 완만하게 솟은 지형을 이용하여 고분을 거대화시켰다. 고분의 규모는 호석의 장경 17.8m, 단경 15.5m의 중형분으로 묘역 중앙에 지산동 45호분과 같이 주실과 부실을 나란히 축조하였다. 주실은 길이 7.1m, 너비 1.2m, 깊이 1.6m로 매우 세장한 지산동고분의 특징을 그대로 가지고 있다.

2. 주산과 주산성

고령의 진산인 주산(310m)은 가야산에서 남동주하는 능선들이 미숭산(733m)을 거쳐 동쪽으로 용틀임하여 불당산(459m)을 지난 다음, 고령읍의 바로 뒤에서 급하게 멈추어 우뚝한 산이다. 대가야 최고 산성인 주산성을 품고 있는 주산의 줄기는 더 이상 동쪽으로 나가지 않고, 약간 낮아진 채 서서히 남북으로 뻗어 대가야의 도읍인 고령읍을 병풍처럼 감싸고 있다. 고령읍내의 낮은 평지인 회천교 부근 논의 표고가 30m정도이므로 주산의 비고가 약 280m 이상 됨으로 아주 높게 느껴진다.

주산성은 사적 제61호로 주산에 위치하는 대가야의 가장 중요한 산성이다. 2012년 정식 발굴조사를 통하여 대가야산성으로 그 성격이 명확히 밝혀진바 있다. 정밀 발굴조사를 통하여 현재까지 확인된 산성의 내용은 다음과 같다.

주산성은 입지적인 면에서 해발 310m의 주산 정상부에서 서남편과 동편 주 능선을 따라 체성이 연결되어 오다가 9부 능선에서 산정부를 가로지르며 형성되어 있는 내성과, 6부 능선에서 산중턱을 가로지르며 연결되어 있는 외성으로 구분된다. 평면적으로는 장타원형이며, 산꼭대기에서 산중턱으로 석축이 연결되어 있는 퇴뫼식(산복식) 산성으로 6세기 전반 대가야시대에 축성된 분명한 대가야산성이다. 내성은 산의 정상부를 포함하여 9부 능선을 따라 장타원형의 퇴뫼식 산성으로 길이는 약 711m이다. 외성은 둘레 약 1,035m로 내성의 북벽·서벽과 잇대어 쌓아 전체 둘레는 1,351m가 되는 셈이다. 내성의 안은 대체로 평탄하여 서단부에 건물지 1개소와 연못이 있으며, 외성안도 평평하고 넓어 동쪽에 치우쳐 연못과 건물지가 각각 1개소씩 있는 것으로 추정된다. 〈그림 4〉

그리고 내·외성을 포함하여 지형에 따라 중요한 곳에 치를 설치하고 있는데, 내성 북벽에 4개소, 외성 동벽을 따라 4개소 등 모두 8개소에 이른다.

그림 4 | 고령 주산성 위치(좌) 및 발굴된 성벽(우)

3. 기타 대가야 유적

1) 대가야 궁성지

연조리 궁성지는 경상북도 고령군 고령읍 연조리 608번지 일대 주산에서 동쪽으로 뻗어 내린 능선이 평지에 닿은 설상대지이며 고령읍의 중심에 해당한다. 전체 모양은 동서로 긴 타원형이나 동쪽이 약간 넓은데 남쪽은 완만한 경사를 이루고, 북쪽은 높이 5m의 단애를 이루어 마치 성벽처럼 되어 있다. 궁성지의 둘레는 약 550m, 면적은 약8,000평이며 대지상의 내부는 넓은 평지로 되어 있다.

이 대지의 동북 모서리에는 구신정지로 불리는 건물지가 있었다고 전해지며, 동쪽 끝의 밖으로 통하는 곳에는 연조문이라는 성문루가 있었다고 한다. 이 성문이 신라가 대가야를 공격할 때 들어 왔다는 전단량栴檀梁이라고 생각된다. 그리고 『신증동국여지승람』 고령현 어정조에 "현의 남쪽1리에 대가야국의 궁궐터가 남아 있다."고 하여 연조리 성지를 말하고 있다.

2) 대가야 왕정

연조리 대가야왕정은 현재 고령초등학교 운동장 서남쪽에 위치하는데 이 우물이 오래 전부터 현지 주민사이에서 '어정' 혹은 '왕정'으로 불리어 왔다. 이곳은 연조리 궁성지로부터 북쪽으로 약500m 떨어진 곳으로 주산의 동편 지맥의 끝자락에 해당한다. 이곳이 왕정이라고 하는 것은 『신증동국여지승람』 고령현 고적

그림 5 | 대가야 왕정

조의 기록과, 한말 고령의 향토사학자인 이두훈의『고령지』에 나와 있다.

이 왕정은 1997년 발굴 조사 결과에 의하면 주변이 원래 계단식 논이었으며 지반은 차진 점토층이고 생토층은 잔자갈이 다량 섞여 있는 점토질이었다. 현재 발굴 결과를 토대로 우물을 복원하여 보존하고 있는데 아직도 맑은 샘물이 솟아나고 있다.〈그림 5〉

Ⅲ. 대가야문화재의 관광자원 활용 사례

1. 대가야 왕릉전시관

1977년 12월 24일자 한국일보 1면에 '20여명 순장 가야고분 발굴' 이라는 제목으로 대가야고분 발굴 내용이 머리기사로 보도되었다. 발굴 도중에 나온 이 기사는 한국 최초로 순장묘를 확인하여 세간의 관심을 일으키고 가야를 부각시키는 계기를 마련하였다. 즉 이 기사가 학계는 물론 일반에게도 대가야에 대한 인식을 높이는 촉진제 역할을 하게 되었다.

대가야왕릉인 지산동 44호분은 발굴결과 신문에 보도되었던 20여명보다 훨씬 많은 40여명을 순장한 순장고분의 상징으로 인식되게 되었다. 그 이후 발굴 조사된 지산동 32~35호분이나 함양 백천리 1호분, 고령 본관동 34~36호분, 합천 반계제 고분군 등에서 순장 고분이 발굴 조사되어 가야지역의 순장이 많이 알려지게 되었다. 가야지역에 이어 신라지역인 임당동 고분군에도 순장고분이 확인되면서 경주의 황남대총 남분의 소녀도 순장자로 밝혀지게 되었다.

그러나 이러한 순장고분의 상징성과 학문적 성과는 일부 전공학자들만 관심을 가질 뿐 일반시민들에게는 큰 의미로 다가가지 못하였다. 그것도 그럴 것이 44호분을 비롯한 모든 고분들이 봉토를 높이 쌓고 잔디를 입혀 복원해 놓았으니, 견학 온 학생들이나 관광객에게 안에 32기의 순장곽이 들어 있고, 최대의 순장고분이라고 설명해도 실감이 나지 않아 감흥을 주지 못하는 것이 당연하였다.

이러한 발굴성과를 보여주기 위하여 고령군에서는 1980년 지산동44, 45호분 출토 유물을 전시하기 위한 작은 전시관인 '대가야유물전시관'을 개관하였다. 그러나 효과는 크지 않아 관람객수는 미미하였다. 교통도 불편한 궁벽하고 보잘 것 없는 시골의 작은 전시관은 크게 환영받지 못하였다.

고령지역은 딸기, 수박, 감자 등 농작물의 시설재배가 주민들의 중요한 소득원이었다. 그러나 1990년대 이후 수입농산물의 증가에 따른 경쟁력 약화와 농업인구의 고령화 등으로 인해 농업에만 의존하는 산업구조로는 더 이상의 지역발전이 불가능하다는 인식을 하게 되었다. 그리하여 점차 지방공업단지 조성과 기업유치에 힘쓰는 한편, 지역이 가진 문화재 자원의 잠재력에 관심을 갖게 되었다. 특히 고령만이 가지고 있는 대가야문화재를 활용한 방법에 착안하여 2000년 한국 최대 규모의 순장고분인 44호분을 재현한 '대가야왕릉전시관'을 개관하게

그림 6 | 대가야박물관 위치(좌)와 왕릉전시관 내부(우)

되었다.

대가야왕릉전시관은 지산동고분군의 끝자락 평지의 국도 옆에 위치하여 시민들의 접근이 쉽게 되어 있다. 부지 10,839㎡에 직경 37m, 높이 15.47m의 돔형 동판천정으로 이루어져 고분의 외형처럼 보인다. 국내에서 최초로 확인된 대규모 순장고분인 지산동 44호분의 내부를 원래의 모습대로 재현하고 있다. 관람객들은 실물크기로 만든 모형 44호분 속에 직접 들어가, 무덤의 구조와 축조방식, 주인공과 순장자들의 매장모습, 부장품의 종류와 성격 등을 눈으로 직접 볼 수 있게 되어 있다. 왕릉전시관은 대가야의 역사와 문화, 그리고 순장 풍습 등을 보고, 느끼고, 체험할 수 있게 만든 새로운 개념의 박물관이자 종합 전시관이라 할 수 있다. 또 전시관 바로 옆에 전시관 부지를 발굴할 때 함께 발굴한 30호분을 복원하여 봉분과 내부를 비교해 볼 수 있는 효과도 있다. 대가야유물전시관만 있을 때 보다 시민들의 관심도 높아지고 외지에서도 관광객이 몰려오기 시작하였다.〈그림 6〉

2. 대가야 박물관

왕릉전시관의 성공에서 활력을 얻은 고령군은 2001년에 왕릉전시관 동쪽으로 30여m 떨어진 계곡을 메워 대가야역사관을 착공하였다. 2005년 개관한 대가야 역사관은 상설전시실과 기획전시실, 어린이 체험실, 야외전시장 등으로 구성되어 있는 대가야의 종합박물관으로써 앞에서 본 왕릉전시관과 뒤에서 볼 우륵박물관을 총괄하면서 대가야 문화재를 관광자원화 하고 이를 발전시키는 역할을 수행하고 있다.

상설전시실은 대가야의 유물을 중심으로 고령지역의 역사를 한눈에 알 수 있도록 구석기시대부터 근대에 이르는 역사·문화에 대한 설명과 유물을 전시해 놓았다. 전시실의 내용은 대가야의 여명, 대가야의 성립, 대가야의 성장과 발전, 대가야이후의 고령의 테마 전시로 되어 있다. 기획전시실은 연간 한, 두 번 정도 특정주제를 설정하여 기획특별전을 전시하고 있는 공간으로 매년 새로운 내용의 전시를 경험할 수 있다. 대가야박물관은 2020년 대대적인 리모델링 작업으로 새로운 전시를 준비하고 있다. 대가야박물관은 연간 관람인원이 30여만명이 넘어 지자체박물관으로서는 매우 성공한 박물관으로 평가받고 있다.

야외전시장은 최근까지의 발굴조사와 집모양 토기 등을 통해 확인된 것을 실물 크기로 재현한 대가야 시대의 집과 다락, 창고 등을 전시하고 있다. 그리고 석탑, 석등, 불상 등 불교관련 문화재와 장대석, 맷돌, 절구 등 여러 가지 석조문화재가 전시되어 있다. 특히 흥미 있는 것은 대가야 발전의 중요한 원동력이었던 제철로 유구를 재현해 놓은 것이다. 이것은 대가야의 철 생산 기술을 알아보기 위해 대가야박물관 연구팀이 직접 고대의 방법으로 복원된 제철로를 만들어 실험한 것을 그대로 전시한 것이다. 이 성공적인 실험과정은 2005년 6월 3일 KBS 방송국에서 제작한 '역사스페셜'에 방영된 바 있다.

3. 우륵 유허지 금곡과 우륵박물관

금곡은 가야금을 제작한 우륵이 살면서 제자를 가르쳤다고 전해지는 곳으로 고령군청에서 서북쪽으로 인접되어 있는 지역인 쾌빈리(금곡) 일대이다. 우륵은 가실왕의 명을 받아 가야금을 가지고 12곡을 만들었다고 하는데, 우륵의 가야금 연주소리가 "정정"하는 웅장한 소리가 났다고 해서, 마을 이름도 현재 '정정골'이라 부르고 있다.

그림 7 | 우륵기념탑(좌)과 우륵초상(우)

　대가야의 가실왕은 성열현省熱縣 출신 악사 우륵于勒에게 명하여 국가를 통합하기 위하여 12곡을 짓게 하였는데, 아마도 여기 금곡에서 가야금을 가르치며 작곡도 했을 것으로 생각된다. 우륵은 후에 대가야가 매우 혼란해지자 신라로 망명하였고, 진흥왕은 지금의 충주에 안치시키고 신라의 관료 세 사람(계고, 법지, 만덕)에게 음악과 춤·노래 등을 전수하게 하였다. 이후 우륵의 음악과 춤·노래 등은 신라의 궁중음악인 대악大樂으로 채택되어 우리 고유음악의 큰 기틀이 다져지게 되었다.

　현재 정정골 언덕에 가야금을 형상화 한 우륵기념탑이 세워져 있고, 맞은편에 우륵금박물관이 건립되어 우륵과 관련된 자료를 발굴·수집·보존·전시하여 국민들이 우륵과 가야금의 세계를 쉽게 이해할 수 있도록 하고 있다. 더불어 전문 장인이 가야금 공방을 운영하고 있어 가야금의 제작과정을 체험할 수도 있다. 〈그림 7〉

　2006년에 개관한 우륵박물관은 가야금을 창제한 악성 우륵의 고적지인 고령읍 쾌빈리 금곡마을에 자리 잡고 있다. 이 박물관은 우륵과 관련된 자료를 발굴·수집·보존·전시하여 국민들이 우륵과 가야금의 세계를 쉽게 이해할 수 있도록 꾸며져 있는 '우륵과 가야금' 테마박물관이다. 특히 가야금을 직접 제작하는 가야금 장인을 유치하여 상설 가야금 공방을 운영함으로써, 연중 가야금 연주실습과 제작 체험학습을 할 수 있다.

4. 대가야 체험 축제

고령군은 2005년 대가야 박물관을 중심으로 제1회 고령 대가야체험축제를 기획하여 경상북도 최우수 축제로 선정 되었다. 이후 매년 대가야체험축제를 개최하면서 대가야 문화 소재를 눈으로 보고 직접 체험할 수 있는 프로그램의 개발과 적극적인 홍보로 10만 명 이상의 관광객을 유치하는 성과를 거두고 있다.

특히 대가야문화를 소재로 한 체험축제와 더불어 지역의 대표 특산물인 딸기를 행사장내 농특산물 판매부스에서 판매하고, 셔틀버스를 이용해 딸기밭에서 직접 딸기수확 체험프로그램을 운영하여 관광객들의 폭발적인 호응을 얻고 있다. 이는 대가야 문화축제를 통한 지역경제의 활성화를 이룩한 좋은 사례가 되고 있다.

그 동안의 대가야 체험축제의 주제와 대가야문화재 내용을 연도 별로 보면, 2005년 '신비의 고대왕국, 대가야 비밀체험'(대가야를 테마화), 2006년 '12줄의 비밀'(우륵과 가야금), 2007년 '철의 신화'(대가야의 철기문화), 2008년 '무덤의 전설'(지산동고분군), 2009년 '대가야의 대항해'(대가야의 해외진출과 교역), 2010년 '용사의 부활'(대가야의 갑옷과 투구, 무기), 2011년 '대가야 탐구생활'(대가야 사람들의 생활과 놀이), 2012년 '대가야의 혼불'(대가야문화의 정수) 등 이었다. 이러한 주제들은 대가야의 문화유적들을 철저하게 당시 시대를 반영할 수 있도록 하여 그것을 하나의 교류프로그램, 체험프로그램화 시키는 작업을 실시하였다.

이러한 결과로 대가야 체험축제는 경상북도 최우수 축제를 비롯하여 문화체육관광부의 문화관광축제로 지정되었으며, 나아가 '국제축제이벤트협회(IFEA)'

그림 8 | 대가야박물관의 단체관람(좌)과 대가야축제 포스터

에서 2007년부터 2년 연속 금상을 수상하기도 하였다.

IV. 대가야문화재 활용성과와 과제

1. 대가야문화재 활용 프로그램 운영과 성과

위에서 살펴 본 바와 같이 고령군에서는 대가야박물관을 중심으로 대가야문
화재를 활용한 다양한 프로그램을 운영하여 많은 성과를 올리고 있다. 여기에
더하여 성인을 대상으로 한 '대가야문화대학'과 어린이를 대상으로 한 어린이 체
험학교도 운영하고 있다. 지역 주민들에게 대가야를 비롯한 고령지역의 역사와
문화에 대한 이해를 증진시키고, 자라는 지역의 어린이들에게 향토애와 자긍심
을 갖게 하여 대가야 문화를 계승 발전시키는 사람으로 양성하고자 하는 취지로
운영된다. 이 가운데 대가야문화대학 수료생들은 자발적으로 정기적인 모임을
결성하여 학습활동을 지속하고 있으며, 박물관의 각종 행사와 대가야체험축제
등에 자원봉사자로 참여하고 있다고 한다. 나아가 대가야문화재의 활용은 주민
의 참여로 대가야의 후예로서 자긍심을 키우고 현대의 생활인으로써 자신감을

그림 9 | 대가야 토기 제작체험(좌)과 미래세대의 대가야왕릉 견학(우)

확고히 하고 있다.〈그림 9〉

이와 같이 고령군의 지역 문화재를 활용한 문화관광산업은 전통적인 농업기반 산업에서 탈피하여 문화관광산업으로 전환하고자 시작한 대가야왕릉전시관과 대가야박물관, 우륵박물관과 연계한 대가야체험축제의 성공적인 운영은 많은 성과를 이룩하였다고 생각된다.

인구 3만 5천 정도의 군 단위 지자체 박물관에 연간 30만 명 이상의 관광객이 찾아온다는 것은 대단히 놀라운 성과이며, 이것은 고령군이 가지고 있는 대가야 문화재를 유기적으로 잘 조직하고 여기에 학습적인 볼거리, 이벤트를 효과적으로 조화시켜 활용한 결과라고 할 수 있다. 이렇게 대가야문화재 자원을 효과적으로 활용하면 오늘을 사는 주민들에게 문화적 자긍심과 함께 지역경제 활성화에도 크게 기여할 수 있다는 것을 알 수 있다.

2. 대가야문화재 활용과 계승방향

1) 대가야문화 클러스터 조성

대가야문화재를 활용한 관광효과를 더 높이기 위해서는 대가야 문화자원을 이용한 다양한 탐방코스의 개발과 주제별 집중관광코스의 개발이 필요하다. 예를 들면 '대가야 왕이 걷던 길 코스'라고 명명하고 고령초등학교에서 출발하여 ①대가야 왕정→②대가야 궁성지→③주산성→④지산동고분군→⑤왕릉전시관

─⑥박물관─⑦대가야역사테마파크(벽화고분 모형관)를 잇는 대가야역사체험 코스를 개발하면 대가야역사도 익히며 등산도 할 수 있는 테마가 될 수 있다.

그리고 역사테마파크의 휴게시설에서 휴식하면서 '대가야 왕이 걷던 길' 코스에서 체험한 대가야 역사문화에 대한 간단한 퀴즈를 풀어 상품도 주는 이벤트를 포함하면 부모와 함께 어린이들의 학습과 재미를 동시에 느끼는 효과를 거둘 수 있을 것이다.

여기에 더하여 가야문화체험시설과 프로그램을 연결시켜 대가야 먹거리 거리와 대가야대장간, 대가야토기 제작체험, 가야금 연주공연을 함께 할 수 있도록 하면 관광객 유치의 효과도 극대화 시킬 수 있고, 또한 대가야문화축제와 함께 해서 많은 수입을 올렸던 딸기수확 체험도 연계하면 대가야역사 문화가 산업과 수입에도 큰 역할을 할 것이다. 이렇게 대가야문화를 테마별로 종합 벨트화하여 '대가야문화 클러스터'를 조성한다면 대단히 효과적일 것이다.

2) 대가야 체험축제의 확대

2005년 '신비의 고대왕국, 대가야 비밀체험'으로 시작했던 대가야 체험축제는 2012년 8회까지 다양한 프로그램 개발과 부대행사로 큰 성공을 거두었다. 이 축제는 지역을 넘어 전국적으로 알려져 서울을 비롯한 타 지역 참가자비율이 높아지고 있다. 그러나 문제는 이제부터라고 생각한다. 원거리에서 많은 기대를 가지고 축제를 보려고 왔는데 새로운 테마나 이벤트 없이 예년에 의례적으로 진행하던 틀에 박힌 프로그램을 운영하면 관광객은 곧 식상함을 느껴 더 큰 실망을 가지고 다시는 찾지 않게 될 것이다. 딸기체험행사가 지역농가의 수입도 되고 관광객 유치에 도움이 된다고 하여 여기에만 치중하고 다른 주제에 소홀해서는 실패할 수도 있다는 것이다.

따라서 새로운 대 주제를 정하고 거기에 따른 대형이벤트를 준비하여야 한다. '정견모주의 사랑'을 주제로 대가야의 건국신화를 스토리텔링 하여 뮤지컬이나 연극으로 공연하고, 관련 이벤트를 크게 벌려야 한다. 그리고 그 부대행사로 특산품인 딸기를 등장시켜야 더 큰 호응과 관광객을 운집하게 할 수 있다. 그렇게 해야 다시 찾는 대가야문화가 될 수 있다. 그 외의 대가야관련 테마는 나라를 구하기 위해 신라공주와 결혼했던 대가야 이뇌왕의 갈등인 '이뇌왕의 사랑과 전쟁'도 있고, 대가야 망국의 한을 품고 월광사의 승려가 되었던 '월광태자의 비원' 등이 있다.

그리고 더 적극적인 홍보 프로그램을 가동하여야 할 것이다. 여기서는 2007년의 축제테마 '철의 신화' 때 실시했던 서울 인사동에서의 철갑옷을 입은 가야 병사들의 행진이나 대구 우방랜드에서 벌였던 퍼포먼스와 같은 이벤트 홍보가 효과적이라고 생각된다. 이러한 이벤트 홍보가 언론매체의 주목을 받아 대가야 축제가 더욱 활성화 될 것이다,

Ⅳ. 맺음말

지금까지 고령지역에 분포되어 있는 대가야 문화재를 중심으로 그 현황과 이 문화재들을 관광자원으로 활용하는 방안에 대하여 생각하고 이러한 대가야문화재를 응용하여 관광 테마화 하고 이를 이용한 관광 활성화 방안을 살펴보았다.

그 방안은 대가야문화재를 활용하여 테마프로그램을 만들어 ①대가야 왕정→②대가야 궁성지→③주산성→④지산동고분군→⑤왕릉전시관→⑥박물관→⑦대가야역사테마파크(벽화고분 모형관)를 잇는 대가야역사체험 코스를 개발하여 대가야 문화 벨트를 형성하는 것이다. 그리고 현재 진행되고 있는 대가야체험 축제를 더욱 확대하는 것이다.

그러면 기존의 대가야박물관, 왕릉전시관, 고분내부 체험관, 벽화고분, 대가야 먹거리 거리, 대가야대장간, 딸기수확체험 등이 어우러진 '대가야문화 클러스터'가 자연스럽게 조성된다. 거기에 더하여 가야문화체험시설과 프로그램을 연

결시켜 대가야 먹거리 거리와 대가야대장간, 대가야토기 제작체험, 가야금 연주 공연을 함께 할 수 있도록 하면 관광객 유치의 효과도 극대화 시킬 수 있다. 이렇게 대가야문화재 자원을 효과적으로 활용하면 오늘을 사는 주민들에게 문화적 자긍심과 함께 지역경제 활성화에도 크게 기여할 수 있다는 것을 알 수 있다. 그럼으로써 문화재와 관광, 지역경제 활성화가 서로 상승효과를 가져 오고, 대가야의 역사와 문화를 오늘에 계승시키는 효과적인 방법도 될 것이라 믿는다.

찾아보기